Makedonien

Unterwegs auf dem südlichen Balkan

Philine von Oppeln

W0041333

Trescher Verlag

2., aktualisierte und erweiterte Auflage 2009

Trescher Verlag
Reinhardtstr. 9
10117 Berlin
www.trescher-verlag.de

ISBN 978-3-89794-138-0

Herausgegeben von Bernd Schwenkros und
Detlev von Oppeln

Reihenentwurf und Gesamt-
gestaltung: Bernd Chill
Satz: Bernd Chill
Lektorat: Corinna Grulich
Stadtpläne und Karten: Johann Maria Just,
Martin Kapp, Bernd Schwenkros

Gedruckt auf chlorfrei gebleichtem Papier

Printed in Germany

Skopje und Umgebung 68

Der Südwesten 110

Vorwort

Dobredojdovte! Oder auch: Herzlich willkommen im Abenteuer Makedonien! In welchem Makedonien? Heißt es nicht eigentlich Mazedonien oder auch FYROM, Former Yugoslav Republic of Macedonia? Und liegt es vielleicht in Griechenland?

Noch immer herrscht viel Verwirrung um die kleine Balkanrepublik mit den unterschiedlichen Namen: Die Diaspora nennt sie Makedonien, die Deutschen sprechen gern von Mazedonien, die Griechen bevorzugt von der ›Republik Skopje‹, und die offizielle Politik nennt sie ›Ehemalige Jugoslawische Republik‹. Die Römer, nicht zu vergessen, nannten diesen Landstrich schlicht, aber für den Abenteurer vielversprechend ›catena mundi‹ – Ende der Welt.

Makedonien muss also im wahrsten Sinne des Wortes entdeckt werden, am besten erstmal auf der Karte. Dort findet man das kleine Land, das Teil der größeren Region gleichen Namens ist, südlich von Serbien und nördlich von Griechenland.

Makedonien ist ein traditionell gastfreundliches Land, reich an Geschichte und Geschichten, an Kulturgütern und einer vielfältigen Natur. Es entdecken heißt, sich auf nur wenig beschrittenen Pfaden durch wild-romantische Berglandschaften zu bewegen, in legendenumwobenen Klöstern zu übernachten und in osmanischen Altstädten dem Ruf des Muezzins zu lauschen.

Es kann auch heißen, in entlegenen Dörfern selbstgebrannten Schnaps zu trinken oder sich in einer der vielen Buchten an Makedoniens großen Seen beim Forellenfangen die Sonne auf den Pelz scheinen zu lassen.

Und immer wieder wird man auf Spuren von Makedoniens turbulenter Historie treffen. So finden sich neben antiken Ausgrabungen mittelalterliche Festungen und Klöster. Andernorts verstecken sich winzige Felsenkirchen oder beeindrucken sozialistische Baudenkmäler.

Gleichzeitig gibt es viel Neues zu entdecken: Besonders begrüßenswert sind Initiativen, die einen naturverbundenen und umweltorientierten Tourismus in die Wege leiten. Das Wandern und Klettern in Makedoniens artenreichen Nationalparks zählt schon seit langem zu den beliebtesten Sportarten des Landes, und während Dorfbewohner biologische Verköstigung und Unterkünfte in ländlichem Ambiente organisieren, öffnen nun auch die ersten Fahrradverleihe ihre Pforten.

Die noch unlängst sichtbaren Spuren des Konflikts von 2001 verwischen derweil zunehmend, und der damals stillgelegte Zugverkehr nach Tetovo wurde genauso wieder aufgenommen wie die Verbindung ins benachbarte Kosovo. Die Flugpreise nach Makedonien sind inzwischen erheblich gesunken, die oft schäbigen Hotels der Jugo-Ära vielfach komfortableren Unterkünften gewichen. Sehenswürdigkeiten und Naturschönheiten wurden besser kenntlich und zugänglich gemacht, und sogar die ersten Wanderkarten sind inzwischen erhältlich.

Entdecken Sie also Makedonien: Ein kleines, freundliches Land, das gern Gäste empfängt und dabei den Reiz des Abenteuers wahrt.

Das Dorf Galičnik im Bistramassiv

Hinweise zur Benutzung

Der erste Teil dieses Reiseführers ist **Land und Leuten** gewidmet und informiert über Geschichte, Natur und Kultur Makedoniens.

Im zweiten Teil finden sich **ausführliche Beschreibungen aller Regionen** und wichtiger Städte des Landes. Zur besseren Orientierung sind die Ortsnamen bei ihrer ersten Nennung auch in **kyrillischer Schreibweise** angegeben. Städte mit überwiegend albanischer Bevölkerung werden jeweils auch unter ihrem albanischen Namen genannt. Die Abkürzung ›Sv.‹ muss je nach Geschlecht des/der Heiligen als Sveti oder Sveta gelesen werden.

Stadtpläne und Karten sind sowohl kyrillisch als auch in der transliterierten Schreibweise beschriftet. Für **Ortsbezeichnungen** gilt, dass es gelegentlich abweichende Schreibweisen geben kann, die im regionalen Sprachgebrauch gleichwertig benutzt werden.

Wichtige Informationen zu Anreise, Unterkünften, Restaurants und Freizeitaktivitäten sind jeweils am Ende eines Kapitels in **Infokästen** zusammengefasst. Insbesondere Informationen zu **Preisen und Fahrplänen** sollten als Richtwerte verstanden werden und vor Ort noch einmal überprüft werden, da sie sich häufig kurzfristig ändern und so nicht immer auf dem aktuellsten Stand sein können. Die **Preise der Hotels** sind entweder in Euro oder in Denar (MKD) angegeben, dies entspricht den Angaben über die üblichen Zahlungsmittel des Hotels.

Da es in Makedonien nicht üblich ist, zum Straßennamen die Bezeichnung ulica (Straße) oder bulvar (Boulevard) hinzuzufügen, wurde auch in diesem Buch weitgehend darauf verzichtet.

Im dritten Teil des Buches sind **Sprachführer**, **Reisetips von A bis Z**, **Glossar** und **Register** untergebracht.

Soweit nicht anders vermerkt, sind alle im Buch angegebenen **Internetadressen** in makedonisch und englisch verfügbar.

Zeichenlegende

Touristeninformation

Telefon, Postämter

Banken, Geldautomaten, Wechselstuben

Internetcafés

Anfahrt mit dem Auto, Tankstellen

Busbahnhof, Busverbindungen

Bahnhof, Zugverbindungen

Flughafen, Flugverbindungen

Schifffahrten, Bootstouren

Taxihaltestellen, Taxitarife

Hotels, Pensionen, Berghütten

Campingplätze

Restaurants

Cafés

Bars, Clubs, Nachtleben

Museen

Veranstaltungen, Festivals

Fahrradverleih

Schwimm- und Thermalbäder

Strände, Bademöglichkeiten

Tauchbasen

Segelbootverleih

Skigebiete, Verleih

Sonstige Sportmöglichkeiten

Ausflüge, Wanderungen, Klettern

Einkaufsmöglichkeiten, Märkte

Das Wichtigste in Kürze

Formalitäten

Für die Einreise nach Makedonien benötigen EU-Bürger kein Visum, sondern nur einen **Reisepass oder Personalausweis** mit mindestens sechsmonatiger Gültigkeitsdauer. Wer nicht im Hotel wohnt, muss sich drei Tage nach Ankunft bei der zuständigen Polizeistelle anmelden.

Gefahren

Makedonien gilt als **sicheres Reiseland** mit einer niedrigen Kriminalitätsrate. Wegen vergangener Ausschreitungen warnt das Auswärtige Amt noch immer zu besonderer Vorsicht in den nördlichen und nordwestlichen Grenzgebie-

Aufstieg zum Titov Vrv

Unterwegs auf dem Ohridsee

ten, aktuelle Informationen unter www.
auswaertiges-amt.de.

Geld

Die Landeswährung ist der Denar (offiziell MKD), wobei 1 Euro 61,5 MKD
entspricht. **Euro** und **Kreditkarten** werden vor allem bei größeren Hotels und
Restaurants akzeptiert.
Bargeld kann in Wechselstuben problemlos gewechselt werden, in Banken
gegen Vorlage eines Reisepasses.
Speziell in Skopje gibt es allerorts **Geldautomaten**, die internationale Kreditkarten akzeptieren.
Reisechecks funktionieren, sind aber
nicht empfehlenswert.

Reisezeit

April bis Oktober sind geeignete Monate zum Reisen, wobei Mai, Juni und

September klimatisch die angenehm-
sten Bedingungen bieten. Im Juli und
August ist es speziell in den Ebenen sehr
heiß und trocken, in den höheren Lagen
allerdings ideal zum Wandern.
Im Winter laden Makedoniens Berghänge zum Skilaufen.

Reisen im Land

Es gibt ein gutes und günstiges Netz an
regelmäßigen **Überlandbussen**.
Züge fahren weit seltener, sind langsam
und befahren nur wenige Strecken.
In größeren Städten sind **Mietautos**
erhältlich. Beim Autofahren ist zu bedenken, dass die Straßenverhältnisse
nicht immer westeuropäischen Standards entsprechen und die Autobahn
mautpflichtig ist. Im örtlichen Buchhan-
del sind inzwischen gute Straßenkarten
erhältlich.

Telefon

Internationale Vorwahl: 00389
Vorwahl Skopje: 02
Feuerwehr: 193
Polizei: 192
Zentrale Notrufnummer zum Sperren von EC-/Kredit-/Handykarten: 0049/116116.

Unterkunft

Die Zahl der guten **Hotels internationalen Standards** ist durch Sanierungen und Neubauten in den letzten Jahren erheblich gestiegen. Besonders groß ist das Angebot an Unterkünften in Skopje und Ohrid, wo man für ein durchschnittliches Doppelzimmer etwa 60 Euro zahlt. Die preiswertesten Zimmer kosten 10 Euro pro Person und sind sehr schlicht. In Skopje gibt es eine **Jugendherberge** und neuerdings die landesweit ersten privaten **Hostels**.
Außerhalb sind Hotels oft günstiger, und in einigen Gegenden bieten Bewohner **Privatunterkünfte** an (5–15 Euro pro Person).

Verständigung

Die jüngere Generation spricht oft gut Englisch, speziell im urbanen Raum, während die ältere bisweilen über (geringe) Deutschkenntnisse verfügt. Makedonisch ist im Vergleich zu anderen slawischen Sprachen sehr zugänglich und leicht zu lernen, sobald man sich an die kyrillische Schrift gewöhnt hat

Das Beste von Makedonien

Städte

Ohrid – mittelalterliche Klöster und Kirchen, Altstadtarchitektur, Samuils Festung, Sv. Naum, Fischessen am See (S. 113); **Skopje** – osmanische Altstadt, Bit Pazar, Festung Kale, Fußweg am Vardar (S. 70); **Bitola** – Moscheen und osmanische Altstadt, Jahrhundertwende-Architektur, Širok Sokak (S. 147), **Heraklea** (S. 154); **Prilep** – Kirchen und Klöster in Varoš, Markovi Kuli, Altstadt (S. 164); **Kruševo** – Makedonium, Altstadthäuser, Museen, Panorama (S. 174)

Naturschönheiten

Ohridsee (S. 113); Prespasee mit der Insel Golem Grad (S. 139); Nationalpark Pelister (S. 156); Nationalpark Galičica (S. 137); Mavrovopark und -see (S. 198); Matka (S. 100); Berg Vodno (S. 98); Bergregionen, Wasserfälle bei Strumica (S. 246)

Die sehenswertesten Kirchen, Klöster und Moscheen

Kloster Treskavec bei Prilep (S. 170); Lesnovski-Kloster bei Probištip (S. 222); Sv. Jovan Bigorski bei Debar (S. 204); Sv. Sofija und Kloster Sv. Naum bei Ohrid (S. 115, 124); Sv. Spas, Mustafa-Pascha-Moschee, Hjunkar-Moschee und Sv. Pantelejmon in Skopje (S. 75, 78, 96); Derwischkloster und Šarena-Moschee in Tetovo (S. 189), Osogovski-Kloster bei Kriva Palanka (S. 224)

Die schönsten Dörfer

Vevčani (S. 135); Brajčino und Leunovo (S. 160); Galičnik und Lazaropole (S. 201, 203); Dörfer in Mariovo (S. 161); Dörfer um Berovo und Radoviš (S. 238)

Die besten Wandergebiete

Popova Šapka (S. 194); Karadžica-Massiv (S. 107), Solunska Glava (S. 107); Pelister (S. 156); Golem Korab (S. 203); Titov Vrv (S. 194); Region Mavrovo (S. 198)

Spanne Himmel/
ein Schritt Acker/
Traum in flacher Hand/
Tropfen Meer/
Handvoll wilden Roggens/
weißneblige Fäden/
Atem eines Gewitters/

Wind in der Kehle/
Durstiger Brunnen/
Hungrige Herde –
Das ist Makedonien.

Slavko Janevski, Maß

Land und Leute

Makedonien im Überblick

Name: Republik Makedonien/Republika Makedonija. Von den USA ist der Name seit November 2004 offiziell anerkannt, in Europa ist die offizielle Bezeichnung noch FYROM, ›Former Yugoslav Republic of Macedonia‹.

Die Flagge Makedoniens

Status: Unabhängig seit 1991.
Amtssprachen: Makedonisch, Albanisch als zweite Amtssprache in Gebieten mit über 20 Prozent Albanern.
Weitere Sprachen: Türkisch, Fromani, Serbisch, Wlachisch.
Alphabet: Kyrillisch, Latein.
Fläche: 25713 Quadratkilometer.
Hauptstadt: Skopje.
Weitere größere Städte: Kumanovo, Bitola, Prilep, Tetovo, Veles, Štip, Strumica.
Staatsgrenzen: Albanien, Bulgarien, Griechenland, Kosovo, Serbien.
Höchste Erhebung: Berg Korab, 2753 Meter.
Längster Fluss: Vardar, 388 Kilometer.
Größter See: Ohridsee, 350 Quadratkilometer.
Nationalparks: Mavrovo, Pelister, Galičica.
Klima und Klimazonen: gemäßigt kontinental, im Vardartal mediterraner Einfluss.
Niederschläge: 500 bis 700 Millimeter jährlich.

Durchschnittstemperaturen: in Skopje im Winter 1 Grad plus, im Sommer 23 Grad.
Einwohnerzahl: ca. 2 061 000 (Schätzung 2008).
Bevölkerungsdichte: 80 Einwohner pro Quadratkilometer.
Ethnische Zusammensetzung: Makedonier 64,2 Prozent, Albaner 25,2 Prozent, Türken 3,8 Prozent, Roma 2,7 Prozent, Serben 1,8 Prozent, Bosniaken 0,8 Prozent, Wlachen (Aromani) und andere 0,5 Prozent (letzte Zählung 2002).
Religion: makedonisch-orthodox 70 Prozent, muslimisch 29 Prozent, andere 1 Prozent.
Verhältnis Stadt-/Landbevölkerung: 60:40.
Arbeitslosenrate: 35 Prozent (2008).
Staatsform: Parlamentarische Demokratie mit Einkammerparlament.
Parlament: Sobranje, 120 Mitglieder, Wahl alle 4 Jahre.
Präsident: Branko Crvenkovski (SDSM).
Premierminister: Nikola Gruevski (VMRO-DPMNE).
Mitgliedschaft in internationalen Organisationen: EU-Beitrittskandidat, Mitglied in UNO und UN-Sonderorganisationen, OSZE (Organisation für Sicherheit und Zusammenarbeit in Europa), Europarat, CEI (Central European Initiative) und andere.
Landeswährung: Denar (MKD), ist an den Euro gekoppelt und stabil. 1 Euro=61,5 Denar.
Zeit: MEZ mit Sommer- und Winterzeit.
Nationalfeiertag: 8. September (Unabhängigkeittag).
Autokennzeichen: MK.
Vorwahl: 00389.
Internetkennung: mk.

Geographie

Makedonien liegt auf der südlichen Balkanhalbinsel, unmittelbar nördlich von Griechenland. Um die Republik geographisch besser von der gleichnamigen, etwa dreimal so großen Region Makedonien abgrenzen zu können, wird es aufgrund seines längsten Flusses, der quer durch das Land Richtung Griechenland fließt, auch als Vardar-Makedonien bezeichnet. Im Gegensatz dazu gehört Pirin-Makedonien zum bulgarischen Staatsgebiet, das ägäische Makedonien zu Griechenland, und ein kleiner Teil im Westen der Region gehört heute zu Albanien.

Während die Region Makedonien über Thessaloniki einen Zugang zum Mittelmeer hat, ist die Republik ein Binnenland, eingeschlossen von Albanien im Westen, Kosovo und Serbien im Norden, Bulgarien im Osten und Griechenland im Süden. Mit gerade mal 26 000 Quadratkilometern ist Makedonien kleiner als das Land Brandenburg und hat eine ähnliche Bevölkerungsdichte. Mehr als ein Viertel der gut zwei Millionen Einwohner lebt in der Hauptstadt Skopje im Nordwesten Makedoniens.

Dass das Land so überaus bergig ist, liegt daran, dass sich hier die drei tektonischen Platten von Afrika, Europa und Asien treffen. Das ist einerseits auch der Grund für die vielen heißen Quellen, die aus der makedonischen Erde sprudeln, aber auch für die Erdbeben, die das seismisch aktive Gebiet regelmäßig heimsuchen. Zwischen den teilweise über 2500 Meter hohen Bergen liegen Beckenlandschaften, die landwirtschaftlich genutzt werden und vor allem dem Wein-, Tabak- und Obstanbau dienen. Besonders fruchtbar ist das Vardartal, das im Süden vom mediterranen Klima der Ägäis beeinflusst wird. Im Rest des Landes herrscht kontinentales Klima vor, was für besonders heiße Sommer sorgt. Denen kann man am besten mit einem Ausflug in die Berge entkommen, wo Gebirgsklima für Abkühlung sorgt. Neben den Gebirgsmassiven sind es vor allem die vielen Karsthöhlen, die artenreiche Pflanzenwelt und die großen Seen im Süden des Landes, die die reizvolle Natur Makedoniens ausmachen.

Gebirge

Gut 80 Prozent der makedonischen Landschaft sind bergig. Das winzige Land hat viele Gipfel, die über 2000 Meter hoch sind, und auch der Rest liegt zum Großteil mindestens 600 Meter über dem Meeresspiegel. Kein Wunder also, dass Wandern der Nationalsport Nummer eins ist. Dabei tragen die makedonischen Gebirgslandschaften sehr unterschiedliche Gesichter. Während die Berge im Osten eher sanften Hügeln gleichen, ragen in Makedoniens Westen seine steilsten Gipfel auf. Der höchste Berg ist der Golem Korab, dessen 2753 Meter hohe Spitze die Grenze zu Albanien markiert. Wegen der Grenzlage ist er nur mit einer gesonderten Genehmigung zu besteigen. Der Berg Titov Vrv ist nur wenige Meter niedriger und liegt westlich der Stadt Tetovo. Er gehört zu den Šarbergen, die Makedoniens längste Gebirgskette bilden und über die Grenze hinaus in den Kosovo reichen. Der landesweit spektakulärste Wanderweg verbindet die Gipfel

Bergpanorama im Winter

Ljuboten, Titov Vrv und Korab miteinander und führt auf einer Strecke von 80 Kilometern quer über das gesamte Šarmassiv, wobei nicht ein einziges Mal eine Höhe von 2000 Metern unterschritten wird.

Im südlichen Makedonien wurden die Bababerge mit dem über 2600 Meter hohen Gipfel Pelister und das Galičicamassiv wegen ihrer artenreichen Flora und Fauna zu Nationalparks erklärt. Von beiden genießt man grandiose Ausblicke auf die beiden größten makedonischen Gewässer, den Ohrid- und den Prespasee. Der Berg Korab gehört ebenfalls zu einem geschützten Gebiet, dem Nationalpark Mavrovo. Dort liegt auch der Berg Bistra, dessen Hänge im Winter zu einem beliebten Skigebiet werden. Andere Möglichkeiten zum Skilaufen gibt es in den Šarbergen, im Pelisterpark und bei Kruševo, der auf 1250 Metern gelegenen höchsten Stadt des Landes. Bei Gevgelija entsteht mit Kožuf gerade Makedoniens bisher größtes und modernstes Skiareal. Die weitesten Täler Makedoniens sind Ovče Pole nordwestlich der Stadt Štip, die Pelagonija-Ebene zwischen Prilep und Bitola und die Polog-Ebene zwischen Tetovo und Gostivar.

Gewässer

Im Süden des Landes gibt es drei große tektonische Seen, die Makedonien mit Albanien und Griechenland teilt. Sie sind vor tausenden von Jahren durch Verschiebungen der Erdplatten entstanden und beherbergen Lebensformen, die anderswo schon lange ausgestorben sind. Deshalb wurde einer von ihnen, der Ohridsee, von der UNESCO zum Weltkulturerbe erklärt. Er ist zugleich mit annähernd 300 Metern der tiefste See des Balkan und mit einer Fläche von 350 Quadratkilometern das ›makedonische Meer‹. In den Sommerferien strömen die Makedonier an seine Kieselstrände, von denen aus immer das bergige Ufer Albaniens in Sichtweite ist. Knapp die Hälfte des fischreichen Sees gehört zum Nachbarland. Der Ohridsee ist das einzige Gewässer Makedoniens, auf dem Schiffe fahren, die die Größe eines Ruderboots übertreffen.

Etwa genauso groß, aber wesentlich flacher und weniger gut besucht ist der Prespasee, der über 800 Meter hoch liegt und mehrere Inseln hat. Mitten im See treffen sich die Grenzen Makedoniens, Albaniens und Griechenlands. Der dritte und kleinste tektonische See liegt im östlichen Makedonien. Er ist gerade mal zehn Meter tief, und seit einigen Jahren sinkt der Wasserspiegel mit dramatischer Geschwindigkeit, weshalb die Existenz des Dojransees trotz künstlicher Bewässerungsmaßnahmen akut gefährdet ist. Noch gilt er als reiches Fischgewässer und beliebter Badesee.

Stauseen

Außer den vielen kühlen Gletscherseen und Wasserfällen, die höher in den Bergen liegen, gibt es seit den 1950er Jahren zahlreiche Stauseen. Die größten von ihnen sind der erst kürzlich gestaute See Kosjak zwischen Skopje und Gostivar am Fluss Treska sowie die Stauseen im Nationalpark Mavrovo, bei der Stadt Debar und südlich von Kavadarci. Die meisten Seen passen sich so gut in die Landschaft ein, dass man sie glatt für natürlich halten könnte. Ihre Ufer sind längst zu beliebten Ausflugszielen und Erholungsorten geworden.

Flüsse

Der mit 400 Kilometern längste Fluss Makedoniens ist der Vardar, der das Land in zwei Hälften teilt. Er entspringt in der Nähe von Gostivar im Nordwesten und mündet nicht weit von Thessaloniki in die Ägäis. Auf seinem Weg durch-

Der Stausee Mladost bei Veles

Land und Leute

Angler bei Kališta am Ohridsee

quert er Skopje und das Tikveštal, Makedoniens reichste Weinregion. Andere
wichtige Flüsse sind Crna Reka, Radika, Treska und Babuna, jedoch ist keiner der
makedonischen Flüsse schiffbar. Streckenweise sind sie kanutauglich, aber
viele der kleineren Flüsse sind im Sommer nicht viel mehr als grün bewachsene
Gräben.

Quellen

Eine Besonderheit Makedoniens sind die heißen Quellen, die sulfathaltig und
mit Temperaturen bis zu über 70 Grad aus der Erde sprudeln. Die meisten von
ihnen wurden zu medizinischen Thermalbädern umgebaut, wobei die spezifisch
gesundheitsfördernde Wirkung jeweils von der Art der Minerale abhängt, die
das Wasser auf seinem Weg durch die Erde passiert. Solche Bäder gibt es zum
Beispiel in Katlanovo bei Skopje, sowie in der Umgebung von Debar, Gevgelija
oder Strumica. Sie alle stammen noch aus der jugoslawischen Ära und warten
auf ihre dringend nötige Sanierung.
Zu guter Letzt sind da noch die vielen Mineralwasserquellen, deren Wasser als
›kisela voda‹ unter verschiedenen Namen verkauft wird. Vielerorts kann man
es aber auch kostenlos selbst abfüllen, wie etwa am Fluss Pena bei Tetovo oder
an den Quellen von Kumanovo.

Flora

Der Artenreichtum von Flora und Fauna ist in Makedonien besonders groß. Die
relativ geringe Einwohnerdichte des Landes und seine mäßig entwickelte Industrie haben vielen Arten, die andernorts schon ausgestorben sind, das Überleben

in einer relativ unberührten Natur ermöglicht. Besonders kommt das in Gebieten zum Tragen, die durch mangelnde Infrastruktur von der Umwelt quasi abgeschnitten sind. Hinzu kommen die unterschiedlichen Klimazonen, die in Makedonien aufeinandertreffen und Pflanzen und Tieren spezifische Lebensräume schaffen.

Um diesen Reichtum besser schützen zu können, wurden drei Nationalparks ins Leben gerufen, von denen der größte, der Park Mavrovo, 73 Hektar umfasst. Insgesamt wurden in Makedonien über 3500 verschiedene Pflanzenarten festgestellt, darunter viele genießbare Sorten wie wildwachsende Heilkräuter, Gewürze, Pilze und Beeren, die neben Granatäpfeln, Mirabellen, Pfirsichen und Wein gedeihen. Zu den Pflanzenarten, die in Makedonien Geschichte gemacht haben, zählt vor allem die fünfnadlige Molikakiefer, die angeblich äußerst selten ist und in Makedonien nur an den Hängen des Pelisterparks wächst. Generell gibt es in den höheren Bergregionen ausgedehnte Kiefernwälder, die aufgrund ihrer Schönheit in vielen Volksliedern besungen werden, und in den tieferen Gebieten hauptsächlich Buchen und Eichen. Insgesamt ist rund ein Drittel der makedonischen Landschaft bewaldet.

Fauna

Zu der nicht minder reichhaltigen Fauna des Landes, die besonders in den ungewöhnlichsten Insektenarten zum Ausdruck kommt, zählen in den Wäldern neben Wild, Füchsen, Gemsen und Wildschweinen auch Braunbären und Wölfe. Luchsen kann man am ehesten in den Šarbergen begegnen. Es gibt keine zuverlässigen Zahlen darüber, wie umfangreich der Bestand dieser Tiere heute noch ist, denn die letzten Schätzungen wurden in den 70er und 80er Jahren vorgenommen. Man weiß nur, dass es 1997 im Park Mavrovo noch 160 bis 200 Braunbären gab, die kurz zuvor unter Schutz gestellt worden waren. Außerdem wird angenommen, dass es etwa 700 Wölfe in Makedonien gibt, und an den Seen leben einige seltene Vogelarten wie Pelikane und Kormorane. Die sind am besten im Vogelschutzgebiet Ezerani am Prespasee zu beobachten, während in den höheren Bergregionen Adler und Falken leben. Zu Makedoniens Fauna zählen außerdem einige giftige Schlangen, auf die man nach Möglichkeit nicht treten sollte, die aber normalerweise schnell verschwinden, sobald man sich nähert. Häufig ist das, was am Wegesrand raschelt, jedoch keine Schlange, sondern eine Schildkröte. Die gibt es in Makedonien in rauhen Mengen. Übrigens wollen sie nicht überfahren werden, auch wenn sie sich am liebsten mitten auf der Straße sonnen.

Klima und Reisezeit

Das überwiegend kontinentale Klima sorgt für heiße Sommer und schneereiche Winter. Frühling und Herbst sind häufig sehr kurz.

Wenn man nicht gerade zum Skilaufen kommen möchte, ist die beste Reisezeit für Makedonien von März bis Oktober, wenn es trocken und warm ist. Besonders geeignet sind die Monate Mai und Juni, weil man dann die größte Hitze und die makedonischen Sommerferien vermeidet. Dafür sind die Seen häufig noch zu kalt

Hochbetrieb am Dojransee

zum Baden, und im Mai muss man mit gelegentlichen Niederschlägen rechnen. Das wiederum sorgt dafür, dass die Landschaft zu dieser Zeit grün und üppig ist, während sie im Hochsommer vielerorts staubig und trocken wird. Im Frühling kann es in den Bergen noch recht frisch sein, aber man wird mit einer besonders klaren Sicht belohnt, die im Laufe des Jahres zunehmend dunstiger wird.

Juli und August sind die heißesten Monate, besonders im Pelagonijabecken und im Vardartal, in dem auch Skopje liegt. Im mediterran beeinflussten südlichen Vardartal scheint die Sonne am längsten und am intensivsten. So muss man sich in den Städten Dojran, Gevgelija und Demir Kapija nicht wundern, wenn das Thermometer im Sommer auf 40 Grad steigt. Für ausgedehnte Stadtbesichtigungen ist es in dieser Zeit zu heiß, und zwischen 12 und 16 Uhr vermeiden es zumindest Einheimische, sich viel unter freiem Himmel zu bewegen. Lieber nutzen sie die Ferien und füllen die Strände der makedonischen Seen. Ideal sind diese Monate für Festivalfans, die in jeder größeren Stadt auf ihre Kosten kommen, und für Wanderungen in den Bergen. Besonders in den höheren Bergregionen, in denen von November bis April oft über ein Meter Schnee liegt, ist es in den Sommermonaten angenehm frisch. Vor allem nachts liegen die Temperaturen weit unter denen im heißen Vardartal, weshalb die Makedonier, die es nicht an den Ohridsee verschlägt, im Sommer gern in höhergelegene Bergdörfer flüchten.

Im September sind die landesweiten Schulferien vorbei, und die Strände an den noch immer warmen Seen leeren sich langsam. Die Berglandschaften sind im Herbst sehr farbenprächtig und pilzreich. Ab Oktober nehmen die Niederschläge deutlich zu, und im November fällt im Hochland der erste Schnee. Generell ist Makedonien jedoch mit 500 bis 700 Millimetern im Jahr ein niederschlagsarmes Land, in Deutschland etwa regnet es deutlich mehr.

Umweltschutz

Dass Makedoniens Natur vielerorts noch sehr gesund, artenreich und ursprünglich ist, liegt nicht unbedingt an einem besonders ausgeprägten Umweltbewusstsein der Bevölkerung. Erst langsam erkennt man den Reichtum der großartigen Landschaft, und entsprechend zögerlich werden Möglichkeiten wahrgenommen, diese auch in der Zukunft zu schützen. Die wirtschaftliche Pleite vieler technisch rückständiger Industriebetriebe nach Makedoniens Unabhängigkeit 1991 ist für den Arbeitsmarkt noch immer verheerend, kommt aber der Umwelt zugute, die in einigen stark industrialisierten Gebieten wie der Stadt Veles bereits kurz vor dem Umkippen stand. Nun gilt es, die Chance am Schopf zu packen und die Potentiale der überaus reichen Natur zu erkennen und zu nutzen. Dies haben sich einige Organisationen zum Ziel gesetzt, die sich unter anderem dem Kampf gegen wilde Müllkippen und der Artenerhaltung in geschützten Reservaten verschrieben haben. Zu ihren Anliegen gehört auch die Entwicklung eines sogenannten Ökotourismus, der im Einklang mit der Natur zu biologischen Entdeckungsreisen einlädt und in Kooperation mit der Landbevölkerung darum bemüht ist, das von Armut bedrohte Dorfleben zu erhalten.

Der Mavrovo-See im gleichnamigen Nationalpark

Land und Leute

Erstmalig öffnen in Makedonien Ökocamps und Fahrradverleihe ihre Pforten und bereichern damit das Spektrum eines umweltorientierten Tourismus, das bislang auf den ohnehin naturverbundenen Wander-, Kletter- und Hüttentourismus beschränkt war, der auch bei Makedoniern äußerst beliebt ist. Generell sind diese Möglichkeiten aber noch stark unterentwickelt, und die ersten ernstzunehmenden Radwege sind erst dieser Tage an Skopjes Vardarufer und am Ohridsee bei Struga entstanden. Die zaghaften Ansätze zu einem ökologischen Bewusstsein stehen im krassen Gegensatz zu dem Müll, der nicht nur die Straßen urbaner Gebiete verunstaltet, sondern vielerorts auch Flüsse und Seen verschmutzt. Das hat weniger mit persönlicher Nachlässigkeit als mit Armut und schlechter Infrastruktur zu tun, denn in vielen Orten gibt es nur mangelhafte Alternativen zur Müllbeseitigung, geschweige denn so etwas wie eine örtliche Müllabfuhr. Zu den engagiertesten Umweltschützern zählen übrigens die Roma: Viele von ihnen leben vom Recycling, und es ist doch beruhigend zu wissen, dass sie die Pappreste von den Straßen der Großstädte nicht zum Häuserbauen einsammeln, sondern um sie zum Recyclinghof zu bringen.

Nationalparks

Im Westen Makedoniens gibt es drei Nationalparks mit unterschiedlich streng geschützten Zonen und ein Vogelschutzgebiet. Die Einrichtung weiterer geschützter Areale ist geplant.

Der älteste und kleinste Nationalpark, Pelister, ist landschaftlich besonders attraktiv. Er liegt im Gebiet des gleichnamigen, über 2600 Meter hohen Berges am östlichen Ufer des Prespasees und ist am weitesten fortgeschritten, was die Kennzeichnung von Wanderwegen und die Etablierung eines naturnahen Dorftourismus betrifft.

Nur wenige Kilometer weiter, in der Mitte der beiden großen Seen, liegt auf einem anderen Gebirgsmassiv der Park Galičica, der ähnlich klein ist und dabei besonders schöne Ausblicke auf die beiden Gewässer ermöglicht. Seine geologische Besonderheit ist der weiche Kalkstein, durch den hindurch der eine See den anderen speist. Im Gegensatz zu anderen Kalksteingebirgen wachsen in Galičica viele südbalkanische Pflanzenarten, die es sonst vornehmlich in Griechenland gibt. Zwischen beiden Parks liegt das Vogelschutzgebiet Ezerani, in dem es Pelikane und Kormorane zu beobachten gibt.

Der mit 73 000 Hektar größte Nationalpark erstreckt sich im äußersten Westen Makedoniens, an der Grenze zu Albanien. Der Park Mavrovo umschließt die südlichen Šarberge, den westlichen und zentralen Teil des Bistragebirges und einen Teil der Korab- und Dešatmassive. Wegen der großen Höhenunterschiede von 700 bis über 2700 Meter leben hier besonders viele verschiedene Pflanzen- und Tierarten, unter anderem auch Adler, Falken und Luchse. In Mavrovo und Pelister gibt es zahlreiche Übernachtungsmöglichkeiten, im Mavrovopark auch einen sporadisch geöffneten Fahrradverleih.

Landschaft in Mavrovo

Geschichte

Makedonien blickt auf eine ausgesprochen reiche und turbulente Geschichte zurück. Am Kreuzweg machtpolitischer Interessen zwischen Orient und Okzident gelegen, war die Region kontinuierlicher Spielball und Zankapfel unzähliger Herrscher und Mächte, die sichtbar Spuren hinterlassen haben und Makedonien zu einer reichhaltigen archäologischen Fundgrube machen. Die unterschiedlichen Machtansprüche beeinflussen bis heute das politische Klima der gesamten Region.

Seine größte Zeit erlebte das Gebiet unter Alexander dem Großen – auch Alexander III. von Makedonien oder Aleksandar Makedonski genannt –, dessen Reich sich bis an den Indus erstreckte. Im Mittelalter blühte das Gebiet unter Zar Samuil auf, bevor es für fast 500 Jahre Teil des Osmanischen Reichs wurde. Erst infolge der Loslösung von Jugoslawien gibt es seit 1991 einen eigenständigen Staat namens Makedonien, der Teil der gleichnamigen, weitaus größeren Region ist.

Die Anfänge

Das Gebiet Makedoniens war bereits in der frühen Steinzeit besiedelt, wie archäologische Funde verrieten. Noch vor den antiken Makedoniern lebten hier ab dem 2. Jahrtausend vor unserer Zeit das Volk der Päonier, das, so will es die Legende, vom Flussgott Axios abstammte. Axios ist der Fluss, der in Makedonien heute Vardar heißt, während er in Griechenland noch seinen alten Namen trägt. Andere Quellen vermuten, dass die Päonier aus Kleinasien eingewandert sein könnten, bevor sie im Norden der heutigen Republik, also im Umkreis von Skopje, ansässig wurden. Benachbart lebten in der Gegend um Heraklea, dem heutigen Bitola, die Lyncester, die Dassareten bei Ohrid und die Illyrer im Gebiet des heutigen Albanien.

Das Reich Alexander des Großen in seiner größten Ausdehnung

In Auseinandersetzungen zwischen den rivalisierenden Nachbarn gewann das Volk der Makedonier, deren Gebiet im Süden der heutigen Republik lag, zunehmend die Oberhand. Die antiken Makedonier waren berüchtigt für ihre Jagdkünste, ihre Kampfeslust und ihren Ehrgeiz, das eigene Reich auszuweiten – womit sie die nächsten 700 Jahre verbrachten. Die Griechen liebten ihre nördlichen Nachbarn nicht und verachteten sie als Barbaren, denen sie bis ins 5. Jahrhundert vor Christus die Teilnahme an den Olympischen Spielen verboten.

Nachdem sein Vater, Philipp II., den Süden Päoniens annektiert und das makedonische Reich damit bereits erheblich vergrößert hatte, erlangte es unter seinem Sohn Alexander die weiteste Ausdehnung: Zwischen 333 und 323 vor unserer Zeit eroberte Alexander der Große ein Gebiet, das über die ägäischen Inseln, Ägypten, Kleinasien, den östlichen Irak bis in das westliche Indien reichte. 331 vor Christus machte Alexander Babylon zur Hauptstadt seines riesigen pan-hellenischen Reichs. Doch mit seinem plötzlichem Fiebertod war es auch vorbei mit dem großen Imperium, das, von inneren Auseinandersetzungen geschwächt, bald darauf zerfiel. Was geblieben ist, ist ein Streit zwischen den heutigen Makedoniern und Griechen, die sich beide gern in der Nachfolge des großen Alexander sehen.

Unter römischer Herrschaft

Das geschwächte Makedonien war ein komfortables Angriffsziel für das Römische Reich, das Makedonien in drei gut ein halbes Jahrhundert währenden Kriegen immer weiter schrumpfen ließ. In der Schlacht von Pydna, 168 vor unserer Zeit, unterlag schließlich der letzte makedonische König, Perseus, den Römern, und Makedonien gehörte, in vier selbständige Bundesstaaten (meriden) aufgeteilt, für die nächsten 800 Jahre zu Rom, das ehemalige Päonien zur römischen Provinz Moesia Superior. Mit der zunehmenden Ausdehnung des Römischen Reichs wuchs auch die Bedeutung der makedonischen Städte, die an den römischen Handelsstraßen lagen. Die wichtigste unter ihnen war die Via Egnatia, die vom Hafen in Durrës im heutigen Albanien bis nach Thessaloniki und später bis nach Konstantinopel verlief. Sie verband das heutige Ohrid mit Bitola und der Stadt Lynk. Von den antiken Straßen ist heute nicht mehr viel zu sehen, aber die Ruinen der damals wichtigen Städte sind noch vielerorts zu finden. Die bedeutendsten unter ihnen sind heute zweifelsohne Heraklea und Stobi, die beide an Verkehrsknotenpunkten der Römerwege lagen und zusammen mit Skupi, dem heutigen Skopje, nach der Ankunft des Christentums ab 300 nach Christus die Bischofssitze der jeweiligen römischen Provinzen wurden. Im Jahr 395 teilte sich das Imperium Romanum in das West- und das Oströmische Reich. Im Gegensatz zu Westrom, das unter dem Andrang der Germanen rasch zerfiel, konnte sich der Vielvölkerstaat Ostrom mit seiner Hauptstadt Konstantinopel insgesamt 800 Jahre behaupten, wurde jedoch Schauplatz unzähliger Auseinandersetzungen. Deren Ursachen waren vor allem Völkerwanderungen, speziell der Einfall verschiedener Stämme, die ihrerseits die Region unter ihre Herrschaft bringen wollten. Nacheinander fielen im Gebiet Makedoniens Hunnen, Goten

Mosaik im ehemaligen römischen Bischofssitz Heraklea

und Avaren ein, die alles plünderten und zerstörten, was sie vorfanden. Der Hunnenkönig Attila überfiel im Jahr 447 annähernd 100 Städte, und die, die unversehrt geblieben waren, fielen wenig später den anderen Völkern zum Opfer. Den Rest erledigte im Jahr 518 ein disaströses Erdbeben.

Einwanderung der Slawen

Als die ersten slawischen Stämme im späten 6. Jahrhundert in Makedonien eintrafen, fanden sie ein ruiniertes Land vor, in dem es außer ein paar kleinen Siedlungen nicht viel gab. Sie bildeten Enklaven und ließen sich von der weitgehend schon christianisierten Bevölkerung bekehren. Unter dem slawischen König Samuil gehörte Makedonien ab 976 zu dessen großbulgarischem Reich, das sich über große Teile Griechenlands, Albaniens, Dalmatiens, Bosniens und Serbiens ausdehnte. Zum Schutz seines Reiches ließ Samuil in Ohrid ein großes Fort errichten, doch 1014 verlor er eine Schlacht gegen Basilius II., und das Gebiet fiel wieder unmittelbar an Byzanz. In den Folgejahren wurde es von den Normannen geplündert, 1096/97 trieben Kreuzfahrer auf ihrem Weg durch Makedonien hohe Kriegssteuern ein, und zehn Jahre später fielen die Normannen zum zweitenmal in dem geprügelten Land ein und plünderten und zerstörten es erneut.

500 Jahre unter den Osmanen

Das Byzantinische Reich wurde 1453 mit dem Fall Konstantinopels in die Hand des Sultans Muhammed II. endgültig vom Osmanischen abgelöst, das sich bis 1683 über ganz Südosteuropa, große Teile von Vorderasien und Nordafrika ausbreitete und in seiner Blütezeit bis unmittelbar vor Wien reichte. Anders als in allen anderen Staaten des ehemaligen Jugoslawien blieben die Osmanen in Makedonien ganze 500 Jahre. Der legendenumwobene makedonische König Marko (1335–1395), der seinen Herrschaftssitz in seiner noch heute sichtbaren Festung in Prilep hatte, kämpfte lange, doch letztendlich erfolglos gegen die osmanischen Truppen, und nacheinander fielen alle Städte an die neuen Herrscher. Skopje wurde bereits im Jahr 1392 erobert, und bis 1394 war ganz Makedonien osmanisch. Marko starb in Rumänien, wohin ihn die Osmanen zum Kampf gegen die Wlachen gezwungen hatten.

Die neuen Herrscher waren keineswegs ausschließlich türkisch, sondern eine muslimische Elite, der auch Personen anderer Nationalitäten angehören konnten, solange sie sich zum Islam bekannten oder konvertierten. Die Sprache der Osmanen ähnelte der Sprache der Türken, enthielt aber auch viele arabische und persische Wörter. Wie man an den Inschriften der Moscheen und Schutzbriefen über Klostertoren erkennen kann, war die Schrift der Osmanen arabisch und hat mit dem heutigen Türkisch nicht viel zu tun.

Die Osmanen brachten neben dem Islam auch türkische Siedler mit, die künftig die Städte bewohnten, während viele Makedonier auf das Land und in die Berge flohen. So konnten die neuen Herrscher ungestört Kirchen abreißen und Moscheen, Bäder und Uhrentürme bauen. Einige Klöster wurden mit Schutzbriefen versehen, um sie vor dem Ansturm der Muslime zu retten, andere wurden in Moscheen verwandelt. Wegen seiner günstigen Lage wurde Makedonien zu einem bedeutenden Handelszentrum des Reichs und entwickelte eine blühende Wirtschaft.

Moschee und Koranschule in Gostivar

Land und Leute

Immer wieder gab es Aufstände gegen die Besatzer, die aber erfolglos blieben. Im 17. Jahrhundert sandte Leopold I. General Piccolomini mit dem Auftrag nach Makedonien, Österreich gegen die westwärts ziehenden Osmanen zu schützen. Dem schloss sich ein Rebell namens Karpoš aus der Bergarbeiterstadt Kratovo an, der mit seinen Männern loszog, um das nicht weit entfernte Kriva Palanka von den osmanischen Herrschern zu befreien. Nach den ersten Erfolgen wurden sie kurz vor Skopje blutig zurückgeschlagen. Karpoš wurde mitsamt Gefolge auf der Steinbrücke in Skopje hingerichtet.

Kongress von Stefano

1878 kam es zu einem Krieg zwischen dem Osmanischen Reich und Russland, das seinen orthodoxen Brüdern in Bulgarien und Serbien mehr Land versprach, um seinen eigenen Machtbereich ausweiten zu können. Die Folge war der Kongress von Stefano, in dem Serbien große Gebiete zugesprochen wurden und Bulgarien zum autonomen Staat erklärt wurde, dem zukünftig auch Makedonien angehörte. Westeuropa fühlte sich durch das große Einflussgebiet Russlands jedoch bedrängt und orderte einen neuen Kongress, diesmal in Berlin. Nach nur drei Monaten unter bulgarischer Herrschaft wurde Makedonien an die Osmanen zurückgegeben und mit Versprechungen auf eine spätere Befreiung hingehalten.

Denkmal für Goce Delčev, einen der Anführer im Aufstand gegen die Osmanen

Ilindenaufstand

Verständlicherweise fühlten sich die Makedonier übergangen und entwickelten zunehmend Ideen zu einer eigenen nationalen Befreiung. So entstand 1893/94 in Thessaloniki die VMRO, die Innere Makedonische Revolutionäre Organisation, die unter der Anführung Intellektueller wie Dame Gruev, Pop Arsov und Goce Delčev einen nationalen Aufstand gegen die Osmanen vorbereitete. Ziel war es, das gesamte Gebiet des historischen Makedonien zu befreien und dort endlich selbst zu herrschen. Am 2. August 1903 war es soweit. Die heftigsten Kämpfe gegen die Osmanen fanden rund um Bitola statt, aber die kleine Stadt Kruševo hatte die bessere Taktik und schaffte es als einzige, sich zu befreien und eine eigene Republik auszurufen. Die war allerdings äußerst kurzlebig, denn zehn Tage später kamen die Osmanen und rächten sich mit bis dahin ungekannter Grausamkeit an dem kleinen Bergort.

Erst zehn Jahre später gelang es, die Osmanen mit Hilfe der Nachbarstaaten zu vertreiben.

Kriege und Teilung

Das Osmanische Reich war am Ende hochverschuldet und wurde immer schwächer. Das nutzten Makedoniens Nachbarländer und zogen 1912 vereint gegen die Osmanen in den Krieg, angeblich, um Makedonien im Befreiungskampf zu unterstützen. Dem war aber nicht so. Stattdessen teilten die Siegermächte das Land unter sich auf, und Bulgarien, fest davon überzeugt, dass Makedonien Teil eines Großbulgarischen Reichs sei, schnappte sich den Löwenanteil.

Der Ärger Serbiens und Griechenlands führte nur ein Jahr später zum zweiten Balkankrieg, diesmal unter der Beteiligung von Österreich-Ungarn und Rumänien. Makedonien wurde dem Erdboden gleichgemacht und der Kuchen erneut aufgeteilt. Vardar-Makedonien gehörte fortan zu Serbien, das ägäische Makedonien zu Griechenland und das pirinische zu Bulgarien.

In der Folgezeit kam es zu großen Flüchtlingswellen zwischen den drei Teilen, vor allem aus Griechenland, das in seinem Beuteanteil besonders hart mit den Makedoniern verfuhr. Über 100 000 Einwohner flüchteten nach Bulgarien, davon die Hälfte Makedonier, und 160 000 Griechen und Türken gingen nach Griechenland. Insgesamt wurde fast eine halbe Millionen Menschen zu Flüchtlingen, die von einem Teil Makedoniens in den anderen flohen. Die unglückliche Aufteilung Makedoniens war die Geburtsstunde der sogenannten ›makedonischen Frage‹, die noch heute für Uneinigkeit unter allen beteiligten Ländern sorgt.

Erster Weltkrieg

Auch im Ersten Weltkrieg wurde wieder über das makedonische Gebiet gestritten. Im Kampf der Mittelmächte Deutsches Reich und Österreich-Ungarn im Zusammenschluss mit Bulgarien gegen die Entente von Serbien, Griechenland und Frankreich wurden aus allen drei Gebieten des geteilten Makedonien

Soldaten rekrutiert, die gegeneinander antreten mussten, um den Kampf fremder Interessen im eigenen Land auszutragen. In der anschließenden Friedenskonferenz bei Paris wurde vorgeschlagen, Makedonien zum Protektorat der Liga der Gewinner zu machen oder es ganz sich selbst zu überlassen. Da es zu keiner Einigung kam, wurden die Interessen des Landes einmal mehr übergangen und die Grenzen von 1913 beibehalten. So kam es, dass Vardar-Makedonien nach 1918 zum Königreich der Serben, Kroaten und Slowenen gehörte und ab 1929 zum neugegründeten Jugoslawien.

Spuren des Ersten Weltkriegs im Mariovo

Zweiter Weltkrieg

Im Zweiten Weltkrieg hatte Jugoslawien sich zunächst verpflichtet, Deutschland zu unterstützen. Als es sich jedoch verweigerte, versuchte Hitler die Jugoslawen damit zu locken, dass er ihnen das ägäische Makedonien versprach. Das gleiche Gebiet, das damals zu Griechenland gehörte, sagte er auch den Bulgaren für ihre Allianz zu. Mit anderen Worten: Nur wenige Jahre nach der Teilung des Landes war schon wieder eine Neuziehung der innermakedonischen Grenzen auf dem Tisch. 1941 marschierten Bulgaren, Deutsche und Italiener in Makedonien ein.

Das Denkmal der Befreier in Skopje erinnert an die Partisanen im Zweiten Weltkrieg

Daraufhin schleuste Großbritannien geheime Truppen in das Land, die die Besetzung durch die Achsenmächte unterminieren sollten. Zunächst unterstützten sie die VMRO, dann die neugegründete ›Kommunistische Partei Makedoniens‹, die mit den jugoslawischen Partisanen kämpfte. Am 2. August 1944, nach dem Sieg über die Faschisten, gründete sich im Kloster Prohor Pčinski die ASNOM, die Antifaschistische Versammlung zur Nationalen Befreiung Makedoniens, deren ehrgeiziges Ziel es war, ein vereintes und befreites Makedonien zu regieren. Optimistisch wurde ein Staat ausgerufen, dessen offizielle Sprache Makedonisch sein sollte und dessen Verfassung die Gleichheit aller ethnischen Gruppen garantieren sollte. Daraus wurde jedoch nichts, denn die proserbischen Führer der Kommunistischen Partei unterstützten, entgegen der Stimmen der Unabhängigkeitsbefürworter, einen Anschluss an Jugoslawien. So wurde Makedonien zur sozialistischen Teilrepublik unter Tito.

Von Jugoslawien bis zur Unabhängigkeit

Da Jugoslawien sich nach Titos Bruch mit Stalin von Russland losgesagt und dem Westen zuwandt hatte, war die jugoslawische Form des Sozialismus eine weniger strenge als die, die in den meisten Ländern des Ostblocks vorherrschte, und Jugoslawiens Bürger genossen neben anderen Vorzügen weit mehr Reisefreiheit als sie es heute tun. Trotzdem musste sich Makedonien grundlegenden politischen und wirtschaftlichen Umstrukturierungen unterwerfen und blieb dabei doch das ärmste Land der jugoslawischen Föderation. An weitere Unabhängigkeitsbestrebungen war unter dem Einparteiendiktat nicht zu denken, und Tito war darum bemüht, die einzelnen Teilrepubliken in ein möglichst starkes Abhängigkeitsverhältnis zu bringen. Das funktionierte am einfachsten durch eine eng verflochtene Wirtschaft, wobei die einzelnen Mitglieder jeweils spezialisiert wurden. Makedonien wurde zum wichtigen Kohleversorger, zur bedeutenden Tourismusdestination innerhalb Jugoslawiens, und der Tabakanbau wurde massiv gestärkt.

An neue Autonomiebestrebungen war erst nach Titos Tod im Jahr 1980 zu denken. Die Föderation begann zu zerbröckeln, und am 8. September 1991 gelang es Makedonien, sich durch ein Referendum ohne jegliches Blutvergießen von Jugoslawien loszusagen. Bei der Abstimmung enthielt sich allerdings die albanische Minderheit, für die ein unabhängiges Makedonien keine wirkliche Alternative bedeutete. Da sie infolgedessen auch nicht gleichberechtigt in die Verfassung und Regierung des Landes aufgenommen wurde, das am 17. November desselben Jahres international als FYROM, Former Yugoslav Republic of Macedonia, anerkannt wurde, waren die ersten internen Probleme des jungen Staats vorprogrammiert. Außenpolitisch gab es vor allem Auseinandersetzungen mit Griechenland, das weder Namen noch Flagge der jungen Republik anerkennen wollte und ein wirtschaftliches Embargo gegen Makedonien verhängte. Während die Makedonier sich vor einem Großalbanien zu fürchten begannen, befürchteten die Griechen den Wunsch nach einem Großmakedonien mit eventuellen Gebietsansprüchen auf die griechische Nordprovinz Makedonien.

Kosovo-Krise und Ohrid-Abkommen

Zu den wirtschaftlichen Problemen, mit denen sich Makedonien nach dem Weg-
bleiben der Subventionen aus Belgrad konfrontiert sah, kam 1998/99 die Kosovokrise und brachte 370 000 Flüchtlinge in das Land. In diesem Zusammenhang
ist besonders die Leistung der makedonischen Albaner erwähnenswert, die knapp
ein Drittel der Kosovaren in ihren beengten Wohnverhältnissen unterbrachten.
Die wachsenden Streitigkeiten zwischen Albanern und Makedoniern führten
schließlich unter Einfluss der kosovarischen UÇK 2000/01 zu bewaffneten
Auseinandersetzungen im nordwestlichen Makedonien. Unter internationaler
Aufsicht wurde ein gesetzliches Rahmenabkommen geschaffen, um künftig das
Miteinander der ethnischen Gruppen zu regeln. Das sogenannte Ohrid-Abkommen spricht den ethnischen Albanern mehr Rechte zu, verpflichtet sie aber auch
zu Respekt vor dem gemeinsamen Staat.

Das Gefühl, bei den neuen Regelungen übergangen worden zu sein, brachte
einen Teil der ethnischen Makedonier dazu, im November 2004 ein Referendum gegen die volle Implementierung des Abkommens zu fordern. Dass das
Referendum an mangelnder Beteiligung scheiterte, hatte vielleicht auch damit
zu tun, dass unmittelbar zuvor die USA den Makedoniern ein wichtiges Anliegen erfüllt hatten: Makedonien, das es leid war, eine ›former republic‹ zu sein,
wurde von amerikanischer Seite endlich als Republika Makedonija (Republic
of Macedonia) anerkannt. Bei seinen europäischen Nachbarn hingegen wartet
es immer noch auf die Akzeptanz seines Namens, sowie auf die Aufnahme in
die Europäische Union.

Demonstration in Westmakedonien

Die makedonische Frage

Die makedonische Frage ist ein Produkt rivalisierender Machtansprüche auf dem Balkan. Sie besteht seit dem 19. Jahrhundert und kann bis heute nicht einhellig beantwortet werden. Umstritten ist dabei fast alles. Grundsätzlich geht es jedoch darum, wer die Makedonier sind, wem das makedonische Gebiet gehört und wo dessen Grenzen liegen. Hauptakteure sind die Nachbarstaaten Griechenland, Bulgarien und Serbien, wobei angesichts des Streits um den Namen der Republik besonders Griechenland in den Fokus gerückt ist.

Doch die Wurzeln reichen viel weiter zurück: Sowohl in den Balkankriegen von 1912/13 als auch in beiden Weltkriegen war die zentralbalkanische Region Makedonien heftig umkämpft, und jeder fand eine plausible Begründung zur Legitimation seiner Machtansprüche. Was die Bewohner des heißbegehrten Landstrichs betrifft: Die hat man gar nicht erst gefragt. Irgendwann hatten sie jedoch genug davon, Spielball fremder Interessen zu sein und beschlossen, Bürger der Nation Makedonien zu werden. 1991 haben sie das geschafft und leben seitdem in einer unabhängigen Republik. Man sollte meinen, dass mit dieser Lösung alle Fragen geklärt sein müssten. Worum wird also noch gestritten?

Griechenland erkennt zwar den makedonischen Staat an, nicht aber dessen Namen. Die Makedonier waren für sie lange nichts anderes als Bulgaren, die sich mit einem griechischen Namen eine falsche Identität und eine fremde Geschichte aneigneten. Hierzu gehört auch die Diskussion um Alexander den Großen: ›Gehört‹ er den Griechen oder den Makedoniern?

Griechenland bangte nicht nur um sein kulturelles Erbe, sondern befürchtete auch Gebietsansprüche der Republik in Hinblick auf ein vereintes makedonisches Großreich. Als die Makedonier sich dann auch noch ausgerechnet den sechzehnstrahligen Stern Vergina, ein Symbol der antiken makedonischen Könige, als Staatsflagge wählten, verhängten die Griechen ein Embargo gegen die ›Republik Skopje‹, wie sie Makedonien bevorzugt nannten.

Inzwischen hat man sich soweit geeinigt, dass man den Stern auf der Flagge quasi mittels Vergrößerung zur Sonne machte und Makedonien sich offiziell ›FYROM‹ nennen muss, ›Former Yugoslav Republic of Macedonia‹ (Ehemalige Jugoslawische Republik Makedonien). Außerdem wurde eine Verfassungsänderung vorgenommen, die klarmacht, dass Makedonien keine Gebietsansprüche in Richtung Ägäis hat. Derweil streitet man sich weiter um den großen Alexander und die Minderheitenrechte der Makedonier

Aufkleber der FYROM-Gegner

in Griechenland, beziehungsweise der ›slawophonen Hellenen‹, wie es die Griechen gerne ausdrücken. Der Streit trägt zuweilen skurrile Früchte: Kaum, dass die Griechen den Flughafen von Thessaloniki in Flughafen von Makedonien umbenannt hatten, hieß wenig später Skopjes Flughafen Aleksander Veliki, oder auch Alexander the Great.

Für Furore sorgen zudem immer wieder Filme wie Oliver Stones Alexander-Epos oder erst kürzlich ein Werbeclip für Makedonien, in dem der bekannte Regisseur Milčo Mančevski für sein Land angeblich mit griechischem Kulturgut wirbt.

Eine weitaus tragischere Folge ist der bislang verhinderte Beitritt Makedoniens zur NATO, der allein auf der ungelösten Namensfrage basiert. Griechenland hatte deswegen auf dem Bukarester NATO-Gip-

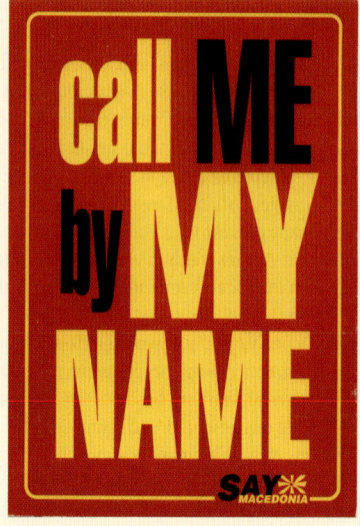

Kampagne für einheimische Produkte

fel im Frühling 2008 ein Veto gegen die Mitgliedschaft eingelegt. Makedonien meint nun, der südliche Nachbar habe damit eventuell gegen das Interims-Abkommen von 1995 verstoßen, das beide Staaten zu einer Lösung der Namensfrage unter Schirmherrschaft der UN verpflichtet.

Das Abkommen verlangt von Griechenland zudem, die Nachbarrepublik nicht zu blockieren, wenn sie sich um eine Mitgliedschaft in internationalen Organisationen bewirbt. Nach bereits abgelehnten Namensvorschlägen wie ›Republik Makedonien-Skopje‹ wird aktuell die Variante ›Republik Nordmakedonien‹ verhandelt – bislang allerdings mit wenig Aussicht auf Erfolg.

Der Dissens mit den Bulgaren hingegen ist mittlerweile weitgehend beigelegt. Er befasste sich mit der Frage einer eigenständigen makedonischen Identität und machte sich insbesondere an einer Diskussion um die Landessprache fest.

Es bleiben die Serben, die aus der gemeinsamen Geschichte das Recht ableiten, die makedonische Kirche der eigenen unterzuordnen. Mit der Gründung Jugoslawiens wurde die Eigenständigkeit der makedonisch-orthodoxen Kirche aufgehoben, und sie wurde dem serbischen Patriarchat in Belgrad unterstellt. Bis heute bleibt die Anerkennung einer autokephalen Orthodoxie Makedoniens aus, obgleich eine eigene Nationalkirche ein bedeutendes Element der staatlichen Souveränität Makedoniens wäre.

Bis auf die aktuellen Querelen mit Griechenland hat sich das Verhältnis zu allen Nachbarn gebessert, und im Gegensatz zu Visionen von einem Großalbanien, Großbulgarien oder Großkosovo hat sich die Frage nach einem Großmakedonien nie ernsthaft gestellt.

In dieser Hinsicht verhalten sich die Makedonier zum Glück sehr ›unbalkanisch‹..

Bevölkerung

Inzwischen leben 60 Prozent der Gesamtbevölkerung Makedoniens in Städten, und davon fast ein Viertel in Skopje, wo sich alle Ethnien und Konfessionen treffen. Die zweitgrößte Stadt ist mit etwa 103 000 Einwohnern Kumanovo, gefolgt von Bitola mit fast 87 000, Prilep mit über 73 000, Tetovo mit 71 000 und Veles mit knapp 60 000 Einwohnern. Frauen genießen offiziell die gleichen Rechte wie Männer. Noch sind sie vor allem in Politik und Wirtschaft deutlich unterpräsentiert, doch unter anderem mit Radmila Šekerinska als Parteivorsitzende der Sozialdemokraten macht sich ein neuer Trend bemerkbar.

Der Teil der Bevölkerung, der sich uneingeschränkt als Makedonier bezeichnet, hat vornehmlich slawische Wurzeln. Die Slawen kamen im 6. Jahrhundert aus dem Nordosten in diese Region und wurden von den dort ansässigen Volksgruppen christianisiert. Vorher hatten neben vielen anderen Völkern Griechen und Römer dort ihre Spuren hinterlassen, später gehörte das Gebiet der heutigen Republik abwechselnd zu Serbien und Bulgarien. Während der 500jährigen Herrschaft der Osmanen wurden zahlreiche Türken im Gebiet Makedoniens angesiedelt. Seit der Teilung der Region in den Balkankriegen von 1912 und 1913 leben große Gruppen ethnischer Makedonier in Griechenland, Bulgarien und Albanien, und insgesamt lebt etwa die Hälfte des kleinen Volks außerhalb der eigenen Staatsgrenzen.

Nach dem Zweiten Weltkrieg wurde die bis dahin überwiegend ländliche Bevölkerung Makedoniens zur Konstituierung einer Arbeiterklasse in die Städte beordert und in den frisch eingerichteten Industriebetrieben untergebracht. Noch heute richtet sich die Hoffnung der inzwischen überwiegend urban lebenden Makedonier oftmals auf den Staat, der ihnen Wohlstand und Vollbeschäftigung verschaffen soll.

Nach offiziellen Angaben sind etwa 35 Prozent der Bevölkerung arbeitslos, doch trotz der teilweise gravierenden Armut füllen sie allabendlich die Cafés und Bars jeder noch so kleinen Provinzstadt. Die Makedonier sind geradezu maßlos gastfreundlich und haben viel Zeit, vor allem zum Kaffeetrinken. Fragt man einen von ihnen nach dem Weg, ist es nicht selten, dass er sich bereitwillig als Stadtführer für den Rest des Tages zur Verfügung stellt – und noch drei Kumpels mitnimmt.

Ethnische Vielfalt

Dass man in Makedonien auf relativ engem Raum viele verschiedene Ethnien, Sprachen und Konfessionen antrifft, macht einerseits den Reiz und die kulturelle Vielfalt des Landes aus, stellt es aber auch vor große Herausforderungen. Wie stark die einzelnen Bevölkerungsgruppen innerhalb der Zweimillionenbevölkerung vertreten sind, lässt sich vor allem deshalb nicht genau sagen, weil Volkszählungen kein rein bürokratischer Akt sind, sondern direkte Auswirkungen auf die makedonische Minderheitenpolitik haben und deshalb anfällig sind für Manipulation oder Boykott. So behaupten Albaner häufig, dass sie 40 Prozent

Land und Leute

Frauen auf dem Lande

der Bevölkerung ausmachen, während viele Makedonier ihnen höchstens 20 zu-
gestehen. Nach dem letzten Zensus von 2002 liegt ihr Bevölkerungsanteil bei
25 Prozent, gegenüber 64 Prozent Makedoniern, 4 Prozent Türken, knapp
3 Prozent Roma und 2 Prozent Serben. Von den übrigen zwei Prozent nimmt den
größten Teil die Gruppe der rumänischstämmigen Wlachen ein.

   Die demographische Entwicklung der letzten 50 Jahre zeigt, dass die Zahl der
ohnehin schon wenigen Türken und Wlachen kontinuierlich abnimmt, während
die der Makedonier geringfügig wächst. Weitaus schneller nimmt dank höherer
Geburtenraten und Einwanderung aus dem Kosovo die Zahl der in Makedonien
lebenden Roma und Albaner zu. Als es 1998/99 im Kosovo zum Krieg kam, sind
auf einen Schlag hunderttausende Albaner und zahlreiche Roma vor den serbischen Angriffen nach Makedonien geflohen und teilweise nie zurückgekehrt.
Im Zuge der Entwicklung eines Mehrparteiensystems in Makedonien haben
Albaner, Türken, Roma, Serben und Bosnier eigene Parteien gegründet und
nehmen an den Parlamentswahlen teil.

Albaner

Der große Zuwachs an Albanern begründet die Angst der Makedonier, in einigen
Jahren eine ethnische Minderheit im gemeinsamen Land darzustellen. Dagegen
spricht, dass sich die bisher patriarchalischen Familienstrukturen der Albaner
langsam auflösen und sie schon jetzt eine wesentlich niedrigere Geburtenrate
aufweisen als etwa die Albaner im benachbarten Kosovo.

Regional teilen sich die ethnischen Gruppen so auf, dass die Albaner fast ausschließlich im Westen Makedoniens leben und ihr regionales Zentrum in Tetovo haben. In der gesamten Region von Tetovo im Norden bis zur Stadt Struga im Süden wird vorwiegend Albanisch gesprochen, denn obwohl sie Makedonisch spätestens in der Schule lernen, bleiben die Albaner ihrer Sprache ebenso treu wie ihrer Kultur und der muslimischen Religion.

Roma

Anders die Roma, die zu einem Großteil in der Siedlung Šuto Orizari, meist kurz Šutka genannt, nördlich von Skopje leben. Sie sind häufig sehr sprachgewandt und sprechen je nach Region Romani, Makedonisch, Albanisch und/oder Türkisch. Konfessionell sind die meisten von ihnen Muslime, aber ihr Glaube ist traditionell offen für Elemente anderer Religionen. Obwohl es den Roma von allen ethnischen Gruppen vor allem ökonomisch am schlechtesten geht, genießen sie in Makedonien mehr Rechte als in den meisten Nachbarstaaten. Diskriminiert fühlen sie sich vor allem vor Gericht und auf dem Arbeitsmarkt, wo sie gegen vielerlei Vorurteile ankämpfen müssen. Da sich das sozialistische Makedonien unter Tito Vollbeschäftigung auf die Fahnen geschrieben hatte, war damals ein guter Teil der Roma in festen, wenn auch geringfügig bezahlten Beschäftigungsverhältnissen, während heute über 80 Prozent von ihnen arbeitslos sind und sich mit weniger als 50 Euro im Monat in beschämend armseligen Siedlungen am Rand der größeren Städte durchschlagen müssen.

Roma-Hochzeit in Šutka

Türken

Die Türken kamen mit dem Osmanischen Reich nach Makedonien, wurden danach von den Serben vertrieben und noch jahrelang verfolgt. Noch bis in die 60er Jahre wurden viele von ihnen in die Türkei abgeschoben, wobei ein Großteil von ihnen nicht mehr Türkisch sprach, vielleicht nicht einmal Türken waren, sondern Makedonier muslimischen Glaubens. Genauso wie im Osmanischen Reich viele Slawen gezwungen waren, ihren orthodoxen Glauben zu verleugnen, wurde es unter Tito den Muslimen erschwert, sich zu ihrer Religion zu bekennen. In der Konsequenz entstand eine verwirrende Mischung von makedonischen Muslimen und türkischen Makedoniern, die sich bis heute gehalten hat. In Westmakedonien gibt es geschätzte 40 000 bis 80 000 Torbeschen: einstmals christliche Slawen, die unter den Osmanen konvertierten. Aufgrund ihres Glaubens leben sie heute eher in Gemeinschaft mit Albanern als mit den orthodoxen Makedoniern, die sie traditionell als Abtrünnige sehen.

Wlachen

Der kleine Bevölkerungsanteil der Wlachen schließlich bildet die älteste ethnische Gruppe Makedoniens und wanderte schon im 2. Jahrhundert, also noch vor den Slawen, ein. Traditionell waren sie Viehzüchter und Hirten, aber auch erfolgreiche Händler, und sie haben es über die Jahrhunderte zu einem gewissen Wohlstand gebracht. Schon immer haben die Wlachen, deren Muttersprache dem Rumänischen ähnelt und die sich selbst als ›Aromani‹ bezeichnen, starke Assimilierungstendenzen gezeigt, und die meisten von ihnen würden sich selbst heute wahrscheinlich uneingeschränkt als Makedonier bezeichnen.

Sprachen

In Makedonien gibt es seit 2001 zwei offizielle Sprachen. In Gebieten, in denen über 20 Prozent Albaner leben, gilt Albanisch in allen öffentlichen Einrichtungen als gleichwertig anerkannte Sprache. Aber auch das Makedonische musste lange auf seine Legitimation warten. Erst bei der Versammlung der ASNOM, der ›Antifaschistischen Versammlung zur Nationalen Befreiung Makedoniens‹, im August 1944 wurde es zur Amtssprache erhoben, galt aber lange noch als künstliche Mischung aus serbischen und bulgarischen Dialekten. Bulgarisch und Makedonisch sind in der Tat so ähnlich, dass die Sprecher beider Sprachen sich weitgehend problemlos verständigen können.

Wie viele andere slawische Sprachen ist das geschriebene Makedonisch normalerweise kyrillisch, wobei die Schrift nicht identisch ist mit dem russischen Kyrillisch oder dem serbischen. Das Makedonische hat weniger Schriftzeichen und praktischerweise spricht man alles genauso aus, wie es geschrieben wird. Obwohl das Land so klein ist, gibt es recht unterschiedliche Dialekte, und die Skopjaner sprechen ein ganz anderes Makedonisch als beispielsweise die Einwohner Strumicas, deren regionaler Dialekt viele bulgarische Wörter enthält.

Mehrsprachige Ausschilderung

Die Wurzeln des Kyrillischen reichen zurück in das 9. Jahrhundert, als die Mönche Kiril und Metodij aus Thessaloniki mit der Glagoliza eine erste slawische Schriftsprache schufen, mit Hilfe derer sie geistliche Werke aus dem Griechischen ins Slawische übersetzten. Damit wehrten sie sich gegen einen Duktus, der behauptete, dass die einzig würdigen Sprachen für das Wort Gottes Hebräisch, Griechisch oder Latein seien. Dieser Auffassung setzten Kiril und Metodij entgegen, dass jedes Volk das Recht hätte, in seiner eigenen Sprache belehrt zu werden. Im Fall von Makedonien war das das Altslawische, in dem bis heute orthodoxe Gottesdienste abgehalten werden. Durch die vielen Übersetzungen aus dem Griechischen bildete sich zaghaft so etwas wie eine slawische Standardsprache heraus, die in den neu eingerichteten Bildungseinrichtungen verbreitet wurde. Die bisher älteste Inschrift in jener Sprache hat man auf einem Grabstein in Varoš bei Prilep entdeckt. Im 12. Jahrhundert wurde die Schrift Glagoliza zur Kiriliza (Kyrillisch) vereinfacht und zum verbindlichen slawischen Alphabet.

Die Frage einer einheitlichen makedonischen Sprachform blieb bis ins 19. Jahrhundert offen. Zu dieser Zeit war der Einfluss Griechenlands in Makedonien so stark, dass Griechisch die Sprache war, in der jede Art von geistlichem oder weltlichem Unterricht stattfinden sollte. Am entschiedensten wehrte sich dagegen Dimitar Miladinov, ein anerkannter Denker, Pädagoge und Publizist, der durch das Sammeln makedonischer Volkstexte ein nationales Bewusstsein für die eigene Sprache stärken wollte.

Erst 1944 wurde das Makedonische unter der Anleitung von Blaže Koneski und auf der Basis verschiedener Dialekte kodifiziert und nährte sich in Folge der neuen Machtverhältnisse zunehmend dem Serbischen an. Daher rührt die

Auffassung, dass die Makedonier bis 1944 lediglich einen bulgarischen Dialekt sprachen, der später serbifiziert wurde. Die makedonische Sprache wurde zu einem der meistumstrittenen linguistischen Phänomene des Balkan, und erst 1999 konnte der Sprachenstreit mit Bulgarien beigelegt werden. Heute dürfen weltweit etwa vier Millionen Menschen Makedonisch unangefochten ihre Muttersprache nennen.

Weit mehr Sprecher hat das Albanische, eine indogermanische Sprache, die seit dem frühen 20. Jahrhundert ausschließlich in lateinischer Schrift geschrieben wird. Andere Sprachen, die häufig in Makedonien zu hören sind, sind Serbisch, Türkisch, Wlachisch und das vom indischen Sanskrit abstammende Romani.

Besonders Albaner, Roma und die ältere Generation der Makedonier sprechen gelegentlich ein wenig Deutsch, während man bei der jüngeren Generation mit Englisch am weitesten kommt. Da Makedonien zu den Ländern zählt, in denen englischsprachige Fernsehfilme grundsätzlich nicht übersetzt, sondern mit Untertiteln versehen werden, gibt es Kinder, die mit einem fast ungetrübten amerikanischem Akzent verblüffen.

Staat und Politik

Der erst wenige Jahre junge Staat ist sehr darum bemüht, Strukturen und Verhältnisse zu schaffen, die den Anforderungen einer modernen Demokratie nach westlichem Vorbild entsprechen. Eine schwache Wirtschaft, interethnische Zwistigkeiten und Querelen mit den Nachbarstaaten stellen die fragile Republik indes vor große Herausforderungen. Makedoniens politische Stabilität ist nicht nur eine bedeutende Voraussetzung für den erstrebten Beitritt zur EU, sondern dank seiner Lage auch ein wichtiger Garant für die Stabilität der gesamten Region.

Die seit 1991 unabhängige Republik Makedonien hat als Staatsform eine parlamentarische, rechtsstaatliche Demokratie. Das Einkammerparlament, genannt Sobranje, besteht aus 120 Abgeordneten, die alle vier Jahre neu gewählt werden, wobei ein gemischtes Mehrheits- und Verhältniswahlrecht gilt. Premierminister ist seit 2006 Nikola Gruevski, Staatsoberhaupt seit Mai 2004 der Präsident Branko Crvenkovski, der unmittelbar vom Volk für die nächsten fünf Jahre gewählt wurde, nachdem sein Vorgänger, Boris Trajkovski, bei einem Flugzeugabsturz tödlich verunglückt war.

Das Parteienspektrum ist groß und bunt und repräsentiert neben politischen Konzepten vor allem unterschiedliche ethnische Gruppen. Infolge der durch Griechenland verhinderten Aufnahme Makedoniens in die NATO löste sich das bisherige Parlament im Frühjahr 2006 vorzeitig auf.

Die darauf folgenden Neuwahlen brachten das Wahlbündnis ›Für ein besseres Makedonien‹ unter der Führung der konservativen VMRO-DPMNE (Innere Makedonische Revolutionäre Organisation–Demokratische Partei der Makedonischen Einheit) an die Macht, zu deren Bündnispartnern als zweitgrößte Partei die DUI (albanisch geprägte Demokratische Union für Integration) gehört. Die

Propaganda-Plakate in Skopje

Opposition bildet das Wahlbündnis ›Sonne‹, an dem neben der großen Partei SDMS (Sozialdemokratische Union Makedoniens) die DPA (demokratische Partei der Albaner) beteiligt ist.

Ein bedeutender innenpolitischer Schritt war die Verfassungsänderung, die im August 2001 als Reaktion auf die ethnischen Auseinandersetzungen vorgenommen wurde und im sogennanten Ohrid-Rahmenabkommen festgehalten ist. Über die Implementierung des Abkommens, in dem es vornehmlich um eine Erweiterung der Minderheitenrechte verbunden mit einer Stärkung der lokalen Selbstverwaltung geht, wachten EU und OSZE. In selbstverwalteten Einheiten, in denen über 20 Prozent der Einwohner eine andere Muttersprache als Makedonisch sprechen, ist diese nun offiziell anerkannte Zweitsprache. Zudem sollen mehr Albaner mit öffentlichen Ämtern betraut und in den Polizeiapparat aufgenommen werden, in dem sie bis dahin deutlich unterrepräsentiert waren. Bis heute sind Vertreter ethnischer Minderheiten jedoch noch nicht hinreichend in die Verwaltung aufgenommen worden. Durch den Transfer von Kompetenzen vom Staat auf die Kommunen sind letztere für Belange wie Bildung oder Kultur nun selbst verantwortlich. Infolge des 2004 in Kraft getretenen Gesetzes zur territorialen Neuordnung besteht Makedonien inzwischen aus 85 Gemeinden (opštini, Singular opština), in denen Büros zur demokratischen Aufklärung und Bürgerinformation eingerichtet wurden.

Außenpolitik

Außenpolitisch ist das wichtigste Grundprinzip Makedoniens ein ausgewogenes Verhältnis zu allen anderen Staaten, besonders zu seinen Nachbarn. Die Beziehung zu Bulgarien, das sich lange schwer tat mit der Anerkennung einer makedonischen Identität, hat sich entspannt, und auch das Verhältnis zu Albanien hat sich dank einiger Abkommen verbessert. Der Namensstreit mit Griechenland hatte sich nach Beendigung des griechischen Embargos 1995 entschärft, ist jedoch derzeit besonders brisant: Solange der Streit nicht gelöst ist, sind sowohl der NATO-Beitritt auch die Mitgliedschaft Makedoniens in der EU deutlich gefährdet. Der Streit mit Serbien um die Anerkennung der makedonischen Nationalkirche ist ebenfalls noch nicht ausgestanden und flackert bei Gelegenheit immer wieder auf. Ein anderes ungeklärtes Thema sind die Minderheitenrechte der in den Nachbarstaaten lebenden Makedonier, die nur von Albanien hinreichend respektiert werden. In Bulgarien gilt die Minderheit schlicht als bulgarisch, und die Griechen sprechen ihnen ihre makedonische Identität gern mit dem schönen Terminus ›slawophone Hellenen‹ ab.

Das vorrangige außenpolitische Ziel Makedoniens ist ein baldiger Beitritt zur EU. Der 2001 abgeschlossene und seit 2004 formell in Kraft getretene Stabilitätspakt war dabei ein wichtiger Schritt der Annäherung. Nachdem Makedonien 2005 der EU offiziell sein Beitrittsgesuch überreichte, wurde ihm vom Europäischen Rat der Beitrittskandidatenstatus zuerkannt. Seit seiner Unabhängigkeit hat sich das Land den vielfältigen Forderungen und Schwierigkeiten des Transformationsprozesses gestellt und sich durch beständige Reformen zu einer demokratischen Gesellschaft entwickelt. Für die Aufnahme von Beitrittsverhandlungen sind aber noch eine Reihe von Bedingungen zu erfüllen. Besondere Schwachstellen finden sich bislang im Justizsystem, in der öffentlichen Verwaltung und in den freien Wahlen. Vorfälle wie die gewalttätigen Ausschreitungen bei den vorgezogenen Parlamentswahlen im Juni 2006 gefährden den Beitritt zudem ebenso wie der ungelöste Streit mit Griechenland. Nach dem jetzigen Stand wird Makedonien später als Kroatien, jedoch noch vor Albanien, Bosnien und Serbien der Gemeinschaft beitreten.

Politischer Alltag

Ein Gespenst geht um in Makedonien, das Gespenst der Jugoslawien-Nostalgie: Damals, erinnert man, gab es mehr Arbeit und Sauberkeit, weniger Gewalt und mehr Reisefreiheit. Heute kommen Makedonier ohne Visum in keines der EU-Länder, und ein Visum kostet viel Geld und Geduld. Deshalb haben mittlerweile 30 000 bis 40 000 Makedonier einen bulgarischen Pass angefordert – was speziell vor dem Hintergrund der schwierigen Auseinandersetzungen mit dem Nachbarstaat um eine souveräne Identität nicht ganz unproblematisch ist. Auch angesichts

War früher alles besser? Tito-Denkmal in Skopje

JOCИП БРОЗ
ТИТО

einer offiziellen Arbeitslosenquote von 35 Prozent (2008; die höchste auf dem Balkan) und einem Durchschnittslohn von 380 Euro brutto (2008) überraschen Enttäuschung und Unzufriedenheit kaum. Der Staatsapparat hat in den letzten Jahren sicherlich an Transparenz und Handlungsfähigkeit gewonnen, leidet aber noch immer unter mangelndem Vertrauen der Bevölkerung. Ohne Beziehungen funktioniert im unflexiblen Verwaltungsapparat oft nicht viel, und es fragt sich, ob erfahrene Beamte unbedingt durch Parteifreunde ersetzt werden müssen. Allerdings: Sobald man bei offiziellen Stellen Gehör findet, können Anliegen oft wesentlich pragmatischer als hierzulande, mit bewundernswertem Improvisationstalent und persönlichem Einsatz, gelöst werden. Ein Lieblingssatz heißt dementsprechend ›nema problem‹, kein Problem, und kann so ziemlich alles heißen von ›interessiert mich nicht‹ bis hin zu einer schnellen und effizienten Lösung.

Eine andere Schwierigkeit des jungen Staates ist der Spagat zwischen den Bedürfnissen seiner Bürger und den Anforderungen, die für einen EU-Beitritt zu erfüllen sind. Im Falle des Ohrid-Abkommens zur Sicherung der Minderheitenrechte und der staatlichen Dezentralisierung fühlen sich viele übergangen und fürchten eine schrittweise Abspaltung der westlichen Gebiete. Angst und Unmut entluden sich in wiederholten Protestaktionen und gipfelten schließlich im November 2004 in einem Referendum, das gegen die volle Implementierung des Abkommens stimmen sollte. Glücklicherweise scheiterte das Referendum aufgrund mangelnder Beteiligung, was erneute Auseinandersetzungen mit den Albanern verhindert hat. Ohne Ohrid keine EU, aber an die glauben viele sowieso schon lang nicht mehr. Unter den Makedoniern gedeihen diesbezüglich Zynismus und Politikverdrossenheit. Dezentralisierung und mehr Verantwortung für die Kommunen sind bestimmt wünschenswert, aber in einem Land, in dem es noch immer Gebiete gibt, auf die der makedonische Staat nur bedingt Zugriff hat, nicht ganz unproblematisch. Ein solches Modell kann nur mit einem starken Staat funktionieren, der eine verbindliche Klammer für alle Kommunen darstellt. In der Wahrnehmung der Bevölkerung gelingt es dem Staat bislang nur begrenzt, jenseits der Forderungen der EU die Interessen der eigenen Bevölkerung anzuerkennen.

Populär ist auch die Meinung, dass es im Konflikt von 2001 höchstens peripher um Minderheitenrechte ging, die auch schon vorher jedem zugestanden hätten, sondern um Geld, Macht und Gebietsfragen. So vernimmt man bisweilen die Befürchtung, unter der albanischen Bevölkerung gäbe es panalbanische Tendenzen, die ein Großalbanien, beziehungsweise Großkosovo anstrebten, obgleich die damaligen Kämpfe von kriminellen Extremisten provoziert wurden, nicht aber von der lange benachteiligten albanischen Zivilbevölkerung Makedoniens. Die hat mit den Albanern in Albanien und im Kosovo nicht allzuviel am Hut und lebt in der Regel gern in Makedonien. Folglich sollten sie mehr Identifikation mit dem Land zeigen, lautet ein anderer Vorwurf. Aber wie sollen sie das, wenn sie in der Verfassung vor 2001 nicht gleichberechtigt erwähnt wurden, nur fünf Prozent von ihnen öffentliche Ämter bekleiden durften, dafür aber angeblich 80 Prozent aller in Makedonien Inhaftierten ausmachten? Die im Ohrid-Abkommen geforderte Integration einer größeren Zahl von Albanern im öffentlichen Dienst wurde zwar weitgehend realisiert, aber auf dem Hintergrund eines bereits übersetzten Beamtenapparats, der, um effizient zu funktionieren, um mehrere tausend Stellen reduziert werden müsste.

Zu guter Letzt gab es Kritik an der staatlichen Dezentralisierung, da die 20-Prozent-Quote zur vollen Etablierung der Rechte der Albaner sicherlich anfällig war für manipulative Bemühungen, in möglichst vielen Bezirken einer ausreichenden Prozentzahl auf die Sprünge zu helfen.

Wirtschaft

Im Jahr 2006 hat Makedonien eine millionenschwere Offensive eingeleitet, um neue Investoren anzulocken, Arbeitsplätze zu schaffen und somit die wirtschaftliche Transformation zu beschleunigen. Bereits seit 2002 kann das Land einen Aufwärtstrend verzeichnen, und der makedonische Denar ist, im Gegensatz zum serbischen Dinar etwa, relativ stabil und kaum von Inflation betroffen. In vielen anderen Bereichen hat Makedonien jedoch wirtschaftlich Schwierigkeiten zu bewältigen, die nicht nur auf interne Missstände zurückzuführen sind, sondern auch auf eine Reihung unglücklicher Bedingungen in Verbindung mit den Nachbarstaaten.

Die wichtigsten Wirtschaftszweige sind die verarbeitende Industrie, der Handel und die Landwirtschaft. Jeder zehnte Beschäftigte ist heute in der Textilbranche tätig – sicherlich keine allzu zukunftsträchtige Branche. Seinen Bedarf an Grundlebensmitteln kann Makedonien selbst decken, aber der gesamte Bedarf an Öl und Gas und ein Großteil an moderner Technik muss importiert werden. Die Industrie Makedoniens beschränkt sich auf die Bereiche Stahl, Textilien, Nahrungsmittelverarbeitung und Chemie, Bodenschätze gibt es in geringen und spürbar endlichen Maßen. Wichtigste Exportprodukte sind Textilien sowie Eisen und Stahl, wobei die fünf größten Außenhandelspartner Makedoniens Deutschland, Serbien und Montenegro, Griechenland, Russland und die USA sind. Schon in Jugoslawien war Makedonien das wirtschaftlich am wenigsten entwickelte Land und trug nur fünf Prozent zu dessen Sozialprodukt bei. Mit der Unabhängigkeit fielen nicht nur die Subventionen aus Belgrad weg, sondern auch der wichtigste Absatzmarkt: 80 Prozent der makedonischen Exporte gingen vormals nach Jugoslawien. Das nur wenig später verhängte UN-Embargo gegen Serbien führte zu weiteren hohen Verlusten, und 1993 kam ein Totalboykott Makedoniens durch Griechenland hinzu. Bis 1995 hielten die Griechen das Embargo aufrecht, und erst 1996 begann die ruinierte Wirtschaft Makedoniens, dessen Bruttoinlandsprodukt in dieser Zeit um 50 Prozent gesunken war, sich zaghaft zu erholen. Nur drei Jahre später kam der nächste Einbruch, diesmal durch die Kosovokrise. Das kleine Land nahm 370 000 kosovarische Flüchtlinge auf und brachte sich damit an den Rand des politischen und wirtschaftlichen Zusammenbruchs. Zwei Jahre später folgten die gewalttätigen Auseinandersetzungen zwischen Albanern und Makedoniern im eigenen Land. Der Bürgerkrieg führte zu weiterer Verschuldung und Abschreckung von Investoren.

Agrarprodukte wie Tabak sind nach wie vor wichtig für Makedoniens Wirtschaft

Privatisierung

Seit 1993 gibt es ein Transformierungsgesetz, das die Umstellung der Unternehmen von gemeinschaftlichem Kapital auf Privatbesitz regelt. Anders als in vielen anderen osteuropäischen Ländern gab es in Makedonien vorher keinen Staatsbesitz, sondern Gemeinschaftsbesitz. Das heißt, dass die Arbeiter quasi im Besitz der Fabriken waren und sich stark damit identifizierten. Teilweise konnten sie sie im Rahmen der Privatisierung aufkaufen, was strukturelle und personelle Wechsel und somit auch den gewünschten Aufschwung verhindert hat. Insgesamt ging der Privatisierungsprozess sehr schnell, wobei aber zu wenig innovative Ideen und ausländisches Kapital in die verkauften Betriebe geflossen sind. Um auch die verbleibenden sanierungsbedürftigen Unternehmen an den Mann zu bringen, wurde ein neues Steuerprogramm erarbeitet und der administrative Aufwand für ausländische Investoren bedeutend verkürzt. Die größten Investoren sind seit der Erlangung des EU-Beitrittskandidatenstatus Österreich, Ungarn, Griechenland und Zypern, doch insgesamt bleibt das Investitionsvolumen viel zu gering.

Umso wichtiger sind nach wie vor Devisen, die Makedonier aus dem Ausland in ihre Heimat bringen. Mit den in Westeuropa und Nordamerika erwirtschafteten Löhnen ernähren sie in Makedonien ganze Großfamilien.

Religionen

Seit Makedoniens Unabhängigkeit hat Religion Hochkonjunktur, und zwar bei Christen und Muslimen gleichermaßen.

Während in den vergangenen Jahren speziell im Westen der Republik Moscheen wie Pilze aus dem Boden geschossen sind, wurden landesweit neue Kirchen gebaut, alte restauriert, Klöster wiederbelebt und großformatige Kreuze aufgestellt.

Das hat nicht nur Frömmigkeit zu tun, sondern sicher auch mit dem Bedürfnis nach Selbstbestätigung und -behauptung. Während die muslimische Bevölkerung unter Tito das Nachsehen hatte, wurde die orthodoxe Kirche jahrhundertelang von Osmanen, Griechen und Serben unterdrückt und ist bis heute international nicht anerkannt. Da orthodoxe Kirchen per definitionem Nationalkirchen sind, ist die Anerkennung einer makedonisch-orthodoxen Kirche (MPC) dem Staat nicht minder wichtig als die Anerkennung seines Namens jenseits einer ›former republic‹. Genau das will die serbische Kirche jedoch nicht zulassen und liegt seit vielen Jahren mit der makedonischen im Streit.

Nach Meinung der Makedonier hat sich ihre Kirche bereits im 5. Jahrhundert gut etabliert. 893 wurde Kliment der erste slawische Bischof in der Stadt Ohrid, die für die nächsten 800 Jahre Bischofssitz und Zentrum der makedonischen Kirche blieb. Die Osmanen duldeten das immerhin bis 1767, unterbanden dann aber, unterstützt durch die Griechen, den Einfluss der makedonischen Kirche, und Konstantinopel verlegte den Bischofssitz nach Durrës im heutigen Albanien. Stattdessen wurden in Ohrid Bräuche der griechischen Kirche eingeführt und slawische Geistliche durch griechische ersetzt. In den Balkankriegen fiel Vardar-Makedonien 1912 an Serbien und wurde fortan der serbischen Kirche unterstellt. Mit der Konstituierung der makedonischen Teilrepublik im föderalistischen Jugoslawien und der Anerkennung der makedonischen Sprache mehrten sich auch die Rufe nach einer eigenen Kirche, was zu der grotesken Situation führte, dass sich ausgerechnet das sozialistische Tito-Jugoslawien für die Restitution der makedonischen Kirche einsetzte – um damit die Macht der serbischen zu schwächen. So konnte 1958 die makedonische Kirche in Ohrid offiziell proklamiert werden, und 1967 erklärte sie ihre Autokephalie, was einen endgültigen Bruch mit der serbischen Kirche bedeutete.

Seitdem kämpft die makedonisch-orthodoxe Kirche um ihre offizielle Anerkennung und gegen den Wunsch der Serben, die sie zurück in den Schoß der eigenen Kirche drängen. Knapp 70 Prozent der makedonischen Bevölkerung bekennen sich heute zum orthodoxen Glauben, 29 Prozent zum Islam. Daneben gibt es wenige Katholiken, Methodisten und eine überschaubare jüdische Gemeinde.

Die makedonisch-orthodoxe Kirche erlebt einen neuen Aufschwung

Kultur

Makedoniens Kultur spiegelt das Schicksal seiner Geschichte und Gegenwart: Sie unterliegt den unterschiedlichsten Einflüssen verschiedener Kulturkreise. Zur Zeit der Mönche Kiril und Metodij und des Zaren Samuil im Mittelalter erlebte Makedonien eine kulturelle Blüte, die kurz darauf unter 500 Jahren osmanischer Herrschaft erstarb. Während Westeuropa die Renaissance erlebte, lebte makedonische Malerei und Literatur eine Schattenexistenz. Andererseits sorgten die Osmanen vor allem in der Musik und Architektur für neue Impulse und hinterließen speziell in den Altstädten von Skopje und Bitola schmucke Moscheen, Karawansereien und Bäder. Erst im späten 19. Jahrhundert erwachte Makedoniens slawische Bevölkerung mit erneutem Selbstbewusstsein, und es kam zu einem allgemeinen Aufleben der Künste. Nach dem Bruch Titos mit Stalin konnte sich in Jugoslawien die Kunst freier entwickeln und holte schließlich in rasantem Tempo nach, was andernorts in langen Jahren gewachsen war. Die heutige kulturelle Landschaft Makedoniens ist stark bestimmt von der ethnischen Vielfalt seiner Bevölkerung und der brüchigen Geschichte, die keine kontinuierliche Entwicklung zuließ. Seit der Unabhängigkeit der Republik 1991 bewegt sie sich erstmals in einem völlig freien Raum und sucht nach neuen und eigenständigen Ausdrucksformen.

Literatur

Der Kanon der makedonischen Literatur ist schlank und hat es bisher nicht gerade zu Weltruhm gebracht. Das hat ihm die Welt allerdings auch nicht leicht gemacht, doch werden nun zunehmend junge makedonische Autoren auch ins Deutsche übersetzt.

Buchhandlung in Skopje

Die Anfänge der makedonischen Literatur liegen bei den Mönchen Kiril und Metodij und ihren Schülern Kliment und Naum, die im 9. Jahrhundert nicht nur Texte vom Griechischen ins Slawische übersetzten, sondern auch eigene geistliche Werke in der Volkssprache verfassten. Zwischen dem 12. und 14. Jahrhundert wurden in den makedonischen Klöstern zahlreiche religiöse Texte geschrieben, die dort versteckt die 500 Jahre osmanische Besetzung mehr schlecht als recht überlebten.

Im 19. Jahrhundert kam es unter anderem durch die Brüder Dimitar und Konstantin Miladinov zu einem Neuanfang der makedonischen Literatur, diesmal einer weltlichen. Sie sammelten vor allem Volksmärchen, die bis dahin nur mündlich weitergereicht worden waren. Ihre Texte sind, anders als die der Geistlichen im Mittelalter, im heutigen Makedonisch geschrieben.

Moderne Literatur

Das, was man gemeinhin als moderne Literatur bezeichnet, begann in Makedonien 1943 mit dem Erscheinen von Kočo (Kosta) Racins Gedichtband ›Weiße Dämmerung‹. Mit der Kodifizierung des Makedonischen ein Jahr später wurde schließlich eine einheitliche Literatursprache geschaffen. Um diese zu pflegen, gründeten Autoren drei Jahre darauf in Skopje den Makedonischen Schriftstellerverband, und in den Jahren nach dem Zweiten Weltkrieg holte die Literatur quasi im Zeitraffer alle Entwicklungen von der Renaissance bis zur Postmoderne nach. Inzwischen hat der Verband der Schriftsteller über 200 Mitglieder, darunter auch Albaner, Türken, Serben und Wlachen, die in ihren eigenen Sprachen schreiben. Das war in Jugoslawien nicht zulässig.

Deutschen Lesern mag die balkanische Literatur gelegentlich etwas beladen vorkommen. Ein erfrischende Abwechslung sind zum Beispiel die lyrischen und epischen Texte des in Tetovo geborenen Autors Jovan Pavlovski. Ein Werk, das große internationale Anerkennung fand, ist der Roman ›Zeit der Ziegen‹ des Autors Luan Starova, in dem er Kindheitserinnerungen im Skopje der Nachkriegszeit in eine traumähnliche Geschichte verpackt, die bei aller Poesie auch über die politischen Schwierigkeiten des neuen Systems und den harten Alltag auf dem Balkan erzählt. Andere bedeutende Autoren der Nachkriegsgeneration sind der Lyriker Blaže Koneski und Aco Šopov, gefolgt von Dimitar Solev und Ante Popovski. Kurze Zeit später machten die Autoren Živko Cingo und Radovan Pavlovski auf sich aufmerksam, und wichtige Namen der jüngsten Schriftstellergeneration sind Hristo Petreski, Marjan Janey, Murteza Peza und Ljutvi Rusi. 2008 wurde auf der Frankfurter Buchmesse ein Band mit übersetzten Dramen des Autors Dejan Dukovski präsentiert. Sein Stück ›Pulverfass‹ illustriert das Leben auf dem Balkan und wurde bereits auf mehreren europäischen Bühnen aufgeführt. Im gleichen Jahr wurde in Leipzig der Erzählband ›Der große Koffer‹ von Ivan Dodovski vorgestellt. Darin wird mit viel Wortwitz von Makedoniens Systemwechsel mit seinen Gewinnern und Verlierern erzählt.

Die Internetseite www.slovokult.de ist ein noch recht neues Portal, das junge makedonische Literatur mit Kritiken, Biographien und Textproben in deutscher Sprache präsentiert.

Land und Leute

Das größte Literaturfestival findet alljährlich unter internationaler Beteiligung in Struga, der Geburtsstadt der Miladinov-Brüder statt. Dort wird auf den Brücken über dem Fluss Crni Drim Poesie aus aller Welt vorgetragen.

Sakrale Kunst

Gegenstand der bildenden Künste waren bis ins 19. Jahrhundert hinein vor allem Fresken, Ikonen und Holzschnitzerei. Erst danach entwickelte sich eine nennenswerte weltliche Kunst, die Landschaften und Porträts entdeckte und zunächst stark von der Folklore inspiriert war.

Fresken

Makedonien ist weltweit eines der Länder mit den meisten mittelalterlichen Fresken. Nicht selten findet man Kirchen, die bis auf den letzten Zentimeter äußerst kunstvoll mit Bibelszenen und Heiligenbildern ausgemalt sind. Dass viele von ihnen nach über 500 Jahren immer noch gut erhalten sind, liegt an der speziellen Maltechnik: ›fresco‹ bedeutet ›frisch‹ und meint, dass die Farbe abschnittsweise auf den feuchten Putz aufgetragen wird, was sie besonders haltbar macht. Keinesfalls verpassen sollte man folgende Höhepunkte der sakralen Wandmalerei: Die großartigen Gemälde der Kirche Sv. Sofija in Ohrid gehören zu den wichtigsten und am besten erhaltenen byzantinischen Fresken der Welt, und die Szene der Beweinung Christi von 1164 in der Klosterkirche Sv. Pantelejmon bei Skopje ist einzigartig in ihrem individuellen Ausdruck. Ähnliches gilt für die

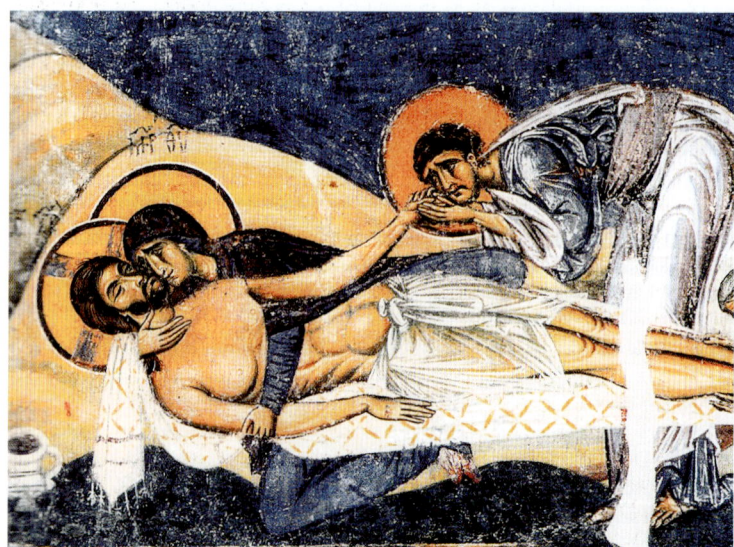

›Die Beweinung Christi‹ im Kloster Sveti Pantelejmon

Der Schutzbrief des Sultans bewahrte das Kloster Jovan Sveti Bigorski vor Zerstörung

1295 entstandenen berühmten Fresken der Kirche Sv. Bogorodica Perivlepta in Ohrid, deren Figuren in derselben Szene geradezu zerfressen sind von Schmerz und persönlichem Leid.

Anders als in Italien konnten sich in Makedonien die Ansätze einer künstlerischen Renaissance jedoch unter den Osmanen nicht weiterentwickeln, und es kam zu einer allgemeinen Stagnation. Einer der Höhepunkte des 19. Jahrhunderts ist die Gestaltung des Speisesaals im Kloster Sv. Jovan Bigorski bei Debar. Im Gegensatz zur frühen sakralen Kunst war es nun nicht mehr ein frommes Gebot, als Künstler anonym zu bleiben, sondern die Gemälde durften signiert werden. Im Speisesaal des Klosters waren es der Maler Mihail und seine Söhne Dimitrij und Nikola, deren großartige Kunst die Osmanen dazu bewegte, den Saal nicht niederzureißen, sondern durch den Sultan schützen zu lassen. Der Schutzbrief des Sultans hängt noch immer über der Tür. Danach war es vorbei mit der großen Freskenkunst. Die Maler des späten 19. Jahrhunderts waren oft schlecht ausgebildet und verweltlichten die ätherischen Heiligenfiguren. Sie wurden zu rotbackigen Bauern, stämmig und grell, und fanden sich neben den plumpen Porträts einfacher Leute aus dem Volk wieder.

Ikonen

Ein ähnlicher Paradigmenwechsel zum Weltlichen fand auch in der Ikonenmalerei statt. Die ältesten Ikonen wurden in Vinica gefunden. Sie wurden bereits im späten 4. Jahrhundert aus Terrakotta geformt und mit lateinischen Inschriften versehen. Die abgebildeten Figuren tragen keine Heiligenscheine, stellen aber die

Ikonostase in der Kirche Sv. Spas in Skopje

gleichen Heiligen dar, die in der ortho-doxen Kirche noch immer besonders beliebt sind. Der Erzengel Michael, zu erkennen an seinen Flügeln, hatte da-mals wie heute Hochkonjunktur.

Später wurden Ikonen auf Holz ge-malt und mit Votivgaben aus Silber oder Gold versehen, meist in Form von Händen oder Heiligenscheinen. Reich-verzierte Beispiele sind in der Kirche Sv. Spas in Skopje zu sehen. Ähnlich wie in der Freskenmalerei entwickel-ten sich auch in der Ikonenmalerei im 14. Jahrhundert Züge einer Renais-sance, aber mit der Ankunft des Os-manischen Reichs wurde diese Ent-wicklung unterbrochen. Während in der Folgezeit viele Wandmalereien zerstört wurden, konnten zahlreiche Ikonen gerettet werden und haben nun ihren Weg in Museen und Galerien gefunden.

Holzschnitzereien

Im Gegensatz zur Malerei erlebte die Schnitzkunst erst im 19. Jahrhundert einen besonderen Höhepunkt. In dieser Zeit entstanden die größten und prächtigsten Ikonostasen, namentlich die der drei Künstler Makarije Frćkovski und den Brü-dern Filipovski. Sie schnitzten Makedoniens vier wertvollste Ikonostasen, von

Holzschnitzerei aus dem Kloster Sv. Jovan Bigorski

denen die größte in der Kirche Sv. Spas in Skopje steht. Sie ist zehn Meter breit und sechs Meter hoch und enthält ein Selbstporträt der Künstler, die sechs Jahre lang täglich daran schnitzten. Neben den Darstellungen biblischer Geschichten finden sich auch Volksszenen, was typisch für das 19. Jahrhundert ist. Die anderen Ikonostasen des begabten Schnitzerteams findet man im Kloster Sv. Jovan Bigorski und im Lesnovski-Kloster bei Probištip. Die vierte verbrannte in Kruševo im Ilindenaufstand 1903.

Bildende Künste

In Skopjes Nationalgalerie kann man sich besonders gut davon überzeugen, wie von der zweiten Hälfte des 20. Jahrhunderts an die künstlerischen Stile Europas in einem wahren Schweinsgalopp adaptiert und durchgespielt wurden, bis sich nun die ersten Blüten einer selbstbewussten zeitgenössischen Kunst zeigen. Zu Beginn des Jahrhunderts war die Kunst vornehmlich noch an Folklore und der Vergangenheit orientiert. Besonders beliebt war schon im 19. Jahrhundert die Schnitzkunst. Im Gegensatz zu der Heiligenmalerei konnten sich die Osmanen mit dem Schnitzen durchaus anfreunden und ließen ihre Moscheen und Serails mit hölzernem Zierrat dekorieren. Begehrt waren vor allem Rosetten und Arabesken. Wie man im Museum von Ohrid sehen kann, entdeckten auch die wohlhabenderen Makedonier die säkulare Variante des Holzschmucks für sich und statteten damit ihre Wohnhäuser aus. Dort hingen im 19. Jahrhundert auch die ersten weltlichen Porträts, die im 20. Jahrhundert häufig zu überlebensgroßen Heldendarstellungen heranwuchsen. Eine wirklich moderne Kunst entstand ab 1930 durch Künstler, die im Ausland studiert hatten. 1945 eröffnete die Kunsthochschule in Skopje, die Künstlervereinigung wurde gegründet, und einige der alten Hammams wurden in Galerien umgewandelt. Nach dem Erdbeben schließlich entstand das Museum für zeitgenössische Kunst, und auch das Stadtmuseum im alten Bahnhof begann, Gemälde junger Künstler auszustellen. Zunächst hießen die bevorzugten Themen noch Revolution und Wiederaufbau, dann wurden universellere Gegenstände entdeckt. Durch das rasante Tempo, in dem alles Versäumte nachgeholt werden sollte, wirken einige Gemälde häufig mehr dekorativ als tiefgründig, aber die jüngste Generation ist gerade dabei, eine eigenständige Kunstsprache zu entwickeln.

Nennenswerte Künstler, deren Bilder man in Skopjes Galerien findet, sind zum Beispiel Petar Mazev und Vangel Kodžoman, beides recht klassische Maler. Vangel Kodžoman ist in seiner Heimatstadt Struga eine eigene Galerie gewidmet, die seine bedeutendsten Werke zeigt. Zu den Jüngeren mit internationalem Ruf zählt vor allem Žaneta Vangeli, eine Künstlerin aus Bitola, die durch ihre Fotomontagen und Videokunst bekannt wurde, aber auch der Installationskünstler Jovan Šumkovski und die Bildhauerin Iskra Dimitrova aus Skopje gehören in die Reihe der besonders sehenswerten makedonischen Kunstschaffenden. Die, die noch an ihrem künstlerischen Ruf arbeiten oder einfach nur mal in anderer Umgebung malen wollen, nehmen an den vielen Künstlerkolonien statt, die jährlich landesweit in Erholungszentren und Klöstern stattfinden. Sie sind eine

Das Bild ›Der alte Markt‹ malte Vangel Kodžoman 1951

beliebte Tradition aus jugoslawischen Zeiten und locken im Sommer viele Künstler, nicht nur makedonische, zum gemeinsamen Malen zum Beispiel ins Osogovski-Kloster, nach Mihailovo bei Kavadarci, Varoš bei Prilep oder Sv. Petka bei Skopje.

Architektur

Die Architektur Makedoniens ist eine wild-herbe Mischung aus sozialistischer Moderne, historischen Festungen, osmanischer Baukunst, mittelalterlichen Klöstern und Felsenkirchen. Eine sehr authentische Gelegenheit, möglichst viel davon auf einem Flecken zu finden, ist Skopje. Lieblicher ist die Architektur der Stadt Ohrid, die bekannt ist für ihre vielen Kirchen aus dem Mittelalter und die ›klassisch‹ makedonischen Häuser aus dem 19. Jahrhundert, die sich in schmalen Gassen aneinanderlehnen. Ähnliche Häuser, fast noch prachtvoller, gibt es auch in Kruševo, und ein paar traurige Reste in Tetovos Altstadt. Die urbanste und europäischste Architektur hat mit Abstand Bitola, das im 19. Jahrhundert das kulturelle Zentrum Makedoniens war und ein internationales Flair genoss. Museale Dörfer aus Lehm, Reet und Fels, die leider dem Untergang geweiht sind, findet man vor allem in entlegenen Winkeln Ostmakedoniens und Mariovo. Dort machen sich auch die Folgen von Makedoniens ungünstiger Sanierungspolitik am deutlichsten bemerkbar: Viel einfacher ist es, Gelder für Neubauten zu beantragen als zur kostenaufwendigen Restauration. In einigen Dörfern zeigt sich daher das groteske Bild von großen Anwesen, deren ehemalige Bewohner in kleine, praktische Neubauten im Garten gezogen sind, von wo aus sie dem weiteren Verfall zusehen. In größeren Städten, wo solche Missstände nicht so leicht zu übersehen sind, wurden einige der prächtigen alten Häuser schnell unter Denkmalschutz gestellt, was an ihrem Verfall allerdings nichts ändert. Einige erschütternde Beispiele findet man in Tetovos Altstadt, wo sich die kunstvoll gebauten, aber inzwischen verkommenen Villen besonders tragisch gegen den allgemeinen Boom an Neubauten ausnehmen.

Speziell im Zentrum Skopjes weicht die alte Bausubstanz in den letzten Jahren sehr schnell großformatigen Neubauten. Dabei ist ein gewisser Trend zur klotzigen Spiegelglasfassade zu beobachten.

Kirchen und Klöster

Egal, wohin es einen verschlägt, man wird nicht an Makedoniens Kirchen und Klöstern vorbeikommen. Als Regel kann man sich merken, dass die meist kleinen Kirchen aus rotem Ziegelstein in der Zeit vor dem 19. Jahrhundert gebaut wurden, die großen, verschiedenfarbigen in der Zeit danach. Die Kirchen, die fünf Kuppeln, ein Schiff, einen kreuzförmigen Bau und eine Fassade aus alternierenden Reihen von Ziegeln und Sandstein haben, sind die Klassiker des Mittelalters. Als die schönsten dieser Art gelten Sv. Pantelejmon bei Skopje, Sv. Kliment in Ohrid und Sv. Gjorgji in Nagoričane bei Kumanovo. Unter den Osmanen wurden die Kirchen aus politischen und finanziellen Gründen kleiner und verkrochen sich unter die Erde oder in Felsen. Mit dem wirtschaftlichen Aufschwung im 19. Jahrhundert und dem geistigen Erwachen Makedoniens geschah dann genau das Gegenteil: Große Kirchen mit weiten Höfen und drei Schiffen, hohen Kuppeln und Glockentürmen wurden erbaut, oft umgeben von arkadenartigen Galerien, gestützt von Säulen und Bögen und behängt mit Balkonen. Berühmte Beispiele dafür sind Sv. Pantelejmon in Veles, Sveta Bogorodica in Štip und die

Kirche in Ostmakedonien

Land und Leute

Klosterkirche von Sv. Joakim Osogovski. Seit der Unabhängigkeit Makedoniens herrscht ein wahrer Kirchenboom, und überall entstehen neue Kirchen, die architektonisch allerdings wenig innovativ sind. Die neue Sv.-Kliment-Kirche in Skopje mit ihrer großen Kuppel ist schon ein nahezu waghalsiges Experiment, verglichen mit dem Rest der sakralen Neubauten. Rein restaurativ ist zum Beispiel der 2007 fertiggestellte Neubau der einstigen Hauptkirche Sv. Konstantin und Elena direkt am nördlichen Vardarufer. Die größte und prächtigste neue ›alte‹ Kirche entstand vor einigen Jahren in Radoviš, einer kleinen Stadt in Ostmakedonien. Die einzig wahrhaft moderne Kirche ist katholisch und steht seit den 70er Jahren in Skopje.

Islamische Architektur

In Skopje ist man richtig, wenn man ein Liebhaber islamischer Architektur ist. Aber auch das Zentrum von Bitola ist gespickt mit großen Moscheen, Bädern, einem überdachten Markt und dem obligatorischen Uhrenturm, den die Osmanen im 15. Jahrhundert in jeder Stadt im Zentrum des Basars aufstellten. Architektonische Höhepunkte dieser Zeit sind die alten Karawansereien in Skopje, vor allem Kuršumli An, aber auch Skopjes großer Daut-Pascha-Hammam. In Tetovo beeindrucken die bunte Šarena-Moschee und das Derwisch-Kloster.

Profanarchitektur

Die klassische makedonische Profanarchitektur steht in Hülle und Fülle in Ohrid: zwei- oder dreistöckige weiße Häuser mit vielen Fenstern, ausgerichtet zum See. Interessant ist vor allem ihre Innenarchitektur, denn sehr effizient wurde gleich alles Nötige mit eingebaut: Garderoben, Kamine, Wandschränke, Simse. Die Hierarchie der Räume drückt sich in ihrer Verzierung mit Holzschnitzerei aus, häufig ein Barock-Folklore-Gemisch mit Rosetten an den Decken. Ähnliche Häuser gibt es fast überall in Makedonien, aber jede Stadt hat ihren eigenen Stil entwickelt. In Kruševo zum Beispiel sind die Häuser farbenfroher, oft hellblau oder gelb, und weniger eng.

Architektur der Tito-Ära

Die inzwischen ungeliebte Architektur der Tito-Ära bekommt Risse und wird langsam schäbig. Das ist eigentlich schade, denn hinter einigen der groben Betonfassaden verbergen sich eine schlau durchdachte Technik und ein grandioses Design. Man sollte es sich auf einer Reise keinesfalls entgehen lassen, ein, zwei Nächte das wohlgestaltete, wenngleich auch inzwischen etwas ramponierte Interieur eines noch originalbelassenen 60er-Jahre-Hotels zu genießen, denn lange wird es die nicht mehr geben.

Typische Ohridhäuser

Denkmäler

Unter die Kategorie ›Denkmäler der Tito-Ära‹ fällt in Makedonien eine ganze Menge: Schon mal der größte Teil von Skopje. Und sämtliche schaurig-schönen Betonmonster an den Seen in Süden. Im engeren Sinne gibt es aber einige bemerkenswerte Monumente, die zur Zeit Jugoslawiens zum kollektiven Gedenken und als Träger eines nationalen Bewusstseins errichtet wurden. Nach dem Zweiten Weltkrieg stand monumentale Propaganda hoch im Kurs, und Denkmäler schossen wie Pilze aus dem Boden. In der Republik von 1991 haben diese keineswegs an Bedeutung verloren, sondern im Gegenteil neue und kontroverse Bedeutungen hinzugewonnen. Wer große, ehrwürdige Heldendarstellungen erwartet, wird überrascht sein, wie wenige es davon in Makedonien gibt, denn die Denkmalskunst hat sich unabhängig von der Sowjetunion in einem relativ freien Experimentierfeld zwischen Ost und West entwickelt. Nur die wenigsten Denkmäler, wie etwa das der Befreier von Skopje am Ufer des Vardar, entsprechen dem schablonenhaften Bild, das man sich gemeinhin von sozialistischen Monumenten macht. Anderswo strahlen sie in bunten Farben, raffiniertem Design und fröhlichem Optimismus. Auffällig ist außerdem die Tendenz zur Synthese von Architektur, Skulptur und Malerei.

Für Liebhaber origineller Denkmalskunst gibt es drei Höhepunkte, die unbedingt einen Abstecher wert sind. Das erstaunlichste Denkmal trägt den Namen ›Makedonium‹, steht auf einem Hügel über der kleinen Stadt Kruševo und soll an den Ilindenaufstand von 1903 erinnern. Entworfen wurde das Monument von Iskra und Jordan Grabul aus Prilep, die damit 1968 einen nationalen Wettbewerb gewannen. Von Beginn an war das Denkmal umstritten, da es die Geschichte des makedonischen Volks als kontinuierlichen Widerstand imaginiert und zudem äußerst abstrakt ist, statt das konkrete Leid von 1903 darzustellen.

Nicht minder spannend ist das Mausoleum von Veles aus den Jahren 1979/80. Die

große weiße Blüte, die der Architekt Sava Subotin auf einen Hügel über die Stadt Veles gepflanzt hat, ist begehbar und innen mit Wandmosaiken des berühmten Malers Petar Mazev ausgestattet. Auch hier erinnern an die gefallenen Kämpfer der Stadt keine monumentalen Steinhelden, sondern semifigurale, abstrakte Wesen im expressionistischen Stil, die leicht und beweglich über die Wände tanzen.

Zeitgleich wurde in Kočani ein Denkmal zu Ehren der ersten ASNOM-Sitzung 1944 errichtet. 2004 hat man die großflächigen Mosaiken anläßlich des 60. Jahrestags teilweise restauriert, und sie sind nun wieder sehr ansehnlich. Der Maler Gligor Čemerski hat sie in Handarbeit auf 335 Quadratmetern an die Wände montiert, die den bühnengleichen Innenraum

Das Mausoleum in Veles

Mosaik im ASNOM-Denkmal in Kočani

umschließen. Nicht anders als in Veles findet das Leid der im Kampf gegen die Faschisten Gefallenen seinen Ausdruck in asymmetrischen, farbenfrohen und schillernden Wesen. Im Gegensatz zu puritanischen Darstellungsweisen entspräche so etwas viel eher der makedonischen Mentalität, kommentiert der Künstler sein Werk.

In der post-jugoslawischen Ära hat sich ein neuer Trend zu alten Helden etabliert: Am Eingang zu Skopjes Altstadt steht seit kurzem, hoch zu Ross und vielfach kritisiert, ein steinerner Skenderbeg, während man in vielen größeren Städten neuerdings auf Alexander den Großen trifft – was den Griechen sicherlich wenig schmecken wird. Vielleicht ist das der Grund, warum auf Skopjes Hauptplatz bislang noch keiner zu finden ist. Auch die noch vor einigen Jahren diskutierte Idee eines goldenen Tito für den Platz wurde schon längst wieder begraben. Es bleibt also abzuwarten, welcher Held letztendlich seinen Platz im Herzen der Hauptstadt finden wird.

Musik

Musik hört man in Makedonien ständig und überall. Neben moderner Popmusik ist es vor allem Folklore, die in Cafés und Restaurants zu hören ist und
gelegentlich sogar live vorgetragen wird. Was da erklingt, ist ein Potpourri
unterschiedlichster Einflüsse und Stilrichtungen, in dem viel von der makedonischen Vergangenheit mitschwingt. Auf Hochzeiten und Familienfeiern ist diese
Musik ein Muss und wird in der Regel vom Oro begleitet, einem Rundtanz mit
einem recht überschaubaren Repertoire an Schritten. Auf den Sommerfestivals
in Ohrid, Skopje und andernorts wird vor allem europäische Klassik gegeben,
es gibt Opernabende, Kammermusik und Ballettaufführungen.

Die makedonischen Musikstile entwickelten sich zunächst unter dem starken
Einfluss der byzantinischen Kirchenmusik. Eine musikalische Ausbildung war
für alle Geistlichen Pflicht.

Weltliche Musik gab es bis zum 19. Jahrhundert nur in Form von Volksliedern. Sie wurde zunehmend von den orientalischen Klängen der Osmanen
beeinflusst, besonders von den Čalgii, kleinen türkischen Bands, die Volksmusik
spielten. So kamen Improvisation, Virtuosität und unregelmäßige Rhythmen ins
Spiel. Nichts hat jedoch die Musik so sehr beeinflusst wie die Musikkultur der
Roma. Viele unter ihnen sind großartige Musiker, deren Musik vor allem außerordentlich lebendig und tanzbar ist, weshalb Romabands besonders gern für
Hochzeiten gebucht werden. Die wohl meistgefeierte Roma-Musikerin Makedo-

Musiker in Šutka

niens ist Esma Redžepova-Teodosievska, eine Sängerin aus Skopje, die weltweit aufgetreten ist und zahllose Preise gewonnen hat. Ihr wohl bekanntestes Lied, ›Čaje Šukarije‹, darf auf Balkanparties genauso wenig fehlen wie ›Mesečina‹ von Goran Bregovič. Wegen ihrer karitativen Aktivitäten wurde Esma Redžepova 2002 für den Friedensnobelpreis nominiert.

Mit internationalen Auftritten und schmissigen Rhythmen rühmt sich auch das Kočani Orkestar, eine vielköpfige Romaband aus dem Osten Makedoniens.

Gegen viele Hindernisse, speziell finanzieller Art, setzt sich jährlich erneut das internationale Dudelsack-Festival in Dloneni durch, auf dem sich Dudelsackspieler zum Musizieren und Tanzen treffen.

Sowohl die moderne Klassik Makedoniens als auch Populärmusik experimentieren – durchaus auf hohem Niveau – mit Elementen dieser unterschiedlichen musikalischen Einflüsse, die sich auf dem Balkan treffen. Auch in der Musik der Gruppe ›Anastasia‹, eine der bekannteste Popbands Makedoniens, schwingt viel Vergangenheit mit: Dudelsack (Gaida), Trommeln und Elemente byzantinischer Kirchenmusik sind dabei, vermischt mit Synthesizersounds und Computerbeats. Man hört sie unter anderem in Milčo Mančevskis Film ›Vor dem Regen‹, für den sie den Soundtrack komponiert haben.

Im Oktober 2007 kam der überaus beliebte Popstar Toše Proeski im Alter von nur 26 Jahren bei einem Verkehrsunfall ums Leben. In seinem Geburtsort Kruševo erinnert seither eine Büste an ihn.

Hat das Musikprogramm von Skopje einmal keine Klassik im großartigen Interieur eines alten Hammams oder einer Karawanserei zu bieten, ist die Konzerthalle ›Univerzalna Sala‹ eine gute Gelegenheit, sich makedonischen Jazz, Rock oder Pop anzuhören.

Landesküche

Die makedonische Küche ist einfach, bodenständig und wohlschmeckend. Zudem ist sie äußerst gesund – wenn man sich nicht nur an das Grillfleisch hält, das Hauptbestandteil vieler Speisen ist. Das viele frische Gemüse stammt meist direkt von Makedoniens Äckern und hat keine halbe Weltreise hinter sich. In den einfacheren Restaurants ist die Auswahl der Gerichte oft nicht groß und zudem überall sehr ähnlich. Dafür sind die Speisen jedoch selbst im schäbigsten Imbiss frisch von Hand bereitet, und wenn man zum Beispiel die vielen köstlichen Vorspeisen in immer anderen Kombinationen bestellt, kommt man damit eine ganze Weile gut über die Runden.

Generell gilt, dass in Makedonien gerne und reichhaltig gegessen und getrunken wird. Auch wer nur wenig Geld hat, gibt es bevorzugt für eine üppige Mahlzeit aus und lädt noch seine Freunde dazu ein. Wer mit Makedoniern speist, darf niemals für sich selbst zahlen, sondern es gilt grundsätzlich, einzuladen oder eingeladen zu werden. Alles andere beleidigt die Gastfreundschaft, egal, wie hoch die Rechnung ist. Das Gleiche gilt für gemeinsame Abende in der Bar oder Kneipe, die immer eine gute Möglichkeit bieten, sich einmal so großzügig wie der Gastgeber zu zeigen.

Frühstück

Probleme erwarten allein denjenigen, der ein einfaches Zimmer ohne Frühstück gebucht hat und meint, das anderswo bekommen zu können. Das ist aber nicht so einfach: Ein klassisches makedonisches Frühstück besteht aus einem starken Kaffee und einer Zigarette. Erst im Laufe des Vormittags wird das durch einen Sesamkringel, ein Burek oder anderes Backwerk ergänzt, dazu kommt noch ein Trinkjoghurt. Dementsprechend gibt es auch nichts, das einem Frühstückslokal im geringsten ähnlich sehen könnte. Es gibt allerdings Cafés, die neben Kaffee auch verschiedenes Gebäck anbieten. Und die Bureks und Sesamkringel in Skopjes Čaršija sind so köstlich, dass man sich glatt an sie gewöhnen könnte. Bucht man hingegen in einem klassischen Jugo-Ära-Hotel ein Zimmer mit Frühstück, gibt es zum Brötchen mit viel Glück zwar ein Ei, aber statt Kaffee oft Früchtetee.

Mittag- und Abendessen

Richtig gegessen wird erst mittags und abends, und auch dabei gibt es einiges zu bedenken. Anders als bei uns gilt es durchaus nicht als unhöflich, wenn jeder allein zu essen beginnt, ohne sich um seine Tischnachbarn zu scheren. Im Gegenteil, wer Hunger hat, fängt an.

Was die Abfolge der Speisen betrifft, folgt der Vorspeise klassischerweise eine Suppe, und dem Hauptgang ein sehr süßes Dessert. Außer beim Nachtisch isst man die ganze Zeit viel Brot, und ohne einen ordentlichen Schnaps wird kein Essen beendet.

Die Auswahl von Vorspeisen ist sehr groß und schmackhaft. Sie reicht von Ajvar, einer Creme aus gegrillter Paprika, über Käse, eingelegtes Gemüse bis zu verschiedenen Salaten. Die häufigste Variante ist ein Teller mit eingelegten, sehr scharfen Spitzpaprika. Der beliebteste Salat des Balkan heißt šopska. Er besteht hauptsächlich aus gewürfelter Gurke, Tomate und geriebenem Käse. Bestellt man einen griechischen Salat, bekommt man das gleiche, nur sind die Käsestücke größer, und es finden sich irgendwo zwei, drei Oliven. Olivenöl ist trotz der Nähe zu Griechenland oft eine Rarität und nur in Gaststätten der gehobenen Klasse zu bekommen.

Der Hauptgang zentriert sich in der Regel um ein Stück Grillfleisch oder Fisch, gelegentlich beschränkt er sich jedoch auch darauf. Wenn man also nicht nur einen Teller voll Fleisch essen will, sollte man sicherheitshalber noch etwas dazu bestellen. Die Fleischsor-

Beliebte Vorspeise: Gebratene Spitzpaprika

Deftig und lecker: die makedonische Küche

ten, die am häufigsten auf den Tisch kommen, sind Schwein und Huhn, balkanweit am liebsten serviert als kebapči, gehacktes Grillfleisch in Form von kleinen Würstchen. Ohne Würstchenform kann man das begehrte Fleisch vom Grill als ›skara‹ in jedem Imbiss gleich kiloweise kaufen, an dem ›skara na kilo‹ steht.

Besonders an Makedoniens Seen wird viel Fisch serviert. Obwohl das Fangen der berühmten Letnica-Forelle, einer Spezialität rund um den Ohridsee, in den letzten Jahren verboten wurde, wird sie in einigen Restaurants noch immer serviert. Vor dem Bereiten wird sie dem Gast präsentiert und anschließend nach Gewicht bezahlt. Der Nachbarsee Prespa ist hingegen für seine Karpfen bekannt. Auf der Speisekarte findet man ihn unter ›krap‹, nicht zu verwechseln mit Krabben. Vor dem fischigen Hauptgang isst man gelegentlich eine Fischsuppe, ribja čorba. Unter den fleischlosen Gerichten ist tavče gravče eine beliebte Wahl, was eine Art Bohnenauflauf ist. Häufig kann man auch ein vegetarisches musaka aus Auberginen und Reis finden, eine makedonische Pizza namens pastrmajlija oder gjuveč, eine Platte mit kalt serviertem, gebratenen Gemüse. Burek, das leckere, fettriefende Blätterteiggebäck, gibt es wahlweise gefüllt mit Hackfleisch, Spinat, Schafskäse oder Pilzen.

Desserts müssen, um richtig zu schmecken, möglichst süß und klebrig sein. Frisches Obst scheidet also aus. Dabei ist es je nach Saison sehr preisgünstig an jeder Straßenecke zu bekommen und sticht alles, was hierzulande geboten wird, aus.

Internationale und vegetarische Küche

Sollte man sich nach Abwechslung von der makedonischen Küche sehnen, wartet in allen größeren Städten der obligatorische Italiener mit der üblichen Pizza und Pasta. Eine exotischere Auswahl von Restaurants gibt es in Skopje, darunter auch ein rein vegetarisches. Dass man sich gänzlich fleischlos ernähren kann, scheint sich lediglich in einigen entlegeneren Gebieten noch nicht herumgesprochen zu haben, und man wird dort erstaunt angesehen, wenn man ein Gericht ›bez meso‹, ohne Fleisch, bestellt. Generell bietet die makedonische Küche jedoch eine relativ große Auswahl an Fleischlosem, und Vegetarier kommen bei all dem Gemüse, das auf unterschiedlichste Art zubereitet wird, leicht auf ihre Kosten.

Getränke

Kaffee ist das Nationalgetränk Nummer eins, und zwar die kräftige, türkische Variante. Lecker und auch bei den Einheimischen beliebt ist eisgekühlter Nescafé. Bestellt man einen Cappuccino oder Macchiato, ist er meist gut, aber oft winzig klein. Kaffee wird immer und überall getrunken, und es ist ein Gebot der Höflichkeit, eine Einladung dazu nicht abzulehnen.

Neben hochprozentigem rakija, liker und mastika (ein Anisschnaps, dem griechischen Ouzo ähnlich) wird auch gern Bier getrunken, wobei in erster Linie zwei Sorten zur Auswahl stehen. ›Skopsko‹ ist die makedonische Biersorte schlechthin, ein helles, wohlschmeckendes Pils, während ›Dab‹ süffiger und weniger herb ist.

Getrocknete Paprikaschoten

Rezepte

Tavče gravče
500 Gramm weiße Bohnen
1 Zwiebel
100 Milliliter Öl
2 bis 3 getrocknete Paprikaschoten
Salz, Pfeffer, Mehl, Petersilie, Minze

Die Bohnen waschen und über Nacht einweichen. Danach kurz aufkochen, spülen und in frisches Wasser geben. So lange kochen, bis die Bohnen weich werden, aber noch ganz bleiben. Unverkochtes Wasser abgießen. Gehackte Zwiebel und Paprika anbraten und dazugeben. Alles zusammen in eine Auflaufform füllen, würzen und kurz im Ofen backen.

Tarator
1 Gurke
500 Gramm dünner Joghurt
1 Teelöffel Salz
2 Knoblauchzehen
50 Gramm Walnüsse
10 bis 20 Milliliter Öl
Petersilie

Gurke schälen und möglichst fein hacken. Salz, Joghurt und gepressten Knoblauch hinzufügen und gut mischen. Nach Geschmack mit gehackter Walnuss und Öl verfeinern. Mit Petersilie verzieren und kalt servieren.

Türkischer Kaffee
4 Löffel türkischer Kaffee
3 Löffel Zucker
1 Tasse Wasser

Das Wasser im Topf erhitzen und separat Kaffee und Zucker mit einem Teelöffel Wasser gut verrühren. Wenn das Wasser kocht, die glattgerührte Mischung beigeben und noch einmal aufkochen. Sofort in Mokkatassen servieren, dazu gibt es kaltes Leitungswasser und süßes Gebäck. Traditionell wiederholt man das ganze dreimal und serviert so einen Begrüßungskaffee, genannt ozguldum, dann einen Plauderkaffee namens muabet und schließlich den sikter-Kaffee zum Abschied. Weibliche Kaffeetrinker lesen aus dem Kaffeesatz später gerne noch ihr Schicksal.

»Skopje hat eine Katastrophe von ungeheuren Ausmaßen erlebt, aber wir werden Skopje mit Hilfe der ganzen Gemeinschaft wieder aufbauen, es wird zum Stolz und Symbol der Brüderlichkeit und Einheit und der jugoslawischen und weltweiten Solidarität werden.

Josip Broz Tito, 27. Juli 1963

Skopje und Umgebung

Skopje

Die Hauptstadt Makedoniens ist mehrere tausend Jahre alt und blickt auf eine äußerst turbulente Geschichte zurück. Sie liegt an Straßen, die die westliche und östliche Zivilisation verbinden und über die unzählige Feldherren, Pilger und Kaufleute zogen. Durch die Jahrtausende wurde Skopje (Скопје) erobert, dem Erdboden gleichgemacht, wiedererrichtet, von Erdbeben und Fluten getroffen und hat zahlreiche Niederlagen und Siege durchlebt. All das hat Spuren hinterlassen: architektonische, kulturelle und demographische. Bis heute erlebt man die ethnische Vielfalt Makedoniens nirgends so eindrücklich wie in Skopje. Schon das ist ein Grund, sich für die Stadt ein paar Tage Zeit zu nehmen, auch wenn die vielen Betonfassaden, die in Folge eines schweren Erdbebens im Jahr 1963 erbaut wurden, auf den ersten Blick nicht unbedingt einladend wirken. Das, was von Skopjes **Altstadt** geblieben ist, ist dafür sehr atmosphärisch und lockt im Sommer mit zahlreichen Veranstaltungen in attraktiven Lokalitäten.

Idyllisch ist außerdem ein Bummel auf der **Promenade am Fluss Vardar**, der die Stadt in zwei Hälften teilt:

Das ›**moderne**‹ **Skopje** befindet sich im Süden und ist das administrative und wirtschaftliche Zentrum der Stadt. Nördlich des Vardar liegt die **Festung Kale**, von der aus man einen weiten Panoramablick auf Skopje und die umliegenden Berge hat. Darunter liegt ein architektonisches Souvenir der Osmanen, das alte **Marktviertel Čaršija** mit Karawansereien, türkischen Bädern, Moscheen und der sehr sehenswerten **Kirche Sv. Spas**. Auf dieser Flussseite lebt ein Großteil der Albaner, Türken und Roma von Skopjes knapp 500 000 Einwohnern, während die ethnischen Makedonier den südlichen Teil der Stadt bevorzugen. Der Konflikt von 2001 brachte es mit sich, dass sich Albaner und Makedonier nicht mehr unbefangen auf der jeweils anderen Seite des Vardar bewegten, weshalb das einst lebendige Nachtleben in der türkischen Altstadt inzwischen sehr ruhig geworden ist. Hinzu kommt ein sich nur langsam entwickelnder Tourismus, so dass einige der kleinen Altstadtläden ins Hintertreffen geraten, während die andere Flussseite einen regelrechten Boom an Cafés, Kneipen und Clubs erlebt. Dass das überdimensionale christliche Kreuz, das seit 2002 über der Stadt thront, zur Annäherung ihrer entzweiten Bevölkerung beiträgt, ist zu bezweifeln. Die 2007 endlich abgeschlossene Sanierung der alten **Brücke Kameni Most**, die über den Vardar hinweg beide Teile des Stadtzentrums verbindet, ist da schon ein hoffnungsvolleres Symbol.
Während der Sommermonate ist Skopje, wie alle anderen Städte im Vardartal,

Im Zentrum von Skopje

▲ Umschlagkarte

oft besonders hitzegeplagt. Gute Verkehrsanbindung an fast alle Städte des Landes und interessante Ausflugsorte in der Umgebung sorgen aber für optimale Ausweichmöglichkeiten.

Geschichte

Die Geschichte der Stadt Skopje beginnt, so wird vermutet, mit einer ersten Siedlung im späten Neolithikum. Erwähnung fand Skopje aber erst bei Ptolemäus, einem griechischen Geographen, im 3. Jahrhundert unserer Zeitrechnung.

Unter den Römern wuchs die Siedlung, die sich etwa sechs Kilometer vom Zentrum des heutigen Skopje befand, zur Stadt Skupi heran und wurde Hauptstadt des Gebiets Dardanien, das sich zwischen Štip und Veles erstreckte und damit Teil der Provinz Moesia Superior war. Mit der Teilung des Römischen Reichs im Jahr 395 wurde Skupi wegen seiner zentralen Lage Handelszentrum und Verkehrsknotenpunkt im Byzantinischen Reich und nach der Ankunft des Christentums auch ein bedeutendes religiöses Zentrum. Der Aufstieg wurde durch zunehmende Überfälle von Barbaren getrübt und schließlich durch das Erdbeben von 518 beendet. Das komplett zerstörte Skupi bauten die überlebenden Bewohner an der Stelle des heutigen Skopjes wieder auf. Ihr prominentester Helfer war angeblich der byzantinische Imperator Justinian, der 527 an die Macht kam und aus einem Dorf in Skupis Umgebung stammte.

150 Jahre später eroberten Slawen die Stadt und nannten sie Skopje. Im Reich des slawischen Zaren Samuil, das im 10. Jahrhundert vom östlichen Griechenland über Albanien bis an die Donau reichte, spielte Skopje durchgehend eine wichtige Rolle. Als Samuil verraten

Archäologischer Fund im Nationalmuseum

und bei einer Schlacht überwältigt wurde, fiel Skopje 1014 zum zweitenmal an Byzanz.

50 Jahre später wechselte die Stadt erneut ihre Herrscher, diesmal waren es die Normannen, die Skopje überfielen und plünderten. In der Folgezeit lösten sich die Eroberer noch rasanter ab. Bis 1282 waren es Serben, Normannen, Byzantiner und Bulgaren, die abwechselnd und zum Teil wiederholt die Stadt beherrschten. Schließlich wurde Skopje vom serbischen König Milutin erobert, und endlich, unter dem serbischen Zar Dušan dem Mächtigen, zur regionalen Hauptstadt gemacht. Das Serbische Reich konnte sich jedoch nicht mehr lange halten und wurde nach 1392 vom Osmanischen abgelöst. Die neuen Machthaber nannten die Stadt Üsküb.

■ Skopje unter den Osmanen

Die Osmanen besiedelten Üsküb mit Türken und brachten die Stadt schnell zum Wachsen. In dieser Zeit entstanden all die imposanten muslimischen Gebäude, die noch heute das Bild Skopjes zieren: die Moscheen, Bäder und Kara-

Detail der Aldža-Moschee

wansereien, in denen viele Reisende, vor allem Araber, Juden, Griechen, Dubrovniker und Venezianer, einkehrten. Außerdem war Üsküb als günstiger Sklavenmarkt bekannt, auf dem Juden und Slawen gehandelt wurden.

1535 erschütterte ein erneutes Erdbeben die Stadt, und 60 Jahre später zerstörte sie ein großer Brand. Als 1689 das österreichische Heer unter General Piccolomini Üsküb erobern wollte, kam ihm ausgerechnet ein Bergarbeiter aus der ostmakedonischen Provinzstadt Kratovo zuvor: Karpoš und seine Männer zogen los, um Üsküb von den Muslimen zu befreien, bevor die Österreicher eintrafen.

Für seine Tat erhielt Karpoš den ehrenvollen Titel ›Bauernkönig‹ und wurde von den Osmanen unter Skopjes Steinbrücke gehenkt und in den Vardar geworfen. Als die osmanischen Erobe-

rungsfeldzüge auf dem Balkan erfolgreich abgeschlossen waren, begann für Üsküb eine relativ ruhige Zeit, und es blühte erneut als Handelszentrum auf. Die antiken Straßen wurden wiederbelebt und fortan von großen Handelskarawanen bereist, die am Anfang des 19. Jahrhunderts unter anderem Baumwolle für Napoleon lieferten. Zu Beginn des 20. Jahrhunderts wurden sie von der Eisenbahn abgelöst, die seit 1905 Üsküb mit Belgrad verband. Der Bahnhof, der sich wie heute südlich des Vardar befand, sorgte für eine immense Ausdehnung der Stadt, die bislang nur am nördlichen Ufer gewachsen war.

Mit dem landesweiten Ilindenaufstand von 1903, an dem auch Bürger aus Üsküb maßgeblich beteiligt waren, kündigte sich langsam der Untergang des Osmanischen Reichs an, und 1912 waren die Besetzer aus der Stadt vertrieben.

■ Von der Teilung bis zur Unabhängigkeit

Nach der Teilung Makedoniens in den Balkankriegen von 1912 und 1913 gehörte Skopje mitsamt dem Rest Vardar-Makedoniens – also in etwa dem Gebiet der heutigen Republik – bis 1919 zu Bulgarien, anschließend zum Königreich Serbien.

Während des Zweiten Weltkriegs wurde die Stadt bombardiert und im April 1941 von Deutschen und Bulgaren okkupiert. Als Reaktion schlossen sich die Skopjaner den Partisanen an und kämpften, zunächst nicht sehr erfolgreich, gegen die faschistische Allianz. Im März 1943 wurden über 7000 jüdische Bürger aus Skopje nach Treblinka deportiert, und am 13. November 1944 gelang es den Partisanen schließlich, Skopje zu befreien. Es wurde Hauptstadt der jugoslawischen Teilrepublik und stellte erstmalig eine eigene Regierung.

In den Folgejahren vervielfachte sich Skopjes Bevölkerung, und die besiedelte Fläche dehnte sich entsprechend aus. Doch ließ der nächste Schicksalsschlag nicht lange auf sich warten: 1962 trat der Vardar über seine Ufer und über-

Erinnerung an einen der schlimmsten Tage in Skopje

schwemmte die halbe Stadt. Kaum waren die Schäden einigermaßen behoben, wurde Skopje nur ein Jahr später von einem Erdbeben innerhalb weniger Sekunden in ein Trümmerfeld verwandelt. Über 100 000 Menschen wurden obdachlos, und 1000 weitere verloren ihr Leben in den Ruinen. Sein jetziges Aussehen verdankt Skopje vor allem diesem Unglück, dem unter anderem all die prächtigen Jahrhundertwendehäuser zum Opfer fielen, die einmal die Maršal Tito und die Vardarufer gesäumt hatten. Seit 1991 ist Skopje die Hauptstadt der unabhängigen Republik Makedonien. Als solche wurde sie in der Folge der Kosovokrise und der Konflikte im eigenen Land Basis vieler internationaler Verbände und Organisationen wie NATO, UNDP und OSZE.

Kale und die Oberstadt

Beginnt man einen Stadtrundgang mit der **Festung Kale**, geht man nicht nur chronologisch korrekt vor, sondern kann sich praktischerweise auch gleich einen Überblick über die Stadt verschaffen. Der Panoramablick und der natürliche Schutz durch den Fluss Vardar boten einst den Bewohnern eine äußerst günstige Siedlungslage und machten die Festung zum Stützpunkt aller Eroberer Skopjes.

Wie archäologische Funde vermuten lassen, gab es hier schon im Neolithikum die ersten Siedlungen, aber eine Stadt entstand erst nach dem schweren Erdbeben von 518, das das benachbarte Skupi zerstörte und seine Bewohner nach Kale führte. Die römischen Steine, die man im Mauerwerk der heutigen Festung erkennen kann, wurden aus Skupi mitgebracht, um damit die neue Stadt zu errichten. Es gibt Vermutungen, dass es sich bei eben dieser Neugründung um die berühmte Stadt Justiniana Prima gehandelt haben könnte, die unter dem byzantinischen Eroberer Justinian erbaut wurde. Er stammte aus einem Dorf nur 20 Kilometer von Skopje entfernt. Während der Invasion der Slawen im 6. und 7. Jahrhundert wurde Kale teilweise zerstört und im Verlauf des 10. und 11. in der heutigen Form wieder aufgebaut.

Ab 1282, als Skopje zu Serbien gehörte, begann sich die Stadt außerhalb der Stadtmauern auszudehnen, und unter den Osmanen gab es in den alten Mauern schließlich nur noch Militärbaracken. Auch die Jugoslawen stationierten dort ihr Militär, bis Kale 1963 vom Erdbeben zerstört wurde. Beim Wiederaufbau der 120 Meter langen **Stadtmauer** legte man darin einen **Park** an, der Kale zu neuem Leben erweckt hat: Hier oben wird gern geheiratet, musiziert und gepicknickt, der Sonnenuntergang ist von hier oben besonders schön, und für die Pferde und Schafe der Roma sind die Wiesen vor Kales Eingang ein idealer Weideplatz.

Abends um 23 Uhr wird die Festung verschlossen. Der Haupteingang und ein Parkplatz befinden sich gegenüber dem alten Postamt, nicht weit von der Kirche Sv. Spas.

■ Amerikanische Botschaft

Seit zwei Jahren thront auf dem Hügel neben Kale eine neue ›Festung‹: Der Bau der Amerikanischen Botschaft geriet nicht nur wegen der dominanten und das gesamte Stadtbild modifizierenden Lage in die Kritik. Der bis dato grün bewachsene Hügel galt per Gesetz als unverkäufliche Kulturlandschaft, unter der bedeutende archäologische Fundstücke vermutet werden. Mehr zu der Problematik findet man auf www.petitiononline.com/Gradiste/petition.html.

■ Museum für Gegenwartskunst

Der hochgelegene Flachbau im Norden Kales ist Skopjes sehenswertes Museum für Gegenwartskunst, das nach der Lossagung von Jugoslawien aus Mangel an Alternativen als künftiger Sitz des neuen

▲ Karte S. 76

Blick von der Festung Kale auf Skopje

Präsidenten verhandelt wurde. Letztlich konnte sich das Museum behaupten und lockt mit regelmäßigen Ausstellungen. Am Hang darunter liegt der **französische Gedenkfriedhof** und erinnert an die 1918 beim Durchbruch der Front von Thessaloniki gefallenen Soldaten. Leider ist er in der Regel verschlossen. Schräg gegenüber erstreckt sich eine größere Romasiedlung mit quirlig bunten Straßen.

■ Kirche Sv. Spas

Am Rand von Skopjes Oberstadt liegt die Kirche Sv. Spas, die einzige Klosterkirche im Stadtzentrum, die die muslimische Herrschaft überlebt hat. Fast alle anderen wurden zerstört oder in Moscheen umgewandelt. Sv. Spas konnte diesem Schicksal entgehen, da sie hauptsächlich unterirdisch gebaut wurde und somit der Bedingung genügte, dass keine Kirche eine Moschee überragen durfte. Um den Kirchturm in der gewünschten Höhe errichten zu können, wurde die Kirche bei ihrem Bau im 18. Jahrhundert in den Boden versenkt und außerdem von einer hohen Steinmauer umgeben. 200 Jahre ältere Freskenfragmente an der Südseite der Kirche verraten, dass dabei die baulichen Strukturen einer anderen Kirche genutzt wurden, die es hier vorher gegeben haben muss.

Die äußerlich gezwungenermaßen bescheidene Kirche überrascht durch ihre innere Pracht, die sich besonders in der **prunkvollen Ikonostase** aus Nussbaumholz zeigt. Sechs Jahre lang arbeiteten Makedoniens bekannteste Schnitzer, Petre und Marko Filipovski sowie Makarije Frćkovski an dem barocken Ikonenträger und brachten sich vor der Fertigstellung im Jahr 1824 noch schnell selbst darin unter: Man erkennt das

Auf der Festung Kale

Selbstbildnis der drei eifrigen Schnitzer im südlichen Teil der Ikonostase zwischen Figuren in Nationaltrachten und verschiedenen Bibelszenen. Das gleiche Künstlerteam schnitzte auch die nicht minder berühmten Ikonostasen der Klöster Sv. Jovan Bigorski bei Debar und Sv. Gavril Lesnovski bei Probištip. Die vierte Ikonostase aus ihrer Werkstatt verbrannte 1903 beim Aufstand gegen die Osmanen in Kruševo.

Eine der wichtigsten Figuren dieses Aufstands und Führer der VMRO, der Innermakedonischen Revolutionären Organisation, war der Nationalheld Goce Delčev, der im Marmorsarg im Kirchhof liegt. Seine Geschichte ist – leider nur auf makedonisch – im angegliederten **Museum** ausgestellt. Über die Kirche selbst informiert eine zwar etwas in die Jahre gekommene, aber detaillierte Broschüre auf deutsch, die man zum Preis von 100 Denar erwerben kann.

Sv. Spas liegt hinter Mauern versteckt auf dem Plateau oberhalb des Basarviertels.

Rund um die Altstadt

Skopjes beschauliche Altstadt Stara Čaršija belebt sich derzeit wieder, nachdem sie in den ersten Jahren nach 2001 wie ausgestorben war. Sie erstreckt sich im Westen bis zur Kirche Sv. Spas und der Mustafa-Pascha-Moschee, im Osten bis zum **Bit Pazar**, Skopjes bekanntestem und buntestem Markt. Sehenswert sind vor allem die zahlreichen profanen und sakralen Gebäude, die wohlhabende osmanische Feudalherren hier hinterlassen haben, aber auch die **alten Marktstraßen** selbst. Ihnen waren früher bestimmte Handwerke zugeordnet, so dass es etwa eine Goldschmiedestraße

Skopje (Скопје), Altstadt

0   250   500 m

Legende

1 Hotel ›Stone Bridge‹
2 Hotel ›Arka‹
3 Pension ›RM‹
4 Hotel ›Šar‹
5 Hotel ›Deniz‹
6 Motel ›Vienna‹
7 Restaurant ›Turist‹
8 Restaurant ›Babilon‹
9 Ilinden-Einkaufszentrum

Auf dem Markt

oder eine Schlossergasse gab. Hinter den Läden befanden sich die Magazine, über ihnen kleine Wohnungen für Ladengehilfen oder Lehrlinge.

Die wirtschaftlichen Folgen der Auflösung Jugoslawiens haben nach 1991 dazu geführt, dass viele der Werkstätten in gastronomische Betriebe umgewandelt wurden, die sich teilweise zwar nur recht mühsam in die Architektur der kleinen Läden einpassen, aber unbestreitbar die beste türkische Küche der ganzen Stadt anbieten. Andere Werkstätten haben sich von der kostspieligen Eigenproduktion auf den Verkauf von Billigwaren aus aller Welt umgestellt, so dass es in Čaršija nun Plastikschuhe aus China und Kunststofftaschen aus Taiwan im Überfluss gibt.

■ Nationalmuseum

Oberhalb der Altstadt, neben der Mustafa-Pascha-Moschee, lohnt das makedonische Nationalmuseum einen Besuch. Es beherbergt eine große Sammlung archäologischer Funde mit einigen bemerkenswerten Stücken, vor allem aus dem antiken Stobi. Archäolo-

gische Funde vom Neolithikum bis 1400 sind ebenso zu sehen wie Stücke aus der Geschichte bis zum Zweiten Weltkrieg. In der ethnologischen Abteilung sind viele Trachten, Musikinstrumente und die berühmten makedonischen Hochzeitsteppiche ausgestellt. Außerdem gibt es eine Ikonengalerie und ein Lapidarium. Führungen auf englisch oder deutsch kann man buchen, Beschriftungen gibt es auf makedonisch und englisch.

Moscheen, Hammams und Karawansereien

Die Hammams, Moscheen und Karawansereien in der Altstadt (Stara Čaršija) sind nach einem nützlichen Schema geordnet: Wenn Reisende und Kaufmänner in die Stadt kamen, brauchten sie erstens Unterkünfte und Lager für ihre Ware und zweitens Orte, an denen sie ihre religiösen Pflichten ausüben konn-

In der Altstadt von Skopje

ten. Weil letztere nur gereinigt betreten werden durften, brauchte man drittens auch Bäder. So kam es zu der typischen architektonischen Dreiheit von An (Karawanserei), Hammam und Moschee. Diese Verbindungen sind heute nicht mehr immer nachvollziehbar. Eine erkennbare Dreiheit bilden mitten in Skopjes Čaršija zum Beispiel aber noch die Gebäude Kapan An, Čifte-Hammam und Murat-Pascha-Moschee.

Leider ist heute keines von Skopjes türkischen Bädern mehr in Betrieb. Die Gebäude der Hammams und Karawansereien wurden jedoch weitgehend originalgetreu saniert und beherbergen inzwischen kulturelle Einrichtungen und Gaststätten.

■ Moschee Mustafa Pascha

Die berühmteste und größte Moschee von Skopje ist die des Mustafa Pascha, die am Rande von Čaršija und nicht weit

Die Mustafa-Pascha-Moschee

von der Festung Kale steht. Den Namen ihres Patrons können Arabischkundige aus der Inschrift über dem Eingang entschlüsseln. Als er die Moschee 1492 erbauen ließ, war Mustafa Pascha ein bedeutender Mann der osmanischen Administration. Die persischen Zeilen auf der Turbe (Mausoleum) links neben der Moschee loben die Schönheit seiner Tochter Umi, die dort begraben wurde. Die architektonische Gestaltung der Moschee ist streng proportional und einfach, und nur der säulengetragene Vorbau ist aus Marmor, was ihm einen monumentalen Eindruck verleiht. Auch das Innere des Gebäudes mit der 45 Meter hohen Kuppel ist relativ schlicht, wenngleich auch mit kunstvollen Ornamenten verziert. Darunter, zu beiden Seiten der Mihrab (Kanzel), von der aus der Hodscha den Koran liest, sind, der Rundung des Raumes folgend, die Namen Mohammeds und Allahs in Arabesken geschrieben, während südlich und nördlich die Namen der Kalifen stehen. Die Moschee wurde 2003 renoviert.

■ Aldža-Moschee

Hinter dem Bit Pazar versteckt liegt die hübsche Aldža-Moschee, auch ›Bunte Moschee‹ genannt: Früher war ihre Fassade mit bunten Kacheln geschmückt, die im Brand von 1689 jedoch zerplatzten. In der Turbe neben der Moschee aus dem frühen 15. Jahrhundert liegt angeblich der Schatzmeister des Isak Beg begraben. Früher gab es außerdem noch eine Koranschule, eine Bibliothek und ein Imaret (Volksküche).

■ Hjunkar-Moschee

Zu den sehenswerteren Moscheen Skopjes zählt außerdem die Hjunkar-Moschee/Sultan-Murat-Moschee. Sie wurde 1436/37 von Mehmet II. auf den Ruinen des zerstörten Klosters Gjorgji erbaut und ist die älteste Moschee in Skopje. Zweimal brannte sie in ihrer Geschichte ab und wurde immer wieder aufgebaut, zum letzten Mal 1712. Als zusätzliche Erneuerung erhielt sie 200 Jahre später ein flaches Holzdach mit Rosetten und hat sich so bis heute erhalten.

Auf dem gleichen Gelände befindet sich Skopjes **Roter Uhrenturm** (Saat Kula), den Sultan Murat mit einer Uhr aus Ungarn bestücken ließ, wo man gerade mit weiteren Eroberungen beschäftigt war. 1904 brannte der Holzturm aus dem 15. Jahrhundert ab und wurde durch einen Ziegelsteinbau ersetzt, inklusive einer neuen Uhr, diesmal aus der Schweiz. Die ging jedoch 60 Jahre später im Erdbeben verloren und ist nie wieder aufgetaucht, weshalb der Turm bis heute uhrlos ist. Unter Makedoniens vielen Uhrentürmen ist er

Die Hjunkar-Moschee

mit knapp 40 Metern der höchste und bietet so einen guten Ausblick auf die Stadt. Für 60 Denar oder einen Euro pro Person holt der alte Wächter seinen nicht minder alten, riesengroßen Petrusschlüssel aus der Tasche und schließt den Turm auf, in dessen Innerem steile, düstere Holztreppen nach oben führen.

■ Gazi-Issa-Bey-Moschee

Die Gazi-Issa-Beg-Moschee ist bekannt für ihre alten Grabsteine und die Eiche im Hof, die angeblich so alt ist wie die Moschee selbst: über 500 Jahre. Früher diente die Moschee mit der doppelten Kuppel einem Derwischorden als Kloster.

■ Murat-Pascha- und Jaja-Pascha-Moschee

Mitten in der Altstadt steht seit dem 15. Jahrhundert die kleine **Murat-Pascha-Moschee**, die 1689 beim großen Brand zerstört wurde und seit 1802

Turbe der Aldža-Moschee

statt einer Kuppel ein viereckiges Dach trägt. Das gleiche gilt für die 1504 erbaute **Jaja-Pascha-Moschee**, deren Minarett mit 50 Metern Skopjes höchster Turm ist. Ihre Kuppel fiel dem Erdbeben von 1963 zum Opfer.

■ **Daut-Pascha-Hammam**
Am Eingang zu Skopjes Altstadt liegt der kunstvoll gebaute Daut-Pascha-Hammam. Unter seinen 15 Kuppeln, durch die teilweise sternförmiges Licht eindringt, verbirgt sich ein komplexes Raumsystem. Ursprünglich bestand der große Hammam aus zwei separaten Teilen für Männer und Frauen, wobei der Eingang für die Männer zur Marktstraße wies und die Frauen sich durch die versteckte Hintertür Eingang fanden.
Der Erbauer, Daut Pascha, war ein osmanischer Großwesir und lebte zur Zeit des Sultans Bayazit II. (um 1500). Einer beliebten Legende zufolge stand hier zuvor Kirche Sv. Demetrius, die der Wesir zur Errichtung seines Bades abreißen ließ. Als er jedoch mit seinem Harem das erste Bad nehmen wollte, kam aus den Hähnen kein Wasser, sondern es krochen Schlangen daraus hervor. Das änderte sich solange nicht, bis Daut Pascha die Kirche an anderer Stelle wiedererrichten ließ.
Im 19. Jahrhundert wurde das Bad ein Lager für Alkohol und Petroleum, und heute beherbergt es die **Nationalgalerie** mit Kunst vom 14. Jahrhundert bis zur Gegenwart. Neben einer Ikonensammlung gibt es hauptsächlich moderne Gemälde und Skulpturen zu sehen. Im Sommer finden in den attraktiven Räumen klassische Konzerte statt.

■ **Čifte-Hammam**
Sehr schön saniert und weiß getüncht wurde 2002 auch Skopjes zweitgrößtes Bad, der Čifte-Hammam. Dabei wurden einige Details und Nischen so belassen, dass das Gemäuer aus dem 15. Jahrhundert sichtbar bleibt. Wie Skopjes anderer großer Hammam war auch dieser ursprünglich ein Doppelbad, erkennbar an den beiden großen Hauptkuppeln. 1999 wurde es als **Galerie** eröffnet, in der vor allem Fotokunst ausgestellt wird.

■ **Karawanserei Kuršumli An**
Von den drei Karawansereien in Skopjes Čaršija ist Kuršumli An mit Abstand die beeindruckendste. Das große Gebäude mit Innenhof und Arkaden liegt direkt neben dem Nationalmuseum, von dem es inzwischen als **Lapidarium** genutzt wird. Seinen Namen verdankt der Bau aus dem 16. Jahrhundert dem einstigen Dach aus Blei, was auf Türkisch ›kurum‹ heißt. Später wurde es abgedeckt und zu Munition verarbeitet. Während die unteren Räume der Herberge als Lager für Tiere und Ware dienten, waren die oberen Zimmer für die Unterbringung der Reisenden bestimmt. Zum Schutz vor Kälte und Feinden gab es nur wenige Fenster. Das rentierte sich

Innenhof der Karawanserei Kuršumli An

Die Kirche Sv. Konstantin und Elena

besonders im 19. Jahrhundert, als aus den Gästezimmern Gefängniszellen wurden. Allein im Jahr 1898 waren hier knapp 600 politische Gefangene inhaftiert, die gegen die osmanischen Herrscher rebelliert hatten. 1924 wurde Kuršumli An schließlich zum Museum, und heute sitzt darin unter anderem das **Zentrum für Kontemporäre Kunst** (CAC), das in Kooperation mit jungen Künstlern Ausstellungen organisiert. Ein kultureller Höhepunkt sind die sommerlichen Openairkonzerte im attraktiven Innenhof.

■ Karawanserei Suli An

Auch im Suli An geht es inzwischen um Kunst und Kultur. Das Gebäude aus dem 15. Jahrhundert ist wesentlich kleiner als der Kuršumli An, hat aber einen ähnlichen Grundriss. Versteckt hinter den anderen Fassaden der Čaršija ist es ein wenig unsichtbar und macht häufig einen geschlossenen Eindruck, tatsächlich ist das Tor aber meist offen. Eine plausible Erklärung gibt es auch hier für den Namen des Gebäudes: ›Sulu‹ heißt auf Türkisch ›wasserhabend‹, und spielt darauf an, dass neben dem An früher der Fluss Serava verlief, auf den sich die durstigen Karawanen freuten.

Beim Erdbeben von 1963 wurde das Gebäude bis auf seine Außenmauern zerstört, 1972 jedoch voll rekonstruiert. Im Erdgeschoss hat sich inzwischen die **Fakultät für Angewandte Kunst** etabliert, und man kann bei einem Besuch den Studenten im Hof bei der Arbeit zusehen. Im Obergeschoss gibt es eine **Dauerausstellung mit Fotografien** von Skopje zur Zeit der Osmanen. Der Eintritt ist frei.

■ Karawanserei Kapan An

Am schwierigsten zu entdecken ist der Kapan An in der südlichen Čaršija. Im 15. Jahrhundert als Karawanserei erbaut, ist er zum Restaurant geworden, was ihn in der Umgebung von zahllosen anderen Restaurants quasi unsichtbar macht.

■ Bezisten

Die bescheidenen Reste des Bezisten (überdachter Basar) beherbergen heute kleine Kunstgalerien und Cafés. Seine Struktur geht zurück bis ins 15. Jahrhundert, wurde aber im 20. Jahrhundert grundlegend erneuert.

Südlich der Altstadt

Südlich der Altstadt gibt es einige interessante Neuerungen. Vor dem Ilinden-Einkaufszentrum thront seit 2006 stolz, aber viel diskutiert, ein bronzener **Skenderbeg** auf einem Sockel am Rande des bis dahin unscheinbaren Parkplatzes.

Der albanische Nationalheld Skenderbeg war Katholik und machte sich im 15. Jahrhundert einen Namen als Aufständischer gegen die Osmanen. Kein Wunder also, dass das Denkmal am Rand der türkischen Altstadt gleich mehreren Bevölkerungsgruppen ein Dorn im Auge ist: Von makedonischer Seite aus kann man das Denkmal als weiteres Symbol albanischer Präsenz im öffentlichen Raum deuten, während Skenderbeg den Türken gemeinhin als historischer Feind gilt und den Muslimen wegen seiner Rekonversion zum Katholizismus als Verräter.

Die Steinerne Brücke

Der Geschichte der makedonischen Juden soll künftig das **Jüdische Zentrum** mit einem Holocaust-Mahnmal Rechnung tragen, das am Ort des ehemaligen Judenviertels direkt am Flussufer entsteht. Bereits seit Jahren arbeitet eine in Skopje gegründete Initiative an dem Thema Judenvernichtung, doch aufgrund eines einjährigen Baustopps lässt das Zentrum noch auf sich warten.

Direkt davor soll das **historische Theater** wieder aufgebaut werden, ein schmucker Bau, der dem Erdbeben von 1963 zum Opfer fiel. Bislang ist allerdings nicht viel mehr als die Baugrube zu sehen.

Ebenfalls im Erdbeben zerstört, aber bereits wieder aufgebaut, ist die im Inneren recht schlichte und freskenlose **Kirche Sv. Konstantin und Elena**, die weiter östlich am Flussufer mit ihrer goldglänzenden Kirchturmspitze winkt. Der Neubau blieb nicht ohne Kontroversen: ›Keine neue Kirche ohne eine neue Moschee‹, ließ die Islamische Gesellschaft (IVZ) verlauten. Wenn im Zentrum der muslimisch dominierten Flussseite eine Kirche gebaut würde, die zudem hauptsächlich repräsentativen Zwecken diene, wolle man ebenso die 1925 unter dem jugoslawischen Regime abgerissene Burmali-Moschee direkt an der ul. Maršal Tito wieder aufbauen. Ein Vorhaben, das den Charakter der erst kürzlich neugestalteten Hauptstraße wohl grundsätzlich verändern würde und in absehbarer Zeit sicher Utopie bleibt.

Südlich des Vardar

Im Süden des Flusses Vardar findet man alle Annehmlichkeiten einer modernen Großstadt. Es reihen sich Restaurants, Cafés und Bars an Reisebüros und Banken, es gibt Hotels, große Einkaufszentren und Geschäfte en masse, und auch das Nachtleben von Skopje ist hier zu Hause.

Die **Steinerne Brücke**, **Kameni most** (auch Kamen most), verbindet über den Vardar hinweg das moderne Zentrum

Karte S. 76

mit der Altstadt. Sie ist das Wahrzeichen Skopjes und bevorzugter Platz von Straßenhändlern und Anglern, die, bis zur Hälfte im Fluss stehend, im trüben Wasser ihr Glück versuchen. Zu osmanischen Zeiten war Kameni most ein beliebter Hinrichtungsplatz, auf dem 1689 unter anderem der gegen die Osmanen

Skopje und Umgebung

Skopje (Скопје), Zentrum

0   150   300 m

Legende

1. MacedonianAirlines (MAT)
2. Lufthansa
3. Skywings
4. Internetcafé
5. Hotel ›Turist‹
6. Hotel ›Jadran‹
7. Hotel ›Bristol‹
8. Hotel ›Ani‹
9. Hotel ›Rose Diplomatique‹
10. Restaurant ›Makedonska Kuḱa‹
11. Restaurant ›Kaj Maršalot‹
12. Restaurant ›Dab Pivnica‹
13. Restaurant ›Bios‹
14. Restaurant ›Krigla‹
15. Restaurant ›Dal Met Fu‹
16. Restaurant ›Shanghai‹
17. Restaurant ›Stara Kuḱa‹
18. ›The New Age Teahouse‹
19. Café ›Lezet‹
20. Café ›Play-Time‹
21. Café ›Timeless‹
22. Club und Kulturzentrum ›Mala Stanica‹
23. Bar ›Bastion Leninova‹
24. Kulturclub ›Točka‹
25. Kino ›Dom na Armija‹
26. deutscher Buchladen ›Skalidooel‹
27. Internationaler Zeitungsladen
28. Antiquitätengeschäft

rebellierende Petre Vojnički-Karpoš, der ›König von Kumanovo‹, öffentlich exekutiert wurde.

Es gibt Vermutungen, dass es hier schon im 6. Jahrhundert eine Brücke gab, auf deren Fundament Sultan Murat in der ersten Hälfte des 15. Jahrhunderts die heutige Brücke errichtete. Seitdem wurde sie mehrmals umgebaut, zwischenzeitlich auch für den Autoverkehr erweitert, bis sie, vom Konflikt im Jahr 2001 schwer beschädigt, 2008 wieder vollends instandgesetzt wurde.

Von hier aus empfiehlt sich ein Spaziergang durch die lebendige **Hauptstraße Maršal Tito** zum Stadtmuseum im alten Bahnhof oder ein Bummel auf der **Vardar-Promenade** Richtung Westen und durch den Stadtpark.

Im populären **Stadtteil Debar Malo** locken nette Cafés und angesagte Kneipen.

■ **Ploštad Makedonija und ul. Maršal Tito**

Die Steinerne Brücke mündet direkt in den ploštad Makedonija, den Hauptplatz Skopjes.

Zusammen mit der Brücke und der sich anschließenden ul. Maršal Tito (inzwischen formal in ul. Makedonija umbenannt) wurde der ploštad Makedonija 2004 saniert, wodurch er sein atmosphärisches Kopfsteinpflaster eingebüßt hat, jetzt aber ein beliebter Skatertreffpunkt ist.

In der **ul. Maršal Tito**, neuerdings großenteils eine Fußgängerzone, sind noch Spuren von den urbanen Jahrhundertwendehäusern zu entdecken, die Skopjes wichtigste Straße einmal säumten. Eines der auffälligsten Häuser ist der sogenannte **Ristič-Palast**, das Eckhaus mit der ›Skopsko‹-Werbung auf dem Dach.

Auf dem ploštad Makedonija

Weiter westlich am Platz ragt direkt am Ufer das monströse **Zentrum für Telekommunikation** auf. Von außen aus düsterem Beton, birgt es im Innern (Eingang Postamt von der Platzseite) großartige Wandmosaiken aus der Jugoslawien-Ära. Fotografieren ist leider untersagt.

An der ul. Maršal Tito steht unweit der Philharmonie ein **Denkmal der Mutter Teresa**, die 1910 als Agnes Bojaxhiu in Skopje geboren wurde.

Daneben ragt seit 2009 der eklektizistische Bau ihres **Gedenkhauses** auf. In postmoderner Manier verbindet er Elemente eines typisch osmanischen Bürgerhauses um 1900 mit einer Kapelle und indischen Bauelementen, die an das globale Wirken der Ordensträgerin erinnern sollen. Am 27. August 2010 wird in Skopje der 100. Geburtstag Mutter Teresas gefeiert.

Im Gegensatz zu der katholischen Herz-Jesu-Kathedrale, die sich bis zum Erdbeben von 1963 an der Stelle des Gedenkhauses befand, hat der benachbarte **Statthalterturm** aus dem 17. Jahrhundert dank seiner 1,45 Meter dicken Wehrmauern das Beben weitgehend unbeschadet überstanden und kann auf Anfrage besichtigt werden.

Die Maršal-Tito-Straße endet am **alten Bahnhof**, dessen Ruine das **Stadtmuseum** beherbergt.

Als der große Bahnhof 1940/41 erbaut wurde, galt er als der schönste des ganzen Balkan. Im Erdbeben wurde er jedoch schwer beschädigt, und in die Reste des zerstörten Gebäudes zog ein Museum ein. Andere Teile des Bahnhofs hat man in dem Zustand belassen, in dem sie am Morgen des 26. Juli 1963 vorgefunden wurden. Vor allem aber hat man die große **Bahnhofsuhr**, die noch immer den Zeitpunkt des Erdbebens anzeigt – zunächst aus Nachlässigkeit – niemals repariert. Heute ist sie im wahrsten Sinne des Wortes einer der wichtigsten Zeitzeugen des desaströsen Bebens.

An der östlichen Seitenwand prangt eine Solidaritätsbekundung von Tito, deren Buchstaben die konservative Partei VMRO nach den gewonnenen Wahlen angeblich entfernen ließ. Wie dem auch sei, die Schrift ist noch immer gut zu entziffern.

■ Sv. Kliment Ohridski

Ein anderes signifikantes Gebäude ist Skopjes Hauptkirche **Sv. Kliment Ohridski** an der Straße Partizanski odredi. Von weitem könnte die 1990 erbaute Kirche wegen ihrer weiten Kuppel glatt als Moschee durchgehen. Ansonsten hielt man sich aber an die traditionellen Vorgaben und gestaltete ihr Inneres mit farbenfrohen Fresken.

■ Vardar-Ufer

Direkt am Vardarufer steht neben dem **Regierungsgebäude**, ehemals Sitz des Zentralkomitees des Bundes der makedonischen Kommunisten, grimmig und steinern das **Denkmal der Befreier von Skopje**. Der Künstler Ivan Mirković erinnert damit an die Partisanen, die am 13. November 1944 im Kampf gegen die faschistischen Besetzer fielen.

Hinter dem Denkmal beginnt eine hübsche **Promenade**, die am Fluss entlang zu Skopjes weitläufigem **Stadtpark** führt und zum **Zoo**, in dem sich im Sommer 2004 angeblich zwei betrunkene Wärter durch eine Wette einen besonderen Namen machten: Indem sie einen Tiger und einen Löwen aufeinander losließen, wollten sie testen, wer den Kampf überlebt. Der Tiger gewann.

Der 26. Juli 1963

Das Gesicht Skopjes ist grau und trägt viele Narben. Der Beton, von enthusiastischen Architekten einst in waghalsige Formen gegossen, bröckelt und wird mit der Zeit menschlich. Statt – so war der Plan – optimistisch in die Zukunft zu weisen, erinnert er an Skopjes schwärzesten Tag, den 26. Juli 1963.

Um 5 Uhr 17 blieben alle Uhren stehen. Die Erde bebte, und in nur wenigen Sekunden verwandelte sich die Stadt in ein Trümmerfeld. Auf einen Schlag waren mehr als 100 000 Menschen obdachlos, mehr als 1000 tot, 3000 verletzt.

Das Beben, das unerwartet, ohne warnende Vorbeben kam, traf den Westen der Stadt und das Zentrum am schlimmsten. Dort gab es vorher einmal schöne Häuser, den alten Offiziersklub, die Nationalbank, den großen Bahnhof. Der steht noch immer als Ruine und gemahnt mit seiner großen Uhr an den genauen Zeitpunkt des Erdbebens.

Die Winter in Skopje sind eisig, und es blieben nur wenige Monate, um mehrere tausend Unterkünfte zu schaffen. Dafür brauchte man Hilfe. Am nächsten Tag kam Tito und sprach von weltweiter Solidarität. Damit man sich daran gelegentlich erinnert, wurden seine Worte an die Ostwand des zerstörten Bahnhofs geschrieben. Die Hilfe kam dann auch, aus Jugoslawien und dem Rest der Welt, und so entstanden nicht nur innerhalb kürzester Zeit 18 Vorortsiedlungen aus Beton, sondern auch zahlreiche Städtepartnerschaften im Ausland, zum Beispiel mit Dresden und Nürnberg. Da Skopje in einer seismisch sehr aktiven Gegend liegt und schon 518 komplett von einem schweren Erdbeben zerstört worden war, suchte man außerdem weltweit Rat bei Experten, die einen Plan für ein erdbebensicheres Skopje entwickelten. Die Innenstadt sollte aber nicht

Der alte Bahnhof vor dem Erdbeben

nur sicher, sondern auch schön werden, und so wurde von den Vereinten Nationen ein Designwettbewerb ausgeschrieben, den der Japaner Kenzo Tange gewann. Sein Modell von einem futuristischen Skopje im internationalen Stil wurde nicht konsequent umgesetzt, beeinflusste aber intensiv die Neustrukturierung der Stadt. Von Tange ist zum Beispiel der Bahnhof, heute einer der trostlosesten Orte Skopjes, damals Hommage an die Moderne. Er soll zusammen mit dem großen Einkaufszentrum den Eingang zum Zentrum bilden, das durch die in Reihen geordneten Hochhäuser im Norden und Süden wie von einer Stadtmauer umgeben wird. »Das ist die inhaltliche Sinngebung ansonsten rein funktionaler Architektur«, meint Tange. Besonders bei der ›Stadtmauer‹ bedarf es einiger Phantasie.

Erinnerung an das Erdbeben 1963: Die Uhr am alten Bahnhof

Ein weiteres Erzeugnis der internationalen Solidarität von 1963 ist das Museum für Gegenwartskunst. Seiner wichtigsten Kulturdenkmäler beraubt, rief das zerstörte Skopje die Künstler Jugoslawiens zu einer Spendenaktion auf. Der Ruf fand international Gehör, und das Ergebnis war eine gewaltige Kunstsammlung, für die in Skopje neue Ausstellungsräume gebaut werden mussten. Seitdem gibt es das Museum für Gegenwartskunst, in einem Betonflachbau weit oben über der Stadt. Weiter unten steht das Hauptpostamt, ein nahezu barocker Bau aus Stahlbeton, bei dem das grobe Material in seinen vollen Möglichkeiten ausgeschöpft wurde: Alles ist Skulptur, und man fragt sich, ob der Schöpfer Janko Konstantinov sich nicht ein bisschen zu sehr von der internationalen Anteilnahme hat beflügeln lassen. Immerhin, es hält.

Nicht weit davon steht das Nationaltheater, ganz in weiß, zumindest früher. Im Sinne von Brüderlichkeit und Gemeinschaft wurde es 1968 von einem Architektenkollektiv entworfen. Geformt wie ein Fächer, wirkt es trotz seiner Größe und des wenig geschmeidigen Materials beweglich und hat eine bemerkenswerte Raumvielfalt. Auf der gegenüberliegenden Flussseite, nicht weit von der Brücke, gibt es eine Stelle, von der es sehr schön aussieht, das Theater aus sozialistischen Tagen, im Hintergrund die historische Festung, daneben die osmanische Moschee. Und Skopjes architektonische Landschaft soll demnächst noch reicher werden: Derzeit baut man am Vardarufer das attraktive alte Theater wieder auf, das einst auf der anderen Flussseite neben dem Hauptpostamt stand, während die goldglänzende Kuppel der einstigen Hauptkirche Sv. Konstantin und Elena bereits seit 2007 wieder in den Himmel von Skopje ragt. Statt Geist der Moderne nun also architektonische Nostalgie. Und die hat Hochkonjunktur: Postkarten und Kalender mit Bildern des alten Skopje sind populärer den je und machen gespannt auf das neue ›alte‹ Skopje.

Skopje-Informationen

Derzeit gibt es in Skopje **keine offizielle Touristeninformation**. Alle größeren Hotels vergeben jedoch kostenlose Stadtpläne und häufig auch Broschüren mit dem aktuellen Kulturprogramm und Infos auf englisch.

Allgemeine Informationen

Vorwahl: 02.
Tourismusverband von Skopje, Dame Gruev bb, Block 3, Tel. 3118498, Fax 3230803.
City-Krankenhaus, 11 Oktomvri 53, Tel. 3130311 (▸ Karte S. 83).

Telefonieren

Postamt Nr. 1, Orče Nikolov bb; tägl. 7–17.30, So 8–13 Uhr. Hier kann man günstig telefonieren (▸ Umschlagkarte).
Postamt Nr. 2, Nikola Karev bb, Tel. 3162102.
TNT Global Express, Vangel Todorovski 5.
UPS, Miroslav Krleža 39.

Das Postamt Nr. 1

Geldwechsel

Geldautomaten findet man überall in der Stadt, z.B. bei folgenden Banken:
Komercijalna Banka (EC-Automat), Kej Dimitar Vlahov 4, Tel. 3107107.
Stopanska Banka (Visa), 11 Oktomvri 7, Tel. 3115322.
Tutunska Banka (EC), 12 Udarna brigada bb, Tel. 3105630.
Investbanka (EC/American Express), Makedonija 9/11, Tel. 3135528.

Internetcafés

Contact Café, Trgovski Centar; Mo–Sa 9–23, So 15–22 Uhr, 120 MKD/Std. Schnell und teuer. Laserdrucker und Scanner (▸ Karte S. 83).
Internetcafé, im Keller der Passage gegenüber des Hotels ›Turist‹ an der ul. Maršal Tito; 80 MKD/Std. Günstig und ebenso schnell wie im ›Contact Café‹ (▸ Karte S. 83).
Internetcafé im alten Bahnhof (Stadtmuseum, ▸ Karte S. 83).
Internetcafé im British Council, im Gebäude der Universitätsbibliothek, Goce Delčev 6, Tel. 3135035; 60 MKD/Std. Gut und modern in gepflegter Atmosphäre (▸ Karte S. 76).
Immer mehr Cafés verfügen über W-Lan/WiFi. Unter anderem das **Broz-Café** an der **Partizanska**, das **Play-Time** (▸ Karte S.83) und das **Timeless** an der ul. Maršal Tito (▸ Karte S. 83) und das **Blue Café** nahe Trgovski Centar (▸ Karte S. 83).

An- und Abreise

Busbahnhof

Der **Bahnhof für nationale und internationale Busse** befindet sich neuerdings direkt hinter der Bahnstation (▸ Umschlagkarte, Fahrplan S. 280).
Nur die Busse der Agentur ›Proleter‹ fahren noch den alten Busbahnhof im

Zentrum, direkt an der Steinbrücke, an, Tel. 31 66 25 4.

Private Minibusse fahren vom Parkplatz vor dem Hotel ›Holiday Inn‹ ins In- und Ausland (▶ Karte S. 83). Nur von hier gibt es Busshuttles nach Thessaloniki, die von verschiedenen Agenturen direkt am Parkplatz angeboten werden. Regelmäßige Busse in alle Städte Makedoniens.

Internationale Busse fahren ebenfalls vom Bahnhof ab, u.a. nach Belgrad, Sofia, Zagreb, Budapest, Istanbul (Fahrplan S. 280).

Bahnhof

Bahnhof, Jane Sandanski bb, Tel. 31 64 25 5. Die Information spricht leidlich Englisch (▶ Umschlagkarte, Fahrplan S. 278).

Zugverbindungen gibt es in vier Richtungen: 3x tägl. über Veles, Stobi und Demir Kapija nach **Gevgelija**, 3x nach **Bitola**, 1x tägl. **Thessaloniki**, 3x **Belgrad** mit Stop in Kumanovo. Richtung Osten: nach **Štip** und **Kočani**. Der Zugverkehr nach **Tetovo/Kičevo** wurde inzwischen wieder aufgenommen, und seit 2006 verkehren erstmalig wieder 1x tägl. Züge zwischen Skopje und **Priština** (Kosovo).

Flughafen

Flughafen Aleksander the Great/Aleksandar Veliki, Tel. 31 65 15 6. Es gibt keine Busse zum Flughafen. Taxis sollten nicht mehr als 900 MKD kosten, wobei man sich speziell bei der Ankunft auf hartes Verhandeln einstellen sollte. Es gibt Gerüchte von einer Art ›Taxi-Mafia‹ am Flughafen, die ahnungslosen Touristen bis 40 Euro für die Fahrt in die Stadt abnehmen. Von der Stadt zum Flughafen sind die Tarife meist kein Problem.

Unterwegs in Skopje

Parkplätze

Parkplätze im Zentrum sind seit 2008 gebührenpflichtig und werden überwacht. Einmaliges Parken kostet 40 MKD, eine Monatsmarke 600 MKD, ein Jahresabo 6000 MKD.

Tankstellen

Makpetrol, Mito Hadživasilev Jasmin 4.

AMSM, Ivo Lola Ribar 51.

Partizanska, Partizanski odredi bb.

Autovermietungen

Am besten **Avis** (Flughafen und Ramstore), **Hotel ›Continental‹**; ab 30 Euro/Tag, ab 80 Euro/Woche.

Busse

Busse innerhalb Skopjes fahren mit hoher Frequenz. Tickets im Stadtbereich kosten 20–30 MKD, häufig sind die Busse während der Hauptverkehrszeiten sehr voll. Das aktuelle **Streckennetz** für Skopje und Umgebung sowie Infos zu Tickets und Frequenzen erhält man auf der Website des Busvervands: www.jsp.com.mk.

Der **Busbahnhof für nationale und internationale Busse** befindet sich direkt neben Skopjes Hauptbahnhof, Tel. 24 66 01 1/3 13. Die aktuellen Abfahrtszeiten finden sich auf www.sas.com.mk (▶ Umschlagkarte).

Taxi

Taxis kosten für die ersten 3 km 50 MKD, danach steigt der Preis pro km. Vom Zentrum bis zur deutschen Botschaft zahlt man z.B. ca. 150 MKD. Taxis findet man überall, erkennbar am ›Taksi‹-Schild auf dem Dach. Sammelstellen sind u.a. am **Busbahnhof** und auf dem Parkplatz vor dem **Ilinden-Einkaufszentrum** (▶ Umschlagkarte).

Verhandlungsfreies Fahren zu festen (und fairen) Tarifen bietet ein **neuer Taxidienst** mit gelben Skodas, Tel. 15152.

Unterkunft

Neben einigen neuen Top-Hotels gibt es in Skopje inzwischen die ersten privaten Backpacker-Hostels. Günstige Alternativen findet man am besten in der Altstadt Stara Čaršija.

Hier eine Auswahl von ›luxuriös‹ bis ›äußerst bescheiden‹ im südlichen Skopje und der Altstadt:

Hotels südlich des Vardar

Hotel Aleksandar Palace, Oktomvriska Revolucija, Tel. 3092-392, -200, www.aleksandarpalace.com.mk; EZ ab 158 Dollar, DZ ab 238. Großes Fünfsternehotel und Stolz von Skopje, 3 km westlich vom Zentrum, mit allen Annehmlichkeiten. Kein eigener Pool, aber Karpoš-Schwimmbad nebenan (► Umschlagkarte).

Pension Villa Vodno, Partenij Zografski 79a, Tel. 3177711, www.villavodno. com.mk; DZ ca. 60 Euro. Etwas dezentral am Fuß des Berg Vodno gelegen. Sehr familiär, gut für erste Kontakte (► Umschlagkarte).

Hotel Jadran, 27 Mart bb, Tel. 118427, Fax 118334; EZ 39, DZ 60–75 Euro. Dreisternehotel direkt im Zentrum hinter der Post. Markante orientalische Architektur, frühere armenische Botschaft. Eines der wenigen alten Hotels, die 1963 überlebt haben, speziell der ehrwürdige Parkettboden wartet allerdings auf eine dringend nötige Sanierung. Satelliten-TV, Minibar (► Karte S. 83).

Bristol, Maršal Tito 1, Tel. 3114883, Fax 3166556; EZ 40, DZ 60 Euro, Gruppen ab 10 Pers. 20 Euro/Pers. Ältestes Hotel der Stadt (1925), allerdings nur von außen original erhalten. 1984 renoviert und modernisiert, besticht es innen mit sozialistischem Charme. Die meisten Zimmer haben TV und Klimaanlage. An der wichtigsten Straße Skopjes, direkt beim Stadtmuseum (► Karte S. 83).

Ani, Seitenstraße der Partizanska (schräg gegenüber Sv. Kliment/griechische Botschaft), Tel. 23222193, www.hotelsani.com.mk; EZ 36, DZ 47 Euro inkl. gutem Frühstück. Zentral, nett, funktional, sauber. Internet ist geplant. Sehr empfehlenswert (► Karte S. 83).

Rose Diplomatique, ul. Roza Luksemburg, Tel. 3135469, http://rosediplomatique.tripod.com. Nettes kleines Hotel in zentraler Lage mit gutem Restaurant (► Karte S. 83).

Kapistec, Mile Pop Jordanov 3, Tel. 3081424, www.hotel-kapistec. com.mk; DZ 46 inkl. Frühstück und Bad. Kleines, sauberes Hotel, 20 Min. Fußweg ins Zentrum.

Jugendherberge, Prolet 25, Tel. 114849, Fax 3165029, ferijalen@ hotmail.com; ab 1600 MKD/Pers., inkl. bescheidenem Frühstück ohne Kaffee. Alle Zimmer mit Bad, aber sehr eng und mit durchgelegenen Matratzen. Mäßig attraktives Umfeld in Bahnhofsnähe. Insgesamt sehr wenig empfehlenswert. Angegliedert ist das nette Restaurant ›Domini‹ (► Karte S. 83).

Hostel-Hostel, Anton Popov 18, Tel. 3222321, www.hostel.com.mk; 10–17 Euro/Pers. Einfach, aber persönlich mit Gemeinschaftsküche, Waschmaschine und Internet in ruhiger Wohnlage. 9–11 Uhr Frühstücksbuffet (► Umschlagkarte).

Art-Hostel, Tome Arsovski 14, Tel. 070/233336, www.art-hostel. com.mk; 10–17 Euro im Schlafsaal/DZ, inkl. Frühstück. Mäßig zentral gelegen, ruhig mit kleinem Garten, Billard, W-

Lan. Fahrrad 6 Euro/Tag (▶ Umschlagkarte).

Hotels nördlich des Vardar

Stone Bridge, Kej Dimitar Vlahov 1, Tel. 32449 00, www.stonebridge-hotel. com; EZ ab 129 Euro, DZ ab 149 Euro (günstiger am Wochenende). Neues Fünfsternehotel direkt im Zentrum mit großem Wellnessbereich und grandiosem Ausblick vom ›Sky Restaurant‹ auf den Vardar und die Steinbrücke. Zimmer mit Jacuzzi-Dusche und W-Lan (▶ Karte S. 76).

Hotel Arka, Bitpazarska 90, 2, Tel. 32306 03, www.hotel-arka.com. mk; EZ ab 88, DZ ab 118 Euro. Fünfsternehotel im hohen Glasturm im Herzen der Altstadt, mit kleinem Pool in der obersten Etage. Tip: Bei Marmorkuchen (kolači) und Tee am Rand vom Pool den unvergleichlichen Blick über die Altstadt genießen! (▶ Karte S. 76)

Motel Vienna, ul. 113 br. 16a, Tel. 31198 93; EZ 1200, DZ 1800 MKD. Nagelneu und zu finden neben dem gelben Café ›Sultan‹ und Hotel ›Arka‹. 7 kleine Zimmer mit Bad und Gemeinschaftsküche, Besitzer Imer Osmani lebte lange in Wien und spricht Deutsch. Empfehlenswert (▶ Karte S. 76).

Pension RM, ul. Žorgandziska 12/14, Tel. 11713 3, Fax 13123 9; 15 Euro/Pers. ohne Bad, 20 Euro mit Bad. Ohne Frühstück, einfach, nett und sauber (▶ Karte S. 76).

Hotel Šar, Gradište 9, Tel. 31301 58. 600 MKD/Pers. Die wohl bescheidenste Absteige der Altstadt. Nur schwer kenntlich als Hotel im wild-romantischen Hof eines weiß getünchten, jedoch baufälligen Jahrhundertwende-Baus. Kein eigenes Bad, Hockklo. Bestechend dazu: frischbezogene weiße Betten. Verständigung nur auf makedonisch, kein Früh-

stück. Tip: Nach dem einzigen Zimmer mit Balkon fragen; von dort aus kann man am besten das Treiben der Altstadt beobachten (▶ Karte S. 76).

Deniz, Evlija Celebija 7, Tel. 31167 92; 600 MKD/Pers. ohne Frühstück. Das türkische Personal spricht Deutsch. Sauber und modern, teilweise eigenes Bad, aber hellhörig und weit weniger romantisch als das ›Šar‹-Hotel (▶ Karte S. 76).

Campingplätze

Saraj, 8 km westlich von Skopje, Tel. 20473 07. Auf dem Weg nach Matka, im Sommer oft sehr voll.

Autocamp Boom, in Stenkovec, 6 km von Skopje, Tel. 35384 9.

Gastronomie

Essengehen ist in Skopje in der Regel erschwinglich, und viele der namhafteren Restaurants haben mittlerweile Speisekarten auch auf englisch. Im Gegensatz zu anderen makedonischen Städten findet man in Skopje zunehmend internationale Küche und neben einigen Italienern auch chinesische, indische oder Sushi-Restaurants. In der Altstadt Čaršija wird vornehmlich türkische Kost geboten. Unbedingt probieren: **Tavče gravče** (Bohnenauflauf) für 50 MKD und Burek mit Joghurt. Im Sommer finden sich überall in Skopje Gelegenheiten zum Draußensitzen.

Nationale Küche

Makedonska Kuќa, Bd. Makedonija, Barracke neben Tinex, Tel. 32964 15. Zuverlässig gute Landesküche in traditionellem Ambiente mit Live-Musik am Wochenende (reservieren!), besonders beliebt bei Ausländern. Hauptspeisen bis 350 MKD. Die Chefin Matica spricht Deutsch, und das Schnitzel auf der Speisekarte erinnert daran, dass das Restaurant früher in Berlin war. Besonders empfehlenswert: Provincial Casserole (► Karte S. 83).

Kaj Maršalot, Bd. Kliment Ohridski bb., Tel. 322 38 29; Mo –Sa 8 –1 Uhr, So 12–24 Uhr. Restaurant für Jugo-Nostalgiker: Zwischen Tito-Büsten servieren Kellner mit Pioniertüchern recht fleischlastige, aber gute Küche. Frühstück erhältlich (► Karte S. 83).

Restaurant Turist, im Zentrum der Altstadt. Türkisch-balkanische Küche, u.a. gute Salate (kann man sich am Tresen zusammenstellen lassen) und Kebab zu sehr moderaten Preisen. Man sitzt unter einer alten Platane am Springbrunnen. Das benachbarte **Restaurant ›Babilon‹** ist etwas teurer, und die Portionen sind kleiner (► Karte S. 76).

Marakana, Gradski Park bb, Tel. 322 32 26. Gegrilltes Fleisch und Fisch, gelegentlich Livemusik.

Sofka, Gradski Park bb, Tel. 322 42 25. Traditionelle Grillgerichte zu günstigen Preisen. Besonders gut: gegrillter Wels. Abends ab 21.30 Uhr Livemusik.

Orach, am Ende der Ivo Ribar Lola gegenüber der bulgarischen Botschaft, Tel. 322 39 33. Traditionelle Balkanküche, einfach und lecker, dafür etwas laut.

Pivnica, im Kapan An (Altstadt), Tel. 321 21 11. Hervorragende Landesküche, auch viele vegetarische Gerichte, atmosphärisch im Hof der alten Karawanserei (► Karte S. 76).

Dab Pivnica, Maksim Gorki/pl. Makedonija; versteckt hinter großem Holztor, exklusives Restaurant mit hervorragenden Vorspeisen und Gegrilltem für gehobene Ansprüche (► Karte S. 83).

Bios, Pirinska 52; authentisch makedonisch, gemütlich und preiswert (Karte und Personal einsprachig). Gutes Tavče gravče für 50 Denar (► Karte S. 83).

Krigla, Kliment Ohridski 8, Tel. 311 78 69. Lokale Küche in netter Atmosphäre, günstig, Spezialität ist Leber (► Karte S. 83).

Harmonija, Skopjanka Mall 37 (hinter dem Bahnhof), Tel. 241 30 23; So geschlossen. Rein vegetarisches und veganes Restaurant (► hintere Klappkarte).

Stara Kuќa, Pajko Maalo 14. Traditionelle Küche im traditionellen Altbau von 1836. Gediegen und eher teuer (► Karte S. 83).

Internationale Küche

Tiglio, Slavka Nedič 15, Tel. 312 40 73. Exquisiter Italiener mit entsprechenden Preisen, versteckt hinter Mauern im Hof, im Stadtteil Debar Malo.

Dal Met Fu, direkt am ploštad Makedonija. Touristensammelpunkt mit großer Salatauswahl, Pizza und Pasta (► Karte S. 83).

Anja, im Trgovski Centar/Vardarseite. Bessere Pizza als im ›Dal Met Fu‹, Nudeln eher zweite Wahl (► Karte S. 83).

Bombay, Ilindenska 94, Tel. 306 73 73. Gute indische Küche, auch außer Haus, Mittagsbuffett am Donnerstag.

Irish Pub, Trgovski Centar/Vardarufer. Currys und kontinentale Küche zum Guiness (► Karte S. 83).

Shanghai, Leninova 36, Tel. 322 81 00; Teure, aber hervorragende und erstaunlich authentische chinesische Küche (► Karte S. 83).

Cafés

Beliebte Cafés reihen sich entlang der ul. Maršal Tito, auf der Vardarseite des Trgovski Centars und im Stadtteil Debar Malo. Viele davon verfügen inzwischen über W-Lan/WiFi (s. Internetcafés).

The New Age Teahouse, Kosta šahov 9. Große Auswahl an Tees und anderen

Café an der ul. Maršal Tito

Getränken in angenehmer Gartenatmosphäre (▶ Karte S. 83).

Lezet, Nicola Trimpare/Leninova. Orientalisches angehauchtes Teehaus im Bohème-Stil (▶ Karte S. 83).

Broz Café, Partizanska bb. (gegenüber Univerzalna Sala). W-Lan, Café zu Ehren Titos, cool und relativ teuer.

Restaurant Amica, am Vardarufer über dem Irish Pub. Bekannt für seine guten Kuchen (▶ Karte S. 83).

Bars und Clubs

Van Gogh's, beim Stadtpark. Szenecafé, in dem Skopjes Prominenz sich blicken lässt. Laute Musik und Mittwoch abends Salsatanz.

Mala Stanica, Železnička bb., Kulturzentrum und netter Club (▶ Karte S. 83).

Bastion Leninova, Leninova bb (nahe Stadtpark). Atmosphärische Kellerbar, eher relaxed als trendy (▶ Karte S. 83).

Marakana, im Stadtpark. Nach 22 Uhr Live Jazz.

Colosseum, im Bahnhof. Vorwiegend elektronische Musik, teils von namenhaften DJs. Beliebt auch wegen seiner toleranten Öffnungszeiten (▶ Umschlagkarte).

Kastro-Club, im Bahnhof (Holztür rechts neben dem Haupteingang); tägl. 21–4 Uhr. Ska und Punk live am Wochenende (▶ Umschlagkarte).

Midnightclub, Trgovski Centar. Beliebtes Café am Vardarufer (▶ Karte S. 83).

Kultur

Museen

Makedonisches Nationalmuseum, Čurčiska bb, Tel. 3116044; Mo–Fr 9–17, Sa 9–15, So 9–13 Uhr, 50 MKD. Fotografieren ist offiziell untersagt. Die Öffnungszeiten ändern sich bisweilen. (▶ Karte S. 76).

Nationalgalerie, Kruševska 1a, Tel. 3133102/3124219; 100 MKD (▶ Karte S. 76).

Stadtmuseum, Mito Hadživasilev Jasmin bb, am südlichen Ende der Maršal Tito, Tel. 3114742; Di–Sa 9.30–17, So bis 13 Uhr, Eintritt frei. Die Sammlung der Stadtgeschichte ist leider überhaupt nicht beschriftet, das entspricht der Politik des neuen Direktors, alles wirkt improvisiert, im Umbau. Daneben Wanderausstellungen zeitgenössischer Künstler. Begleitet wird der Ausstellungsbesuch von seichter Fahrstuhlmusik (▶ Karte S. 83).

Galerie im Čifte-Hammam, Bitpazarska bb, Tel. 3109566, 3126856; 50 MKD. Variierende Ausstellungen moderner Künstler, häufig Fotografie (▶ Karte S. 76).

Museum für Gegenwartskunst (Muzej na sovremeni umetnosti), Samoilova bb, hinter der Festung, Tel. 3117735; Di–Sa 10–17, So 9–13 Uhr, Eintritt frei/ 50 MKD. Jährlich ca. 40 Wanderausstellungen internationaler Künstler, besser konzipiert als viele andere Ausstellungen in Skopje und größtes Museum des Balkans für Moderne

Kunst; unbedingt einen Besuch wert. Daneben soll bereits seit einigen Jahren ein Museum für die makedonische Romasängerin Esma Redžepova-Teodosievska entstehen (► Karte S. 76).

Makedonisches Museum für Naturgeschichte, Ilinden 86, Tel. 311 76 69; Di –So 9 –16 Uhr, 30 MKD. Zoran Nikolov spricht sehr gut Deutsch und zeigt Besuchern gern die Sammlung von Mineralien und Steinen, Fossilien, Pflanzen und ausgestopfter Fauna Makedoniens. Sein Engagement ist groß, aber das Budget minimal. Beschriftungen nur auf makedonisch.

Französischer Gedenkfriedhof, auf dem Hügel von Kale, Tel. 322 54 59; angeblich 6 –24 Uhr (► Umschlagkarte).

Kirche Sv. Spas, Makarije Frckovski 8; Di –Fr 9 –17, Sa/So 9 –15 Uhr, 60 MKD. Die Führung spricht ein wenig Französisch (► Karte S. 76).

Mustafa-Pascha-Moschee, Prohor Pčinski; 60 MKD (► Karte S. 76).

Theater

Makedonisches Nationaltheater, Kej Dimitar Vlahov bb, Tel. 311 40 60 (► Karte S. 83).

Dramentheater (Dramskij Teatr), Šekspirova 15, Tel. 306 34 53 (► Umschlagkarte).

Das Nationaltheater

Theater der Nationalitäten, Nikola Martinovski 41 (Altstadt), Tel. 322 15 70. Stücke auf albanisch und türkisch (► Karte S. 76).

Kinos

Die Kinos zeigen Filme grundsätzlich im Original mit Untertiteln.

Millennium, Trgovski Centar, 1. Stock, Tel. 312 03 89; 150 MKD. Skopjes größtes Kino. (► Karte S. 83).

Kino im Ramstore, Mito Hadživasilev Jasmin, Tel. 317 80 30; 150 MKD. Zwei neue kleine Kinos (► Karte S. 83).

Dom na Armija, Maršal Tito bb, Tel. 311 84 50. Zeigt Filme nur in Originalsprache (► Karte S. 83).

Konzerte

Dom na Armija, Maršal Tito bb., 311 84 50. Klassische Konzerte jeden Donnerstag um 20 Uhr, Juli –Sept geschlossen (► Karte S. 83).

Univerzalna Sala, Partizanski odredi bb, Tel. 322 41 58. Konzerthalle für Musicals, Jazz- und Popkonzerte.

Skopsko Leto, Mitte Juli bis Mitte August. Theaterveranstaltungen und Konzerte mit internationaler Beteiligung quer durch die Stadt. Eintritt frei.

Opernabende im Mai, im Makedonischen Nationaltheater. Seit über 30 Jahren Gastaufführungen aus den Nachbarländern, drei Wochen lang fast jeden Abend Aufführungen.

Skopje Jazz Festival, 3. Oktoberwoche für sechs Tage, alle Jazzstile mit Bands aus aller Welt.

Sport

Der Weg entlang dem Vardar bis zum Hotel ›Alexander Palace‹ wurde gerade zum zweispurigen Radweg ausgebaut. Dort trifft man sich zum Radeln, Skaten und Joggen.

Freibad Kalepool, unterhalb der Festung; tägl. 9–22, Fr–So 9–24 Uhr (▸ Karte S. 76).

Schwimmbad Karpoš III, Oktomvriska Revolucija bb, Tel. 3063108, tägl. 12–18, 20.30–23 Uhr, Hallenbad.

Olympiaschwimmbad, Kočo Racin bb, Tel. 323 29 58, tägl. 20–24 Uhr, Sa/So auch 10–16 Uhr, Mo geschlossen. Hallenbad (▸ Umschlagkarte).

Freibad Bazen Biser, Kosta Novakovič, im Stadtteil Aerodrom; tägl. 10–20 und 21.30–1 Uhr, 100 MKD. Neues Bad mit westlichem Standard.

Klettern: Igor, Tel. 075/80 07 36. Bietet Kletterunterricht, z.B. in Matka, inklusive Ausrüstung (bis auf Schuhe).

Einkaufen

Märkte

Die meisten Märkte haben täglich bis 16 Uhr geöffnet.

Bit Pazar, grenzt an die Altstadt. Der bunteste und berühmteste Markt in Skopje, auf dem es wohl alles gibt (▸ Karte S. 76).

Cveten Pazar. Bunter Blumenmarkt nahe dem Stadtmuseum (▸ Karte S. 83).

Bunjakovec Pazar, Partizanski odredi. Viel frisches Gemüse und Obst.

Flohmarkt neben dem Kale-Pool am Vardarufer; Di und Fr ca. 7–13 Uhr.

Auf dem Flohmarkt

Süßwarengeschäft in Skopje

Lebendiges Open-Air-Event und super für gebrauchte Fahrräder (▸ Karte S. 76).

Supermärkte im Zentrum

Tinex, Dame Gruev 5, Vasil Glavinov 3, Kočo Racin 14.

Vero, Makedonija bb. Hat die größte Auswahl.

›Tinex‹ und ›Vero‹ sind die größten Ketten und akzeptieren internationale Kreditkarten.

Bücher und Souvenirs

Skali dooel (deutscher Buchladen), Kej Dimitar Vlahov 3, Tel. 329 89 95; Mi–Fr 10–17 Uhr, Sa 10–13 Uhr. Detlev Schlott und seine Frau Dagmar exportieren makedonische Literatur nach Deutschland und verkaufen in Skopje deutsche Bücher, u.a. diesen Reiseführer. Für 2500 MKD erhält man dort auch das derzeit einzige zuverlässige deutsch-makedonische Wörterbuch (▸ Karte S. 83).

Souvenirläden mit Töpferware, Ledersandalen und anderen Mitbringseln findet man am besten rund um die Altstadt und den ploštad Makedonija.

Die Umgebung von Skopje

Während es in Skopje seit dem Osmanischen Reich kaum noch Kirchen gibt, ist das Umland geradezu übersät mit mittelalterlichen Kirchen und Klöstern; daher wird an dieser Stelle nur auf die bedeutendsten hingewiesen, bei denen sich ein Besuch mit einem Abstecher zu anderen Sehenswürdigkeiten verbinden lässt. Das sind zum Beispiel Berghütten, Flussufer, heiße Quellen und antike Ruinen. Einige der Orte sind mit öffentlichen Verkehrsmitteln nur mühsam zu erreichen, weshalb es sich rentiert, ein Taxi zu nehmen. Fast alle Ziele sind bequem in Tagesausflügen unterzubringen.

Kloster Sv. Pantelejmon

Von allen Klöstern rund um Skopje ist Sv. Pantelejmon das meistbesuchte. Das liegt vor allem an seinen Fresken aus dem 12. Jahrhundert, von denen gern behauptet wird, dass sie in ihrem Ausdruck die italienische Renaissance vorwegnäh-

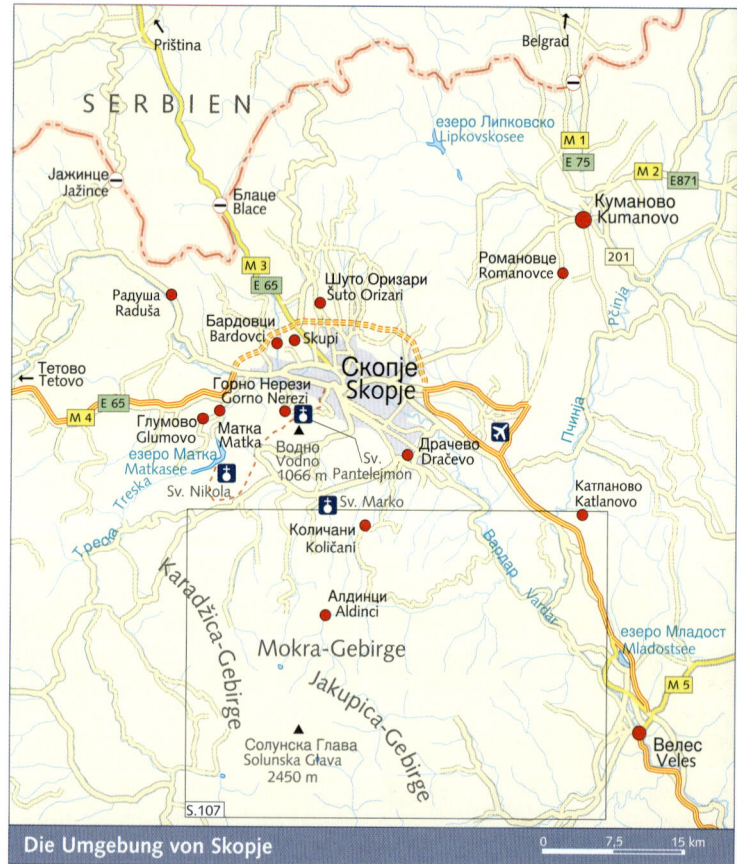

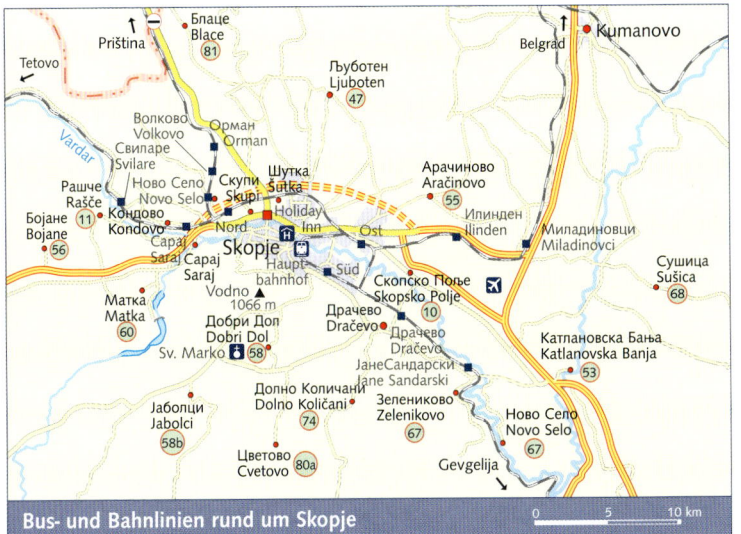

Bus- und Bahnlinien rund um Skopje

0   5   10 km

Skopje und Umgebung

men. Sv. Pantelejmon liegt im **Dorf Nerezi**, zehn Kilometer südwestlich vom Zentrum Skopjes am Hang des **Bergs Vodno**. Von daher lässt sich ein Besuch des Klosters gut mit einem Ausflug zum Milleniumkreuz auf den Gipfel kombinieren. Die Klosterkirche Sv. Pantelejmon fungiert als solche nur noch zu bestimmten Anlässen, etwa zu Feiertagen oder Hochzeiten, und der Rest der Klostergebäude wurde in ein Hotel verwandelt. Vom dazugehörigen Restaurant mit der großen Terrasse hat man einen der besten Ausblicke auf Skopje überhaupt.

Das 1164 erbaute Kloster war bis Mitte des 14. Jahrhunderts vollständig erhalten, fiel danach aber wiederholt Bränden, Plünderungen und Erdbeben zum Opfer. Die heutige Kirche gehört architektonisch zum Typ der Kreuzkuppelkirche, der üblichsten Form im Mittelalter. Dreimal wurde sie mit Fresken ausgemalt, wobei man später bei Konservierungsarbeiten die neueste Schicht aus dem 19. Jahrhundert entfernt hat. Der ältetse Zyklus aus dem 12. Jahrhundert, der bei den Arbeiten freigelegt wurde, ist es, der die Kirche so wertvoll macht. Leider hat das Erdbeben von 1963 nicht nur dem Mauerwerk, sondern auch seiner Bemalung sichtlich zugesetzt.

Deren Besonderheit ist es, dass sie einen Bruch mit der traditionellen Malweise darstellt, indem sie Heilige nicht mehr

Das Kloster Sveti Pantelejmon

als stilisierte Überwesen porträtiert, sondern als leidensfähige Figuren unterschiedlichsten Ausdrucks. Ein eindringliches Beispiel dieser neuen Malart kann man in der Mitte der Südwand sehen, wo die **Abnahme vom Kreuz und die Beweinung Christi** umgesetzt sind. Besonders beliebt ist es, diese Szene mit ihrer berühmten Entsprechung bei Giotto zu vergleichen, die erst sehr viel später entstand. Um die kostbaren Gemälde möglichst gut bewahren zu können, dürfen Kerzen nur noch vor dem Eingang brennen, und Besucher müssen einen Konservierungsbeitrag von 80 Denar zahlen.

ℹ Sveti Pantelejmon

Sv. Pantelejmon öffnet tägl. um 11 Uhr, Besichtigung der Kirche 11.30–18 Uhr; Eintritt 80 MKD. Fotografieren streng verboten.

Das Kloster kann von Skopje aus über zwei verschiedene Straßen erreicht werden. Am einfachsten ist es, den Schildern nach **Vodno** zu folgen. Ein Weg führt über die ›Villa Vodno‹ direkt den Berg hoch, der andere, empfehlenswertere, führt über die ul. Kozle quer durch das südliche Skopje, bis links ein Schild nach **Gorno Nerezi** (Горно Нерези) weist. Ab hier geht es kurvenreich bergan, bis linker Hand Kloster und Parkplatz liegen.

Mit dem Taxi sollte die 10-km-Strecke vom Zentrum aus nicht mehr als 500 MKD kosten. Die Fahrt dauert ca. 20 Minuten.

🛏

Hotel Pantelejmon, Tel. 30 12 55; ab 3000 MKD/Pers. (50 Euro). Im alten Klostergebäude mit Restaurant, Sonnenterrasse und Ausblick.

Der Berg Vodno

Der waldbewachsene Berg Vodno (Водно) im Süden Skopjes ist die ›grüne Lunge‹ der 500 000-Einwohnerstadt. An sonnigen Tagen ist er ein beliebter Ausflugsort, an dem die Großstädter sich zum Wandern, Sonnen oder Pilzesammeln treffen. Zudem bietet der 1066 Meter hohe **Gipfel Krstovar**, erkennbar am weithin sichtbaren Milleniumkreuz (mileniumski krst), einen grandiosen Blick auf die Stadt zu seinen Füßen. Von Skopje aus ist er in etwa zwei Stunden zu besteigen, während die Strecke im Sommer für Autos meist gesperrt ist. Erst abends ab acht und am Wochenende hat man freie Fahrt und muss sein Auto nicht mehr auf dem Parkplatz vor dem **Hotel Vodno** stehen lassen. Von dort führt ein Fußweg mit vielen Abzweigungen durch den Wald zum Gipfel.

Oben angekommen, bietet die **Hütte Dare Djambaz** einfaches Essen und planinski čaj (Bergtee) auf einer Sonnenterrasse. Wählt man vom Gipfel aus den Wanderweg Richtung Westen, erreicht man nach etwa drei Stunden Matka, einen von steilen Felswänden eingeschlossenen Stausee.

Der einfachste Weg zum Berg Vodno, der unübersehbar über Skopjes Südseite aufragt, führt über die Salvadore-Aljende-Straße, vorbei an der ›Villa Vodno‹. Wenn links eine Abzweigung zum Hotel ›Panorama‹ führt, wählt man gegenüber davon die Straße, die direkt nach Westen weist und über ein paar Brücken und vorbei an einigen Häusern in den Wald führt. Von hier aus muss man nur noch dem mit roten und weißen Streifen gekennzeichneten Weg folgen, der beim Hotel ›Vodno‹ kurzzeitig mit der Straße zusammenläuft, nach etwa 200 Metern aber wieder als Wanderweg – diesmal recht steil – bergan führt. Dies ist nur eine von mehreren Möglichkeiten, zum Gipfel zu kommen, abgesehen von den zahlreichen Abzweigungen, die sich unterwegs anbieten und für die gilt: Alles, was nach oben führt, kommt früher oder später am Gipfel an.

Auf dem Weg zum Gipfelkreuz

 Berg Vodno

Die **Busse 3 und 9** fahren regelmäßig vom Zentrum zum Vodno. Einfach bis zur Endstation fahren. In Skopje einsteigen, z.B. vor dem ›Holiday Inn‹

Hotel Panorama, Vodnjanska bb, Tel. 3178474; EZ 44, DZ 64 Euro. Am Fuße des Berges gelegen, wartet noch auf Sanierung, weiter Ausblick.

Staro Skopje – K'na, Tel. 3178150. Gute makedonische Küche, liegt auf dem Weg zum Gipfel.

■ Milleniumkreuz

Das 76 Meter hohe **Milleniumkreuz** aus Stahl wurde 2002 als Symbol der Jahrtausendwende errichtet und um eine lange christliche Kontinuität zu demonstrieren. Angesichts der 500jährigen osmanischen Herrschaft, unter der in Skopje so gut wie keine Kirche stehenblieb, der religionsfeindlichen Zeit als jugoslawische Teilrepublik und des noch immer andauernden Ringens um eine

international anerkannte Nationalkirche ist das Anliegen verständlich, wenngleich in der Umsetzung nicht unproblematisch. Denn auch die Albaner, die seit langem darum kämpfen, ihre eigenen religiösen und nationalen Symbole aufstellen zu dürfen, müssen das Kreuz nun ständig vor der Nase haben. Vergleichbare Kreuze wurden auch über anderen größeren Städten wie Bitola, Prilep, Strumica und Štip errichtet. Die Architektur des Kreuzes von Skopje ist hoch symbolisch. Es wird von zwölf Säulen getragen, den Aposteln, während die vier unteren Säulen die Evangelisten repräsentieren. Die 33 Etagen schließlich stehen für die Lebensjahre Christi. Seit 2004 ist das Kreuz am Wochenende für Besucher geöffnet, und es gibt Pläne, in der Nähe des Kreuzes zusätzliche Übernachtungsmöglichkeiten und Restaurants zu eröffnen. Bis dahin muss man mit der nahegelegenen Hütte ›Dare Djambaz‹ vorliebnehmen.

Kloster Sv. Marko

Südlich vom Berg Vodno, am Fuße des Gebirges Jakupica, versteckt sich beim **Dorf Sušica** das sorgfältig sanierte Mar-

Das Kloster Sv. Marko

ko-Kloster aus dem 14. Jahrhundert. Seine Anfänge gehen zurück auf König Volkašin, den Vater von König Marko, dessen Antlitz in den Fresken der Klosterkirche Sv. Dimitri verewigt wurde. Sehenswert ist außerdem die Darstellung der Drei Heiligen Könige bei der Huldigung des Jesuskindes. Ansonsten fehlt es dem sehr gepflegten Klostergelände allerdings an der mystischen Atmosphäre, die die oft dramatisch gelegenen Kirchen in Matka oder anderenorts umhüllt. Das Marko-Kloster wirkt sehr viel weltlicher und kann per Fahrrad über den Berg Vodno oder mit dem Auto über die Straßen 11 Oktomvri und Sava Kovačevič und das Dorf Sopište erreicht werden. Auf dem Gelände des aktiven Klosters sind lange Ärmel und Beinkleider vorgeschrieben.

Matka

Der vielleicht beliebteste Ausflugsort in Skopjes Umgebung ist Matka (Матка), 15 Kilometer südwestlich der Stadt gelegen. Das als Naturdenkmal geschützte

Gebiet ist landschaftlich ausgesprochen reizvoll und bietet Möglichkeiten zum Klettern, Wandern, Fischen, Bootfahren und Schwimmen. Zudem liegen zwischen seinen steil aufragenden Felsen zahlreiche **alte Kirchen und Höhlen** versteckt, die entdeckt werden wollen.

Der **große See**, um den herum sich Matkas Attraktionen verteilen, ist von bis zu 700 Metern hohen Felshängen umgeben. Er entstand durch einen Staudamm am Fluss **Treska**, der sich durch eine tiefe Schlucht hierher schlängelt. Auf dem Weg nach Matka kann man sehen, wie er an anderer Stelle als Parcours für Kanurennen genutzt wird. Die Straße führt außerdem am **Naherholungsgebiet Saraj** vorbei, einer Art erweitertem Campingplatz um einen künstlichen Badesee.

Alternativ kann man in etwa vier Stunden von Vodno nach Matka wandern. Der anfänglich leichte, später steile Weg führt an der attraktiven Kirche Sv. Nikola vorbei und ist rot-weiß markiert.

■ Kloster Sv. Bogorodica

Direkt vom **Restaurant Peštera** (Bärenhöhle) beim Dorf **Glumovo** führt ein kurzer Weg zum Nonnenkloster Sv. Bogorodica aus dem 14. Jahrhundert, das inzwischen saniert wurde und wieder aktiv ist. Eine Besonderheit ist in der Klosterkirche die Ikone der weinenden Maria: Man sagt, der Künstler (Zograf) habe sie ursprünglich ohne Tränen gemalt, bevor sie über Nacht von selbst begann zu weinen. Weibliche Besucher dürfen im Kloster kostenlos übernachten, sollten dann aber auch am Gottesdienst teilnehmen.

Von der ›Bärenhöhle‹ weisen weitere Wegweiser den Hang hinauf zu den **Kirchen Sv. Neldea, Sv. Spas und Sv. Troica**, die – laut der ›minutiös‹ genauen Wegweiser – je in durchschnittlich 86 Minuten erreicht werden können.

Skopje und Umgebung

■ Sv. Andreja

Folgt man dem Flussverlauf, gelangt man nach etwa einem Kilometer zur Kirche Sv. Andreja, die jenseits des Staudamms sehr hübsch am Seeufer liegt und das Zentrum von Matka bildet. Die Kirche birgt Fresken aus dem 15. Jahrhundert, von denen besonders sehenswert ›Das letzte Abendmahl‹, ›Die Kreuzabnahme‹ und ›Christus am Ölberg‹ sind. Der Bau wurde um 1400 errichtet und 150 Jahre später durch den Narthex ergänzt.

Direkt nebenan bietet die frisch sanierte **Wanderhütte Matka** neben Unterkünften eine idyllisch gelegene Terrasse mit Picknicktischen.

Dieses kleine Plateau lag ursprünglich 20 Meter über dem heute gestauten Fluss, was nur noch schwer vorstellbar ist: Inzwischen kann man von hier aus bequem in eines der Ruderboote steigen, die dort warten, um gegen ein Trinkgeld zum dramatisch gelegenen Kloster Sv. Nikola überzusetzen oder zum **Šumski raj** (Waldparadies), einer Art Imbiss auf Stelzen, der nur vom Wasser aus erreichbar ist. Die 15minü-

Die Kirche Sv. Nikola

tige Fahrt durch den Canyon dorthin ist spektakulär!

■ Sv. Nikola

Gegenüber von Sv. Andreja verbirgt sich am Hang auf einem Hochplateau die Kirche Sv. Nikola, dank ihrer Lage die wohl sehenswerteste Kirche Matkas. Im Schatten der Lindenbäume kann man aus ihrem Garten einen fantastischen Blick auf den See und Sv. Andreja genießen.

Um den Erhalt der mittelalterlichen Kirche bemühen sich die Brüder Gorgjevski und hoffen, die stark beschädigten Fresken retten zu können.

Zur Kirche kommt man am besten per Boot von Sv. Andreja. Der Aufstieg vom Anleger dauert etwa 30 Minuten und ist recht steil.

Zur Rückkehr mit dem Boot dient ein Hammer am Ufer, der auf ein Holz geschlagen wird, als Signal zur Abholung. Die Boote verkehren täglich etwa bis 17 Uhr.

Bootsfahrt zur Kirche Sv. Andreja

■ Sv. Spas und Sv. Nedela

Weitere Kirchen sind bei Sv. Andreja (mit Minutenangabe) ausgeschildert. In der Nähe der Kirche Sv. Spas gibt es Reste einer **alten Festung**, die während des Osmanischen Reichs noch bewohnt war und Aufständischen als Unterschlupf diente. Die überwucherten Ruinen liegen nordwestlich der Kirche, also rechter Hand, wenn man zu ihr aufsteigt. Sv. Nedela ist eine Ruine, die dramatisch an einer Felswand aufragt.

■ Den Fluss Treska entlang

Von Sv. Andreja aus zu Fuß weiterhin dem Flussverlauf zu folgen, ist ein mäßiges Vergnügen. Der Weg ist unbefestigt und schmiegt sich eng an den steilen Fels. Ein überdimensionaler Karabiner

und eine Gedenktafel erinnern an jene, die beim Abrutschen ihr Leben verloren. Inzwischen gibt es dort ein paar Halterungen für Haken, so dass der Weg weniger gefährlich, aber dennoch nicht uneingeschränkt genießbar ist.

Schlucht am Fluß Treska

🚗 Matka

Parken sollte man am besten bei der Bushaltestelle, später gibt es kaum Gelegenheit.

🚌

Der **Bus Nr. 60** fährt 4x tägl. vom Bahnhof in Skopje über das ›Holiday Inn‹ und Partizanski odredi bis **Matka** und zurück, Fahrtdauer ca. 40 Minuten.
Häufiger fahren **Bus Nr. 2 und 22** von Skopje nach **Saraj**; von dort gibt es regelmäßig Anschlussbusse nach Matka.
Saraj–Matka: 13x zwischen 6.20 und 21.15 Uhr. Letzter Bus zurück von Matka um 22 Uhr; Tickets kosten 30–40 MKD.
Von der Bushaltestelle in Matka führt rechts ein Weg zu **Sv. Bogorodica** und **Sv. Helena**.
Der linkere Hauptweg führt zu **Sv. Andreja**, zu den Booten und zum Canyon.

🛏

Hütte Matka, Tel. 02/305 26 55. Frischsanierte Unterkunft direkt am See bei Sv. Andreja.

🍴

Restaurant Peštera, beim Dorf Glumovo, Tel. 205 25 12. Traditionelle Landesküche in der Bärenhöhle.
Šumskij raj, direkt am Fluss. Der einfache ›Imbiss‹ in bester Lage bietet Bier, Steak, Würstchen und Salat. Alles improvisiert, da ohne Strom.
Café, in der Hütte Matka.

⊙

Fußweg von Vodno nach Matka: etwa 4 Stunden, anfangs gut markiert, letztes Stück bis Sv. Nikola recht steil.
Kletterverein Matka, Tel. 253 38 77. Der Verein kann Guides stellen und verleiht Kletterutensilien.
Professionelle Kletterkurse sind zu buchen unter alpinisticko_drustvo_matka@yahoo.com, Tel. 02/267 34 60, mobil 070/63 63 35.

 Karte S. 96

Spuren der Vergangenheit

Im Norden der Stadt Skopje kann man den Spuren ihrer Vergangenheit begegnen.

Nicht weit von einander entfernt liegen die Ruinen der Siedlung Skupi, Vorläufer des heutigen Skopje, und ein langgestreckter Aquädukt aus dem 6. Jahrhundert.

■ Skupi

Die Ruinenstadt Skupi, im Jahr 518 bei einem schweren Erdbeben zerstört. Leider wurde sie nur mangelhaft ausgegraben, und es gibt kaum Beschriftungen.

Mit viel Phantasie kann man in den römischen Ruinen die **Überreste eines Theaters** aus dem 2. Jahrhundert erkennen, aus dem später Steinblöcke herausgeschlagen wurden, um damit die Mauer von Skopjes Festung Kale auszubessern.

Neben den Ruinen des Theaters sieht man die Fundamente zweier spätrömischer Basiliken, Rudimente von Wohnhäusern und ein hypokaustisches Heizsystem.

Außerhalb von Skupi fand man einige **Nekropolen**, die sich entlang der einstigen Straße nach Skupi gruppieren. Die Fundstücke, die auf dem gesamten Gelände ausgegraben wurden, sind weitaus interessanter und inzwischen in Skopjes Nationalmuseum zu besichtigen.

■ Der alte Aquädukt

Ebenfalls im Norden Skopjes steht ein römischer Aquädukt, dessen Foto in keiner Touristenbroschüre fehlen darf. Die antike Wasserleitung verläuft am Rande eines militärischen Sperrgebiets auf einer Länge von 450 Metern über 55 Bögen, die dem Verfall preisgegeben sind.

Bis heute ist man sich über die Geschichte uneins: Wurde der Aquädukt tatsächlich bereits von den Römern erbaut und später von den Osmanen lediglich ergänzt? Andere Stimmen behaupten, dass es hier niemals einen Aquädukt gegeben habe, bis ihn die muslimischen Herrscher zur Deckung des erhöhten Wasserbedarfs für ihre vielen Bäder brauchten.

Skopje und Umgebung

ℹ Skupi und Aquädukt

Sollte die Ausgrabungsstätte Skupi geschlossen sein, kann man sich über ein zaunloses Stück dennoch leicht Zutritt verschaffen.

Skupi liegt etwa sechs Kilometer von Skopjes Zentrum entfernt und ist am einfachsten über die große Brücke, die beim Hotel ›Alexander Palace‹ den Vardar in Richtung Norden überquert, zu erreichen. Die Ausgrabungsstätte liegt zwischen den Siedlungen **Zlokučani** und **Bardovci** direkt am Straßenrand, kann aber wegen ihrer

Unauffälligkeit und fehlender Hinweisschilder leicht übersehen werden.

Das **Aquädukt** steht unweit der Autobahn E65 Richtung Norden; die Autobahn nach etwa einem Kilometer nach rechts verlassen und auf der ungeteerten Straße bis zu den Baracken fahren.

Bus Nr. 21 zum Dorf **Bardovci** fährt stündlich von Skopje (Zentrum, z.B. entlang Partizanski odredi) nach Skupi. Der Bus zurück nach Skopje hält etwa 100 Meter südlich an der Hauptstraße.

Hochzeitsfeier in Šutka

Romasiedlung Šutka

Šuto Orizari (Шуто Оризари), kurz ›Šutka‹ genannt, ist ein entlegener Stadtteil im Norden Skopjes und mit etwa 40 000 Einwohnern die größte Romasiedlung des Balkan. Vor allem aber ist sie die am besten organisierte des Landes und verfügt als bisher einzige der Welt über eine regionale Selbstverwaltung. Die meisten Bewohner Šutkas sind bitterarm und arbeitslos, aber ein Ausflug in den Stadtteil vermittelt trotzdem den Eindruck, dass es greifende Konzepte gibt, die es den Roma ermöglichen, zumindest besser zu leben als es in vergleichbaren Siedlungen im In- und Ausland der Fall ist.

Neben einem demokratisch gewählten Bürgermeister gibt es eine relativ tragfähige Infrastruktur mit einem eigenen Krankenhaus, zwei Schulen und regelmäßigem Busverkehr mit Skopje.

In Šutka lohnt auf jeden Fall ein Besuch des bunten und quirligen **Markts**, auf dem jeden Sonntag so ziemlich alles zum Kauf angeboten wird, was man sich vorstellen kann. Direkt an der Hauptstraße gelegen, ist er nur schwer zu verpassen. Beim Bummel durch die dahinterliegenden Straßen kann man sich gut ein Bild über das Leben in diesem Bezirk verschaffen, in dem die Hauptverkehrsmittel – neben Bussen – Pferdekarren und deutsche Autos sind und Häuserfassaden liebevoll mit Steinlöwen und Souvenirs aus dem Schwarzwald verziert werden. Bei offiziell über 80 Prozent Arbeitslosigkeit und einem maximalen Sozialhilfesatz von 50 Euro ist es nicht verwunderlich, dass viele Menschen versuchen, ihr Geld in Westeuropa zu verdienen, um sich hier ein Haus bauen zu können – und dann doch lieber davor im Freien sitzen. Da viele der

Auslandsroma in den Sommerferien nach Šutka kommen, um ihre Kinder zu verheiraten und Hochzeiten manchmal mehrere Tage dauern, ist es nicht unwahrscheinlich, mitten in einer der lautstarken und fröhlichen Feiern zu landen, und am Freitagabend wird man das lokale Nachtleben unter freiem Himmel erleben können.

Dass unter den Roma eine so verheerende Arbeitslosigkeit herrscht, hat zum einen mit Vorurteilen zu tun, mit denen der Rest der Bevölkerung ihnen begegnet, zum anderen mit ihrer häufig mangelhaften Ausbildung, die wiederum ein

 Šuto Orizari

CDRIM (Centre for Democratic Development and Initiatives), Tel. 26548 39. Eine der Organisationen, die sich vor Ort für strukturelle Verbesserungen einsetzen. Ein internationales Team von Freiwilligen gibt gerne Auskunft.

Die **Busse Nr. 19 und 20** fahren alle 10 Min. nach Šutka. Haltestellen am Partizanski odredi, vor dem Postamt an der Goce-Delčev-Brücke und am Krste Misirkov, hinter dem Bit Pazar (▶ Karte S. 76).

Taxis vom Zentrum sollten max. 200 MKD kosten. Am Marktplatz absetzen lassen.

Resultat arbeitsloser Eltern ist, die ihren Kindern keine Schulbücher kaufen können. Das ist eines der Hauptprobleme der beiden Schulen Šutkas, die durch einige ehrgeizige Pilotprojekte wie Ganztagsunterricht und Unterweisung in Menschenrechten glänzen. Angesichts der makedonischen Minderheitenpoli-

tik, die sich momentan fast ausschließlich mit den Rechten der albanischen Bevölkerung befasst, ist das bestimmt ein sinnvolles Unterfangen.

Beide Schulen sind dabei chronisch unterfinanziert und platzen aus allen Nähten, vor allem, seit im schon vorher überfüllten Šutka 1999 ein Großteil der Romaflüchtlinge aus dem Kosovo untergebracht wurde, die teilweise bis heute geblieben sind. Da sich im südlichen Teil des Bezirks in den letzten zehn Jahren vermehrt Albaner angesiedelt haben, wie angesichts der monströsen neuen Moschee am Ortseingang schwerlich zu übersehen ist, wird in der Schule namens 26. Juli auf albanisch unterrichtet, in der Braca-Ramid-Hamid-Schule in der ul. Rozental auf makedonisch. Anders als in vielen anderen Teilen Makedoniens sprechen die Roma in Šutka untereinander allerdings ihre eigene Sprache, Romani, und die meisten

Markt in Šutka

von ihnen einen Dialekt namens Arlikano, der sich wiederum deutlich vom Dialekt der kosovarischen Romaflüchtlinge unterscheidet. Besucher müssen sich von diesem Sprachenwirrwar zum Glück nicht unterkriegen lassen: Von weitem schon wird man in Šutka auf deutsch begrüßt werden.

Katlanovo

Östlich von Skopje locken die **heißen Quellen** von Katlanovo (Катланобо) zum Bad. Zweifelsohne hat das arg in die Tage gekommene Thermalbad ein großes Potential, und erste Renovierungsarbeiten haben bereits stattgefunden, aber der Weg zum modernen Wellnessbad ist noch sehr weit. Für 100 Denar kann man das Bad testen, für 650 Denar mit Verschreibung übernachten und frühstücken.

Hübsch ist das hügelige Umfeld. Wer es den Kurgästen gleichtut und durch die Wälder spaziert, kommt oberhalb des Bades zum kleinen **Kloster Sv. Nedela**. Der Kirchturm winkt schon von weitem. Unter der Obhut zweier Frauen kann man hier beim Rauschen des Flusses an langen Holztischen ausruhen oder auch für 100 Denar sehr einfach übernachten.

Wer von Skopje nach Katlanovo fährt, findet kurz vor Ankunft links am Straßenrand eine **Quelle mit heilendem Wasser**, das sich Vorüberfahrende gern abfüllen. Bus Nummer 50 fährt von Skopje nach Katlanovo.

Raduša

An der alten Straße, die sich von Skopje entlang der Bahngleise nach Tetovo schlängelt, liegt das Dorf Raduša (Радуша), von dem man sagt, dass jede Familie mindestens einen Verwandten in Berlin habe. Die Häuser tragen noch deutliche Spuren des Konflikts von 2001 und sind benachbart mit den Ruinen eines alten Chromwerks, das im Zweiten Weltkrieg für Deutschland produzierte und 1998 pleiteging. Vor dieser romantisch-morbiden Kulisse serviert die **Forellenzucht Trofka** (albanisch: Forelle) frischen Fisch, gezüchtet im See des ehemaligen Werks. Inzwischen hat sich der einstige Geheimtip ›Trofka‹ etabliert und zieht nicht nur im Sommer täglich ab zwölf Uhr zahlreiche Besucher an (Tel. 02/203 44 44).

Ideal ist Raduša als Zwischenstopp auf dem Weg nach Tetovo, in die Šar-Berge oder zum Kloster Lešok. Die alte Straße von Skopje, die später durch die Autobahn nach Tetovo ersetzt wurde, führt übrigens sehr attraktiv am Fluss entlang und eignet sich wunderbar als Radweg bis nach Kičevo. Mit dem Auto fährt man von Skopje bis nach Raduša etwa eine Stunde.

El Kabon

Reiten und gut speisen: Das Restaurant **Cherry Orchard** auf dem Gelände des großen Gestüts ›El Kabon‹ bietet traditionelle Landesküche in einem Ambiente mit Flair. Im Sommer wird auf einer großen Terrasse serviert, im Winter im wohlgestalteten Inneren vor dem Kamin. Für die Dreharbeiten des Films ›Dust‹ von Milčo Mančevski wurde die Anlage saniert und ist nun durchaus einen Besuch wert.

El Kabon liegt nordwestlich von Skopje im Bezirk **Volkovo** und ist zu erreichen über die Straße Partizanski odredi (ganz bis zum westlichen Ende) und anschließend das Dorf Novo Selo. In Volkovo ist das Restaurant ausgeschildert. Bus 22 fährt vom Zentrum Skopjes (›Holiday Inn‹, Partizanski odredi) bis etwa 700 Meter vor ›Cherry Orchard‹.

▲ Karte S. 96

Die Gebirge Karadžica, Mokra und Jakupica

Südlich von Skopje und dem Berg Vodno stoßen drei Gebirgsmassive aufeinander und bilden ein ausgedehntes Wander- und Klettergebiet mit mehreren Gipfeln über 2200 Metern Höhe. Abgesehen von Tagesausflügen an die malerischen Hänge der Bergregion kann man in drei Tagen quer über die Massive und den höchsten Gipfel **Solunska Glava** (2450 Meter) bis kurz vor die Stadt Veles wandern. Natürlich kann diese Wanderung, die durch eine herbromantische Natur mit Gebirgsseen, Felsschluchten und üppigen Blumenwiesen führt, auch von Veles aus begonnen werden, um dann in Skopje zu enden.

Für diese Wanderung gilt das gleiche wie für alle fast alle Wanderwege in Makedonien: Sie sind schlecht gekennzeichnet und auf Karten kaum zu finden. Wer sicher sein will, sich nicht zu verlaufen, sollte im Zweifelsfall lieber einen Guide mitnehmen, den man bei einem von Makedoniens zahlreichen Wandervereinen für maximal 2000 Denar pro Tag anmieten kann. Am besten ist es natürlich, sich unterwegs anderen Wanderern anzuschließen, die häufig nicht nur die Pfade und die besten Pilzstellen genau kennen, sondern auch

Skopje und Umgebung

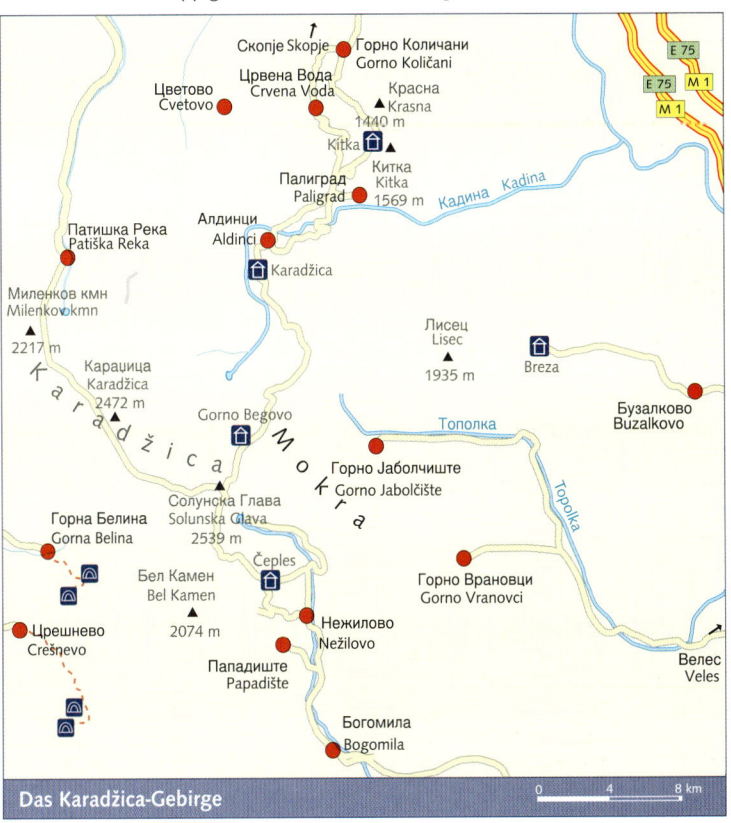

Das Karadžica-Gebirge

abends am Lagerfeuer gern ihren Schnaps teilen.

■ Zur Hütte Karadžica und Solunska Glava

Beginnt man in Skopje, fährt man mit dem Auto über Dračevo und Količani bis zum Dorf **Aldinci**, von wo ein Aufstieg zur Hütte **Karadžica** etwa zwei Stunden dauert. Wer keinen Vierradantrieb hat, wird soweit allerdings nicht kommen, sondern gerade mal bis zum Dorf **Gorno Količani** – und auch das ist auf den miserablen Straßen schon schwer genug –, wo die Asphaltstraße zur Schotterpiste wird und ein separater Wanderweg beginnt. Bis hier fahren gelegentlich auch Busse aus Skopje.

Von Gorno Količani aus kann man in etwa drei Stunden bis zur Hütte **Kitka** wandern. Nach drei weiteren Stunden kommt man zu dem winzigen albanischen Dörfchen **Aldinci**, das aus einer Handvoll alter Häuser und einer Moschee besteht und sehr malerisch am Hang liegt.

Nach dem Dorf hält man sich rechts und findet wenige Kilometer weiter rechts am Wegesrand das Hinweisschild zur Hütte **Karadžica**, die nach einer zweistündigen Wanderung durch Wälder und Blumenwiesen erreicht ist. Dort kann man sich auf einer großen Terrasse erholen und abends beim Lagerfeuer erwärmen, denn hier oben ist es selbst im Sommer abends frisch, was man beim Packen bedenken sollte. Wichtig ist es außerdem zu wissen, dass die Hütte keine Verpflegung anbietet, sondern lediglich eine Küche zur Selbstversorgung hat. Man muss sich also zuvor gut mit Vorräten eindecken, denn unterwegs gibt es bis auf ein paar Beeren und Pilze nicht viel zu holen.

Von der Hütte ›Karadžica‹ kann man auf einem schmalen und teils unsichtbaren Pfad in einer Stunde zum Fluss **Kadina** laufen, der bei **Žabar** (Frosch) einen eiskalten, aber sehr einladenden kleinen See bildet, oder in sechs Stunden zum Berg **Solunska Glava**. Dessen höchsten Gipfel kann man deshalb nicht erklimmen, weil er militärisches Sperrgebiet ist, was auch bedeutet, dass man ihn höchstens unauffällig fotografieren darf. Südlich vom Gipfel wartet nach dreiein-

Das Dörfchen Aldinci

halb Stunden Abstieg und knapp neun Stunden insgesamt auf 1450 Metern die kleine Hütte **Čeples**, ein traditioneller Altbau mit schöner Aussicht.

Wem das für einen Tag zu viel erscheint, der kann nördlich von Solunska Glava einen Zwischenstop in der Hütte **Gorno Begovo** einlegen, was aber nur Hartgesottenen wirklich zu empfehlen ist, denn die Hütte gleicht einer Ruine, vor der man lieber sein Zelt aufschlagen will als

darin zu übernachten. Deshalb ist es ratsamer, frühmorgens von Karadžica Richtung Solunska Glava aufzubrechen, um abends die Hütte **Čeples** zu erreichen. Von hier aus führen ein Wanderweg und eine Schotterstraße über das Dorf **Nežilovo** innerhalb von fünf Stunden nach **Bogomila**. Dort angekommen, hat man das komplette Jakupicamassiv überquert und kann die letzten 43 Kilometer bis Veles mit dem Bus fahren.

 Karadžica, Mokra und Jakupica

Verein SPSM, Tel. 02/16 55 40, 11 Oktomvri 42a, Skopje, SPSM@mt.net.mk. Vermittelt Guides und informiert über Routen und Hütten. Viele der Mitglieder sprechen Englisch.

Anfahrt von Skopje: Richtung Südosten die Stadt nach Dračevo verlassen, hinterm Ort an der Tankstelle rechts Richtung **Dolni Količani** abbiegen. Ab hier führt eine Schotterstraße für Allradantrieb bis **Aldinci**, 35 km von Skopje. Die Teerstraße vorher ist nicht besser, weshalb man sie im Dunkeln und mit tiefergelegten Wagen meiden sollte: Es drohen metergroße Schlaglöcher.

Anfahrt von Veles: 43 km gerade nach Osten bis Bogomila oder 7 km weiter nach Nežilovo, dahinter gibt es keinen Asphalt mehr.

Mit geländegängigem Fahrzeug kann man auch noch die nächsten 14 km bis Čeples fahren.

Skopje: Bus Nr. 74 fährt nach Dolno Količani und zurück.

Veles: Busse nach Bogomila und zurück.

Alle Hütten sind nur während der Sommersaison geöffnet. Schlafsäcke braucht man nicht, aber eigene Verpflegung. Die sanitären Anlagen sind in der Regel sehr bescheiden. Die Preise für Übernachtungen liegen zwischen 250 und 600 MKD/Pers.

Hütte Kitka, Tel. 02/311 71 00. Die Hütte brannte im Jahr 2000 aus und wurde komplett wiederaufgebaut. Liegt auf 1350 Metern beim Dorf Crvena Voda.

Karadžica, kein Telefon. Gepflegte Räumlichkeiten mit großer Küche und Feuerstelle, liegt auf 1450 Metern beim Dorf Aldinci.

Čeples, Tel. 043/22 86 22. Einfache Hütte mit Ausblick, auf 1445 Metern beim Dorf Neližovo am Südhang des Solunska Glava.

Campingplätze gibt es nicht, und wildes Campen ist offiziell nicht erwünscht.

Wer trotzdem zelten möchte, schlägt sein Lager entweder direkt bei einer Hütte auf oder lässt sich nicht erwischen, was eine beliebte Variante ist.

»Ich spreche zweimal jährlich –
wenn weiß werden die Berge
von Prespa und auf Thassos
die Oliven blühen.

*Mile Nedelkovski, Der Verrückte
von Prespa*

Der Südwesten

Im Sommer zieht es die Makedonier in den Südwesten ihres Landes, am liebsten an ihre ›Küste‹, die Ufer des Ohridsees. Aber auch der ruhigere See Prespa und der Nationalpark Galičica sind an heißen Sommertagen einen Ausflug wert. Generell ist das Klima hier wesentlich milder als in Skopje, und die beiden Seen laden mit vielen Stränden zum Baden ein. Der von sanften Hügeln umschlossene **Ohridsee**, den sich Makedonien mit Albanien teilt, ist nicht nur der größte See Makedoniens, sondern auch der tiefste des Balkan und einer der ältesten Binnenseen weltweit. Mit einem ge-

schätzten Alter von vier Millionen Jahren entstand er in der gleichen geologischen Periode wie der Titikakasee und der Baikalsee, und noch heute leben in seinem klaren Wasser viele endemische Tierformen, die anderswo nur noch als Fossilien existieren. Deshalb steht der See seit 1980 unter dem Schutz der UNESCO. Bei Urlaubern ist er vor allem wegen seiner vielen Kieselstrände beliebt und wegen der zahlreichen kulturellen Veranstaltungen, die in der Stadt Ohrid den ganzen Sommer über stattfinden.

Während in den Orten Ohrid und Struga im Sommer das wilde Leben tobt, geht

Die großen Seen

es am benachbarten **Prespasee** sehr viel beschaulicher zu. Der See, der anteilig auch Griechenland und Albanien gehört, lockt weit weniger Besucher an seine Ufer, dafür aber um so mehr seltene Flora und Fauna. Durch die geringe Tiefe von 50 Metern erwärmt sich das Wasser im Sommer schnell auf 25 Grad, und im Gegensatz zu Ohrids Kieselstränden gibt es hier richtige Sandstrände. Für Badeurlauber ist Prespa eine günstige Alternative, wenn es am Ohridsee voll wird.

Naturliebhaber haben es von beiden Seen aus nicht weit bis zum **Nationalpark Galičica**. Außer Wölfen und vielen verschiedenen Pflanzenarten gibt es dort einige Höhlen und dramatische Ausblicke hinunter auf die beiden Gewässer.

Ohrid

Die alte Stadt Ohrid (Охрид), malerisch gelegen am gleichnamigen See, ist für viele die schönste des Landes und ein populärer Urlaubsort. Sie ist bekannt für die attraktive Architektur der traditionellen **Ohridhäuser**, die die weitläufige Altstadt zieren, und die angeblich 365 Kirchen in der Region: für jeden Tag im Jahr eine. Neben den Fresken der zweifelsohne sehr zahlreichen **Kirchen** und einer umfangreichen **Ikonengalerie** bietet Ohrid auch moderne Kunst und Kultur, denn die Altstadt namens **Varoš** hat viele Künstler angelockt, deren Ateliers und Galerien in den sich endlos windenden Gassen liegen. Zudem finden in der Stadt den ganzen Sommer über Festivals und Kulturveranstaltungen aller Art statt.

Inzwischen wurden die Stadt und der See von der UNESCO zum Weltkulturerbe erklärt und locken auch internationale Touristen an. Das führt dazu, dass das Touristenmekka der Makedonier in der Hauptsaison von Juli bis August besonders an den Wochenenden sehr voll wird, während sich immer mehr Boote in dem kleinen Yachthafen drängen und in heißen Sommernächten Technobeats ans Ufer schwappen. Im touristenverwöhnten Ohrid verlangt man bei den meisten Kirchen und anderen Kulturdenkmälern Eintritt, meist um die 100 Denar (für Studenten etwa die Hälfte), während Hotels und Restaurants für deutsche Verhältnisse zwar immer noch günstig, für makedonische aber relativ teuer sind.

■ Geschichte

Ohrid blickt auf eine lange und bedeutende Geschichte zurück. Erst vor wenigen Jahren wurde im Zentrum des alten Ohrid eine Gruft aus dem 5. Jahrhundert vor Christus entdeckt, in der man neben einigen wertvollen Gegenständen aus Gold, Bronze und Keramik eine goldene Totenmaske fand. Offenbar gab es damals an diesem Ort schon eine Hochkultur. Im Jahr 200 vor Christus kamen

Blick auf Ohrid

Der Südwesten

die Römer und bauten in Ohrid, damals Lihnid, ein antikes Theater, das heute wieder für Aufführungen genutzt wird. Außerdem machten sie Lihnid zur wichtigen Station an der Via Egnatia, so dass mit den vielen Reisenden am Ende des 4. Jahrhunderts das Christentum hierher kam. Zeugen der Christianisierung sind Basiliken aus dem 5. und 6. Jahrhundert, von denen leider nur noch Fußböden und Fragmente von Mosaiken erhalten sind. Ein beeindruckendes Beispiel sind die inzwischen sehr aufwendig restaurierten Ruinen der alten Basilika von Plaošnik in Ohrids Altstadt.

Unter Byzanz wurde Lihnid zu Ohrid und zum wichtigsten episkopalen Zentrum Makedoniens. Dafür waren in erster Linie die Missionare Kliment und Naum, zwei Schüler der Brüder Kiril und Metodij, verantwortlich, die 885 in die Stadt gekommen waren. Kliment wurde Bischof von Ohrid, gründete die erste slawische Hochschule und machte Ohrid zum Zentrum slawischer Literatur, Kultur und Bildung. Sein Kollege Naum erbaute inzwischen das nach ihm benannte Kloster am südlichen Ende des Sees. Als 100 Jahre später Samuil zum Kaiser gekrönt wurde, machte er Ohrid zur Hauptstadt seines neugegründeten Reichs. Aus dieser Zeit stammt die Festung oberhalb der Altstadt, in der sich Samuil vor Angreifern schützen wollte. Da ihm das nicht sehr lange glückte, wurde Ohrid 1018 wieder Teil von Byzanz. Als später die Osmanen eintrafen, konnte sich die Stadt zwar zunächst als Bischofssitz behaupten, aber 1767 wurde auf griechisches Drängen das Zentrum der Kirche nach Durrës im heutigen Albanien verlegt und Ohrid seine Autokephalie aberkannt. In den Folgejahren wuchs der griechische Einfluss auf Ohrid, in dessen Klöstern nun auf griechisch gelehrt und gebetet wurde. Erst 1957 wurde die makedonische Kirche unter Tito formal anerkannt und ist seit 1967 unabhängig.

Zur Zeit Jugoslawiens erlebte Ohrid einen Touristenboom, von dem die unzähligen Betonklötze zeugen, die die Straße nach Sveti Naum säumen. Sogar Tito hatte eine Sommerresidenz am See, die man von weitem sehen, aber nicht besuchen kann, denn heute ist sie für den makedonischen Präsidenten reserviert.

Altstadt

Die herausragendsten Sehenswürdigkeiten Ohrids sind unbestreitbar die vielen **mittelalterlichen Kirchen**. In einigen von ihnen kann man für 150 bis 200 Denar

Karte S. 115

Legende

1 Galerie ›Atanas Talevski‹
2 Agentur ›General Tourist‹
3 Autoverleih ›Gema‹
4 Schiffsagentur
5 Gästezimmer Stefan Kanevče
6 Hotel ›Lucija's‹
7 Hotel ›Vila Sveta Sofija‹
8 Hotel ›Teraca‹
9 Hotel ›Tino‹
10 Hotel ›Millenium Palace‹
11 Hotel ›Park‹
12 Hotel ›Inex Gorica‹
13 Hostel Antonio
14 Fischrestaurant ›Kaneo‹
15 Restaurant ›Dalga‹
16 Restaurant ›Sveta Sofija‹
17 Restaurant ›Zlateno Jajce‹
18 Club ›Jazz Inn‹
19 ›Kadmo Yacht Club‹
20 Druckerei
21 Gokartbahn ›Rimo-Karting‹

kleine Heftchen auf englisch und/oder deutsch erwerben, die detailliert über Geschichte und Architektur informieren.

■ Sveta Sofija

Die große, prächtige Kirche im Zentrum der Altstadt heißt Sv. Sofija und war die Kathedrale des alten Ohrider Bischofs-

sitzes. Besonders auffällig ist ihr doppel-stöckiger, arkadenartiger **Narthex** auf der Westseite. Er wurde 1314 an die damals schon 300 Jahre alte Kirche an-gebaut und wird als Meisterwerk mittel-alterlicher Baukunst gewürdigt. Als die Osmanen Ohrid eroberten, übertünch-ten sie die Fresken im Inneren der Kirche

Der Südwesten

Ohrid (Охрид)

Sv. Sofija

und verwandelten das Gebäude in eine Moschee. Erst nach dem Ende des Osmanischen Reichs gelang es, Sv. Sofija wieder zur Kirche zu machen. Als man in mühsamer Arbeit die weiße Farbe von den Wänden entfernte, entdeckte man darunter wertvolle **Wandgemälde aus dem 11. Jahrhundert**. Weltweit, heißt es, hat sonst nur die Sophienkathedrale in Kiev so viele gut erhaltene **Fresken** aus dieser Zeit. Am besten kann man sie bei einem der vielen Konzerte auf sich wirken lassen, die wegen der **hervorragenden Akustik** im Sommer regelmäßig in der Kirche veranstaltet werden. Reguläre Öffnungszeiten sind täglich von 9 bis 12 und von 17 bis 20 Uhr, was allerdings sehr locker gehandhabt wird. Bisweilen finden sich Besucher vor verschlossenen Türen. Das Äußere der Kathedrale wirkt nachts besonders beeindruckend, wenn es von Scheinwerfern dramatisch beleuchtet wird.

■ Sveta Bogorodica Perivlepta

Die Kirche Sv. Bogorodica Perivlepta liegt im höheren Teil der Altstadt auf dem Hügel und hat eine etwas verwir-

rende Geschichte. Nachdem Sv. Sofija unter den Osmanen zur Moschee geworden war, verlegte man den Sitz des Bischofs ersatzweise hierhin. Auch sämtliche Ikonen, rituellen Gegenstände und alten Schriften, die heute in Ohrids Ikonengalerie ausgestellt sind, fanden damals in dieser Kirche Unterschlupf und überlebten so die muslimischen Übergriffe. Als die Osmanen im 15. Jahrhundert die Kirche des heiligen Pantelejmon abrissen, fand man dort die Gebeine des heiligen Kliment und brachte sie zu ihrer Rettung ebenfalls in der Kirche Sv. Bogorodica unter. In der Folge wurde die provisorische Kathedrale zu Ehren des Schutzheiligen in Sv. Kliment umbenannt und hieß so bis vor wenigen Jahren.

Als beschlossen wurde, die zerstörte Pantelejmonkirche wieder aufzubauen und die Überreste von Kliment dorthin zurückzubringen, erhielt Sv. Bogorodica Perivlepta wieder ihren ursprünglichen Namen. Die eigentümliche Architektur der Kirche ergibt sich hauptsächlich durch den im 19. Jahrhundert angebauten Narthex. Dahinter verbirgt sich eine

In der Altstadt von Ohrid

für das Mittelalter ganz normale kreuzförmige Kirche. Besonders sind allerdings die **Fresken von 1295**, die nach dem Zweiten Weltkrieg freigelegt wurden. Sie zählen zu den ältesten Fresken der sogenannten ›Renaissance der Paläologen‹, dem letzten großen Zeitalter der byzantinischen Kunst. Kennzeichen dafür sind die Räumlichkeit der Bilder und die Individualisierung der dargestellten Personen. Ein gutes Beispiel hierfür ist die Szene der **Beweinung Christi**, die an die sehr ähnliche Darstellung in der Kirche Sv. Pantelejmon bei Skopje erinnert. Im Gegensatz dazu wirkt das Bild von Marias Himmelfahrt über dem Eingang geradezu uninspiriert; offenbar wurde es von einem anderen Maler gestaltet. Wenn man an die bewegte Geschichte der Ohrider Kirchen denkt, ist es nicht verwunderlich, dass sich in den Darstellungen des Jüngsten Gerichts und der Bestrafung der Sünder in der Eingangshalle so mancher osmanische Herrscher wiederfindet. Die Kirche ist täglich von 9 bis 17 Uhr geöffnet.

Plaošnik

2002 wurde die von den Osmanen zerstörte **Kirche Sv. Pantelejmon** auf dem Hügel von Plaošnik als Sv. Kliment wieder aufgebaut. Offensichtlich sind dabei Gelder in größerem Umfang geflossen, denn bei der Restauration wurde ein ungewöhnlicher Aufwand betrieben. Das Ergebnis ist eine nagelneue Kirche im byzantinischen Stil, durch deren in den Fußboden eingelassene Glasplatten man die **Fundamente einer alten Basilika** sehen kann. Auf ihr hatte Kliment im 9. Jahrhundert seine Kirche erbaut. Unter einer anderen Glasplatte rechts neben der Altarapsis befindet sich das Grab von Kliment, das man 1943 bei Ausgrabungen entdeckt hatte und in

dem er heute wieder ruht. Die Fußbodenguckkästen sind beleuchtet, und aus Lautsprechern säuseln fromme Gesänge vom Tonband.

Zum Glück ist man bisher noch nicht auf die Idee gekommen, die benachbarte **Basilika** aus dem 5. Jahrhundert zu rekonstruieren. Stattdessen hat man sie überdacht, um die komplett erhaltenen **Mosaiken mit farbenfrohen Tierdarstellungen** schützen zu können. Deutlich sichtbar ist noch das kreuzförmige Fundament der Taufkapelle. Von hier aus führt ein Fußweg direkt zur kleinen Kirche Sv. Jovan Bogoslov Kaneo, die auf dem eindrucksvollsten Flecken Ohrids erbaut wurde.

Sv. Jovan Kaneo

Einsam auf einem Felsen über dem Fischerort Kaneo und der Weite des Ohridsees schwebend, ist die Kirche Sv. Jovan Kaneo das beliebteste Postkartenmotiv ganz Makedoniens und wirkungsvolle Szenerie in Milčo Mančevskis Film ›Vor dem Regen‹. Tatsächlich ist das Äußere der kleinen Kirche aus dem 13. Jahrhundert weit pittoresker als ihr

Die Kirche Sv. Jovan Kaneo

Innenraum, in dem der Rauch der vielen Kerzen die Fresken inzwischen dunkel verfärbt hat. Unterhalb von Sv. Jovan schmiegt sich die kleine **Kapelle Sv. Bogorodica** eng an den Felsen. Die Mutter von Stefan Kanevče, der Gästezimmer in Kaneo vermietet, kümmert sich um diese kleine Kirche und lässt Besucher gern hinein. Drinnen gibt es einen heiligen Brunnen, dessen Wasser angeblich Augenkrankheiten heilt.

■ Antikes Theater

Nicht weit vom oberen Tor der Stadtmauer entfernt liegt Ohrids über 2000 Jahre altes antikes Theater. Verglichen mit den großen Theatern von Heraklea und Stobi ist es weit weniger beeindruckend, und der einst freie Seeblick, den die Römer während der Darbietungen genießen konnten, wurde mittlerweile weitgehend zugebaut. Man kann ihn noch erahnen, wenn man sich auf eine der obersten Sitzreihen des Theaters stellt. In den letzten Jahren wurde das Theater restauriert, wobei die Sitzreihen behutsam mit Kalkstein ergänzt wurden. Im Sommer finden in dem atmosphärischen Ambiente regelmäßig Kulturveranstaltungen statt.

■ Samuils Festung

Oberhalb der Altstadt thront die Festung des Zaren Samuil. Wie das Theater gibt sie im Sommer eine sehr stimmungsvolle Openairbühne für die vielen Konzerte des Festivalprogramms ab. Als Samuil Ohrid im 10. Jahrhundert zur Hauptstadt machte, baute er die römische Festung aus dem 3. Jahrhundert für seine Zwecke aus und ergänzte sie um eine drei Kilometer lange Stadtmauer. Während

der osmanischen Zeit lebte hinter dieser Mauer ein Großteil der christlichen Bewohner der Stadt, während die Türken die untere Stadt mit dem Basar und den Moscheen erbauten.

■ Osmanisches Erbe

Im 17. Jahrhundert nahm der **Basar** den größten Platz im Zentrum ein. Damals, berichtet der türkische Reiseschreiber Evlia Celebia, hatte der Basar über 150 Läden, in denen Ohrids geschickte Handwerker vor allem Perlen- und Silberschmuck herstellten. Inzwischen hat der Basar deutlich an Charme verloren. Beeindruckend ist nach wie vor die **900jährige Platane**, die an seinem Eingang wächst. Ihr hohler Stamm soll einmal einen kleinen Friseursalon beherbergt haben und danach sogar ein Miniaturcafé. Nicht weit von hier befinden sich Ohrids zwei Moscheen, die **Zeynel-Abedin-Moschee** und die **Ali-Pascha-Moschee**. Auch der **Uhrenturm** oberhalb des Marktplatzes ist ein architektonisches Souvenir der Osmanen.

An der Straße zum Busbahnhof, an einer Gabelung nördlich der Turistička, steht die eigentümliche **Krst-Moschee**. Wie ihr Name andeutet, erhebt sich auf ihrer Spitze ein christliches Kreuz. Die Legende besagt, dass die Moschee nach ihrer Fertigstellung so lange immer wieder einstürzte, bis man sie mit einem Kreuz krönte. Seither steht sie unbeschadet.

■ Museen und Galerien

Ohrids **Stadtmuseum** ist ein schön sanierter Bau aus dem 19. Jahrhundert, mitten im Zentrum der Altstadt. Das Haus gehörte einst den Robevs, einer reichen Kaufmannsfamilie. Nach dem

Karte S. 115 ▲

Ein traditionelles Ohridhaus

Balkankrieg von 1913 bezogen es serbische Soldaten, denen der kunstvoll geschnitzte Holzstuck angeblich so gut gefiel, dass sie ihn mitnahmen in ihre Heimatstadt Niš. 1952 wurde das Haus renoviert, die Holzverkleidung rekonstruiert, und das Museum zog ein. Das Interessante an der Innenarchitektur sind die vielen typischen Details, besonders die eingebauten Kamine, Wandschränke und holzgetäfelten Decken. In den obersten Etagen befinden sich noch Reste des Originalmobiliars der Robev-Familie und eine Sammlung der typisch makedonischen Holzschnitzereien, in die die serbischen Bewohner angeblich so verliebt waren. In den unteren Stockwerken stellt das Museum archäologische Funde von Keramik über Münzen, Schmuck und Skulpturen aus. Bemerkenswert ist die Sammlung filigraner antiker Figurinen im ersten Stock und der Steintorso der antiken Göttin Isida. In unmittelbarer Nachbarschaft des Stadtmuseums befindet sich ein kleines

Druckereimuseum mit einer Werkstatt für handgefertigtes Papier, in dem unter anderem eine alte Gutenberg-Presse ausgestellt ist. Neben dem manuell produzierten Papier kann man dort allerlei Souvenirs erwerben.

Unweit von Plaošnik liegt Ohrids **Ikonengalerie**, in der viele beachtliche Ikonen aus dem 11. bis 19 Jahrhundert ausgestellt sind. Besonders bemerkenswert ist ›die Verkündung‹, eine Prozessionsikone aus dem 14. Jahrhundert. Prozessionsikonen sind beidseitig bemalt, da sie getragen wurden. Beeindruckend sind die silbernen Rahmen der Ikonen, die später hinzugefügt und in filigraner Feinarbeit mit Bildern und Inschriften versehen wurden.

Einen Besuch wert ist die kleine **Galerie von Atanas Talevski**, in der der Künstler, der ein wenig Deutsch spricht, stimmungsvolle Fotografien von makedonischen Landschaften, Gebäuden und Orten ausstellt und zum Verkauf anbietet.

ℹ️ Ohrid

Vorwahl: 046.
Die eigentliche **Touristeninformation** blieb 2008 geschlossen, am dezentralen Busbahnhof gibt es eine **Info-Box**: Tel. 230455; Mo–Sa 8–20 Uhr.
Stadtpläne sind problemlos in Supermärkten, Buchläden und Hotels erhältlich. Weitere Broschüren und Auskünfte bekommt man in der **Galerie von Atanas Talevski** (siehe oben). Zudem hat Ohrid ein schier endloses Angebot von privaten Tourismusagenturen, z.B. **General Tourist** in der Partizanska 6, Tel. 262071.

 Post, Partizanska bb, nah am Busbahnhof, Tel. 263011.

 Stopanska Banka (Visacard), Vanko Nikolovski 32.
Komercialnaja Banka (EC-/Mastercard), Partizanska 24.

🚗 Von Skopje braucht man mit dem Auto ca. 2,5 Stunden bis Ohrid. Weitaus attraktiver ist allerdings die gut dreistündige Strecke über den Nationalpark Mavrovo und Debar, die durch steile Felshänge hindurch dem Fluss Radika folgt.
Mietwagen: Agentur Gema, Dame Gruev 39, Tel. 260411, www.gema-travel.com; ab 40 Euro/Tag (190 Euro/Woche). Betreiber Rumen spricht fließend Englisch und Französisch, seine Frau Tamara Deutsch.

Karte S. 115

Der Südwesten

Der neue **Busbahnhof** (Tel. 26 03 39) liegt leider recht dezentral nordöstlich vom Zentrum. Busse zwischen Altstadt und Busbahnhof verkehren nicht, Taxis kosten 50 MKD. Über längere Wartezeiten bis zum nächsten Bus hilft das nahegelegene gute Restaurant ›Zlateno Jajce‹ hinweg.

Nach Skopje: im Sommer bis zu 10x tägl. für ca. 450 MKD/Pers. Achtung: Die Strecke über Bitola ist länger und teurer als die über Kičevo. In der Ferienzeit fahren zusätzlich private Minibusse.

Bitola: 9x tägl. (150 MKD, gut 1 Std. Fahrtzeit), 5–21 Uhr alle 15 min.

Struga: 30 MKD, 14 km entfernt.

Sv. Naum: regelmäßig.

Sofia: tägl. um 7 Uhr.

Belgrad: 2x tägl.

Albanien: Der Bus nach Sv. Naum fährt einen Bogen bis zur Grenze. Dort warten auf der anderen Seite Taxis. Für 6–10 US-Dollar kommt man bis nach Pogradec.

Flughafen Sv. Apostel Paul, Tel. 25 28 20, ohd.airports.com.mk. 14 km nördlich von Ohrid, einziger internationaler Flughafen außer Skopje.

Flüge: Im Sommer fliegt ›Skywings‹ 1x wöchentlich Düsseldorf–Ohrid. ›Adria Airways‹ bietet Flüge nach Ljubljana, ›Helvetic Airways‹ 1x wöchentlich nach Zürich. ›MAT‹ fliegt 1 x wöchentlich über Skopje nach Wien, Zürich und Amsterdam.

Man kann kleine **Motorboote mit Fahrern** mieten, wobei die Preise hart verhandelt werden müssen (ab 10 Euro). Bietet sich an für Touren nach Kaneo, Kališta oder Radožda.

Im Sommer fahren **Fähren nach Sv. Naum**, allerdings nur an Feiertagen oder wenn sich genügend Passagiere einfinden. Einen festen Fahrplan gibt es nicht. Preise um 150–200 MKD/ Pers. Weitere Infos erhält man bei **Ohrids Schiffsagentur**, Gradski Ploštad bb., Tel. 25 28 21.

Taxifahrer Ljupčo, Tel. 071/79 07 08, spricht Deutsch. Er ist sehr freundlich und hilfsbereit. 6 Stunden Taxi kosten bei ihm 50 Euro.

Privatzimmer für 400 bis 800 MKD/ Person werden überall angeboten (auf ›соба‹-Aushänge achten) und sind eine gute Alternative zu den teureren Hotels. Kleinere Pensionen findet man in der Altstadt, große Hotels mit Seeblick, saniert oder neu, reihen sich in immer größerer Anzahl am Kai östlich des Zentrums. Ein erstes Hostel hat jüngst zwischen Busbahnhof und Altstadt eröffnet.

In der Altstadt:

Gästezimmer bei Stefan Kanevče, Kočo Racin 47, Kaneo, Tel. 26 03 50, 070/21 23 52, Stefan_kanevce@yahoo .co.uk; 600 MKD. Idyllisch und etwas abseits vom Trubel wohnt man beim geschäftstüchtigen Stefan im Fischerdorf Kaneo. Das alte Haus mit den knarrenden Dielen und drei Gästezimmern ist sehr bescheiden, aber liebevoll eingerichtet. Man ist mit einem Schritt direkt am Ufer, wo ein hauseigener kleiner Steg zum Baden lädt. Der Vermieter spricht sehr gut Englisch. Sein Neffe Kiril hat ein kleines Boot und bringt Gäste damit für ein Taschengeld gern ins Zentrum, Tel. 070/77 68 37, spricht leidlich Englisch.

Hotel Lucija's, Kosta Abraš 29, Tel. 26 56 08; EZ 15, DZ 25 Euro, Apartment für max. 4 Pers. 40 Euro, Frühstück 4 Euro. Direkt am Wasser und sehr beliebt, deshalb möglichst vorher buchen. Einfach, aber sein Geld wert. Aufgrund der zentralen Lage kann es hier bisweilen laut werden.

Vila Sveta Sofija, Kosta Abraš 64, Tel. 25 43 68; DZ 60–80, einziges EZ 35, Suite 120 Euro. Sehr stilvoll und exklusiv im alten Ohridhaus in der Altstadt.

Hotel Teraca, Kuzman Kapidan 23, Tel. 075/63 20 70; EZ 10, DZ 20 Euro, ohne Frühstück. Sehr bescheidene, aber saubere Apartments mit TV und Terrasse mit fantastischem Blick über den See und die Ohrider Altstadt.

Am Kai:

Hotel Tino, Kej Maršal Tito 55, Tel. 230 45-0, -1, http://hoteltino.com. mk; DZ ca. 60 Euro, mit Frühstück, Bad, Balkon, Klimaanlage, sauber und freundlich.

Millenium Palace, Kej Maršal Tito 110, Tel. 26 33 61, www.milleniumpa-lace.com.mk; EZ 49, DZ 70 Euro. Großes, etwas protziges Hotel mit Glasfront und süßlichem Interieur in ruhiger Seelage. W-Lan, Pool, Fahrradverleih, gutes Restaurant mit besonders gutem Frühstücksbuffet für 250 MKD.

Park, 3 km außerhalb am Seeufer. Tel. 277 52-4, Fax -6; EZ mit Frühstück 27, DZ 42 Euro. Ruhig und mit Balkon, Badestelle, Pool und Fitnesscenter.

Inex Gorica, direkt neben dem Parkhotel, Tel. 27 75 22, www.inexgorica. com. DZ 100 Euro. Große, schöne Zimmer, mehrere kleine Strände, 2005 komplett saniert, für gehobene Ansprüche.

Hostel Antonio, Dejan Vojvoda 94, Tel. 070/736906, antonio_risteski@ yahoo.com; 10 Euro/Pers. im Gästezimmer mit Balkon in ruhiger, zentrumsnaher Wohnlage. Mit Familienanschluss, Garten und Fahrradverleih.

Camping in Gradište, 14 km südlich von Ohrid, Tel. 28 59 45; Mai–Mitte Sept., Zelt mit 2 Pers. 720 MKD. Schön gelegener, sehr großer Platz mit Kieselstrand, Sportplätzen, Shops und Restaurant.

Fisch steht ganz oben auf den Speisekarten von Ohrid. Die legendäre **Ohridforelle**, traditionell mit Zwiebeln und Walnüssen gebacken, wird trotz Fangverbots wegen Überfischung leider immer noch gern serviert.

Vermeiden: Die teuren und häufig nicht empfehlenswerten Restaurants in der Gegend der Makedonski Prosvetitli.

Fischrestaurant Kaneo, Kočo Racin 43. Köstlicher Fisch, riesige Hamburger und selbstgemachte Pommes frites. Dauert etwas länger, aber man sitzt abseits des Lärms direkt am Wasser, und das Essen ist frisch.

Restaurant Dalga, Kosta Abraš bb, Tel. 319 48. Direkt im Zentrum der Altstadt, am Seeufer. Nicht ganz billig, aber die Aussicht und die hervorragenden Forellen sind es allemal wert.

Sveta Sofija, Car Samuil 88, Tel. 26 74 03. Direkt oberhalb von Sveta Sofija im Zentrum der Altstadt gelegen, Livemusik, hervorragender Tintenfisch und glänzender Service, nur das Gemüse fällt etwas ab.

Im **Restaurant des Millenium-Hotels** findet man angeblich das beste Essen, serviert von erstklassigen Kellnern (Speisen 350–400 MKD, Frühstücksbuffet 250 MKD).

Zlateno Jajce, nahe Busbahnhof. Farmhausähnlicher Ziegelbau im Industriegebiet, bekannt für hervorragende Pastrmajlija (ähnlich Pizza mit Fleisch; kleine Portion reicht für den durchschnittlichen Magen) und gutes Grillfleisch.

Es ist schwer, dem sommerlichen Nachtleben von Ohrid zu entkommen. Es gibt unzählige Bars, Clubs und Parties.

Jazz Inn, Kosta Abraš, 22.30–1 Uhr. Empfehlenswerter **Jazzclub**, in dem gelegentlich Livemusik gespielt wird. Von Sv. Sofija aus Richtung See.

Kadmo Yacht Club, Kosta Abraš. Cooler und schicker Club mit elektronischer Musik direkt am Ufer.

Der große Renner sind die **Technoparties** auf dem Boot, das nachts auf dem Ohridsee kreuzt.

Stadtmuseum, Car Samuil 62, Tel. 267173; tägl. 9–13, 19–22 Uhr, 100 MKD.

Ikonengalerie, am Ende der ul. Klimentov Univerzitet; tägl. 9–15 Uhr.

Galerie Barok, Car Samuil 24, Tel. 263151, barokohrid@yahoo.com. Atelier für Holzschnitzerei.

Galerie Bukefal, Kliment Ohridski 54, www.bukefal.com.mk.

Fotoausstellung von Atanas Talevski, Kosta Abraš 19, Tel. 254059; 9–21 Uhr. Ein renommierter Landschaftsfotograf stellt stimmungsvolle Makedonien-Porträts aus. Bilder 200–900 MKD.

Werkstatt für handgemachtes Papier, Sv. Kliment Ohridski, Car Samuil 60

(direkt neben dem Museum), Tel. 253610. Ljupčo Panevski weist Besucher in die Kunst der Papierherstellung ein und präsentiert eine alte Gutenberg-Presse. Eintritt frei, Souvenirs erhältlich.

Den ganzen Sommer über jagt in Ohrid ein Event das andere. Die Festivalsaison beginnt im Juli.

Vom **5. bis 10. Juli** gibt es die **Balkan-Folklore-Festspiele** mit traditionellen Volkstänzen der Balkanländer.

Mitte Juli bis Mitte August findet der **Ohrid-Sommer** mit Theateraufführungen (folkloristisch) und Konzerten (klassisch) statt. Besonders beeindruckende Lokalität für Sommernachtskonzerte ist die Openairbühne oberhalb von Sv. Sofija. Andere Aufführungsorte sind Sv. Sofija, Samuils Festung und das antike Theater. Das aktuelle Programm ist zu finden auf www.ohrid-summer.com.mk.

Am **letzten Augustwochenende** findet seit 1962 ein internationaler **Schwimmmarathon** statt. Geschwommen werden 30 km von Sv. Naum bis Ohrid.

19. Januar: Zu Ehren von Johannes dem Täufer werfen Priester ein Kreuz ins Wasser, und junge Leute springen hinterher. Wer es findet, wird das Jahr über Glück haben.

Das **Hotel Millenium** kann auf Anfrage Leihfahrräder besorgen.

Alternativ kann man für 100 MKD/Std. Räder im **Kloster Sv. Naum** leihen. Besonders geeignet für Touren ist die Strecke westwärts über Struga und Radožda bis zur albanischen Grenze (mit stetig zunehmender Attraktivität).

Der Südwesten

Badestellen gibt es überall, wenn auch keine breiten Sandstrände. Direkt in Ohrid schwimmt man am besten in **Kaneo**. Richtung Sv. Naum sowie in und um Struga gibt es viele lange Kieselstrände.

Amfora-Tauch-Zentrum, im Hotel Granit, Tel. 207100, www.amfora.com. mk. Verleih von Ausrüstungen, Kurse auf Anfrage. Auf dem Grund des Ohridsees sind unweit von Gradište die Reste der versunkenen Stadt Mihovgrad aus der Bronzezeit zu entdecken, und bei Struga liegen Schiffe aus dem Ersten und Zweiten Weltkrieg. Tauchgänge kosten 20 –30 Euro inkl. Equipment. Mit einer Sichtweite von über 20 m sind Mai und September die besten Tauchmonate.

Yachtklub Amac SP-Bofor, Kaj Maršal Tito bb, Tel. 256386, www.amacsp-bofor.com/mk/en/about.htm. Vermietet Segelboote unterschiedlicher Größe ab 50 Euro pro Tag und bietet Segelkurse an.

Rimo-Karting, Turistička, hinter dem Sportzentrum; tägl. 10–24 Uhr, 500 MKD/15 Min. Gokartbahn.

Wandermöglichkeiten bestehen eher Richtung Sv. Naum/Galičica und Richtung Openica/Inland als Richtung Struga.

Landschaftsfotos, Galerie Kosta Abraš 19; ab 200 MKD.
Silberfiligrane sind in Ohrid sehr viel günstiger als in Skopje. Schmuckgeschäfte findet man z.B. entlang der ul. Car Samuil.
Schmuck aus den landesweit berühmten **Ohridperlen** sind ein beliebtes Souvenir. Die Perlen werden aus Fischschuppen gepresst.

Kloster Sv. Naum

Das Kloster Sv. Naum (Св. Наум) liegt 30 Kilometer südöstlich von Ohrid am Ufer des Sees und in unmittelbarer Nähe der albanischen Grenze. Der heilige Naum war zu seinen Lebzeiten nicht nur Lehrer und Missionar, sondern auch Wunderheiler. Im Jahr 900 erbaute er sein Kloster, von dem es heißt, er habe darin Geisteskranke geheilt und Besessene von Dämonen befreit. Feststeht, dass das Kloster bis zum 19. Jahrhundert als Sanatorium für mentale Erkrankungen genutzt wurde. Zwischendurch wurde es von den Osmanen niedergerissen und im 16. Jahrhundert wieder aufgebaut. Etwa 100 Jahre später wurde in die neue **Klosterkirche** die reich verzierte Ikonostase eingesetzt, und um 1800 entstanden die Fresken. Die Umrisse der ursprünglich von Naum erbauten Kirche sind auf dem Marmorboden der heutigen markiert und so noch nachvollziehbar. In einer seitlichen Kammer befindet sich der steinerne Sarg des Wunderheilers, in dem angeblich immer noch sein Herz schlägt. Berührt man den Stein, erfüllen sich Wünsche, heißt es außerdem.
In der gepflegten Klosteranlage gibt es inzwischen ein Luxushotel, herumstolzierende Pfauen und Händler, die Souvenirs verkaufen.
Nach Sv. Naum fahren regelmäßig Busse von Ohrid. Idyllischer ist die Anfahrt allerdings per Fähre, abenteuerlicher per

Fahrrad. Je weiter man sich von Ohrid gen Süden entfernt, desto seltener werden die klotzigen Hotelanlagen, die schließlich von kleinen Dörfern abgelöst werden.

 **Bootstouren vom Kloster**
Vor den Klostertoren werden Bootsfahrten zu verschiedenen Zielen angeboten. Lohnenswert und wirklich idyllisch ist eine Fahrt zu den **Quellen des Flusses Crni Drim**, die dem Galičica-

massiv entspringen. Im Quellwasser gibt es Algensorten, die im August rot blühen und weltweit einzigartig sind. Die halbstündige Tour zu den Quellen und zurück kostet 100 Denar pro Person.
Eine andere Tour führt zu der entlegenen und nur per Boot zu erreichenden Kirche **Sv. Zaum**, in der es als besondere Rarität das Abbild einer stillenden Gottesmutter zu sehen gibt. Der Fahrpreis muss ausgehandelt werden.

Der Südwesten

ℹ Sv. Naum
Vorwahl: 046.

Regelmäßig fahren Busse zwischen Ohrid und Sv. Naum und machen einen Schlenker zur albanischen Grenze. Hin und zurück 180 MKD. Letzter Bus nach Ohrid um 19 Uhr.

Boote nach Sv. Naum fahren vom Hauptanleger im Zentrum von Ohrid. Ca. 150/200 MKD einfach/mit Rückfahrt. Das letzte Boot fährt um 17 Uhr. Das Hotel ›Sveti Naum‹ bietet **organisierte Bootstouren** auf dem See für 600 MKD/Std. (10 Euro) an.

🛏 **Hotel Sveti Naum**, Tel. 28 30 80, www.hotel-stnaum.com.mk; EZ 3400 MKD (56 Euro), DZ 2150–2500 MKD/Pers. (35–40 Euro, abhängig vom Seeblick) mit Frühstück. Das Hotel liegt sehr schön ruhig und

friedlich im Klosterkomplex, vor allem, wenn der letzte Bus nach Ohrid abgefahren ist. Es gibt ein großes Restaurant, Seminar- und Konferenzräume und alle Annehmlichkeiten.
Privatunterkünfte rund um den See ab ca. 300 MKD ohne Frühstück.

Campingplatz Ljubaništa, kleiner Platz nicht weit von der Bushaltestelle Sv. Naum, nah am Kloster und direkt am Wasser. Tel. 28 32 40.
Gradište, 17 km vom Ohrid entfernt, Tel. 28 59 45; 400 Stellplätze.

🚲
Es gibt keinen Radweg von Ohrid nach Naum, und teilweise ist die Straße recht steil. Belohnung: Die letzten 8 der insgesamt 30 km geht es nur noch bergab. Gegen ein kleines Trinkgeld kann man sein Rad im Bus mit zurücknehmen, wenn er nicht zu voll ist.
Fahrradverleih im Hotel ›Sveti Naum‹; 100 MKD/Std.

Das östliche Seeufer
Der Ort **Sv. Stefan** (Свети Стефан) ist ein Paradebeispiel jugoslawischer Schauerarchitektur, aber ein Weg gegenüber dem Hotel mit dem treffenden Namen

›Beton‹ führt zu einer 500 Meter oberhalb der Straße gelegenen kleinen **Felsenkirche** mit sehenswerten Fresken aus dem 15. Jahrhundert. In Wirklichkeit verdanken die Hotels der ›Beton‹-Kette übrigens ihren Namen nicht ihrer baulichen Substanz, sondern der gleichnamigen Firma, die hier ihre Arbeiter im Urlaub unterbrachte. Das gleiche gilt auch für die ›Granit‹-Hotels.

Alle **Strände**, die an der Straße nach Sveti Naum liegen, sind einladender als die kleinen Badestellen direkt in Ohrid. Zum Teil gibt es malerische Buchten, und überall, besonders in **Peštani**, werden Gästezimmer angeboten. Der schönste Strand liegt genau zwischen Ohrid und Sveti Naum, bei **Gradište**.

Openica

Etwa zwölf Kilometer nordöstlich von Ohrid liegt verborgen zwischen Hügeln Openica, ein kleiner Ort mit einer Forellenzucht und einem neuen Hotel im Landhausstil (ul. 7 Noemvri, Tel. 070/21 26 10). Der Anspruch des Inhabers Risto Momir ist es, sein Gasthaus möglichst ökologisch auszurichten und per Esel Ausflüge in die Nachbardörfer anzubieten.

Nach Openica fährt man von Ohrid vorbei am Busbahnhof und dem anschließenden Kreisverkehr, links vorbei an der ›Okta‹-Tankstelle und durch die Orte **Kosel**, wo es stark nach Schwefel riecht, und **Lescovec**. Beim Ortsschild Openica erhebt sich rechter Hand die nachts beleuchtete Kirche **Sv. Nikola** frisch saniert über dem Ort. Das Hotel ist ausgeschildert und liegt, erkennbar am grünen Dach, dort, wo der Asphalt endet.

▲ *Das Kloster Sveti Naum*

Struga

Struga (Стругa, albanisch Strugë) ist mit gut 16 000 Einwohnern und zwei privaten Unis die zweitgrößte Stadt am Ohridsee und nur 14 Kilometer von Ohrid entfernt. An Attraktivität kann Struga mit seiner Nachbarstadt bei weitem nicht mithalten und hat auch nicht deren historische Relevanz. Vielmehr scheint Struga auf den ersten Blick hauptsächlich aus großen Hotels zu bestehen, die die lange Uferpromenade säumen.

Trotzdem bietet Struga einige Vorteile, nicht zuletzt seine breiten **Strände**, von denen der weitläufigste direkt im Zentrum liegt. Strugas **Altstadt** ist weit weniger malerisch als die verwinkelten Gassen von Ohrid, hat aber durchaus ein paar Sehenswürdigkeiten zu bieten. Vor allem ist jedoch die Umgebung von Struga sehr reizvoll, weshalb sich der Ort gut als Basis für Ausflüge eignet, nicht zuletzt auch ins benachbarte Albanien. Hinzu kommt, dass Struga im Sommer weniger überfüllt und wesentlich preisgünstiger ist als Ohrid. Hotels und Zimmer kosten hier etwa halb so viel. Wegen der unmittelbaren Nähe zur albanischen Grenze ist Struga vor allem bei albanischen Urlaubern beliebt. Zimmer heißen deshalb häufig nicht wie gewohnt ›soba‹, sondern albanisch ›dhoma‹.

Nett ist ein Spaziergang an den Promenaden des Flusses **Crni Drim**, der die Stadt in zwei Hälften teilt und dort, wo er aus dem Ohridsee herausfließt, viele Angler an seine Ufer zieht.

■ Geschichte

In den 1960er Jahren fand man bei der künstlichen Erweiterung des Flussbetts des Crni Drim Werkzeuge und Waffen aus der frühen Steinzeit. Offenbar gab es hier einmal eine panneolithische Siedlung, deren Einwohner vom Fischfang lebten und in Pfahlbauten am Ufer wohnten. Ein Miniaturmodell einer solchen Pfahlhütte gibt es im Naturkundemuseum von Struga zu sehen. In der Antike wuchs der Ort zu einer Stadt namens Enhalon heran, was übersetzt ›Aal‹ bedeutet. Dieser Name kam nicht von ungefähr, denn mit den Aalen von Struga verbindet sich ein es äußerst faszinierendes Phänomen. Noch bis vor kurzem schwammen durch den Fluss Crni Drim junge Aale von der Saragossasee im Atlantik über die Adria bis in den Ohridsee. Dort angekommen, ließen sich auf dem Grund nieder und verweilten dort die nächsten 20 Jahre. Erst dann wurden die bis dahin blinden Aale geschlechtsreif und kamen zur Partnersuche an die Oberfläche. Zusammen mit ihren Partnern emigrierten sie durch den Crni Drim nach Amerika, bis vor die karibischen Inseln. Dort endete die anstrengende Hochzeitsreise, indem die Aale auf den Meeresboden sanken und eng umschlungen starben. Vorher legte das Weibchen noch schnell seine Eier ab. Waren die jungen Aale kräftig genug,

Am Strand von Struga

Der Südwesten

versammelten sich zu großen Schwärmen und schwammen vereint zurück in den Ohridsee.

Populärerweise wird behauptet, dass das heute immer noch so ist, aber de facto wurde durch den Bau des Globolica-Staudamms 1965 den Aalen das Reisen unmöglich gemacht. Die Aale, die es heute im See gibt, werden künstlich zugeführt.

■ Kunst und Kultur

Dass Struga auch ›Stadt der Poesie‹ genannt wird, verdankt es seinen beiden prominentesten Bürgern, den Brüdern Miladinov. Das Denkmal der Philologen steht vor dem **Kulturzentrum**, daneben der Text des berühmtesten Gedichts von Konstantin Miladinov, ›Sehnsucht nach dem Süden‹ (T'ga za jug). Er schrieb es im 19. Jahrhundert in Moskau als Ode an seine Heimat Struga. Heute werden mit diesem Gedicht die alljährlich stattfindenden **Poesieabende in Struga** eröffnet.

Nicht weit vom Denkmal gibt es ein **Gedenkhaus** für die Brüder. Das weiße Haus im typischen Stil ist ein Ersatz für das Geburtshaus der Miladinovs, das an dieser Stelle 1925 niederbrannte. Konstantin und Dimitar machten sich vor allem dadurch einen Namen, dass sie sich zur Zeit der erzwungenen griechischen Kulturvorherrschaft im 19. Jahrhundert für den Gebrauch der slawischen Sprache einsetzten. Dimitar war ein engagierter Makedonischlehrer, und Konstantin gab 1861 eine Sammlung mit Volkspoesie heraus. Beide starben 1862 in türkischen Gefängnissen und werden seitdem als patriotische Aufklärer verehrt.

Ein anderer Prominenter aus Struga war der Maler **Vangel Kodžoman**, einer der bekanntesten zeitgenössischen Maler Makedoniens. Die ihm gewidmete **Galerie** liegt direkt neben dem Haus der Miladinovs und stellt einige seiner berühmten Städteporträts aus. Der Name der Dauerausstellung heißt ›Struga in der Vergangenheit‹ und vermittelt einen Eindruck davon, wie schön es hier einmal vor dem touristischen Bauboom gewesen sein muss. Kodžoman wurde 1904 in Struga geboren und starb dort genau 90 Jahre später.

■ Osmanisches Erbe

Zu den osmanischen Hinterlassenschaften in Struga gehören die **Halveti Teke** aus dem 18. Jahrhundert, die **Mustafa-Pascha-Moschee** und ein alter **Hammam**. Alle drei Gebäude liegen im Zen-

Legende

❶	›Art Caffee‹	⓫	Restaurant ›Antika‹
❷	Hotel ›Blue Sky‹	⓬	Restaurant ›Taj Mahal‹
❸	Hotel ›Beograd‹	⓭	Restaurant ›Klimetica‹
❹	Motel ›Berat‹	⓮	Restaurant ›Geneva‹
❺	Hotel ›Drim‹	⓯	›Moncafé‹
❻	Hotel ›Biser‹	⓰	Club ›Glamour‹
❼	Jugendherberge (Krste Jon)	⓱	Club ›Oaza‹
❽	Pizzeria ›Angela‹	⓲	Galerie ›Bukefal‹
❾	Restaurant ›Drinia‹/Einkaufszentrum ›Coma Mall‹	⓳	Galerie ›Kodžoman‹
❿	Café ›Paris‹	⓴	Fahrradverleih ›Natura‹

▲ Karte S. 129

trum, in der Nähe der JNA-Straße und dem ploštad Revolucija mit seinem sehr eigenwilligen modernen Denkmal.

■ **Sveti Gjorgji**

Die große Kirche, die 1835 erbaut wurde und leider oft verschlossen ist, befindet sich direkt neben dem Marktplatz. Darin gibt es einige Fresken vom Ende des 19. Jahrhunderts, aber wirklich lohnenswert machen einen Besuch die **Ikonen** aus dem 13. und 14. Jahrhundert. Besonders bedeutend ist die Ikone von Sv. Gjorgji von 1267.

Struga

Vorwahl: 046.
Touristeninformation, ul. Vlado Maleski, Tel. 78 41 52.
Internet: www.visitstruga.com.mk.

Post, JNA-Straße, nah am ploštad Revolucija.

Autoverleih KMP, Tel. 78 47 15.

Busbahnhof, Tel. 78 27 70, 1,5 km nördlich vom Zentrum. Bei der Anreise am besten im Zentrum aussteigen, bevor der Bus zum entlegenen Busbahnhof fährt.
Nach Debar und Ohrid: Regelmäßige Busse (weniger als 30 Min. Fahrt).
Busse (30 MKD) und **Sammeltaxis** (40 MKD) nach **Ohrid** fahren an der Promenade beim Hotel ›Drim‹ ab.
Skopje: über Tetovo um 6, 8.30, 10.30 und 17.30 Uhr, im Sommer öfter.
Debar: 5x tägl.
Bitola: 3x tägl.
Štip, **Strumica** und **Prilep**: nur im Sommer.
Vevčani: stündlich bis 20 Uhr.
Labuništa: alle 30 Min.
Radožda: um 6.15, 9, 13, 15 und 19 Uhr.

Unterkünfte sind reichlich und günstig. **Privatzimmer** ab 5 Euro/Pers. ohne Frühstück kann man gegen Kommission bei zahlreichen Agenturen buchen.
Einfacher ist es, auf die ›soba‹-/›соба‹ und ›dhoma‹-Zeichen zu achten, zum Beispiel beim **Art Caffee**, Kej Boris Kirdrič bb, 6–7 Euro /Pers. im DZ/3er-

Zimmer. Sehr einfach, aber zentral über dem Café mit Theater und Live-Performances am Wochenende. Jugendliches Ambiente, Englisch ist Standard. Teilweise Balkon Richtung Fluss.
Hotel Blue Sky, Tel. 78 45 90; EZ ab 25 Euro, DZ 30–35 Euro ohne Frühstück für schicke neue Zimmer mit Bad und W-Lan über dem gleichnamigen poppigen Nachtclub direkt im Zentrum.
Hotel Beograd, Maršal Tito bb, Tel. 78 13 42, hotelbeograd@mt.net. mk, www.hoteldrim.com.mk; DZ 80–104 Euro/Pers. inkl. Frühstück (Preise variieren nach Saison, HP und VP jeweils 5/10 Euro Aufschlag). Großes Traditionshotel am Eingang zur Altstadt mit Sommerterrasse am Fluss, auf der es eine große Auswahl an Grillgerichten und Livemusik gibt. Der Rezeptionist kennt die Gegend bestens und spricht gut Englisch. Speziell im Sommer muss man mit nächtlichem Lärm von der ul. Maršal Tito rechnen.
Motel Berat, direkt neben Hotel Beograd, Tel. 78 73 91. 18 einfache Zimmer mit eigenem Bad, TV und Minibar. Zum Motel gehört ein hauseigenes Casino.
Hotel Drim, Tel. 78 26 11, 78 58 00, http://hoteldrim.com.mk; EZ 29, DZ 46 Euro. **Das** Hotel Strugas, großer Komplex mit 200 Zimmern, Pool, eigenem Strand direkt am Seeufer und mitten im Zentrum. In der Lobby gibt es W-Lan.
Hotel Biser, 5 km von Struga in altem Klostergelände direkt am Seeufer, Tel. 78 57 99, www.hotelbiser.com. mk; EZ 24 DZ 40,Euro, Apartment 72 Euro. Alle Zimmer haben Balkons mit Seeblick und frisch sanierte Marmorbäder. Mit eigener Badestelle und

großer Terrasse. Schönste Unterkunft der Gegend, ruhig gelegen, verleiht auf Anfrage Fahrräder. Enttäuschendes Frühstück.

Krste Jon (Jugendherberge), Vlado Malevski bb, Tel. 78 81 58. Die sehr bescheidenen, aber nagelneuen 3er-Zimmer kosten 250 MKD/Pers. Kein eigenes Bad, aber immer warme Duschen. Die Herberge liegt direkt am See mit eigenem kleinen Strand und Ruderbooten. Zelten im beschaulichen Garten ist erlaubt – allerdings muss man sich eventuell mit größeren jugendlichen Reisegruppen arrangieren.

Autocamp AS-Struga, Tel. 78 08 77; 100 MKD/Zelt plus 50 MKD/Pers. Mit Sommerterrasse, Restaurant und Sportmöglichkeiten.

Spezialitäten in Struga: Aal, Forelle. Speziell entlang der ul. Maršal Tito reiht sich ein Pizza-Lokal an das nächste. Viele Restaurants liegen außerdem an den Ufern des Drim. Besonders günstig ist man am ploštad Revolucija.

Pizzeria Angela, Dimitar Vlahov 2, Tel. 78 62 42. Rustikal und gemütlich im Backsteinambiente direkt am Fluss.

Restaurant Drinia, Maršal Tito bb, Tel. 78 12 08. Auf dem Einkaufszentrum ›Coma Mall‹, das ist der wuchtige Beton- und Glasklotz am Eingang der Altstadt. Von der Dachterrasse hat man den besten Ausblick auf Stadt und See.

Café Paris, Maršal Tito. Beliebter Treffpunkt, bietet auch Speisen.

Antika, Dimitar Vlahov bb. Landesküche zu moderaten Preisen, nett.

Taj Mahal, Kej Boris Kidrič 31, Tel. 78 26 46. Neuer, bislang wenig besuchter Inder direkt am Fluss.

Klimetica. Gute Landesküche zu moderaten Preisen, besonders empfehlenswert sind die Vorspeisen.

Geneva. Nettes Fischrestaurant im traditionellen Stil.

Moncafé, direkt am Fluss. Sehr gemütliches Ambiente, auch an Schlechtwettertagen.

Die Clubs **Glamour** und **Oaza** bieten internationale Diskomusik und Partys am Fr und Sa (jew. 100 MKD Eintritt).

Museum Dr. Nikola Nezlobinski, Boro Hadžievski 69, Tel. 78 66 44; tägl. 7–13 und 15–20 Uhr. Das 1928 von dem russischen Wissenschaftler Nikola Nezlobinski gegründete Museum stellt Verschiedenes aus der örtlichen Flora und Fauna aus. Beeindruckend ist vor allem die Insektensammlung. Beschriftungen leider nur auf makedonisch.

Galerie Bukefal, kej Boris Kidrič 36, Tel. 78 73 85.

Galerie Kodžoman, neben dem Miladinov-Haus. Heimatkunst des 20. Jahrhunderts.

Miladinov-Haus, Tel. 78 62 70.

Anfang August: **Kengo jeho**, Festival regionaler albanischer Lieder und Tänze.

25.–29. August: **Poesieabende**. Treffen internationaler Dichter in Struga, die ihre Gedichte auf den Brücken des

Der Südwesten

Crni Drim vortragen. Gibt es seit 1961, als das 100. Jubiläum von Miladinovs Volksliederanthologie gefeiert wurde. Vergeben wird dabei der Goldene Kranz, und der Sieger muss einen Baum im Garten der Poesie pflanzen. Dort stehen u.a. schon Bäume von Blaže Koneski, Pablo Neruda, Allan Ginsberg, Hans Magnus Enzensberger, Seamus Heanney.

Erstes Wochenende nach dem 2. August: **Trachtenausstellung**.

Natura-Fahrradverleih, ul. Vlado Maleski, Tel. 071/96 00 04, Sa und So ganztägig, Mo–Fr auf Anfrage unter Tel. 071/96 00 34 oder ue_natyra@yahoo.com. Verleih nur mit Pass/Personalausweis.

Räder verleiht auch das 5 km entfernte **Hotel Biser**. Dorthin führt der neu angelegte See-Radweg, der leider mit wenig Rücksicht auf Flora und Fauna quer durch den Schilfgürtel gelegt wurde.

Das westliche Seeufer

Die meisten Felsenkirchen der Region lassen sich auf einem Ausflug von Struga aus am See entlang Richtung Radožda (Радожда), dem letzten Dorf vor der albanischen Grenze, besichtigen. Da die Strecke am Seeufer nicht sehr lang und außerdem verkehrs- und steigungsarm ist, bietet sie sich besonders gut für eine Radtour an. Alternativ kann man den Ausflug auch per Taxiboot machen. Für Badefans und Fotografen empfiehlt es sich, nicht erst nachmittags zu starten, denn dann liegen Strände und Kirchen am westlichen Seeufer bald im Schatten der Berge.

■ Kališta

Nur fünf Kilometer von Struga liegt direkt am See das Kloster **Sv. Bogorodica** beim Dorf Kališta (Калишта). Das Klostergelände, in dem sich auch das sehr schön gelegene Hotel ›Biser‹ befindet, erkennt man von Struga kommend an der großen Toreinfahrt, die auf das weite Gelände mit Seeblick und Bergpanorama führt. Im Sommer dient Kališta als Sommerresidenz des Erzbischofs Naum, dem Oberhaupt der makedonisch-orthodoxen Kirche. Ganzjährig leben dort drei Nonnen, die in der relativ neuen Kirche, die den Hof dominiert, regelmäßige Gottesdienste abhalten und nebenbei für 300 bis 600 Denar (teuer!) hausgebrannten Schnaps verkaufen.

Viel spannender ist allerdings die kleine, hoch am Hang versteckte **Felsenkirche** mit mehreren Mönchszellen. Da sie in der Regel verschlossen ist, erfragt man den Schlüssel am besten im Hotel oder in der Hofkirche. Hinter einer winzigen Tür führt eine vom Felsen umschlossene, steile Holztreppe vorbei an einigen höhlenartigen Kammern hinauf bis in die kleine Kirche, deren Wände mit Fresken aus dem 15. Jahrhundert bemalt sind. Durch eine andere, ebenso kleine Tür, geht es im Klosterkomplex auf einer ganz normalen Treppe wieder hinab bis zum Hof. Neuerdings ist für den Besuch eine Gebühr von 50 MKD zu entrichten.

■ Felsenkirche Sveti Atanas

Winzig klein ist die Kirche Sv. Atanas, die nur 100 Meter südlich des Klosters Sv. Bogorodica an einer steilen Felswand hängt. Direkt am Seeufer führt eine Treppe zu dem kleinen Andachtsraum, der eine eher bescheidene Ikonostase hat, dafür aber mit sehr farbenfrohen

Der Südwesten

Die Umgebung von Struga

0   150   300 m

Fresken aus dem späten 14. Jahrhundert glänzen kann. Achtung: Nach 17 Uhr wird die Kirche verschlossen. Zwischen Kloster und Sv. Atanas gibt es einen sehr einladenden Strand zum Baden und Fischen.

■ **Felsenkirche Sveti Mihail**
Oberhalb des Dorfes Radožda erhebt sich eine weitere, relativ große Felsenkirche, diesmal dem Erzengel Mihail gewidmet. Sie ist mit ihren über 700 Jahren eine der ältesten unter den vielen Felsenkirchen am Ohridsee und ein hervorragendes Studienobjekt für ›Freskenkunde‹. Ihre leider stark beschädigten Wandgemälde sind deshalb interessant, weil man bei genauerem Hinsehen sehr gut die verschiedenen Schichten erkennen und vergleichen kann. Am deutlichsten wird das am **Porträt des Erzengels Mihail**, bei dem sich die alte Schicht aus dem 13. Jahrhundert und die erstaunlich ähnliche neuere Darstellung sicht-

Fresken an der Felsenkirche Sv. Mihail

deckt. Wenn die Kirche verschlossen ist, sollte man im nahegelegenen Restaurant ›Dva Bisera‹ nach dem Schlüssel fragen. Achtung: Der Aufstieg zur Kirche ist recht steil.

■ Radožda

Der beschauliche Ort Radožda ist der letzte vor der Grenze zu Albanien und gewinnt als ruhige und günstige Alternative zu Ohrid und Struga zunehmend an Popularität. Neben kleinen Badeständen bietet er die wohl besten Fischrestaurants der Region, einen besonders attraktiven Seeblick und eine ständig wachsende Zahl privater Unterkünfte direkt am Ufer. Zu empfehlen ist ein Nachmittagsausflug mit Besichtigung der Felsenkirche und anschließendem Fischessen am See.

lich überschneiden. Ein Großteil des Raumes wird von der neueren Schicht aus dem 15. oder 16. Jahrhundert be-

 Westliches Seeufer
Vorwahl: 046.

Von **Struga** fahren Busse Richtung **Kalište** und **Radožda** (20–30 MKD) in unregelmäßigen Abständen (alle 30–120 Min.) ca. 50 m rechts vom Hotel ›Plaza‹ beim Akazienbaum ab. Letzter Bus von Radožda nach Struga ca. 17.30 Uhr.

Idyllisch ist die Fahrt von Struga oder Ohrid per Boot-Taxi. Von Ohrid nach Radožda und zurück ca. 30 Euro.

Hotel Biser, bei Struga, www.hotelbiser.com.mk; DZ 1400 MKD/Pers. Schöne Zimmer mit saniertem Bad, Balkon und Seeblick inkl. Frühstück. Fahrräder können ausgeliehen werden, der Preis muss verhandelt werden.

Radožda:
Dva Bisera, Tel. 78 71 18, Kontakt Gradimir Nestoroski; 300–400 MKD/Pers., abhängig von Länge des Aufenthalts, Frühstück 80 MKD. 3 einfache Zimmer mit Seeblick, Kühlschrank und Balkon. Kein eigenes Bad. Am besten vorher reservieren.
Lebed, Kontakt Stojna und Jovan Skrčeski, Tel. 046/78 70 77; 250 MKD/Pers. Mit kleiner Küche, ohne Seeblick, zentral.
Albatross, an der Uferstraße. Neue, elegantere Pension mit Restaurant.
Zimmer bei Krste Slavovski, Telefon 78 70 56, 070/75 27 06. 300 MKD/Pers. mit Frühstück, Balkon und Seeblick. Grill und Strandbar.

Livadišta, vor Radožda, Tel. 79 60 08. Großer Campingplatz mit akzeptablen Sanitäranlagen, Restaurant, Supermarkt, Strand, Spielplatz, Minigolf und

◀ Karte S. 133

Tretbooten. Bungalows und Wohnwagen saisonabhängig ab 300 MKD/Tag zur Miete. Im Sommer sehr voll.

Treska. Bescheidener kleiner Campingplatz hinter Radožda direkt an der Grenze, ruhig.

✕ ▬▬▬
Radožda:
Restaurant Dva Bisera, am Ortseingang, Tel. 78 71 18. Bekanntes Fischrestaurant mit Seeterrasse. Zweite Wahl direkt nach dem teureren ›Letnica‹.

Letnica, Tel. 78 28 19; Kilo Belica 800 MKD, Kilo Letnica 1300 MKD. Hervorragende Küche, Sitzen direkt am See, super Knoblauchbrot und guter Service, nicht billig, eventuell vorbestellen.

Ezerski Raj, am hinteren Dorfende, Tel. 070/21 29 18 (Kontakt: Boge Nestoroski). Sommerrestaurant mit großer Terrasse und Seeblick, serviert traditionelle Landesküche. Vermietet einfache Zimmer mit Etagenbetten.

Vranište und Oktisi

Ein gemütlicher Nachmittagsausflug führt in den bergigen Nordwesten Strugas. Fünf Kilometer nördlich von Struga liegt der Ort **Vranište** mit der Kirche **Sv. Bogorodica**. Angeblich hat in dieser Kirche aus dem 14. Jahrhundert der serbische König Milutin seine vierte Frau Simonida geheiratet.

Biegt man in Vranište links von der Hauptstraße ab, gelangt man nach **Oktisi**, einem hübschen Dorf mit zahlreichen alten Häusern. Darüber liegt der Picknickplatz **Vajtos** mit großartigem Panoramablick auf den See und langer Tradition: Angeblich diente Vajtos schon zu römischen Zeiten als Rastplatz für Karawanen, die auf dem Weg zwischen Adria und Schwarzem Meer hier zum letzten Mal pausierten, bevor sie in Ohrid eintrafen. Folgt man der Straße über die Brücke weiter Richtung Nordosten, erreicht man schon bald das Dorf Vevčani.

Vevčani

Der kleine Ort Vevčani (Вевчани) ist zweifelsohne einer der interessanteren Makedoniens. Steil am Hang der Jablanica-Berge gelegen, ist Vevčani nicht nur bekannt für seine alten Steinhäuser und die Quellen, deren Rauschen den ganzen Ort erfüllt, sondern vor allem für die Eigensinnigkeit seiner Bewohner. Bereits zu jugoslawischen Zeiten lehnten sie sich erfolgreich gegen Belgrad auf, als man dort plante, Vevčanis Quellen zugunsten der Wasserversorgung des Um-

Dorfbewohnerin in Vevčani

lands umzuleiten. Jetzt dient ein System von kleinen Brücken und Pfaden zum beschaulichen Spazieren im **baumüberwucherten Quellgebiet**.

Nach der Lösung von Jugoslawien entschied man sich in Vevčani per Referendum, eine eigene Republik zu gründen. Obwohl das attraktive 3000-Seelen-Dorf seine Unabhängigkeit bis heute nicht erreicht hat, nennt es sich seither ›Republik‹. Im Gegensatz zu vielen anderen makedonischen Dörfern Westmakedoniens wurde Vevčani während des Dezentralisierungsprozesses 2004 von keiner albanischen Kommune geschluckt, sondern hat sich als eigenständige Entität behauptet. Der wohl kurioseste Ausdruck von Vevčanis Selbstbestimmung sind der eigene Pass, den das Rathaus für 150 Denar (auch für interessierte Touristen) ausstellt, sowie die eigene Währung – die allerdings nur symbolischen Wert hat. Besonders pikant ist der 1000-Ličnici-Schein: Auf der einen Seite zieren ihn zwei barbusige Tänzerinnen, auf der Rückseite ein gekreuzigter Jesus. Anders als andere Dörfer leidet Vevčani keineswegs unter Landflucht, sondern hat sich eine stabile und sehr stolze Bevölkerung, die das Dorf sichtlich hegt und pflegt und deren babas sich gern in traditioneller Tracht zeigen.

Die sicherlich berühmteste Besonderheit Vevčanis ist sein legendärer **Karneval**, der bereits seit 5000 Jahren jährlich am 13. und 14. Januar zur Abschreckung böser Geister gefeiert wird und mehrere tausend Gäste ins Dorf lockt. Das ganze Jahr über laden liebevoll gestaltete Gaststätten zu hauseigenem Wein und traditioneller Hausmannskost im dörflichen Ambiente.

■ **Gorna Belica**

Von Vevčani aus führt ein fünf Kilometer langer Wanderweg Richtung Osten durch einen Kastanienwald zum Ort Gorna Belica (Горна Белица). Der beliebte Ferienort hat eine Wlachenkirche aus dem 19. Jahrhundert namens **Sv. Petka** und einen **Gletschersee** in der Nähe zu bieten. Leider sind die Wanderwege nur mangelhaft markiert, und es nicht ratsam, ohne Guide in Richtung albanische Grenze zu wandern, die ein paar Kilometer von Gorna Belica entfernt ist.

 Vevčani

Vorwahl: 046.

Stündliche Busse von und nach **Struga**, letzter um 20 Uhr.

Domaćinska Kuќa, 100 m von den Quellen, Tel. 790505. Haus mit rustikaler und sorgsam gestalteter Einrichtung. Serviert wird exzellente (angeblich ökologische) lokale Küche, sehr zu empfehlen. Vermietet werden vier Zimmer für je 50 Euro. Es lohnt sich auch ein Blick in den hauseigenen Weinkeller!

Pension Kutmičevica, Tel. 79 83 99, 070/24 91 97. Stilecht übernachten in traditionellem Dorfhaus über dem gleichnamigen Restaurant. Schön gestaltete DZ mit Kamin 50 Euro.

Restaurant im Domaćinska Kuќa.

Karneval in Vevčani, 13./14. Januar. Maskenumzug als Höhepunkt des orthodoxen Neujahrsfests.

Ausflug nach Albanien

Für einen Ausflug nach Albanien sollte man ausreichend Zeit einplanen. Zwar ist der Grenzübergang Kafasan bei Struga recht unkompliziert, und man wird in der Regel zügig abgefertigt, aber die meisten Straßen in Albanien sind ausgesprochen schlecht, und die offizielle Geschwindigkeitsbegrenzung beträgt häufig 40 Kilometer pro Stunde, so dass ein knapp geplanter Spontanbesuch einen nicht weit führen wird.

Ob man nun die Straße um den See herum wählt oder die ins Landesinnere Richtung Tirana: Überall ist die hügelige Landschaft mit kuriosen pilzförmigen **Bunkern** übersät, die von der Furcht des früher kommunistischen Albaniens vor ausländischen Einflüssen zeugen.

Wählt man die Seestraße nach **Pogradec**, lohnt ein Stop im Dorf **Lin**, in dem es eine bekannte Basilika gibt. Weiter Richtung Pogradec säumen einige Fischrestaurants das Ufer und bieten die albanische Variante der berühmten Ohridforelle an. Geld kann man direkt an der Grenze, in den vielen Wechselstuben von Pogradec und in einigen der Cafés oder Restaurants tauschen. Den Wechselkurs sollte man vor allem im letzten Fall vorher gut kennen: 1 Euro entspricht etwa 125 albanischen Lek. Von Pogradec kann man über Sveti Naum wieder nach Makedonien einreisen und hat dann einmal den See umrundet. Unmittelbar vor der Sv.-Naum-Grenze gibt es einige sehr idyllisch gelegene Restaurants in einem Park beim See. Die Verständigung ist in Albanien weit schwieriger als in Makedonien, denn nur wenige scheinen eine andere Sprache zu sprechen als Albanisch.

An der Grenze braucht man einen gültigen Reisepass (Personalausweis reicht nicht!), und es sind pro Person zehn Euro Eintritt zu entrichten sowie vier Euro Ökosteuer pro Auto. Dazu kommen zwei Euro Aufenthaltssteuer pro Tag im Land. Um Albaniens Wirtschaft ist es noch schlechter bestellt als um die Makedoniens, und besonders von der Ökosteuer ist angesichts von Albaniens unübersehbaren Umweltproblemen zu hoffen, dass das Geld tatsächlich in den richtigen Töpfen landen wird. Busse fahren einmal täglich von Struga.

Nationalpark Galičica

Dem Trubel in Ohrid und Struga entkommt man am schnellsten und einfachsten durch einen Ausflug in den Nationalpark Galičica (Галичица). Da der Park auf einer Gebirgslandschaft zwischen Ohrid- und Prespasee liegt, kann man neben der Ruhe der Berge auch fantastische Ausblicke, zum Teil auf beide Seen gleichzeitig, genießen. Zum Park gehört außerdem die Insel Golem Grad (siehe S. 139). Beliebt ist Galičica besonders bei Paraglidern, die sich bei gutem Wetter an seinen steilen Abhängen treffen, um Richtung Ohridsee zu segeln.

1958 wurde das Gebiet, das bis zur albanischen Grenze reicht, wegen seiner vielen Tier- und Pflanzenarten zum Nationalpark erklärt. Der Untergrund aus Kalkstein lässt zwar ständig Wasser vom Prespa- in den Ohridsee fließen, sorgt aber gleichzeitig dafür, dass es kaum Quellen in Galičica gibt. Man sollte sich also unbedingt mit genug Trinkwasser versorgen!

Um von Ohrid aus nach Galičica zu kommen, wählt man zunächst die Straße nach Sveti Naum. Südlich vom Dorf **Trpejča** biegt links eine Straße zum Nationalpark ab, die sich in scheinbar endlosen Serpentinen bis zum 1568 Meter

Der Südwesten

Blick auf den Prespasee vom Nationalpark‹

hohen Pass **Lipova Livada** schlängelt. Dies ist der höchste Punkt, den man mit dem Auto erreichen kann und Treffpunkt der Paraglider. Fährt man weiter geradeaus, kommt man am Prespasee, in der Nähe vom Ort **Oteševo** raus.

Vom Pass aus führt ein Wanderpfad gen Süden zum höchsten Punkt Galičicas, dem Gipfel **Magaro** auf 2275 Metern. Die Wanderung auf den teilweise sehr steilen und kaum gekennzeichneten Wegen dauert etwa drei Stunden. Oben angekommen, wird man für die Mühe belohnt, denn Magaro gehört zur strenggeschützten Zone des Nationalparks und ist Wohnort rarer Vogelsorten wie dem goldenen Adler, dem weißen Geier und dem grauen Falken.

Ein anderer Weg führt zur Hütte **Asan Džura**, von der aus man nach etwa 2,5

Kilometern die Höhle **Samotska Dupka** erreicht. Die über 200 Meter lange Höhle ist durch unterirdische Wasserströme entstanden und wurde erst kürzlich für Besucher zugänglich gemacht. Drinnen ist es sehr kalt, aber dank der neuen elektrischen Beleuchtung dauert es nicht lange, bis man die vielen Stalaktiten und die abenteuerlich gemusterten Bodenablagerungen entdeckt hat. Um Zutritt zur Höhle zu bekommen, wendet man sich am besten an eine der Touristenagenturen in Ohrid oder die Nationalparkverwaltung.

 Nationalpark Galičica

Verwaltung Nationalpark Galičica, Tel. 046/26 14 73, 070/249 16 1 (Andon Bojadzi), www.galicica.org.mk.

Rund um den Prespasee

Da es an den ruhigen Ufern des Sees Prespa (Преспанско езеро) nur ein paar kleine Dörfer, Hotels und Strände gibt, ist die Infrastruktur bislang recht bescheiden. Wer trotzdem zum See findet, kann sich einer umso ursprünglicheren Natur erfreuen, die mit Unterstützung internationaler Organisationen zunehmend unter Schutz gestellt wird. An den Ufern von Prespa ist es im Sommer weitaus friedlicher als am Nachbarsee und dank der Höhenlage von 850 Metern auch kühler. In unmittelbarer Nachbarschaft locken die bergigen **Nationalparks Galičica** und **Pelister** zu Wanderungen, während der See selbst mit seinen Sandstränden und einer sommerlichen Temperatur von 20 bis 26 Grad zum Baden lädt. Dabei lassen sich gut die vielen unterschiedlichen Land- und Wasservögel beobachten, die in Massen den See und seine Ufer bevölkern. Aktuell arbeitet der UNDP (United Nations Development Programme) an einem umfangreichen Reinigungsprogramm des Sees. Dass das nur 50 Meter tiefe Gewässer in den letzten Jahren dramatisch abgesunken ist, liegt allerdings wohl weniger an Umweltschäden, sondern an einem natürlichen Zyklus, der den Wasserspiegel alle 30 Jahre sinken und steigen lässt. Zudem speist der Prespasee durch das Galičica-Massiv hindurch den 500 Meter tiefer liegenden Ohridsee.

Im Prespasee, durch den die Grenzen mit Griechenland und Albanien verlaufen, liegen mehrere Inseln. Zu Makedonien gehört die **Insel Golem Grad**, die Teil des Nationalparks Galičica ist. Hübsche Legenden ranken sich um die Entstehung des Sees. Während die einen sagen, dass dort das gewaltige Pferd von König Marko durch einen einzigen großen Schritt den See schuf, erzählen andere die Geschichte vom Königssohn aus einer prächtigen Stadt, die an der Stelle des heutigen Prespasees lag. Als der Prinz im Wald spazieren ging, heißt es, verliebte er sich in die Nymphe Nerida und entschloss sich, sie zu heiraten. Nerida aber lehnte seinen Antrag ab, denn eine Hochzeit mit ihm würde ein großes Unglück über die Stadt bringen. Der verliebte Prinz schenkte ihren Worten keine Beachtung und überredete sie zur Heirat, woraufhin der Himmel sich öffnete und ein gewaltiger Regen herabstürzte. Der Regen hörte erst auf, als die ganze Stadt überschwemmt war und sich dort ein großer See gebildet hatte. Die Seerosen auf dem Prespasee, sagt man, sind die Seelen der Ertrunkenen, die auf den Wellen schaukeln.

Strände am Prespasee

Größere Strände, die sich im Sommer füllen, gibt es in **Oteševo**, **Pretor** und beim **Campingplatz Krani**. Dort findet man teilweise auch Beachbars und Imbisse. Ruhiger badet es sich bei **Konjsko** oder am breiteren Strand beim attraktiven Dorf **Nakolec** beziehungsweise **Dolni Dupeni**.

Insel Golem Grad

Ein besonderes Naturereignis bietet auch die Insel Golem Grad, mit 700 Metern Länge die größte der drei Prespainseln, deren steile Ufer sich hoch aus dem See erheben und die zur Schutzzone des Nationalparks Galičica gehört. Ironischerweise heißt ihr Name übersetzt ›Große Stadt‹, dabei ist auf der unbewohnten Insel außer zwei Kirchen

Der Südwesten

Auf dem Weg zur Insel Golem Grad

aus dem 14. Jahrhundert nichts Urbanes zu finden.

Historische Funde belegen, dass Golem Grad bis ins 6. Jahrhundert besiedelt war. Im Mittelalter entstand dort ein Klosterkomplex, der wohl bis ins frühe 20. Jahrhundert von Mönchen bewohnt wurde, nun allerdings nur noch aus zwei Kirchen besteht. Während **Sv. Dimitrij** heute in Ruinen liegt, wurde **Sv. Petar** vor kurzem sorgsam restauriert. Ihr Inneres birgt einige bemerkenswerte Fresken und – Vorsicht! – beim letzten Besuch eine Schlange, die direkt über der Tür wohnte.

Ansonsten gedeihen auf Golem Grad dank der Isolation seltene Pflanzenarten, deren Duft die ganze Insel erfüllt, und im Wald der Insel gibt es angeblich allein 160 verschiedene Farnsorten. Vor allem aber nutzen Prespas Vögel die Abgeschiedenheit und haben sich auf der Insel zu tausenden niedergelassen. Zu jugoslawischen Zeiten gab es einen Fährbetrieb für Inseltouristen, doch der ist schon lange eingeschlafen. Wer heute nach Golem Grad will, muss sich am Ufer des Prespasees seinen eigenen Bootsmann suchen. Am besten fragt man in den Dörfern **Stenje** oder **Konjsko** am westlichen Seeufer und lässt sich an einer der drei Anlagestellen der Insel absetzen. Der ›Hafen‹ **Sv. Petar** ist am einfachsten zu erreichen und liegt in unmittelbarer Nähe der gleichnamigen Kirche. Die Fahrt zur Insel hat den stolzen Preis von 1500 bis 2000 MKD hin und zurück und ist besonders lohnenswert für Vogelenthusiasten.

Auf der Insel angekommen, wird klar, warum Golem Grad auch Schlangeninsel genannt wird: Am Ufer wohnen zahlreiche Wasserschlangen, die in allen Farben und Größen harmlos in der Sonne baden. Achtung: Da sich die Insel im sonst sehr ruhigen Grenzgebiet befindet, sollte man unterwegs nicht nur mit Scharen von Kormoranen und Pelikanen, sondern auch mit Patrouillen der albanischen Polizei rechnen.

Konjsko und Stenje

Das traditionelle Fischerdorf Konjsko (Коњско) in der Nähe der albanischen Grenze ist sehr entlegen und ruhig mit einem kleinen Strand, in dessen Nähe

Karte S. 112

einige Privatzimmer angeboten werden. Leider ist **Konjsko** nur mühsam zu erreichen, denn Busse aus Resen fahren nur bis in den kleinen Ferienort **Stenje** (Стење), und die weiterführende Straße ist ohne geländegängiges Fahrzeug nur zu Fuß zu bewältigen. In Stenje gibt es einen recht breiten, meist ruhigen Strand und Zimmer mit Blick auf den See. In beiden Orten wird viel getrockneter Fisch zum Verkauf geboten.

■ **Kirche Sveti Gjorgji**

Auf der anderen Seite des Prespasees befindet sich, versteckt hinter dem kleinen Dorf **Kurbinovo** (Курбиново), die Kirche Sv. Gjorgji aus dem späten 12. Jahrhundert. Als die äußerlich unscheinbare Kirche 1958 restauriert werden sollte, entdeckte man, mehr zufällig als absichtlich, unter den Wandbemalungen aus dem 16. Jahrhundert einige erstaunlich gut erhaltene Fresken aus der Entstehungszeit der Kirche. Dabei tauchte auch das Bildnis des Erzengels Mihail auf, dessen Kopie man auf der makedonischen 50-Denar-Note wieder-

Strand bei Stenje

finden kann. Das Original schwebt links oben über der Altarapsis. Man nimmt an, dass die Fresken, die das Leben und die Wunder Jesu, die zwölf orthodoxen Feiertage und das Leben des heiligen Gjorgji darstellen, von drei verschiedenen Künstlern gemalt wurden. Dass ihre Figuren so leicht und dynamisch wirken, liegt wohl an der außergewöhnlichen Ausarbeitung der geschwungenen und faltenreichen Gewänder.

Zur Kirche fährt man bis zur Dorfmitte von Kurbinovo und biegt dort bei der Gabelung rechts ab. Nach zwei Kilometern kommt man zu einem Parkplatz direkt vor der Kirche. Sollte selbige verschlossen sein, muss man im Dorf nach dem Schlüssel (kluč) fragen. Er wird in einem kleinen Haus etwa in der Dorfmitte verwahrt.

Podmočani

Nördlich von Kurbinovo, an der Straße nach Resen, gibt es im Ort Podmočani ein **kleines ethnologisches Museum**, in dem der Sammler Jone Eftimovski Münzen, Schmuck, Waffen und über 140 makedonische Trachten ausstellt. Das Museum sieht oft verschlossen aus, aber häufig trifft man im Garten jemanden an, der gegen ein kleines Trinkgeld Besucher ins Museum führt. Das Gebäude liegt direkt an der Hauptstraße am nördlichen Dorfrand.

Vogelschutzgebiet Ezerani

Große Teile des Sees stehen unter Naturschutz. Besonders schützenswert sind die vielen seltenen Vogelarten, darunter auch Kormorane und verschiedene Pelikane, die im Schilf und auf den Inseln des Prespasees leben. Im Vogelschutzgebiet Ezerani, am Nordufer des Sees, sind angeblich 115 Arten anzutreffen. Da sich die Vögel am besten in der

Der Südwesten

Dämmerung oder am frühen Morgen beobachten lassen, ist es sehr bequem, eine der einfachen Übernachtungsmöglichkeiten der Universität wahrzunehmen, die in Ezerani für 15 Euro angeboten werden.

Resen

Gut zehn Kilometer vom See entfernt liegt Resen (Ресен), die verschlafene, aber hübsche Hauptstadt des Prespagebiets, von der aus täglich drei bis vier Busse zu den meisten Dörfern rings um den See fahren. Resen ist durchaus einen Zwischenstop wert, bevorzugt samstags, am **Markttag**, wenn die Bauern aus der Gegend dort ihre berühmten Prespa-Äp-

fel verkaufen. Die Prespa-Region gilt nach wie vor als größter Apfelproduzent des Balkan. Ansonsten bietet die 10 000-Einwohnerstadt einige attraktive Häuserfassaden aus dem späten 19. Jahrhundert, eine Handvoll **Moscheen** und eine beschauliche Fußgängerzone.

Beeindruckend ob seiner Größe ist das **Saraj** (im Ort ausgeschildert), in dem die Produkte der jährlichen Keramikkolonie ausgestellt werden und sich das lokale **Museum** befindet: Angeblich ließ der osmanische Erbauer Ahmed Nyazi Beg sich vom Château de Chenonceau im Loire-Tal in Frankreich inspirieren, während der Bau dem Volksmund als Versailles von Makedonien gilt.

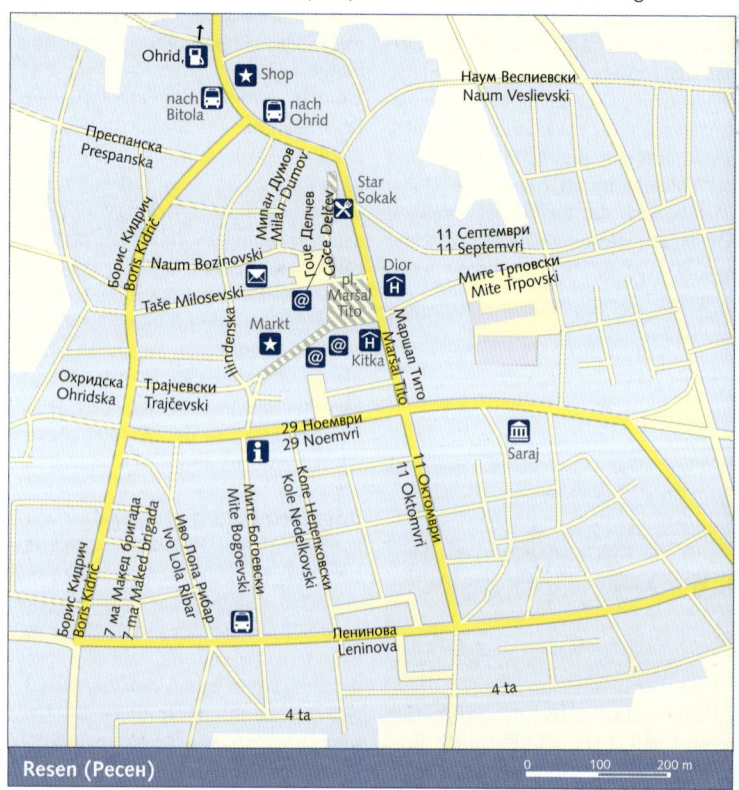

Resen (Ресен)

Resen

Vorwahl: 047.

Touristenbüro Pelikan, Mite Bogoev-ski 7-8, Tel. 45 40 11, 45 11 40.

Internet: www.resen.gov.mk (leider bisher nur auf makedonisch).

Postamt, Taše Miloševski.

Makedonska Banka, Maršal Tito, Tel. 45 25 08.

Stopanska Banka, Taše Miloševski, Tel. 45 11 47.

In der Fußgängerzone gibt es zwei Internetcafés. Das **Planet** ist das zuverlässigere.

Busbahnhof, Leninova bb, Telefon 45 17 56. Die Busse halten nicht nur am dezentralen Busbahnhof, sondern auch an einer unmarkierten Stelle im Zentrum (s. Karte S. 142).

Nach Struga: 3–5x tägl.

Ohrid: 10x tägl. (erster um 10.10, letzter um 20.10 Uhr).

Stenje: über Ezerani, um 6.20, 12.20, 14.30 und 18 Uhr.

Brajčino: 6, 9, 11.30, 14.30, 18 Uhr.

Skopje: über Bitola, Prilep und Resen, 11 x tägl. (letzter Bus um 16 Uhr).

Bitola: stündlich zwischen 5 und 18.45 Uhr (100 MKD).

Strumica: im Sommer tägl. 18 Uhr.

Štip: im Sommer tägl. 16 Uhr.

Resen:

Hotel Dior, Maršal Tito 66, Tel. 45 45 50; EZ ab 450 MKD, DZ ab 700 MKD ohne Frühstück. Zentrale

Lage, etwas hellhörig. Die Zimmer sind bescheiden, ohne Klimaanlage, aber mit TV, Heizung und 24 Stunden heißem Wasser.

Hotel Kitka, schräg gegenüber vom Hotel ›Dior‹, Tel. 45 21 76; EZ 750 MKD, DZ 1300, inkl. Frühstück mit Tee, der nach Heu schmeckt. Das alte Hotel ist insgesamt renovierungsbedürftig.

Am See:

Am Seeufer gibt es neben einigen größeren Touristenorten mit Hotels wie Oteševo kleine Dörfer mit breiten Stränden, in denen man für 300 bis 400 MKD pro Person privat unterkommen kann (auf ›соба‹-Zeichen achten). Insgesamt sind die Unterkünfte sehr viel günstiger als in Ohrid.

Stenje:

Zimmer vermittelt Svetlana Lazarevska, 070/77 22 76, toni_krstanovski@ yahoo.com.

Camping ist zum Beispiel in **Krani** möglich, wo es einen riesigen Zeltplatz und einen schönen Strand gibt, Tel. 48 37 08.

Das Pendant zur Ohridforelle ist der **Prespakarpfen**, am besten zu genießen ist er in einem der Fischerdörfer am See.

Resen: **Restaurant Star Sokak**, in der Fußgängerzone. Einfach, authentisch und lecker.

Resen:

Museum Dragi Tozija, im Saraj; Mo– Fr 7–15 Uhr. Das Museum beherbergt unter anderem Makedoniens einzige Galerie für moderne Keramik.

Der Südwesten

»Wenn er diese Straße führe, ganz gerade, ohne Aufenthalt, gelangte er wahrscheinlich zu irgendwelchen römischen Resten mit erwiesener historischer Bedeutung und von großem touristischem Interesse, und weiter: zu den hängenden Gärten irgendeiner Prinzessin ...«

Jovan Pavlovski, Autobahn

Pelagonija

Die Pelagonija-Ebene ist eine der größten makedonischen Beckenlandschaften. Das Tal ist berühmt für seinen Tabakanbau, der sich um die Stadt **Prilep** zentriert, wo man auch die **Festung des König Marko** und die wuchtigsten Felslandschaften findet. Andere Höhepunkte Pelagonijas sind der **Nationalpark Pelister**, die schönen Häuser **Bitolas** und **Kruševos** und das Denkmal des Ilindenaufstands von 1903. Da quer durch die Ebene die berühmte Via Egnatia verlief, gibt es hier zudem besonders viele Spuren des Römischen Reichs zu entdecken.

Pelagonija

0   10   20 km

Bitola

Nur wenige Kilometer von der griechischen Grenze entfernt, am Fuße des
Bergs Pelister und am Rand der fruchtbaren Ebene Pelagonija, liegt Bitola
(Битола). Unverkennbar hat die Stadt
eine große Vergangenheit hinter sich,
und ihre stolzen Einwohner empfinden
sie gern als heimliche Hauptstadt. Die
vielen urbanen **Neo-Barock- und Renais-**
sancefassaden, die riesigen **Moscheen**,
die prunkvollen ehemaligen **Konsu-**
latsgebäude – ein Spaziergang durch
Bitola erzählt viel über die Stadt, die
einmal nach Thessaloniki die wichtigste
Makedoniens war und unter den Osmanen makedonische Hauptstadt.

Altes Haus in Bitola

■ Geschichte

Nur wenige Kilometer von der antiken
Stadt Heraklea entfernt siedelten sich im
7. Jahrhundert Slawen an und gründeten Obitel, das heutige Bitola. Die Stadt
blühte schnell auf und wurde zur dritt-
größten des Balkan nach Konstantinopel
und Thessaloniki. Gleichzeitig verbreite-
te sich das Christentum und hinterließ
viele Klöster rund um die Stadt, weshalb
die Osmanen sie nach ihrer Ankunft im
14. Jahrhundert Manastir (Kloster)
nannten.

Manastir wuchs heran und wurde zu
einem bedeutenden administrativen,
militärischen und kulturellen Zentrum,
und schon bald entstanden hier die ersten europäischen Konsulate, deren
schmucke Gebäude in Bitola noch immer zu sehen sind. Auch heute haben
zehn Länder konsularische Vertretungen
in Bitola, darunter Frankreich, Russland
und die Türkei. Zu Beginn des 19. Jahrhunderts wurde die Eisenbahnlinie gebaut, die Manastir mit Belgrad verbindet. Hinter Manastirs vornehmen

Fassaden wurde damals die europäische
Politik auf französisch diskutiert, und die
Kinder schickte man auf internationale
Schulen. In dem großen Bezisten, der
noch fast im Original erhalten ist, wur-
den Waren aus Paris, London und Wien
verkauft. Der türkische Reformer Kemal
Atatürk besuchte die Militärakademie in
Manastir, und im Theater traten Stars
wie Sarah Bernhardt auf. Angeblich be-
saß damals jeder zweite Haushalt der
Stadt ein Klavier. Einige der alten Instru-
mente, damals importiert aus Wien,
München und Berlin, sind heute im
Stadtmuseum zu besichtigen. Inzwischen, so schätzt man, gibt es in ganz
Bitola noch etwa 20 Haushalte mit Klavier.

Als die Balkankriege von 1912/13 zum
Untergang des Osmanischen Reichs und
zur Teilung Makedoniens führten, wur-

Geschäft in Bitola

tifizierte Gefallene ruhen, gleicht einer feindlichen Festung und thront mit ihren monströsen Mauern auf einem Hügel am nördlichen Stadtrand. Im März 1943 wurden unter den Nazis über 3000 Juden aus Bitola nach Treblinka deportiert, und 1945 wurde das bis dahin provinzielle Skopje zur Hauptstadt der frischgegründeten Teilrepublik des sozialistischen Jugoslawiens.

Bitola ist mit etwa 80 000 Einwohnern heute immerhin noch die zweitgrößte Stadt Makedoniens und als kulturelles Zentrum noch von Bedeutung. Wie Skopje hat Bitola eine eigene staatliche Hochschule, die Sveti-Kliment-Ohridski-Universität, und das jährlich im September stattfindende internationale Filmfestival zieht zahlreiche Besucher an. Außerdem werden sogar die Skopjaner zugeben müssen, dass ein Bummel durch Bitola einfach schöner ist als ein Spaziergang durch Skopje.

Stadtrundgang

Der Fluss **Dragor** teilt Bitola in zwei Hälften. Im südlicheren Teil liegt die berühmte Hauptstraße, die Fußgängerzone mit ihren farbenfrohen und europäisch anmutenden Fassaden, während nördlich des Dragors das türkische Vier-

de Bitola zur Grenzstadt und verlor zunehmend an Einfluss. Während des Ersten Weltkriegs wurde die Stadt heftig bombardiert, denn hier verlief die Makedonische Front (auch Front von Thessaloniki), bei der unter der Führung des Generals von Mackensens auch viele Deutsche ihr Leben ließen. Daran erinnert der **Deutsche Friedhof**, den Robert Tischler im Auftrag des Volksbundes deutscher Kriegsgräberfürsorge entworfen hat: Die beklemmende Totenburg, in der auf engem Raum über 2000 weder mit Namen noch mit Regiment iden-

Legende

1 Nationalparkzentrum Pelister
2 Internetcafé ›Mouse‹
3 Autovermietung ›Hertz‹
4 Hotel ›Tokin-House‹
5 Hotel und Café ›Millenium‹
6 Hotel ›Deniro‹
7 Hotel ›Ambassador‹
8 Hotel ›Epinal‹
9 Hotel ›Bitola‹
10 Restaurant ›Grne 1‹
11 Restaurant ›Grne 2‹
12 Restaurant ›Lovec‹
13 Chinesisches Restaurant
14 Bar ›Deep‹
15 Pub ›Deniro‹
16 ›Hard-Rock-Café‹
17 Kneipe ›Porta Jazz‹
18 Club ›Infinity‹
19 Club ›Positive‹
20 Club ›Rasčekor‹
21 Galerie ›Kleiner Montmartre‹
22 Galerie ›Magaza‹
23 Supermarkt ›Vero‹

Karte S.149

tel Čaršija und der Basar liegen. Kommt man vom Busbahnhof oder von Heraklea, wird man sich zunächst am Südende der Maršal Tito wiederfinden, die die Einwohner auch Širok sokak, Weite Straße, nennen.

Dort liegt rechter Hand das Konzerthaus **Dom na Armija**, und links das große **Museum** von Bitola, das neben einigen bemerkenswerten archäologischen Funden aus der Steinzeit bis zum Mittelalter Mobiliar aus dem 19. Jahrhundert ausstellt. Außerdem erinnert eine Sammlung von Fotografien, Dokumenten und persönlichen Besitzgegenständen an den Reformer Kemal Atatürk, der im 19. Jahrhundert in Bitola beim Militär war. Empfehlenswert ist es, eines der Openairkonzerte zu besuchen, die im Sommer im Hof des äu-

Bitola (Битола)

0   150   300 m

Pelagonija

ßerst eleganten Gebäudes stattfinden. Die Osmanen hatten es einst als Militärakademie errichtet.

Goce-Delčev-Platz

In der Mitte der Širok sokak, am Goce-Delčev-Platz, an dem es die meisten Cafés und Restaurants gibt, stehen vor dem Kulturzentrum seit 2004 zwei Skulpturen. Bei den beiden Steinmännern handelt es sich um die Brüder Milton und Janaki Manaki, die man zu Ehren des 25. Filmfestivals hier verewigt hat. Milton gibt es jetzt quasi doppelt, denn er steht noch einmal – diesmal aus Bronze – ein paar Meter weiter rechts. 1905 schickte ihm sein Bruder Janaki eine Filmkamera aus London, und noch im selben Jahr startete Milton seine Karriere als Kameramann. Von historischer Relevanz sind für die Nachwelt vor allem seine Dokumentationen, in denen er die letzten Jahre der osmanischen Herrschaft aufzeichnete. Am bekanntesten wurde der Film über den Einzug des Sultans Rešad V., der 1911 nach Bitola

kam. Viele der historischen Fotografien, die man in Museen quer durch die Republik findet, wurden von den beiden Brüdern geschossen, die ihr gemeinsames Studio in Bitola hatten.

Uhrenturm

Vor dem Kulturzentrum stehend, kann man am nördlichen Ende der Fußgängerzone den 32 Meter hohen Uhrenturm, Saat Kula, aus dem 17. Jahrhundert erkennen. Man erzählt sich bis heute, dass die türkischen Herrscher von den Dörfern um Bitola 60 000 Eier einsammelten, um sie dem Mörtel beizumischen. Das sollte die Wände widerstandsfähiger machen. Um 6, 12, 18 und 24 Uhr läuten die Turmglocken mit jeweils unterschiedlichen Melodien.

Kirche Sv. Dimitrij

Biegt man vor dem Turm links ab, steht man nach ein paar Metern vor der Kirche Sv. Dimitrij, der bedeutendsten Kirche von Bitola. Was man ihr von außen gar nicht ansieht: Sie war lange eine der

Auf der Hauptstraße von Bitola

größten Kirchen des Balkan. Heute steht die balkanweit größte orthodoxe Kirche übrigens in Belgrad. Das unauffällige Aussehen der Kirche Sv. Dimitrij rührt daher, dass sie in einer Zeit erbaut wurde, als die Osmanen noch sehr streng darüber wachten, dass kein orthodoxer Bau eine Moschee in den Schatten stellte – was bei Bitolas großen Moscheen allerdings ohnehin nicht einfach gewesen sein dürfte.

Umso opulenter ist das Innere der sehr gut erhaltenen Kirche von 1830, besonders ihre große, doppelstöckige Ikonostase und die inzwischen renovierten Deckenfresken.

Osmanisches Erbe

Die auffälligsten Baudenkmäler der Osmanen sind in Bitola die Moscheen. Früher gab es einmal 60 Stück davon, aber 40 wurden direkt nach dem Ende des osmanischen Imperiums abgerissen, und andere verfielen nach und nach.

■ Yeni-Moschee

Direkt neben dem Uhrenturm steht die Yeni-Moschee, deren Minarett den Turm um genau zehn Meter überragt. Die 1559 erbaute Moschee mit dem prächtigen Eingang lohnt schon wegen ihres weitgehend intakten Inneren einen Besuch.

Unter dem Gebäude hat man kürzlich die Reste einer alten Basilika gefunden, die nun freigelegt werden sollen. Derweil befindet sich im Inneren der Moschee eine leider sehr unregelmäßig geöffnete Kunstgalerie.

■ Isaak-Bey-Moschee

50 Jahre vor dem Bau der Yeni-Moschee hatten die Osmanen genau gegenüber, auf der anderen Flussseite, die

Die Isaak-Bey-Moschee

große Isaak-Bey-Moschee errichtet. Der anmutige Sandsteinbau wird nach wie vor als Gotteshaus genutzt – Touristen werden darin nicht gern gesehen – und passt sich auf sehr faszinierende Weise in die moderne Stadtlandschaft aus Glas und Beton ein, die unmittelbar dahinter beginnt. Ein Blick auf den zugehörigen Friedhof vermittelt außerdem einen Eindruck von der kunstvollen Gestaltung der alten muslimischen Grabsteine.

■ Bezisten

Schräg gegenüber der Moschee liegt Bitolas alter Bezisten, der überdachte Markt, der inzwischen allerdings kaum noch genutzt wird. Früher gab es hier einmal 86 Läden, inzwischen herrscht viel Leerstand. Es gibt allerdings konkrete Pläne, den Basar zu sanieren und neu zu beleben.

Pelagonija

■ **Stara Čaršija**

Gleich hinter dem Bezisten beginnt die Stara Čaršija, Bitolas türkische Altstadt. In der osmanischen Zeit brachten die vielen Einwanderer, vor allem Türken, Juden und Griechen, Waren und Handwerk mit, so dass es im 19. Jahrhundert in den kleinen Läden über 100 verschiedene Werkstätten gab, neben denen an Bitolas Wohlstandsbürger chinesische Seide und persische Teppiche verkauft wurden.

■ **Aydar-Kadi-Moschee**

Nördlich der Altstadt befindet sich eines der einstmals schönsten islamischen Gebäude, die Aydar-Kadi-Moschee. 1562 erbaut, stand sie nach dem Ende des Osmanischen Reichs lange leer und verfällt inzwischen leider.

Von den belebten Straßen der Altstadt kann man sich gut auf einem Spaziergang am Fluss Dragor erholen, an dessen Ufern die prächtigen Gebäude der ausländischen Konsulate liegen.

 Bitola

Vorwahl: 047.

Bitola hat derzeit die landesweit mit Abstand beste (und fast einzige!) **Touristeninformation**, Sterjo Gorgijev 1 (beim Uhrenturm), Tel. 24 16 41, bitola-tourist-info@mt.net.mk.

Weitere praktische Infos bietet die Seite www.teotravel.com.

Im Stadtzentrum selbst gibt es neue **Infotafeln** mit einem Stadtplan und Hinweisen zu Sehenswürdigkeiten.

Balojani Tourist Service, Solunska 111d, Tel. 22 02 04, www.balojani. com.mk, organisiert lokalen Dorftourismus, Ausflüge in die Umgebung und Freizeitaktivitäten. Der Inhaber Gorki Balojani spricht mäßig Englisch.

Postamt, Ruzveltova bb, Telefon 21 25 01.

Autoverleih Hertz, Pelagonka 2, Tel. 23 70 87; Mo–Fr 8–20 Uhr, Sa 8–17 Uhr.

Entfernungen: 16 km bis zur griechischen Grenzstation Medžitlija, 175 km bis Skopje, 180 km bis Thessaloniki.

Busbahnhof, Nikola Tesla bb, Tel. 23 14 20. Regelmäßig fahren Busse nach **Prilep** und **Resen**. Lokale Busse fahren vom Bahnhof zunächst durch die Neustadt bis ins historische Zentrum.

Nach Skopje: 6x tägl., letzter Bus um 14.30 Uhr.

Ohrid: im Sommer tägl. bis zu 18 x zwischen 6.30 und 19.30 Uhr.

Kruševo: 7, 10 und 12 Uhr.

Kavadarci: 7x tägl.

Kein Bus ins nahegelegene Griechenland.

Busse nach **Pelister** und **Mariovo** fahren vom frisch sanierten sogenannten **Bauern-Busbahnhof** (Celska avtobuska) hinter der türkischen Altstadt ab, an dem auch Busse nach **Skopje**, **Veles** und **Prilep** sowie Innenstadtbusse halten.

Busse nach **Magarevo** stoppen am Rand des Nationalparks Pelister um 7 und 13.30 Uhr, Rückfahrt um 8 und um 14.40 Uhr.

Bahnhof, Nikola Tesla bb, direkt neben dem Busbahnhof, Tel. 23 71 10. Von Bitola keine Weiterfahrt nach Griechenland.

Nach Skopje: tägl. 3.49, 13.39 und 18.51 Uhr, über Prilep und Veles, Fahrtdauer 3,5 Std.
Von Skopje: 7.05, 14.30 und 18.21 Uhr.

Taxiruf, Tel. 1591, 1559, 1584, 1585; im Zentrum 30–50 MKD.

In Bitola gibt es zahlreiche neue und gute Hotels. Eine nahegelegene Alternative sind private Unterkünfte in einem der Dörfer oder Hotels am Fuße des nahegelegenen Pelistermassivs (siehe S. 159).

Tokin House, Marks i Engels 7, Tel. 23 23 09, www.tokin-house.com; 25 Euro/Pers. inkl. Frühstück. Kleines Hotel im renovierten, edlen Altbau, in dem früher eine österreichische Bank residierte. Alle Zimmer mit blitzblankem Bad, Internet, Klimaanlage. Sehr netter Eigentümer (Kiril).

Hotel Millenium, Maršal Tito 48 (beim gleichnamigen Café), Tel. 24 10 01, h.milenium@mt.net.mk; EZ 39, DZ 66 Euro, inkl. Frühstück. Neues, ruhiges und edles Hotel direkt im Zentrum mit 25 äußerst geschmackvoll eingerichteten Zimmern mit W-Lan, Parkettböden und Flachbild-TV.

Deniro, Tel. 22 96 56, Kiril i Metodij 5, www.hotel-deniro.com; ab 25 Euro/Pers. Klein, gepflegt und sehr zentral gelegen, leider etwas laut. Individuell und liebevoll gestaltete Zimmer und Suiten mit Wasserbetten. Der Besitzer spricht Englisch und Deutsch. Dazu gehört ein italienisches Restaurant mit Wintergarten.

Ambassador, Beogradska 2a, Tel. 22 56 23, www.hotel-ambasador-bitola.com; EZ 25, DZ ca. 45 Euro inkl.

Frühstück. Modernes, wenig charmantes Businesshotel in historischem Gebäude.

Epinal, Maršal Tito/Ecke Leninova, Tel. 22 47 77, www.hotelepinal.com; EZ 65, DZ 85 Euro. Großes, inzwischen modernisiertes Traditionshotel in zentraler Lage mit Fitnesscenter, Pool, Sauna und Casino. Schön sitzt man auf der glasüberdachten Terrasse des zugehörigen Restaurants ›Gradska Kafana‹.

Hotel Bitola, Vasko Karangelski bb, Tel. 25 69 36; 18 Euro/Pers. mit Frühstück. Liegt weit entfernt vom Zentrum.

Entlang der Maršal Tito gibt es unzählige Restaurants und Cafés, die wegen der teuren Mieten ständig ihre Besitzer wechseln. Einfach, aber dafür günstiger und sehr authentisch isst man in den kleinen Restaurants und Imbissen in Stara Čaršija.

Grne 1, am Magnolija-Platz. Sehr populär, bietet sehr gute Landesküche, z.B. Fisch um 200 MKD. **Grne 2** liegt etwas abseits, ist aber angeblich noch besser als das zentrale Grne 1.

Pizzeria Deniro, im gleichnamigen Hotel, Kiril i Metodij 5. Mit schönem Wintergarten.

Beliebte Bars:
Deep. Nette, eher bescheidene Kellerkneipe.
Pub Deniro. Gelegentlich Konzerte und DJs, häufig voll.
Hard Rock Café, Maršal Tito bb; tägl. 10–15 und 20–24/1 Uhr.
Porta Jazz, ul. Maršal Tito, neben der katholischen Kirche. Kneipe mit W-Lan und Jazz.

Clubs:

Infinity Club. Groß und eher cool als gemütlich mit elektronischer Musik, aktuelles Programm unter www.infinityclub.com.mk. Eintritt 100 MKD, teurer bei populärem DJ.

Positive Club. Kleinster Club, sehr beliebt, Popmusik, Eintritt 100 MKD.

Rasčekor Club, Partizanska bb. Ältester Club mit einer langen Tradition, nett.

Deutscher Soldatenfriedhof Erster Weltkrieg, direkt unter dem Milleniumkreuz gelegen. Taxi ab Saat Kula (Magnolija-Platz) 100–120 MKD hin und zurück. Fragen nach ›germanski grabište‹.

Museum von Bitola, Sv. Kliment Ohridski bb, Tel. 23 31 87, www.muzejbt.org.mk; Mo–Fr 8–16, Sa/So 10–16 Uhr.

Kunstgalerie in der Yeni-Moschee, Maršal Tito bb, Tel. 22 19 15; offiziell tägl. 8–13 und 16–18 Uhr, häufig jedoch verschlossen.

Kleiner Montmartre, Tel. 23 51 84, www.montmartre.smultimedia.com. Kunstkolonie; eingegangen in das Guinness-Buch der Rekorde für die größte Sammlung von Kinderbildern.

Magaza, Maršal Tito bb (gegenüber Magnolija/neben Cosmophone-Shop). Galerie und Multimedia-Center, keine Dauerausstellung.

Goce-Delčev-Museum, Stevče Patako 11. Das kleine gelbe Haus erkennt man an der auffälligen Goce-Delčev-Plastik neben dem Eingang. Darin finden sich Andenken an den revolutionären Helden des Ilindenaufstandes von 1903.

Kulturzentrum, Tel. 22 47 63.

Manaki-Filmfestival; meist letzte Septemberwoche. Internationale Spiel-, Dokumentar- und Kurzfilme.

Interfest. 10 Tage lang Anfang Oktober. Internationales Festival für klassische Musik.

Ilinden-Folklorefest. 30. Juli bis 2. August. Darbietungen von Volkstänzen und -musik.

Heraklea

Von den unzähligen Ausgrabungsstätten Makedoniens ist die antike Stadt Heraklea Lyncestis bei Bitola die am besten erforschte und die am häufigsten besuchte. Letzteres liegt vor allem an den äußerst bemerkenswerten römischen und byzantinischen **Mosaiken**, die die Ausgrabungsarbeiten ans Licht gebracht haben.

Heraklea (Хераклеа) wurde im 4. Jahrhundert vor Christus von Philipp II., dem Vater von Alexander von Makedonien, gegründet. Nachdem die Stadt etwa 150 Jahre später an die Römer gefallen war, wurde sie zur wichtigen Station an der Via Egnatia und entwik-

kelte eine Hochkultur, die ihre Blüte im 4. und 5. Jahrhundert erlebte. In dieser Zeit wurde Heraklea zum Bischofssitz, wodurch das große antike **Theater**, das in vorchristlichen Zeiten zu szenischen Darbietungen und Gladiatorenkämpfen geladen hatte, an Bedeutung verlor. Stattdessen entstanden nun neue, sakrale Gebäude. Die beiden **Basiliken**, deren Fundamente noch gut sichtbar sind, waren die bedeutendsten unter ihnen. Mit dem Zerfall des Römischen Reichs im 5. Jahrhundert nahmen jedoch die Überfälle von Hunnen, Awaren und Goten zu, und durch das schwere Erdbeben von 518 wurde Heraklea schließlich zerstört und bald darauf verlassen.

Karte S. 146

■ **Sehenswertes in Heraklea**

Heute beeindruckt vor allem das über 100 Quadratmeter große Mosaik im **Narthex der großen Basilika**. Es zählt zu den am besten erhaltenen frühchristlichen Mosaiken überhaupt. Die sehr elaborierten und lebendigen Tier- und Pflanzendarstellung kann man als eine Abbildung des christlichen Kosmos lesen. Im frühen Christentum unter den Römern war die künstlerische Darstellung Christi verboten, weshalb man auf symbolgeladene Naturdarstellungen auswich. Der christlichen Ikonographie zufolge stellt das zentrale Motiv der Rehe, die Wein von einem Brunnen trinken, die Stillung der durstigen Gläubigen dar. Christus wäre also der weinspendende Brunnen, die Quelle des Glaubens. Weiterhin steht der Pfau für die Auferstehung und die Taube für die Seele im paradiesischen Zustand. Das Paradies wiederum ist dargestellt durch die vielen Obstbäume und Blumen, zwischen denen Löwe und Stier beziehungsweise Gepard und Antilope ihre Kämpfe austragen. Die Meerestiere schließlich, die die Darstellung einrahmen, ergänzen das Bild um das Wasser, das die Erde umschließende Meer.

Um die wertvollen Mosaiken zu schützen, werden sie im Winter mit Sand bedeckt und auch im Sommer (ab Mai) nur teilweise ausgegraben.

Dem Gelände angegliedert ist ein kleines **Museum**, das einige Ausgrabungsfunde ausstellt und demnächst modernisiert und vergrößert werden soll. Die bedeutenderen Funde aus Heraklea findet man jedoch im Museum von Bitola und im Nationalmuseum in Skopje. Das wertvollste Stück, ein prächtiger Steinkopf von Aeschines aus dem 4. Jahrhundert vor Christus, ist im Britischen Museum in London zu sehen.

Im Gegensatz zu anderen Ausgrabungsstätten hat sich Heraklea sichtlich auf Tourismus eingestellt: Die relativ gepflegte Anlage bietet eine bescheidene Bar nebst weinüberwucherter Terrasse

Pelagonija

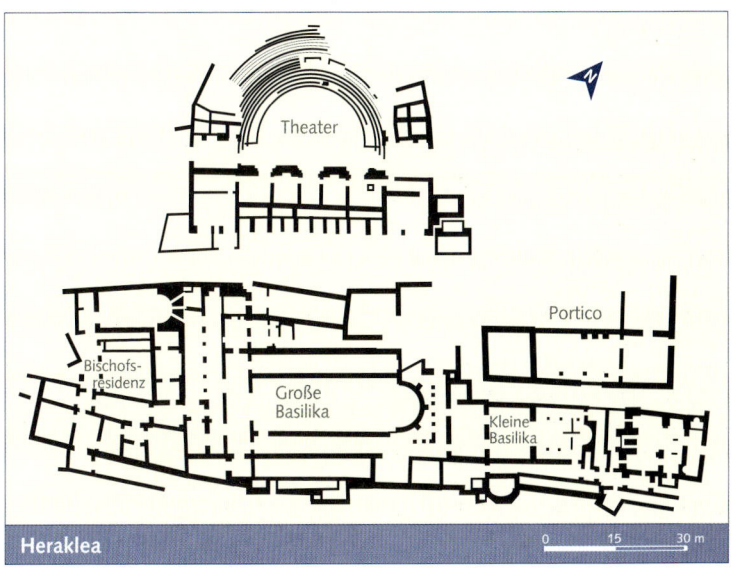

Theater

Portico

Bischofs-
residenz

Große
Basilika

Kleine
Basilika

Heraklea

0   15   30 m

Mosaiken in Heraklea

und Hinweisschilder auch auf englisch. Mit italienischer Unterstützung wurde Heraklea 2008 noch einmal gründlich auf Vordermann gebracht. Die Ausgrabungsstätte liegt nur zwei Kilometer von Bitola entfernt und ist von dort aus leicht mit dem Taxi oder zu Fuß zu erreichen. Im Sommer finden im historischen Theater regelmäßig Konzert- und Theateraufführungen statt.

ℹ Heraklea

Vorwahl: 047.
Ausgrabungsstätte, Tel. 23 53 29; tägl. 8 – 19 Uhr, Eintritt 100 MKD, Fotografieren kostet 500, Filmen 1000 MKD. Die Mosaiken sind vom 1. Mai bis 15. Oktober zu sehen, im Winter sind sie verdeckt.

Ein Taxi vom Bahnhof Bitola nach Heraklea kostet ca. 50 MKD, evtl. die Rückfahrt gleich mitbuchen.

Heraklea-Abende; Juni–Aug. Sommerliche Open Air-Veranstaltungen im antiken Theater von Heraklea. Konzerte, antike Komödien und Tragödien.

Nationalpark Pelister

Ein Ausflug zum Nationalpark Pelister (Пелистер) ist ein landschaftlicher Höhepunkt. Von seinen über 2000 Meter hohen Bergen hat man geradezu atemberaubende Aussichten auf den benachbarten Prespasee und die Pelagonija-Ebene, und überall blühen, je nach Saison, die verschiedensten Heilpflanzen und Gewürze. Der 2601 Meter hohe Berg **Pelister** ist der Gipfel der Baba-Berge, die ihrerseits Teil der bulgarischen Rhodopen sind. An seinen Hängen laden zwei **Gletscherseen**, genannt Pelisteraugen, zum Baden im kalten, klaren Wasser ein, und in den Wäldern gibt es neben vielen anderen Tierarten noch einige Wölfe.

Nebenbei unterstützt man mit einem Besuch den sich behutsam entwickelnden **Ökotourismus** in Makedonien, denn im Pelistergebiet haben sich einige Dörfer und Nichtregierungsorganisationen (NGOs) mit dem Ziel zusammengeschlossen, den Fortbestand des Landlebens und den Erhalt einer sauberen Umwelt durch ein Angebot an privaten Unterkünften und ökologisch produzierte Hausmannskost zu fördern (siehe Brajčino, Seite 160 und Magarevo, Seite 161).

■ Geschichte

Historisch interessant ist der Nationalpark deshalb, weil hier im Ersten Weltkrieg eine stark umkämpfte Front verlief, die ihre Spuren bis heute hinterlassen hat. Auf einigen Erhöhungen findet man noch Reste von Schützengräben, anderswo die Ruinen eines einstigen Lazaretts. Besonders viel darüber kann man erfahren, wenn man mit einem der angebotenen Guides unterwegs ist.

Schon 1948 wurden der Berg Pelister und seine Umgebung wegen der reichen

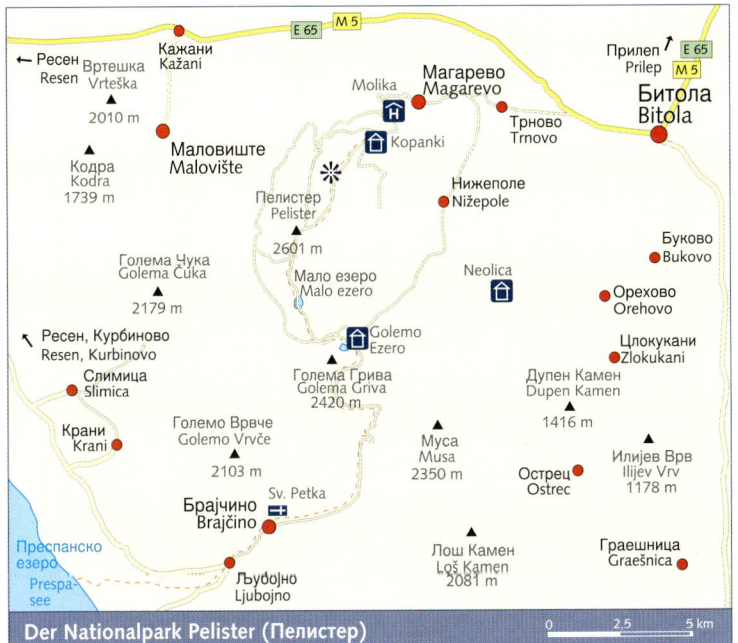

Der Nationalpark Pelister (Пелистер)

0   2,5   5 km

Natur, aber vor allem wegen einer sehr
seltenen Kiefernart zum Nationalpark
erklärt. Ein paar Jahre zuvor hatte der
österreichische Botaniker August Grize-
bach die fünfnadlige **Molikakiefer** auf
den Pelisterhängen entdeckt.

■ **Wandern im Nationalpark**
In keinem anderen Gebiet Makedoniens
sind die Wanderwege so gut ausgewiesen wie in der Pelister-Region. Aus Bitola kommend ist der Park am besten vom
Hotel Molika aus erreichbar, von dem
aus ein Wanderweg vorbei an zwei Berghütten bis zum Gipfel des **Pelister** beginnt. Bevor man sich auf den Weg
macht, sollte man noch bedenken, dass
es dort aufgrund der Höhe auch im
Sommer abends sehr frisch werden kann
und ein Pullover mehr keinesfalls scha-
den kann. Zum Hotel gelangt man am

besten mit dem Auto oder Taxi, denn
die Busse aus Bitola fahren nur die ersten sieben Kilometer bis zum Dorf **Magarevo** (Магарево). Von dort sind es
etwas acht Kilometer bis zum Beginn
des Pelister-Wanderwegs. Das Hotel
›Molika‹ liegt an der Station eines Sessellifts, an dessen oberen Ende die Hütte **Kopanki** liegt. Man erreicht sie auf
einem etwas verzweigten Wanderweg,
der links neben dem Hotel ›Molika‹ beginnt, nach wenigen Kilometern durch
den Wald. In Kopanki werden Getränke
angeboten und über 100 Betten, was
sie zu einer der größten Hütten Makedoniens macht. Von hier aus kann man
in etwa sieben Stunden zum Großen
See, dem **Golemo ezero**, laufen, an dessen Ufer eine weitere Hütte liegt. Dorthin führt ein breiter Sandweg, von dem
einige Abkürzungen abzweigen und

zum Teil sehr steil den Berg hochführen. Unterwegs kommt man am Kleinen See vorbei, dem **Malo ezero**, und etwa zwei Kilometer vor dem Großen See hat man einen fantastischen Ausblick auf den Prespasee und die Insel Golem Grad. Die bescheidene Hütte **Golemo Ezero** liegt auf einer Höhe von über 2200 Metern direkt am glasklaren Gletschersee, der zum erfrischenden Bad lädt. Von hier aus kann man in etwa zwei Stunden den 400 Meter höher gelegenen Gipfel **Pelister** erklimmen. Der hervorragend markierte Weg beginnt hinter der Hütte und führt steil bergan, bis man an der ersten Abzweigung den kleineren Pfad nach rechts wählt. Vorbei am **Malo eze-ro** und einem Quellbrunnen mit Sowjetstern wird der Gipfel bald erkennbar am dort aufragenden Funkmast.

Absteigen kann man entweder Richtung **Nižepole** oder in entgegengesetzter Richtung – was weitaus attraktiver ist – Richtung Prespasee, um nach etwa fünf Stunden zum pittoresken Dorf **Brajčino** (siehe Seite 160) zu gelangen. Tip: Bereits von unterwegs aus in Brajčino Abendessen bestellen, das die Dorfbewohner für Besucher im Rahmen eines Projekts bereiten. Wenn man sechs Kilometer westlich von Brajčino am Prespasee ankommt, hat man das gesamte Pelistermassiv einmal überquert.

ℹ️ Nationalpark Pelister

Vorwahl: 047.
Pelister-Nationalpark, Tel. 3 14 64.
Nationalparkzentrum in Bitola: ul. 29 Noemvri (violett gestrichenes Haus), Tel. 23 33 4 64, pelister@mp.com.mk. Prospekte, Wanderkarten (!) und Vermittlung von Guides.

Nach Pelister kommt man nach kurzer Busfahrt vom kleinen Busbahnhof am östlichen Ende der türkischen Altstadt von Bitola. Nach dem Bus nach **Magarevo**, einem Dorf am Rand des Nationalparks, fragen. Busse fahren um 7 und 13.30 Uhr ab und kommen um 8 und um 14.40 zurück nach Bitola.

Hütte Kopanki, an der oberen Sesselliftstation, Tel. 22 23 84; 300 MKD/Pers. im Schlafsaal, Duschen vorhanden, ganzjährig geöffnet. Essen kann man selbst zubereiten, unten gibt es eine kleine Bar mit Schnaps, Tee etc.
Hütte Neolica, zu Fuß 3 Std. von Bitola. Gute Ausstattung, aber häufig geschlossen (geöffnet meist Sa/So).
Hütte Golemo ezero; Übernachtung 600 MKD/Pers. im Schlafsaal, Plumpsklo und Brunnen draußen. Geöffnet im Sommer, ansonsten am Wochenende auf Anfrage. Kleine Küche zum Selbstkochen; oder man lässt sich einfache Gerichte vom Hausherrn servieren. Abends gibt es oft selbstgebrannten Schnaps und Hüttenzauber.
Trnovo: **Hotel Šumski Feneri**, Tel./Fax 29 30 30, www.sumskifeneri.com.mk; DZ 40 Euro inkl. Frühstück. Speisekarte mäßig, hat einfache Wanderkarten.
Molika, im Nationalpark Pelister, Tel. 22 94 06, www.hotelmolika.com. mk; EZ 1750, DZ 2700 MKD. Größeres Hotel direkt an der Sesselliftstati-

Pelagonija

on, im Winter voll mit Skiurlaubern, Zimmer mit allen Annehmlichkeiten. Die Einrichtung mit künstlichem Wasserfall und Kunstledersesseln ist eher Geschmackssache. Liegt 1420 m hoch, 15 km von Bitola.

Der **Steinerne Weg** vom Hotel ›Molika‹ bis zur Hütte ›Golemo Ezero‹ ist etwa 14 Kilometer lang und bis auf das Umfeld der Hütte ›Kopanki‹ nicht sehr steil.

Brajčino

In dem hübschen alten Dorf Brajčino (Брајчино), dessen Steinhäuser und geschwungene Straßen mit internationaler Hilfe sehr sorgfältig saniert wurden, startete vor einigen Jahren ein **Pilotprojekt zur Unterstützung eines sanften Tourismus**. Wanderwege, Naturschönheiten und kulturelle Besonderheiten sind hier in vorbildlicher Weise ausgewiesen, und die mit Englisch- und Computerkursen versorgten Dorfbewohner bieten Gästen private Unterkunft. Wer seinen Besuch rechtzeitig ankündigt, wird bei seiner Ankunft bereits mit hausgemachten Speisen im Kreise der Familie begrüßt – so sieht es zumindest das Projekt vor. In der Realität funktioniert diese Idee am besten bei größeren Besuchergruppen, während Individualreisende sich bisweilen schlicht in Milkas hübsch gestalteter **Dorfkneipe** am oberen Dorfrand wiederfinden, wo ihnen ein einfaches Standardmenü vorgesetzt wird. Dessen dritter Gang besteht mit etwas Pech dann lediglich aus einer Tasse Kaffee. Klare Absprachen (etwa: ist der Wein zum Menü inklusive?) sind also geboten. Kosten: je nach Menü 380 bis 600 Denar pro Nase.

Außer den hübschen Gassen kann man in Brajčino das **ehemalige Haus des letzten örtlichen Begs** (Begot Куќa) besuchen, in dem der osmanische Statthalter am Ende des 19. Jahrhunderts lebte. Den Schlüssel am besten in der Nachbarschaft oder im Dorfladen erfragen.

In Brajčino werden zehn Prozent aller Einkünfte durch den Tourismus reinvestiert in den Erhalt und die Infrastruktur des Orts und seiner Umgebung. Die gut beschilderten Wanderwege führen in den Nationalpark Pelister sowie zu mehreren alten Kirchen in Brajčinos Nachbarschaft.

■ Die Umgebung von Brajčino

In der Nähe des Dorfes liegen sechs mittelalterliche Kirchen mit teilweise sehr ruinierten Fresken. Am 8. August wird in der **Klosterkirche Sv. Petka** der Tag ihres Schutzheiligen gefeiert, weshalb sich die Dorfbewohner der Gegend dort zum ausgedehnten Tanzen und Trinken treffen. Die Feier fängt frühmorgens an und geht bis spät in die Nacht.

Der Wanderweg von Brajčino nach **Golemo ezero** (Pelister-Nationalpark) ist sehr gut markiert und leicht zu finden. Hoch dauert die Wanderung etwa sechs Stunden, zurück vier. Das erste Stück wird auf einem Schotterweg gelaufen, dann geht es links steil den Berg hoch durch Laubwald. Bei der Baumgrenze ist eine Trinkwasserquelle ausgeschildert. Am schönsten sind die letzten Kilometer mit atemberaubendem Blick auf den Prespasee.

Fast schöner als Brajčino, da nicht ganz so sorgsam saniert, ist das Nachbardorf **Ljubojno** (Љубојно), gelegen an der Straße zum Prespasee. Es gibt neben einigen imposanten alten Häusern einen pittoresken Marktplatz und eine Gaststätte.

Karte S. 157

Brajčino

Brajčino Ökotourismus, Telefon 070/689 0 28, 02/222 78 34, prodem@mt.net.mk, www.brajchino.com.mk; Guides ca. 40 Euro/Tag.

Nach Brajčino: tägl. um 11 Uhr **Skopje–Brajčino** direkt (500 MKD), weitere Busse von/nach **Resen**.

Übernachten für 900 MKD inkl. Frühstück, ohne Frühstück 420. Im Sommer kann man auch im **Kloster Sv.**

Petka übernachten, das in eine Art Jugendherberge umgebaut wurde, 350 MKD ohne Frühstück. Achtung im Winter: Es gibt dort keine Heizung.

Am besten nutzt man die Chance und isst die gesunden Speisen, die die Dorfbewohner anbieten. In **Brajčino** kostet ein einfaches Essen (3 Gänge) 380 MKD, Standardessen (4 Gänge) 450 MKD, Luxusessen 600 MKD. Zu bestellen unter Tel. 070/497 7 51 oder 047/482 4 44.

■ Magarevo

Auf dem Weg zwischen Bitola und Pelister-Park liegt das Dorf Magarevo mit der hübschen Kirche **Sv. Dimitrij**. Sie wurde im frühen 19. Jahrhundert erbaut, in den Gefechten des Ersten Weltkriegs teilweise zerstört und vor zehn Jahren von einem heftigen Erdbeben in Mitleidenschaft gezogen. Inzwischen hat man sie aber mühevoll restauriert. Die Bewohner von Magarevo nehmen an einem Umweltprojekt teil und bieten private Übernachtungsmöglichkeiten mit Hausmannskost an.

Magarevo

In Magarevo gibt es sehr angenehme **Privatunterkünfte** ab 600 MKD mit reichhaltigem Frühstück z.B. bei der Familie Balojani. Die in Bitola lebenden Söhne sprechen hervorragend Englisch. Am besten direkt in Magarevo fragen oder die zugehörige Reiseagentur in Bitola kontaktieren: Solunska 111d, Bitola, Tel. 22 02 04, www.balojani.com.mk. Von dort wird man bei Bedarf direkt nach Magarevo gebracht.

■ Malovište

Eine andere Tour in der Region führt zum Dorf Malovište (Маловиште), einem hübschen, einst sehr wohlhabenden Wlachendorf, das wegen seiner vielen alten Häuser unter Denkmalschutz gestellt wurde. Es gibt dort die Kirche **Sv. Petka** und etwa eine halbe Stunde zu Fuß entfernt das Kloster **Sveta Ana**, in dem man für 150 Denar in sehr einfachen Schlafsälen übernachten kann. Da es in dem Dorf weder einen Laden noch ein Café gibt, sollte man sich gut mit Proviant eindecken.

Am einfachsten erreicht man Malovište von Bitola aus mit dem Auto, denn gekennzeichnete Wanderwege gibt es hier nicht. Nachdem man 20 Kilometer in Richtung Resen gefahren ist, biegt man Richtung Kažani (Кажани) ab. An der nächsten Kreuzung links abbiegen und beim Dorfladen noch einmal links. Nach weiteren fünf Kilometern erreicht man Malovište.

Mariovo

Mariovo (Мариово) ist die wohl ursprünglichste und zugleich rückständigste Gegend Makedoniens. Das weite

Pelagonija

In einem Dorf in Mariovo

Areal liegt direkt an der Grenze zu Griechenland zwischen den Städten Bitola, Prilep und Kavadarci und ist nur sehr spärlich besiedelt. Inmitten einer harschen, wild-romantischen Landschaft liegen wenige Dörfer, teils noch ohne Wasser- und Stromversorgung, oft nur mit einem geländegängigen Fahrzeug zu erreichen. Die meisten von ihnen sind inzwischen verwunschene Geisterdörfer und dem Verfall preisgegeben. In anderen lebt noch eine Handvoll alter Leute, fernab von jeglicher medizinischen Versorgung und Infrastruktur. Von den 30 000 Bewohnern in den 60er Jahren sind gerade mal gut 500 übriggeblieben.

Für Abenteuerlustige kann eine Entdeckkungstour per Jeep durch Mariovo zum Höhepunkt einer Makedonienreise werden – aber Achtung, es gibt dort keine Tankstelle! Wer lieber in einen der äußerst seltenen Busse nach Mariovo steigt, sei ebenfalls gewarnt: Außer in **Staravina** gibt es in Mariovo keine Unterkünfte. Es gibt auch keine Restaurants, kein Funknetz und vermutlich kaum jemanden, der etwas anderes als Makedonisch spricht. Einmal vom Bus in einem Dorf abgesetzt, kann man sicher sein, dass in den nächsten Tagen kein zweiter Bus mehr vorbeikommt.

Seit Neustem zeichnet sich sehr zaghaft der Trend ab, dass junge Leute aus Bitola und Prilep die Häuser ihrer Ahnen im urigen Mariovo wiederentdecken und als Feriendomizile nutzen. Darüber hinaus gibt es Pläne, das Gebiet durch eine weitere Stauung des Crna Reka (Schwarzer Fluss) zu bewässern. Das würde eine grundsätzliche strukturelle Veränderung der Region bedeuten.

■ **Sehenswertes in Mariovo**

Irgendwo hier wohnt Itar Pejo, sagt man, der makedonische Till Eulenspiegel, über den man sich unzählige Anekdoten erzählt. Was es hier noch gibt, sind viele Schafherden und hervorragender Käse, außerdem seltene Insektensorten, zahlreiche Schildkröten und eine sehr malerische und niederschlagsarme Natur, die sich rasant die spärlichen Reste der Zivilisation einverleibt. Von ihrer schönsten Seite zeigt sie sich im Früh-

Historische Brücke bei Zovič

In Mariovo scheint die Zeit stehengeblieben zu sein

ling, wenn die sanften Hügel übersät sind mit aromatischen Heilpflanzen und farbenprächtigen Blumen. Dazwischen stehen alte Steinhäuser mit gemauerten Öfen im Garten.

Dass sich eine solche Gegend anbietet für alternative Arten von Tourismus auf ökologischer Basis, liegt nahe. Eines der ersten zaghaften Projekte hat für Unterkünfte im Ort **Staravina** (Старавина)

gesorgt, wo es die Reste einer **römischen Festung** zu sehen gibt. Der Nachbarort **Gradešnica** lockt mit einem relativ lebendigen Dorfleben und zwei alten Kirchen. Eine große Klosterkirche, **Sv. Nikola**, liegt weiter östlich beim Dorf **Manastir**. Besonders sehenswert ist die alte, von urigen Felsen gesäumte **Steinbrücke** bei **Zović**, die Milčo Mančevski in seinem Film ›Dust‹ als wirkungsvolle Kulisse diente. Während der Dreharbeiten wohnte der Regisseur mit seinem Team in Staravina.

Auch das pittoreske Dorf **Stavica** nutzte Mančevski als Drehort, diesmal für den Film ›Before the Rain‹. Durch den Ort verläuft ein noch immer gut sichtbarer Schützengraben aus dem Ersten Weltkrieg. Kriegsspuren begegnet man überall in Mariovo, denn hier, speziell an den Hängen des nahegelegenen Berges **Kajmakčalan**, verlief einst die Front von Thessaloniki, an der unter General Makkensen auch viele Deutsche kämpften. Deren Stahlhelme, die 1917 die die bis dahin übliche Pickelhaube abgelöst hatten, findet man noch vielerorts – inzwischen verwandelt in Blumentöpfe, Schüsseln oder anderes friedliches Gerät.

ℹ Mariovo

Umweltorganisation Kajmakčalan, Mende Trajkovski, Pande Ilkovski 31, Bitola, Telefon 047/23 11 45 oder 070/57 79 06, ekomariovo@yahoo.com. Vermittelt bei Bedarf sehr bescheidene, aber fantastisch gelegene Unterkünfte in **Staravina**.

Wer mit dem Auto nach **Staravina** unterwegs ist, fährt über Novaci und Makovo und sollte sich ab dem Ort Rapeš auf 10 km ungeteerte Straße einstellen.

In die Nähe von **Manastir** führt eine relativ gute Straße, die westlich von Prilep beginnt. Die letzten Kilometer muss man laufen.

Di, Fr und So fährt um 15 Uhr ein Bus aus Bitola über Novaci und Makovo nach **Gradešnica** (Градешница), das in der Nähe von Staravina liegt. Die Busse fahren nicht vom regulären Busbahnhof ab, sondern von der kleinen Station hinter Bitolas Čaršija, die bezeichnenderweise ›Bauernbahnhof‹ heißt.

Noch seltener fahren Busse von Prilep über Stavica nach **Vitolište** (Вито-лиште) – zumal die Straße wegen ein-gestützter Bäume lange unpassierbar war. Unterwegs fährt der Bus etwa 4 km an Manastir vorbei, wo man sich absetzen lassen kann.

Prilep

Im nördlichen Pelagonija, umrahmt von dramatischen Felslandschaften, liegt Makedoniens Marmor- und Tabakhauptstadt Prilep (Прилеп). Tatsächlich duftet es in den entlegeneren Straßen der 70 000 Einwohnerstadt nach dem schweren makedonischen Tabak, der rund um Prilep angebaut wird und in langen Girlanden an den Häuserwänden in der Sonne trocknet. Und das immerhin schon seit 400 Jahren. Das andere wirtschaftliche Standbein der Stadt ist ihr Marmor, der aus den malerischen Bergen im Umland geschlagen wird. Das Zentrum von Prilep gruppiert sich um eine kleine, aber feine türkische **Altstadt**, und im historischen **Varoš** schmiegen sich sehr sehenswerte mittelalterliche **Kirchen** zwischen die Felsen. Mutige

Am Hang der Marko-Festung

mit robusten Mägen können in den Altstadtkneipen die lokale Spezialität, den Prilep Širden, probieren: Lammeingeweide gefüllt mit Kalb, Hammel und Schwein.

Kulturell gibt es vor allem in Prileps Umgebung viel Sehenswertes. Besonders empfiehlt sich ein Besuch der **Festung** des legendären König Marko, die in einer skurrilen Felsenlandschaft hoch über der Stadt thront. Am beeindruckendsten sind jedoch die Klöster im Nordosten Prileps, von denen das atmosphärischste wohl das Kloster **Treskavec** ist.

■ Geschichte

Im Stadtteil Varoš begann die Geschichte der Stadt Prilep. Dort fand man in einer Nekropolis drei über 2000 Jahre alte Terrakottaskulpturen der Göttin Kobela, die von den alten Römern verehrt wurde. Nach 700 siedelten Slawen in derselben Gegend. Während sich die heutige Stadt in der pelagonischen Ebene ausdehnt, lag sie im Mittelalter ziemlich beengt auf dem felsigen Berg, auf dem noch die Reste von König Markos Festung sichtbar sind. Vor Marko war es König Samuil, der hier oben Schutz suchte. Als letzterer im Jahr 1014 nach der tragischen Schlacht gegen Basilius seine besiegten Soldaten empfing, starb er kurz darauf hier oben vor Kummer über deren ausgestochene Augen. 380 Jahre später fand in derselben Festung König Marko Unterschlupf. Da er

sie erheblich erweiterte, um sie möglichst effektiv gegen die osmanischen
Eroberer schützen zu können, ist sie heute nach ihm benannt (Markovi Kuli).

Der gefeierte Held kämpfte lange und
erbittert gegen die türkischen Truppen,
die zwei Jahre zuvor schon Skopje ein-
genommen hatten, bis er 1394 erlag

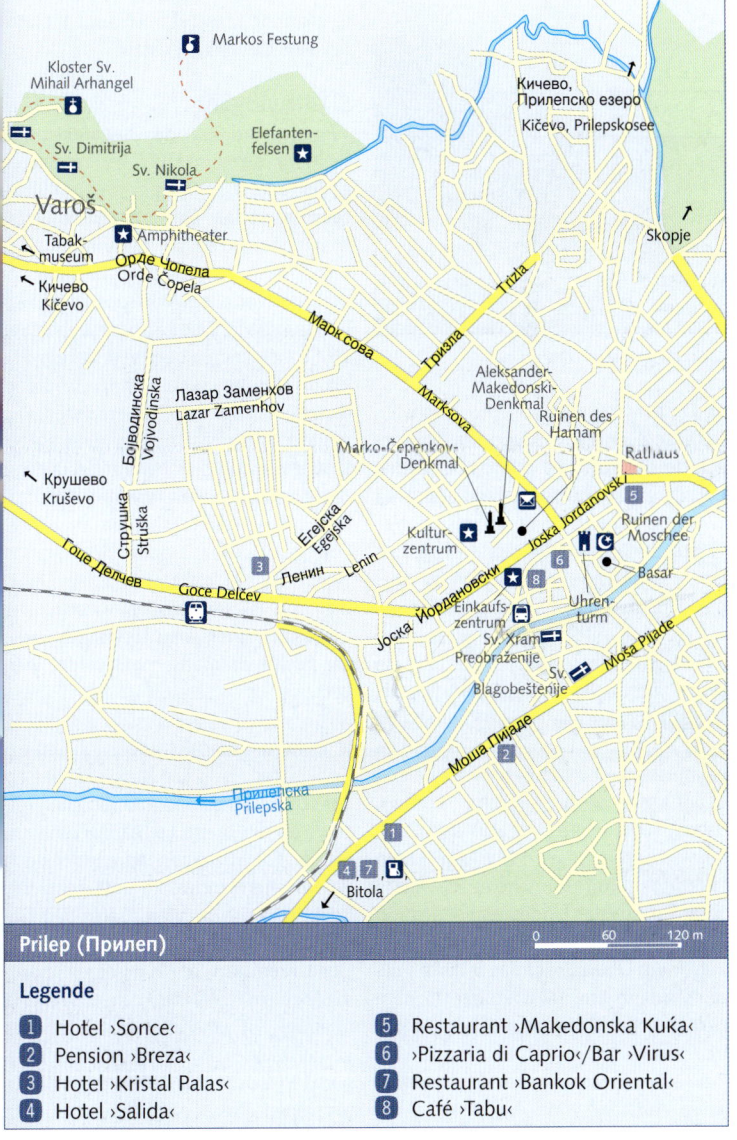

Prilep (Прилеп)

0   60   120 m

Pelagonija

Legende

1 Hotel ›Sonce‹
2 Pension ›Breza‹
3 Hotel ›Kristal Palas‹
4 Hotel ›Salida‹

5 Restaurant ›Makedonska Куќа‹
6 ›Pizzaria di Caprio‹/Bar ›Virus‹
7 Restaurant ›Bankok Oriental‹
8 Café ›Tabu‹

Im Zentrum von Prilep

und die Muslime für die nächsten 500 Jahre in die besiegte Stadt einzogen. In der Folgezeit erlosch das Leben dort langsam, und es entstand nicht weit davon eine neue Siedlung, das heutige Prilep. Zunächst entwickelte es sich zu einem größeren Handelszentrum, aber mit dem Ende des Osmanischen Reichs war es auch mit Prileps Handel und Gewerbe wieder vorbei. Seitdem lebt die Stadt hauptsächlich vom Tabak. Die Geschichte der aromatischen Pflanze und ihres Anbaus kann man im lokalen Tabakmuseum nachvollziehen, zu dessen Exponaten auch hübsche Pfeifen, Schnupfdosen, alte Elfenbein- und Goldtabakdosen zählen. 1941 war Prilep zusammen mit Kumanovo die erste Stadt, in der der landesweite Aufstand gegen die Faschisten begann, und zwar mit einem Überfall auf das örtliche Polizeipräsidium am 11. Oktober. In dem kleinen gelben Haus gegenüber des Kulturzentrums erinnerte bis vor kurzem ein inzwischen geschlossenes Museum an jenen Aufstand, und ein Denkmal im

Karte S. 165

Stadtpark ehrt die 650 Soldaten aus Stadt, die dabei ihr Leben ließen. An diesem ›Grab der Unbesiegten‹, 1961 vom Architekten Bogdan Bogdanovic entworfen und umgesetzt in original Prilepmarmor, findet jährlich am 11. Oktober eine Gedenkfeier statt.

Stadtrundgang

Wer mit dem Bus oder Zug anreist und Richtung Zentrum läuft, kommt unweigerlich zuerst an Prileps großem **Kulturzentrum** vorbei. Davor sitzt, aus Stein, Marko Cepenkov, ein bekannter makedonischer Autor aus dem 19. Jahrhundert, der vor allem Volkspoesie schrieb und sammelte. Seine Karriere begann er als Schneider in einer Werkstatt in Prilep, in der ihm seine Kunden während der Arbeit Volksmärchen erzählten. Die begann er aufzuschreiben, und später arbeitete er mit dem berühmten Dimitar Miladinov aus Prilep zusammen an dessen umfangreicher Märchensammlung. Folgt man der ul. Goce Delčev, stehen zwischen dem Postamt und dem Denkmal von Alexander dem Großen die traurigen **Ruinen eines türkischen Bads**, die nachts dramatisch beleuchtet werden.

■ Rund um die Altstadt

Gegenüber schließen sich die Gassen der sehr überschaubaren türkischen Altstadt an die breite Fußgängerzone an. Bis vor gut 30 Jahren waren hier noch Prileps alte Handwerke untergebracht, heute sind es vor allem Cafés und Geschäfte.

Der **Uhrenturm**, der mit seinen knapp 40 Metern Höhe die ganze Szenerie überragt, ist einer der schönsten des ganzen Landes und der beliebteste Treffpunkt Prileps. 1858 wurde er als Ersatz für seinen älteren Vorgänger aus Holz aufgestellt. Direkt neben dem Turm stehen die spärlichen, aber farbenfrohen Reste einer **Moschee** aus dem 15. Jahrhundert. Die Ruinen lassen noch die ehemalige Größe und Opulenz Prileps einziger Moschee erkennen, die 2001 im Zuge der ethnischen Auseinandersetzungen in Brand gesteckt wurde.

Lässt man den lebendigen **Basar** hinter sich und überquert den Prilep-Fluss, ragen am anderen Ufer zwei große Kirchen aus dem 19. Jahrhundert auf. Direkt hinter der Kirche **Sv. Xram Preobraženije** von 1871 steht, mit isoliertem Glockenturm, die große und weitaus bedeutendere **Sv. Blagobeštenije** aus dem Jahre 1838. Beachtenswert ist die monumentale und kunstvoll ausgearbeitete Ikonostase.

■ Varoš

Von Prileps Fußgängerzone aus kann man in nordöstlicher Richtung hoch oben auf dem felsigen Berg ein Gipfelkreuz sehen. Am Fuße dieses Berges liegt der historische Stadtteil Varoš, die Wiege des heutigen Prilep. Hier gab es

Kirche in Varoš

einmal 77 Kirchen, von denen die wenigen erhaltenen inzwischen teilweise sehr sorgsam saniert und durch einen Rundweg verbunden wurden. Die winzige **Sv. Nikola** ist die älteste Kirche unter ihnen und ganz offensichtlich auf dem Fundament einer historischen Basilika erbaut. Sollte das Eingangstor zum Kirchhof verschlossen sein, erhält man den Schlüssel im benachbarten weißen Haus. Verborgen hinter der wenig schönen Eingangstür findet man Fresken aus dem Jahr 1299, die sich bis heute durch ihre besonders warmen und intensiven Farben auszeichnen. Herausragend sind die Szenen des Abendmahls und der Bergpredigt.

Rund 100 Jahre jünger sind die Fresken von **Sv. Dimitrija** aus dem 14. Jahrhundert, in deren stimmungsvollem Intericur manchmal Konzerte stattfinden. Konzerte soll es demnächst auch in dem neu angelegten **Amphitheater** geben, das sich seit 2008 vor der Kulisse von Felsen und Kirchen an den Hang schmiegt.

■ Das Kloster Sv. Mihail Arhangel

An den westlichen Hängen des Berges hängt oberhalb von Varoš das Kloster Sv. Mihail Arhangel, zu dem ein gut markierter Fußweg führt. Im Hof des Klosters wurde vor vielen Jahren eine **antike Säule** mit einer kyrillischen Inschrift aus dem Jahr 996 gefunden. Da die Schrift nur wenige Jahre zuvor von den Brüdern Kiril und Metodij entwickelt worden war, ist dies eins der ältesten kyrillischen Zeugnisse Makedoniens. Die Säule steht nun im Exonarthex der **Klosterkirche**, die vermutlich am Ende des 12. Jahrhundert gebaut wurde. Später wurde sie baulich verändert, und die ursprünglichen Fresken sind nur noch fragmentarisch erhalten. Die anderen Gebäude des Komple-

Pelagonija

Das Kloster Sv. Mihail Arhangel

xes wurden in verschiedenen Phasen vom 13. bis zum 19. Jahrhundert errichtet und in den letzten zwei Jahren vollständig saniert, weshalb sie nun ein wenig glatt wirken.

Heute ist das Nonnenkloster wieder voll in Betrieb, und im Sommer findet hier jährlich eine Künstlerkolonie statt. Im Klosterhof sind zwei interessante Kuriositäten zu entdecken: Steigt man auf Richtung Klosterkirche, kann man linker Hand durch eine Felsspalte in eine **Höhle** klettern, in der sich eine versteckte, halb eingefallene **Kirche** befindet. An den Wänden sind noch die Reste einst imposanter Fresken zu sehen (am besten mit Taschenlampe). Zudem gibt es gegenüber dem Klostertor einen **Brunnen** mit Trinkwasser: Er ist versteckt hinter der winzigen Tür im Hof und muss mit einer langstieligen Kelle bedient werden.

■ Markovi Kuli

Im historischen Ortsteil Varoš, der Wiege Prileps, beginnt ein Fußweg, der sich – vorbei am isoliert stehenden **Elefan**tenfelsen (könnte mit etwas Phantasie auch ein Vogel sein) – den Hügel hinauf bis zur Festung König Markos, Markovi Kuli, windet. Von hier aus kann man es entweder den historischen Angreifern nachmachen und sich der Festung frontal über den steilen Abhang nähern, oder man wählt die gemütlichere Alternative, den sich kurvenreich schlängelnden Weg, der über die Rückseite des Bergs auf Splittern des berühmten Prileper Marmors zur Festung führt. Deren Reste wurden in den letzten Jahren um einen rekonstruierten Wachturm aus Beton bereichert, der entschieden gegen die malerischen Ruinen abfällt. König Marko, der diese einstige Stadt gegen die Osmanen schützte, soll einen großen schwarzen Rappen gehabt haben, der von hier aus mit einem Schritt den Prespasee verursachte. Am höchsten Punkt steht auch hier seit acht Jahren ein großes **Kreuz**, eine Art verkleinerte Ausgabe des Milleniumkreuzes von Skopje, von dem aus man den besten Blick auf das weit unterhalb liegende Prilep hat.

Karte S. 165

■ **Ausflug zum Stausee**

Sechs Kilometer nordöstlich der Stadt liegt Prileps Stausee, in dem man sich nach einem Stadtrundgang gut erfrischen kann. Am schönsten ist es auf der **Nordseite** des Sees, wo auf waldumsäumten Wiesen die Pferde der nicht weit entfernt lebenden Roma grasen

und ein breiter **Sandstrand** zum Baden einlädt. Dort könnte es nahezu paradiesisch sein, würden nicht auch hier sorglos verstreute Abfälle die schöne Landschaft verunstalten. Zum Glück ist das Ufer weitläufig genug, so dass sich bestimmt ein unverschmutzter Bade- oder Angelplatz finden lässt.

 Prilep

Vorwahl: 048.
Info Tours, am Busbahnhof, Telefon 070/74 12 75; Mo–Sa. Sehr nett, aber nicht sehr kompetent, sprechen kaum Englisch.
Open Office des Rathauses (opština).

Nach Skopje: Etwa stündlich Busse zwischen 5.30 und 18 Uhr.
Bitola: Etwa stündlich Busse zwischen 5.30 und 23 Uhr.
Ohrid: Saisonabhängig bis zu 8x tägl., letzter Bus um 18.40 Uhr.
Strumica: 6.45, 7.40 und 15.15 Uhr.
Resen: 10, 14.35 und 18.35 Uhr.
Gevgelija: 15.40 Uhr.
Brajčino: 13.20 Uhr.

Tägl. 4 Züge von und nach **Skopje** (etwa 2 Std. Fahrt) und **Bitola**. Der Busbahnhof liegt zentraler, aber die Bahnstrecke zwischen Veles und Prilep führt durch besonders dramatische, wild-romantische Landschaften.

Taxiruf, Tel. 15 95, 50 MKD im Zentrum.

Hotel Sonce, ul. A. Makedonski 4/3a (neben der Tankstelle), Tel. 40 18 00, www.soncega.com; EZ 1040, DZ

1170 MKD inkl. eilastigem Frühstück. In mäßiger Zentrumsnähe, Rezeption spricht kein Englisch. Die 17 leicht abgewohnten Zimmer haben W-Lan, Klimaanlage und Minibar. Richtung Straße schläft man laut.
Pension Breza, Moša Pjade 24a, Tel. 42 36 83; EZ 600, DZ 1200 MKD ohne Frühstück, kein eigenes Bad. Zimmer sind sauber, zur Straße aber laut. Kein Englisch, aber charmantes junges Personal.
Kristal Palas, Lenin 184, Tel. 41 80 00; DZ 60 Euro inkl. Frühstück. In Bahnhofsnähe. Alle Zimmer mit Klimaanlage, dazu ein Schwimmbad auf dem Dach – dennoch zu teuer und als beliebte Hochzeitslokalität am Wochenende oft sehr laut.
Salida, Tel. 40 03 33; 20–30 Euro/ Pers. (je nach Etage). Neues Vier-Sterne-Hotel in Stadtrandlage mit sehr angenehmen Zimmern inkl. Frühstück nach Wahl. Nachts manchmal kläffende Hunde im Hof.

Makedonska Kuḱa, Joska Jordanovski 4, Tel. 43 34 19. Beliebtes Restaurant mit guter Landesküche im traditionellen Ambiente. Abends Live-Musik und gelegentlich Volkstänze.
Pizzaria di Caprio. Große Terrasse, von der aus man genau das Zentrum überblickt.

Bankok Oriental, ul. Car Samoil 1/11, Tel. 42 50 27. Gute Thaiküche in dezentraler Lage.

Andere nette und kleinere Gelegenheiten findet man in der kleinen türkischen Altstadt und rund um den Uhrenturm.

Einige der angesagtesten Bars und Clubs befinden sich im zentralen Einkaufszentrum gegenüber dem Alexander-Denkmal. Dazu zählen das **Lido** (tägl. 9–24 Uhr) und die gemütliche **Bar Tabu**.

Beliebt ist auch der **Club Virus** gegenüber dem Eingang der Altstadt.

Tabakmuseum, im Tabakinstitut, Kičevski Pat bb, liegt 4 km außerhalb in Richtung Kičevo; Mo–Fr 7–15 Uhr.

Konzerte finden im **Kulturzentrum** und dem benachbarten **Dom na Armija** statt.

Das **Bierfest** (Пивофест) fand mit rund 150 000 Besuchern und viel Gegrilltem bislang Anfang Juli statt, wurde nun aber angeblich wegen interner Querelen auf den August verschoben.

Großes Festival der Volksmusik, Ende Mai/Anfang Juni. In Dolneni, 12 km von Prilep. Mehrere hundert Musiker treffen sich in dem Dorf, wobei besonders prominent die traditionellen Dudelsackspieler sind. Das Festival beginnt mit einer Parade durch die Straßen von Prilep.

Der Fußweg vom Zentrum bis Markovi Kuli dauert etwa 2 Std. In Varoš verbindet neuerdings ein Rundweg die alten Kirchen und Klöster.

Kloster Treskavec

Von allen Klöstern in der Umgebung Prileps ist Treskavec vielleicht das geheimnisvollste. Zehn Kilometer nordwestlich von Prilep liegt es auf einem winzigen Hochplateau von gewaltigen Felsen umgeben am Hang des Berges **Zlatovrv**, dem ›Goldberg‹, 1100 Meter über dem Meeresspiegel.

Dort wurde es im 13. Jahrhundert auf dem Fundament einer antiken Festung errichtet, von der vermutet wird, dass es sich um die römische Stadt Kolobaisa handelt, die im 7. Jahrhundert unterging.

Welchen Weg auch immer man wählt, um zum Kloster zu gelangen: Er ist auf jeden Fall lang und mühsam, aber äußerst lohnend. Die felsige Landschaft, die das Kloster umgibt, ist so ausdrucksstark und gewaltig, dass Milčo Mančevski sie 1995 als Hauptdrehort für seinen bekannten Film ›Vor dem Regen‹ (siehe Seite 173) ausgewählt hat, während andere Szenen im Kloster selbst spielen.

Besonders beeindruckend ist die **Klosterkirche Sv. Bogorodica**, die im 14. Jahrhundert auf den Fundamenten einer 800 Jahre älteren Basilika gebaut wurde. Die ältere Kirche hat sichtbare Spuren in Form von Marmorkreuzen und -ornamenten hinterlassen, die in den jetzigen Bau integriert wurden. Den später errichteten Narthex betritt man beispielsweise über eine große

Karte S. 146

In der Klosterkirche Sveta Bogorodica

Marmorstufe, die noch von der früheren Basilika stammt. Im Inneren der Kirche sind einige Schätze verborgen, wie eine mehrere hundert Jahre alte slawische Bibel, die immer noch in Gebrauch ist, und, hinter einem Vorhang in der linken Kapelle versteckt, das Taufbecken aus dem 6. Jahrhundert. Die Schädel, die davor ausliegen, gehörten Mönchen des Klosters, die angeblich von den Osmanen getötet wurden. Bemerkenswert und sehr ungewöhnlich ist außerdem der schwarze Jesus in der Hauptkuppel. In der kleinen Kapelle, die sich dem Narthex anschließt, hängen einige leider schon sehr nachgedunkelte Gemälde, auf denen auch der Gründer der Kirche zu entdecken ist.

Rechter Hand der Kirche liegt der alte **Speisesaal** der Mönche, in dem **Kera-** mikfunde aus der römischen Zeit verwahrt werden. Die niedrigen Steinbänke sind Esstische, in deren Einhöhlungen man während der Mahlzeiten die Füße stellte. Am Kopfende des Raums findet man noch einige Fresken, die aber sehr stark beschädigt sind. Die Einkerbungen wurden deshalb in die Gemälde geschlagen, um Gips für neuere Fresken auftragen zu können. Die sind aber entweder nie entstanden oder schon lange wieder abgefallen.

Nachdem das Kloster zu Titos Zeiten lange leerstand und verfiel, wurde es kürzlich saniert und ist nun wieder aktiv. Das Übernachten im Kloster ist generell möglich und kostenlos, aber es ist ein Gebot der Höflichkeit, als Gast mit einer Spende den Erhalt unterstützen.

🛏 Treskavec

Gäste, die im Kloster Treskavec übernachten wollen, sollten sich am besten vorher bei Pater Kališt anmelden, telefonisch unter 048/80 01 60 oder per Mail an treskavec@gmail.com.

🧭

Zum Kloster führt eine anstrengende, aber sehr lohnende Wanderung, die etwa vier Stunden dauert. Loslaufen kann man entweder von **Markovi Kuli** (einfacher und gut markierter Weg, ca. 10 km) oder von **Dabnica** (4,5 km).

Man kann auch von Prilep ein Taxi bis zum Vorort **Dupjačani** nehmen (ca. 200 MKD) und dann dem Fußweg zum Kloster folgen.

Wer selbst mit dem Auto fährt, verlässt Prilep über **Varoš Richtung Kočani**, biegt aber bei nächster Gelegenheit hinter dem Friedhof rechts nach **Mažučušte** ab. Von dort aus kann man mit einem geländegängigen Fahrzeug dem Hinweisschild folgend bis nach Treskavec fahren.

Empfehlenswerter und weit schöner ist jedoch der Fußweg von **Dupjačani** aus, der hinter dem Dorfbrunnen mit dem roten Stern beginnt.

Da es auf dem Weg zum Kloster keine Quellen gibt, sind der Brunnen und der gegenüberliegende Lebensmittelladen die letzte Chance, sich mit Trinkwasser zu versorgen, das man dringend benötigen wird. Wenn man Glück hat, wird man von einem der Männer, die vor dem Laden sitzen, ein Stück begleitet und auf den richtigen Weg gebracht, der sich weit den Berg heraufwindet.

Wählt man die offensichtlichen Abkürzungen, sollte man auf Schlangen achten, die sich gern am Berg sonnen und auf Mönchszellen und Gräber, die man in den umliegenden Felsen entdecken kann.

Karte S. 146

Vor dem Regen

Eine gute Vor- und Nachbereitung einer Makedonienreise ist Milčo Mančevskis Film ›Vor dem Regen‹. Der bislang wohl international bekannteste makedonische Film wurde 1994 gedreht und ist eine erstaunliche Vision dessen, was sich fünf Jahre später tatsächlich zwischen Makedoniern und Albanern zugetragen hat.

Neben der Thematik machen vor allem die Landschaftsaufnahmen neugierig auf Makedonien. Sternschnuppen, die von einem unendlichen Himmel fallen, imposante Felsformationen, mystische Klöster, weltentrückte Dörfer und immer wieder Berge bis zum Horizont – es fällt nicht schwer, sich in diese Landschaft zu verlieben. Und sie wiederzufinden: Mančevski drehte viel in der Gegend von Prilep, speziell im Kloster Treskavec, und am Ohridsee, bei der Kirche Sveti Jovan Kaneo.

In drei miteinander verwobenen Liebesgeschichten thematisiert der Film verschiedene Aspekte des modernen Balkan: Der Reporter Aleksandar erlebt den Zwiespalt derer, die im Ausland leben und die politischen Konflikte in der Heimat aus der Ferne durchleiden. Aus der westlichen Wohlstandswelt reist er zurück in sein Dorf in den Bergen Makedoniens. Dort hat sich inzwischen viel verändert. Die einst friedlichen Nachbarn sind zu erbitterten Feinden geworden, und ein harmlos gemeinter Besuch bei seiner Jugendliebe Hannah, einer Albanerin, wird für Aleksandar zum waghalsigen Unternehmen: Im ethnisch gesäuberten Nachbardorf sind Makedonier nicht mehr gern gesehen, und als Verehrer albanischer Frauen schon gar nicht. Hannahs Tochter Zamira steht in dem Verdacht, einen Makedonier getötet zu haben und wird deshalb von dessen rachsüchtiger Sippe gesucht. Ausgerechnet in einem orthodoxen Kloster sucht sie Unterschlupf und findet ihn beim jungen Mönch Kiril. Auch Aleksandar wird von Hannah instruiert, ihrer Tochter zu helfen, und so wird die Situation für beide, Aleksandar und Kiril, zur existentiellen Gewissensfrage: Solidarität mit den eigenen Leuten und der orthodoxen Kirche oder ein Verrat aus Menschlichkeit und Liebe? Beide werden zum Opfer der ethnischen Streitigkeiten und der damit verbundenen Gewalt, die sich im Film eindrücklich als Mittel der Konfliktlösung disqualifiziert.

Die Frage bleibt: Wie kann man in einer von Gewalt dominierten Umwelt pazifistischen Idealen treu bleiben, ohne selbst zum Opfer zu werden? Eine Frage, die sich nicht nur in Makedonien stellt. Unterlegt ist Mančevskis Film mit Musik der Gruppe ›Anastasia‹, einer der bekanntesten Bands des Landes, die viel und gern in Makedonien gehört wird. Auch deshalb ist der Film, der inzwischen mit vielen Preisen ausgezeichnet wurde, für Makedonieninteressierte ein absolutes Muss.

Einer der Drehorte: Die Kirche Sv. Jovan Kaneo in Ohrid

Kruševo

Kruševo (Крушево) ist die höchstgelegene Stadt des Landes und ein bedeutender Mythos: Ihr Name steht in erster Linie für den landesweiten Aufstand gegen die Osmanen im Jahr 1903. Damals schaffte es Kruševo kurzfristig, sich vom Joch der Fremdherrschaft zu befreien und eine eigene Republik auszurufen. Seither dient Kruševo als Symbol der nationalen Identität, und in keiner anderen Stadt der Größe Kruševos gibt es so viele Museen und Denkmäler, die daran erinnern sollen.

Zudem ist Kruševo landesweit eine der Städte mit den meisten erhaltenen alten Häusern, weshalb es sehr idyllisch ist, durch die schmalen, steilen und labyrinthartigen Gassen zu laufen. Die schönen **Kruševo-Villen** ähneln in ihrer Bauart den Häusern in Ohrid, sind aber oft mondäner und traditionell in hellblau oder gelb gestrichen.

Ihr Reichtum wurde der Stadt später zum Verhängnis, als nach dem Zweiten Weltkrieg Titos Partisanen im Namen von ›Brüderschaft und Gleichheit‹ Kruševo mehr als andere Städte zur Kasse baten.

Bulldozer rückten an und zerstörten zahlreiche der alten Villen, um sie durch funktionale, modernere Gebäude zu ersetzen. Dennoch hat Kruševo seine attraktive **Altstadt** bewahren können, die früher bekannt war für die geschickten Handwerker und vielen Händler, die in den windschiefen Läden ihre Ware anboten.

Ab Oktober 2007 stand Kruševo noch einmal für ein paar Monate im Rampenlicht: Einer der beliebtesten makedonischen Popstars, Toše Proeski, kam bei einem Verkehrsunfall mit nur 26 Jahren ums Leben. In Folge wurde sein Geburts-

ort Kruševo mit Toše-Postern übersät, und der Weg zu seinem Grab, am Fuße des Makedoniums gelegen, entwickelte sich für Monate zum Pilgerpfad verzweifelter Teenager. Ihn ehren nun mehrere Gedenktafeln und eine Bronzebüste in der Stadt.

Generell ist es jedoch recht ruhig in dem kleinen Bergort mit der großen Geschichte geworden. Die fehlende Industrie sorgt in der Höhe von 1350 Metern zwar für eine kristallklare Luft, aber auch für ein Abwandern der jungen Leute, die höchstens im Winter zum Skilaufen wieder anreisen. Während Kruševo um 1900 noch 15 000 Einwohner hatte, ist seine Bevölkerung inzwischen um ein Drittel geschrumpft.

Damals wie heute war Kruševo bekannt für den großen Bevölkerungsanteil von Wlachen, der in keiner anderen makedonischen Stadt so hoch ist.

Es gibt keine Hauptverkehrsstraße nach Kruševo. Die Asphaltstraße nach Prilep ist angeblich Tito zu verdanken: Sie wurde in den frühen 70ern nach einem Ilinden-Besuch von Tito gebaut. Als die Leute bei seiner Abfahrt riefen: »Tito, komm wieder!«, antwortete er: »Erst, wenn ihr eine bessere Straße gebaut habt.«

■ Das Makedonium

Das ungewöhnlichste Bauwerk Kruševos und vermutlich des ganzen Landes ist das **Ilinden-Denkmal** namens Makedonium. Wie ein soeben gelandetes Ufo steht es auf dem Hügel Gumenja hoch über der Stadt und ist schon wegen seiner befremdenden Einmaligkeit unbedingt einen Besuch wert.

Wie der Name ankündigt und die futuristische Ausstrahlung bestätigt: Es ging

Karte S. 175

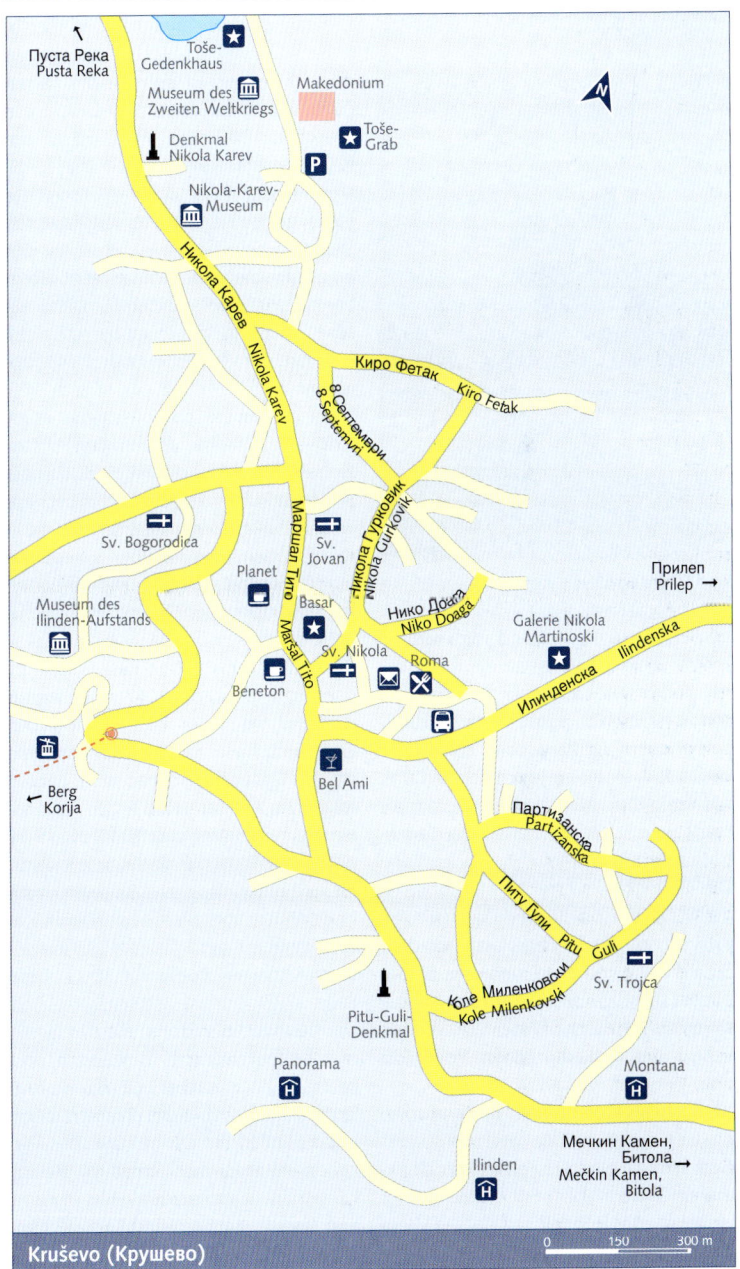

Пуста Река
Pusta Reka

Toše-
Gedenkhaus

Makedonium

Museum des
Zweiten Weltkriegs

Toše-
Grab

Denkmal
Nikola Karev

P

Nikola-Karev-
Museum

Никола Карев

Киро Фетак Kiro Fetak

Nikola Karev

8 Септември
8. Septm.

Sv. Bogorodica

Маршал Тито

Sv.
Jovan

Никола Гурковик
Nikola Gurkovik

Прилеп
Prilep →

Planet

Basar

Нико Доага
Niko Doaga

Galerie Nikola
Martinoski

Museum des
Ilinden-Aufstands

Sv. Nikola

Roma

Илинденска Ilindenska

Maršal Tito

Beneton

Berg
Korija

Bel Ami

Партизанска
Partizanska

Питу Гули Pitu Guli

Sv. Trojca

Pitu-Guli-
Denkmal

Коле Миленковски
Kole Milenkovski

Panorama

Montana

Ilinden

Мечкин Камен,
Битола
Mečkin Kamen,
Bitola →

0   150   300 m

Pelagonija
Pelagonija

Das Makedonium

den Erbauern Jordan und Iskra Grabul 1974 weniger darum, an ein bestimmtes historisches Ereignis zu erinnern, sondern Geschichte und Gegenwart mit einer neuen jugoslawischen Zukunft zu verbinden. Unter anderem deshalb sind Ästhetik und Aussage des Denkmals heute wie schon zu Zeiten der Errichtung sehr umstritten.

Die Gedenkhalle erreicht man über einen weiten, asphaltierten Platz (für Autofahrer: ein idealer Parkplatz), von dem aus ein Weg vorbei an mehreren Betonbügeln führt. Diese Skulpturen symbolisieren als ›zerrissene Fesseln‹ den ersten Schritt des makedonischen Volks auf dem Weg zur Freiheit.

Als nächstes kommt man zur **Krypta**, die im Gegensatz zu der weit sichtbaren Gedenkhalle eine Art verstecktes Denkmal im Denkmal ist: Ein in den Boden eingelassenes Rondell, aus dessen Wänden Zylinder mit Metallplatten ragen.

Die darauf verzeichneten Daten, Personen, Orte und Buchtitel erzählen gegen den Uhrzeigersinn gelesen die Höhepunkte der makedonischen Geschichte zwischen 1860 und 1918. So ist die Krypta praktisch als eine Art Geschichtsstunde konzipiert, die die Geschichte eines gemeinsamen Freiheitskampfes erzählt. Sinnigerweise endet sie vor der jugoslawischen Ära, denn es geht offenbar darum, eine souveräne makedonische Geschichte zu behaupten, die nicht erst mit der Republik nach 1944 begann.

Nicht viel weniger patriotisch geht es im ›Ufo‹ selbst weiter, dessen vier Fenster einen Ausblick auf die Teile des damals zwischen Bulgarien, Albanien, Griechenland und Jugoslawien geteilten Makedoniens geben. Die darüber gelegenen bunten Fenster sollen an die traditionellen makedonischen Teppiche, die jambolij, erinnern.

Bei den vier abstrakten **Reliefs** kommt dann auch die jugoslawische Geschichte ins Spiel: Sie stellen nacheinander das Erwachen eines nationalen Bewusstseins im 19. Jahrhunderts dar, den daraus folgenden Aufstand 1903, den nationalen Freiheitskampf von 1941 bis 1944 und schließlich die dadurch erreichte Freiheit unter Tito.

In der Mitte von allem liegt **Nikola Karev** begraben, der Präsident der kurzlebigen Kruševo-Republik von 1903 (siehe Seite 177).

Die freundliche Viktoria, die das Denkmal betreut, spricht Französisch und kann viel Interessantes über die weitere Symbolik des Gebäudes erzählen, denn anders sind Informationen über das Makedonium leider nicht erhältlich. Bei ihr kann man außerdem Souvenirs in Form von Minidenkmälern und Kämpferfiguren kaufen.

Karte S. 175

Die Kruševo-Republik

Am 2. August feiert ganz Makedonien Ilinden. Für die orthodoxe Kirche ist es der Tag des heiligen Ilija, also eigentlich Ilijaden (›den‹ heißt Tag), für die Roma das Fest zwischen Verlassen und Wiederbezug der Winterquartiere. Seit 1903 heißt Ilinden aber noch etwas ganz anderes, denn an jenem Tag fand ein landesweiter Aufstand gegen die Osmanen statt, bei dem in Kruševo kurzweilig eine unabhängige Republik ausgerufen werden konnte. Auch die Gründung der ASNOM (Antifaschistische Versammlung zur Volksbefreiung Makedoniens) im Jahr 1944, bei der im Kloster Prohor Pčinski ein befreites Makedonien proklamiert wurde, fiel auf einen 2. August. Seitdem ist Ilinden in Makedonien zum Inbegriff nationaler Befreiung geworden.

Am 2. August 1903 wurden Kruševos Bewohner nachts von Maschinengewehren aus dem Schlaf gerissen. Pitu Guli und vier andere Anführer erstürmten mit ihren Leuten überraschend die Stadt, vertrieben die osmanischen Besetzer, brannten deren Kasernen nieder und erschossen all jene, die nicht schnell genug fliehen konnten. Befreit von den Muslimen, legten die Bürger am nächsten Morgen ihre Feze ab und wählten eine provisorische Regierung.

Nikola Karev, einer der Anführer des nationalen Aufstands, kam nach Kruševo, rief die Republik aus und ließ sich zu ihrem Präsidenten wählen. Die Kruševo-Republik, in deren Regierung Mitglieder aller ethnischen Minderheiten der Stadt vertreten waren, wurde so zur ersten demokratischen Regierung des Balkan. Um diese Republik vor einer Rückeroberung durch die Osmanen zu schützen, wurde von ihren Bewohnern Blei eingesammelt und Munition produziert. Außerdem baute man hölzerne Kanonen – solche, wie sie in Bulgarien dreißig Jahre zuvor verwendet worden waren. Diese Kanonen entpuppten sich als völlig nutzlos und wurden später den Osmanen überlassen, die eine von ihnen als Souvenir mit nach Bitola (damals Manastir) nahmen. Zunächst blieb es einige Tage ruhig in der jungen Republik, aber durch ihre Abgeschlossenheit herrschte Lebensmittelnot und eine ständige Angst vor einem Rückschlag der Besetzer. Die ließen auch nicht lange auf sich warten. Mit 3000 Soldaten und 18 Kanonen rückten sie zehn Tage nach dem Aufstand vor die kleine Stadt und umzingelten sie. Als Kruševo nicht bereit war, sich zu ergeben und daraufhin der Ansturm der Osmanen begann, flohen viele der Aufständischen in die umliegenden Wälder. Andere fielen im Kampf. Pitu Guli erschoss sich, nachdem er die Straße bei Mečkin Kamen fünf Stunden lang gehalten hatte, mit seiner letzten Kugel selbst. Wie einige andere hatte er geschworen, eher zu sterben als die Stadt aufzugeben, deshalb auch der Schlachtruf ›sloboda ili smrt‹, Freiheit oder Tod. Nach der Rückeroberung durch die Muslime wurde Kruševo geplündert, und über 500 Häuser wurden niedergebrannt. Die Bürger zogen ihre Feze wieder an und lebten noch zehn weitere Jahre unter den Osmanen.

In der weiteren Rezeption der Geschichte wurde die Kruševo-Republik nicht nur als makedonisch, sondern auch als jugoslawisch gefeiert, was sich durch die egalitären Ideale ihrer Anführer gut anbot. Ein Resultat dieses Syntheseprozesses ist das Makedonium-Denkmal von 1974. Nikola Karev, der ehemalige Präsident der Republik, wurde später von den bulgarischen Kommunisten für sich beansprucht und 1990 im Makedonium beigesetzt, wo er unter einem weißen Marmorwürfel ruht.

■ Kruševos Kirchen

In Kruševo gibt es vier Kirchen, von denen drei im Zentrum liegen. Die bedeutendste ist die Kirche **Sv. Nikola**, die am Marktplatz genau in der Stadtmitte steht. Sie wurde mehrmals um- und neugebaut, bis sie 1905 ihre jetzige Form erhielt. Eine der berühmtesten Ikonostasen Makedoniens, von denen die anderen drei in Skopje, Sv. Jovan Bigorski und Sv. Lesnovski stehen, hatte sich zuvor in der Kirche befunden. Die Ikonostase von Kruševo verbrannte zusammen mit den wertvollen Ikonen des Malers Mihail im Ilindenaufstand, als die Kirche zusammen mit einem Großteil des Zentrums in Brand gesteckt wurde.

Im Gegensatz zur Kirche Sv. Nikola, die immer offen steht, ist die zeitgleich gebaute Kirche **Sv. Jovan** häufig verschlossen. In diesem Fall kann man sich an das **Museum des Ilindenaufstands** wenden, denn ein Besuch der Kirche lohnt wegen ihrer Ikonengalerie. Die beiden Öfen in den Seitenschiffen sind typisch für die Architektur von Kruševo und finden sich in allen alten Häusern wieder.

Die älteste Kirche ist **Sveta Bogorodica**. 1867 erbaut, sind noch einige der Fresken in ihrem großen Narthex erhalten. Sollte sie verschlossen sein, weiß die Frau im Kiosk gegenüber meist, wann der Pfarrer kommt und aufschließt.

Die Kirche **Sveta Trojca** schließlich ist 15 Jahre jünger und liegt etwas entlegen am südlichen Ende der Stadt. Wie alle Kirchen Kruševos brannte auch diese nach dem Ilindenaufstand, wurde aber bald wieder aufgebaut.

Mečkin Kamen

Die Konkurrenz zum Makedonium-Denkmal steht etwa fünf Kilometer von Kruševo entfernt im Wald, auf einem Hügel namens Mečkin Kamen (Bärenfel-sen) an der Straße Richtung Bitola: Als Gegenentwurf zur abstrakten Gedenkanlage, mit der sich kein Mensch identifizieren konnte, initiierten Kruševos Einwohner den Bau eines neuen, eigenen Denkmals. Diesmal sollte es keine Darstellung einer synthetisierten Befreiungsgeschichte werden, sondern eine Figur, die die konkreten Geschehnisse von 1903 möglichst direkt und menschlich wiedergibt. So entstand der **Steinmensch**, den der Künstler Dimo Todorovski 1983 in den Wald bei Kruševo pflanzte. Er erinnert daran, dass an dieser Stelle einer der zähesten Kämpfer des Aufstands, der legendäre Pitu Guli, erbittert gegen die Osmanen gekämpft hatte. Während vor dem Makedonium-Denkmal am Vorabend des 2. Augusts die alljährlichen Ilinden-Feierlichkeiten stattfinden, wird bei Mečkin Kamen am nächsten Tag ein Volksfest zu Ehren der

Der Steinmensch von Mečkin Kamen

Kruševo-Republik gefeiert. Auf dem Weg zum Denkmal kommt man am beliebtesten **Paragliding-Hang** Kruševos vorbei, wo an Wochenenden regelmäßig die Gleitschirmflieger auf ihrem Weg ins Tal zu beobachten sind.

Das weit weniger beeindruckende **Aufstandsdenkmal Sliva** ist drei Kilometer nordwestlich von Kruševo entfernt, an der Straße Richtung Arilevo. An dieser Stelle erlagen Todor Hristov und seine Männer der osmanischen Armee.

 Kruševo

Vorwahl: 048.
Zur Orientierung in den labyrinthartigen Straßen hat man vor kurzem **Stadtpläne** und **Infotafeln** installiert.

Busbahnhof, Ilindenska bb, Telefon 477102 oder 477010. **Nach Prilep:** regelmäßig Busse, letzter um 17 Uhr. **Skopje:** 3x tägl.; 330 MKD.

Es gibt keine Hotels direkt im Zentrum, sondern nur im ruhigen und waldigen Südosten, der **Hotelska zona**. Durch die erhöhte Lage genießt man von allen Zimmern einen Panoramablick.
Panorama, Tel. 477026, Fax 477801. Dunkel und im sozialistischen Stil, nur zur Hauptsaison geöffnet. Schöne Sonnenterrasse und ruhige Waldlage.
Montana, Tel./Fax 477121, montilin@mt.net.mk, www.montana.com.mk; DZ 42 Euro, EZ 23 Euro, mit Frühstück. Der Rezeptionist lebte lange in Deutschland und spricht fließend Deutsch. Alle Zimmer haben Balkone mit grandioser Aussicht, Jacuzzi und wurden kürzlich frisch saniert. Pool und Disko, 200 Betten.
Pension Vila Gora, Pitu Guli 53a (direkt unterhalb vom ›Montana‹), Tel. 075/841253, www.vilagora.com.mk; ab 900 MKD inkl. Aussicht, Internet, Mini-Bar und Parkplatz.
Privatzimmer kosten ab 300 MKD/Pers.

Stavre und Vera Zdraveski vermieten ein günstiges **2-Zimmer-Apartment** mit Küche und Bad im Zentrum nahe Sv. Nikola, Tel. 048/477559, mobil 070/259635.
Restaurant Šape bietet **Zimmer in Nähe der Bushaltestelle**, Tel. 447105, 070/829108.

Vom Busbahnhof aus das erste Restaurant rechter Hand auf der 2. Etage über dem Restaurant ›Roma‹ serviert hervorragende makedonische Küche. Probieren sollte man auf jeden Fall die lokale Spezialität, **Kruševsko Grne**, für rund 170 MKD, eine Art Auflauf aus Fleisch, Käse, Pilzen und Eiern.
Idyllischer sitzt man im überschaubaren Zentrum Kruševos unter den Lindenbäumen vor dem **Café Beneton**, wo es köstlichen Nescafé und Sandwiches für 30 MKD gibt.

Kruševo ist im Sommer bekannt für sein lebendiges Nachtleben. Abends tobt der Bär im netten, kleinen **Café Planet** an der Maršal Tito. Noch lauter und wilder geht es in der **Bar Bel Ami** in der Ilindenska zu.

Leider sind die Öffnungszeiten der Museen besonders im Sommer nicht gerade zuverlässig. Im Zweifelsfall kann es hilfreich sein, in der Galerie Nikola Martinoski nachzufragen.

Pelagonija

Makedonium, Nikola Karev 62, 477098; tägl. 9–15 Uhr, 60 MKD.

Museum des Zweiten Weltkriegs, unmittelbar neben dem Makedonium; Di–So 10–14 Uhr.

Museum des Ilindenaufstandes und der Kruševo-Republik, Tača Berber 44, Tel. 477177; Di–So 9–15 Uhr. In dem Haus, in dem 1903 die Republik ausgerufen wurde, gibt es Dokumente, Fotos, Trachten und Waffen den blutigen Aufstand. Das Personal (eine alte Dame) spricht nur Makedonisch (und Brocken Französisch). Der Eintritt von 40 MKD lohnt nur bedingt.

Kunstgalerie Nikola Martinoski, Niko Doaga 65a, Tel. 477197; Di–So 10–14 Uhr. Hier wird Englisch gesprochen, und man kann alles über den Ort Kruševo erfahren. Ein Besuch lohnt sich auch wegen des äußerst schönen Gebäudes, das neben Ölgemälden und Zeichnungen des Künstlers auch eine Ausstellung über Kruševo im 19. Jahrhundert beherbergt.

Höhlen um Makedonski Brod

Die Gegend um Makedonski Brod (Македонски Брод) im Südwesten Makedoniens ist bekannt für ihre vielen Höhlen. Einige von ihnen zieren gewaltige Stalaktiten oder vielfarbige Mineralschichten, in anderen kann man die Reste mittelalterlicher Behausungen einstiger Höhlenbewohner entdecken. Dies sind einige der bekanntesten: In der Höhle **Pešna** gibt es außer Fledermäusen, die sich in den hintersten Winkeln verstecken, Ruinen einer Festung aus dem Mittelalter.

Etwas weiter östlich, zwischen Gostivar und Kičevo, liegt die Höhle **Gonovica**, die mit 1200 Metern die längste Höhle Makedoniens ist und einen unterirdischen Wasserfall hat.

Nördlich von Makedonski Brod, in der Nähe des Dorfes Gorna Belica, findet man die **Golubarnikhöhle**, deren Kalkablagerungen abenteuerliche Formen an den Wänden hinterlassen haben.

In der **Nevestinkahöhle** beim Dorf Slatina Richtung Prilep, haust, so sagt man, seit vielen hundert Jahren eine junge Braut und wartet auf Besuch.

Am Berg Bukovikj, an der Straße zwischen Makedonski Brod und Gostivar, liegt die **Höhle Ubavica**, die einen knappen Kilometer lang ist, Karstornamente und einen unterirdischen Wasserfall hat.

Die schönste Höhle des Landes heißt **Gališka** und liegt weiter östlich, in der Nähe von Kavadarci. In ihr gibt es einen unterirdischen Wasserfall und einen See.

Andere höhlenreiche Gegenden sind der Nationalpark Galičica und die Berge bei Lesnovo.

ⓘ **Höhlen um Makedonski Brod**

Alle Höhlen sind sehr schwer zu finden, und man fragt am besten die Bewohner der Umgebung nach dem Weg.

Oder man schließt sich einer organisierten Höhlentour an, wie sie zum Beispiel die **Agentur Holiday Company** in Skopje anbietet, Tel. 02/ 3151740, tahollyday@hotmail.com. Informationen und Führungen bietet außerdem **SD Peoni**, Smilevska bb, Skopje. Tel./Fax 341206.

Karte S. 146 ▲

Die Höhle Pešna

»Ein kleines Kaffeehaus am Markt, Treffpunkt der Männer – hagere, hochgewachsene, dunkel gekleidete Gestalten. An jedem der Tische wird lebhaft diskutiert, viel geraucht und wenig getrunken.

Irene Schmidt

Der Nordwesten

Westmakedonien besticht landschaftlich durch besonders hohe Gipfel und spektakuläre Gebirgsketten. Allen voran die **Šar planina**, das Massiv im Nordwesten Tetovos, das zu den schönsten Makedoniens zählt, und der Berg **Korab** an der Grenze zu Albanien. Mit 2753 Metern hat er den landesweit höchsten Gipfel. Durch die gebirgige Landschaft schlängelt sich eine Straße am Radikafluss entlang einmal quer durch Makedoniens Westen und verbindet die Stadt **Tetovo** mit dem Nationalpark Mavrovo und dem Ohridsee. Diese Strecke ist

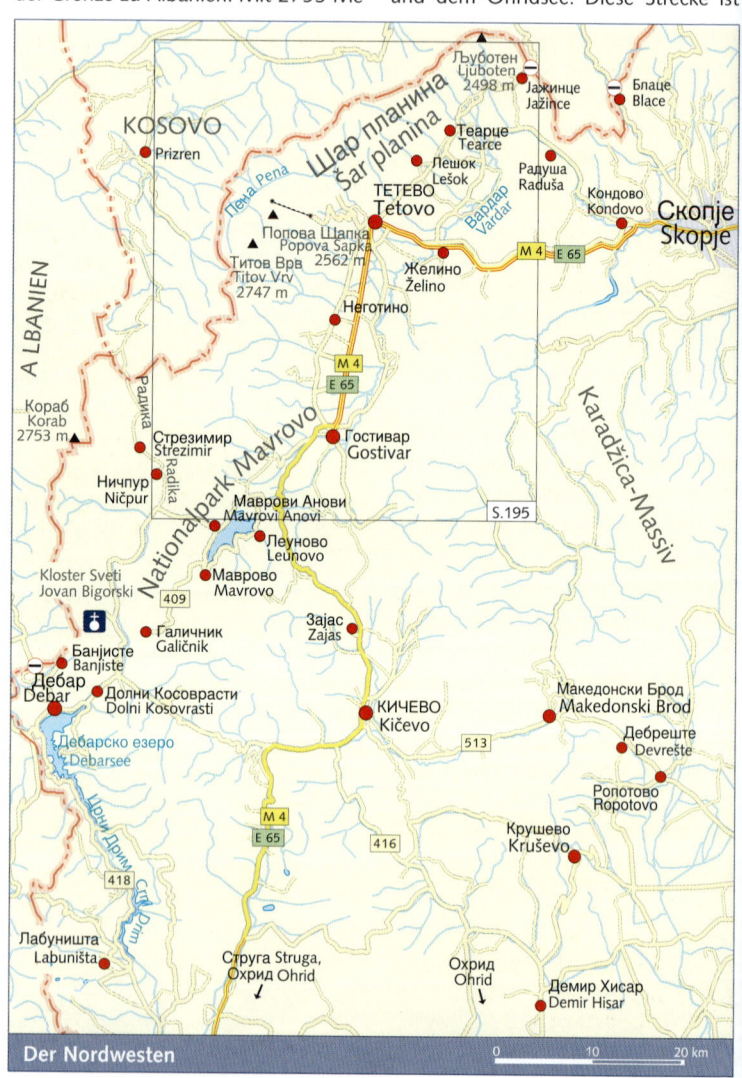

wegen ihrer steilen Felshänge landschaftlich besonders reizvoll und zudem der beste Weg von Skopje nach Ohrid. Auf der Strecke liegt das Mönchskloster **Sv. Jovan Bigorski**, in dem man sehr eindrücklich die wiedererwachte Klosterkultur erleben kann. Der Westen Makedoniens ist großenteils von Albanern bewohnt, und man kommt hier oft mit Deutsch weiter als mit Makedonisch.

Tetovo

Das nordmakedonische Tetovo (Тетово, albanisch Tetovë) ist mit gut 60 000 Einwohnern die sechstgrößte Stadt Makedoniens und die ›Hauptstadt‹ der makedonischen Albaner. Als politisches Zentrum ist Tetovo Sitz der beiden albanischen Parteien DUI und DPA, und hat 1994, trotz heftigen Widerstands von makedonischer Seite, eine eigene Uni gegründet, auf der vornehmlich auf albanisch gelehrt wird. Erst zehn Jahre später wurde sie als vierte staatliche Universität des Landes anerkannt. Daneben gibt es in Tetovo seit 2001 die international ausgerichtete Südosteuropa-Universität, die Kurse auf albanisch, makedonisch und englisch anbietet. Die Existenz zweier neuer Hochschulen macht Tetovo zu einer jungen und lebendigen Stadt.

Aufgrund der Tatsache, dass Tetovo im Jahr 2001 den Mittelpunkt der interethnischen Auseinandersetzungen bildete und in der Mehrheit von Albanern bewohnt ist, wird es von makedonischer Seite nicht unbedingt als attraktives Reiseziel empfohlen. Das sollte jedoch nicht abschrecken, denn nicht nur ist das **Šargebirge**, an dessen Fuß Tetovo liegt, eine der schönsten makedonischen Bergketten überhaupt, sondern die Stadt selbst hat neben einer sehr lebhaften Atmosphäre einige Sehenswürdigkeiten zu bieten wie die buntbemalte **Šarena-Moschee** und die **Arabati-Baba-Teke**, das landesweit letzte aktive Derwischkloster. Typisch sind die reichbestickten Feiertagsgewänder, die überall in der Altstadt in den Schaufenstern glitzern. Die Kleider aus dunkelrotem oder blauem Samt sind die traditionellen Hochzeitsgewänder albanischer Frauen. Da das Klima milder ist als das von Skopje und Tetovo von der Hauptstadt aus über die Autobahn in etwa 40 Minuten erreicht werden kann, ist es ein gutes Ziel für heiße Sommertage.

Marktverkäufer in Tetovo

■ Geschichte

Die Situation des heutigen Tetovo lässt sich allein aufgrund seiner bewegten Geschichte verstehen.

Zunächst fing alles ganz harmlos an: Ein Mann namens Hteto war unterwegs in eine kleine Siedlung, unterhalb der Šarberge gelegen, als ihm eine furchterregende Schlange begegnete. Mutig zog er sein Schwert und tötete das gefährliche Tier, vor dem sich alle Leute der Gegend schon lange gefürchtet hatten. Erleichtert, nun endlich wieder ungehindert ihres Weges gehen zu können, benannten sie die Stadt nach dem alsbald dort eintreffenden Helden Htetovo, ›Htetos Ort‹, woraus später Tetovo wurde.

Jenseits aller Legenden wurde bei Ausgrabungen im Stadtgebiet die berühmte Bronzefigur der Tänzerin Menada aus dem 6. Jahrhundert vor Christus gefunden, die im Wappen von Tetovo prangt und ansonsten im Nationalmuseum in Skopje zu finden ist. Offensichtlich war die Gegend schon lange vor der römischen Eroberung im 2. Jahrhundert vor unserer Zeitrechnung besiedelt gewesen.

Zur Zeit des Osmanischen Reichs gehörte Tetovo zum Vilayet (Verwaltungseinheit) Kosovo und kämpfte zusammen mit den dort lebenden Albanern um Unabhängigkeit.

Kaum waren die Osmanen im Balkankrieg von 1912 verjagt, fiel das gesamte Vilayet an das orthodoxe Königreich Serbien, das bestrebt war, den Islam zu unterdrücken und viele der muslimischen Albaner zur Flucht zwang. In Tetovo und anderen Städten wurden Serben angesiedelt, die orthodoxe Kirchen errichteten und die lokale Infrastruktur ausbauten.

Im Zweiten Weltkrieg wurde Tetovo Teil des faschistischen Albanien. Als Reaktion gründeten die serbischen Siedler 1943 die Kommunistische Partei Makedoniens, die mit der albanisch-kommunistischen Partei um die Beherrschung der Stadt kämpfte. Das Haus, in dem die Partei gegründet wurde und tagte, ist heute ein Museum und archiviert die Andenken an die slawischen Widerstandskämpfer. Nachdem Titos Partisanen die Schlacht gewonnen hatten, gehörte Tetovo fortan der Sozialistischen Republik Makedonien an. Das bedeutete für die Albaner in Makedonien ebenso wie im benachbarten Kosovo eine erneute Unterdrückung durch Jugoslawien. Wieder wanderten viele aus, und die, die blieben, riefen zu regelmäßigen Protesten gegen das kommunistische Regime auf.

Als Jugoslawien 1990 ins Wanken geriet, nutzten die Albaner die Gunst der Stunde und forderten erneut ihre Autonomie. Das Gegenteil trat ein: Weil sie das Referendum zur Unabhängigkeit Makedoniens boykottierten, wurden sie in der Konsequenz von der neuen Regierung quasi ausgeschlossen. Also gründeten die Albaner ihre eigenen Parteien, die laut makedonischer Verfassung nicht zulässig waren, und machten Tetovo zu ihrem

Vor der Bunten Moschee

Karte S. 188

Cajtnot

Das ist schon komisch: Da ist man endlich raus aus Deutschland, und schon holt es einen wieder ein. Und das mitten in Tetovo. Da hat doch tatsächlich jemand seine ganze Hauswand mit der Hamburger Skyline bemalt, und nichts fehlt: Rathaus rechts, Michel links, alles ist an seinem Platz. Ein paar Meter weiter Richtung Bahnhof hat einer seinen Dönerladen ›Altona‹ genannt. Hamburg in Tetovo? München in Prilep. Dort wird beim ›Oktoberfest‹ (pivo fest) auf die guten alten Zeiten an der Isar angestoßen. Warum nennt jemand seine Wechselstube in Kumanovo ›Nena‹? Oder ›Karstadt‹? In Probištip schon wieder Hamburg. Diesmal ein ganzer Keller voll Alsterbilder im Hotel ›Brioni‹. Und geradezu überall in Makedonien kann man von der Schönheit Düsseldorfs und der Unübertrefflichkeit Stuttgarts hören. Das Phänomen der Gastarbeit hinterlässt sonderbare Spuren.

In den frühen 60er Jahren öffnete Deutschland seine Grenzen und holte tausende von Jugoslawen ins Land – was keineswegs heißt, dass sie nicht vorher auch schon kamen, aber nun war es legal und dringend erwünscht. Die fehlten dann allerdings im eigenen Land, denn es gingen überwiegend gut ausgebildete Fachkräfte – wie heute immer noch: ›brain drain‹ ist auf dem Balkan nichts Neues. Immerhin trugen sie mit dem Westgeld acht Prozent zum Gesamteinkommen des Heimatlands – damals Jugoslawien – bei. Angeworben wurde durch Zeitungen und lokale Arbeitsämter, dann ging's zum Gesundheitscheck und dann ab in den Westen.

In Deutschland waren damals über die Hälfte aller Gastarbeiter Jugoslawen, die hauptsächlich in Düsseldorf, Stuttgart, Frankfurt, Nürnberg, Köln und Dortmund unterkamen. Besonders für die Makedonier war das eine lukrative Gelegenheit, denn trotz einer an Vollbeschäftigung orientierten Politik hatten sie eine regionale Arbeitslosenquote von über 20 Prozent. Darüber würden sie heute in einen Freudentaumel ausbrechen, aber damals wie heute war in (Ex-)Jugoslawien nur das benachbarte Kosovo noch schlimmer dran. Viele planten, nur ein paar Jahre in Deutschland zu bleiben, die meisten blieben über zehn.

1973 war Schluss: Anwerberstop. Ein Großteil ging dann doch zurück, weil es ihnen in Deutschland zu kalt war, klimatisch und menschlich gesehen. Aber man trifft sich wieder. Ganz unvermutet tauchen sie in jedem Winkel Makedoniens auf, die alten Kollegen aus Stuttgart und Düsseldorf, und freuen sich, das schon fast vergessene Deutsch herauskramen zu können. Das ist zum Teil gar nicht so schwer, denn so einiges findet sich unvermutet in der anderen Sprache wieder, manches noch aus den Tagen Österreich-Ungarns. Vor allem natürlich das Wort gastrbajter (гастрбаjтер), aber auch der tišler (тишлер) und der hausmajstor (хаусмаjстор) sind vertreten. Pause heißt pauza (пауза), escajg (есцаjг) Besteck, und rajsferšlus (раjсфершлус) ist auch eine praktische Entlehnung. Besonders hübsch ist brušalter für BH, aber der Favorit ist unumstritten das Wort cajtnot (цаjтнот). Das kann nur deutsch sein!

Gut zu wissen für Autofahrer: Selbst ohne Makedonischkenntnisse wird das Wichtigste verstanden. Zum Beispiel rikverc, dihtung und auspuh. Leerlauf heißt ler und Schraubenzieher šrafciger. So oder so wird man sich also verstehen, am besten mit Albanern und Roma, denn die waren aus der Not heraus am häufigsten im deutschsprachigen Ausland.

politischen Hauptquartier. Seitdem gab es Spannungen, die Ausdruck in Protestaktionen fanden und von Rebellen aus dem Kosovo zusätzlich angeheizt wurden. Schon vor dem offenen Konflikt im Jahr 2001 sorgte Tetovo in der makedonischen Presse immer wieder für Negativschlagzeilen: 1992 wurde dort ein ›autonomes Territorium Ilirida‹ proklamiert, kurz darauf die Entstehung einer albanischen Untergrundarmee. 1995 sorgte der nicht genehmigte Bau der albanischen Universität für Aufregung, und 1997 wur-

de Tetovos Bürgermeister verhaftet, als er statt der makedonischen die Flagge Albaniens auf dem Rathaus gehisst hatte. Das ist die rote Fahne mit dem schwarzen Doppeladler, die auch heute aus vielen Fenstern Tetovos winkt und auf dem Markt in Form von T-Shirts und Mützen verkauft wird. 2000/01 eskalierte die Situation schließlich, und es kam zur bewaffneten Auseinandersetzung. Heute wird das Verhältnis der ethnischen Gruppen auf verbaler Ebene kommuniziert, und Tetovo ist ein sicheres Pflaster.

Tetovo (Тетово)

Legende

1 Hotel ›Liraku‹ (ehemaliges ›Makedonija‹)
2 Motel ›Petrol‹
3 Hotel ›Emka‹
4 Hotel ›Tivoli‹

5 Restaurant ›Delfin‹
6 Restaurant ›Bella Mia‹
7 Restaurant ›Pastrmka‹
8 Club ›Image‹

Die Bunte Moschee

Die berühmte Bunte Moschee im Zentrum der Stadt, die **Šarena-Moschee**, wurde 1459 errichtet, später umgebaut und ist heute das erklärte Wahrzeichen Tetovos. Man sagt, dass für ihr buntes Äußeres 30 000 Eier zu Tempera verarbeitet wurden – und dabei nimmt sich die Fassade geradezu blass gegen das opulente Innere aus. Das ist reich verziert, farbenfroh und behängt mit barokken Balkonen. Bei soviel ornamentaler Malerei fällt der Kontrast zu den extensiven Heiligendarstellungen orthodoxer Fresken und Ikonen besonders auf: Hier finden sich ausschließlich florale und geometrische Ornamente, weil der sunnitische Islam die Abbildung menschlicher Figuren verbietet. Früher war die Moschee Teil eines der typischen Komplexe, die aus Hammam, Karawanserei und Moschee bestanden, heute ist sie Tetovos meistbesuchte Touristenattraktion, weshalb man auf Anfrage beim Pförtner sogar ein bescheidenes Infoblatt auf deutsch erhalten kann.

Historischer Hammam

Von der einstigen architektonischen Trias aus Gotteshaus, Bad und Herberge ist neben der Moschee noch der Hammam geblieben, der nur wenige Meter entfernt auf der anderen Flussseite liegt. Nachdem er in den 60er Jahren zunächst eine Kunstgalerie und bis vor kurzem ein Restaurant beherbergte, steht er derzeit leer und ist verschlossen. Die **Steinbrücke**, die wenig südlich davon über die Pena führt, ist ein Monument aus römischer Zeit.

Die Arabati-Baba-Teke

Am unteren Ende der Seilbahn nach Popova Šapka befindet sich die Arabati-Baba-Teke, ein **Derwischkloster** des Bektaşi-Ordens. Die Ruhe des grün bewachsenen Klostergartens ist eine wahre Wohltat nach den belebten Straßen Tetovos und lockt zur Rast auf weichen Polstern im offenen Holzpavillon. Der neue Leiter des Ordens kommt aus Albanien und hat vor, in den traditionellen Bauten bald wieder Gästezimmer einzurichten, in denen Reisende unterkommen können. Man findet den bärtigen Baba meist im Hof seines Hauses, vom Eingang der Teke aus rechts hinten. Er spricht nur Makedonisch und Albanisch, führt einen aber gern durch das Gelände.

Seit der Unabhängigkeit Makedoniens lebt der in der Jugo-Ära untersagte Sufi-Orden wieder in den alten Gebäuden, die er zu seinem Unbehagen nun allerdings mit sunnitischen Muslimen teilen muss. Eines der Gebäude haben die Sunniten zu ihrer Moschee gemacht, und sie betreiben das Café im Vorderhaus, dessen Wände UÇK-Poster zieren. Die restlichen Häuser stehen leer und warten auf eine dringend notwendige Sanierung, vor allem seit die Teke 2002 von albanischen Extremisten ausgeraubt und stark beschädigt wurde.

Die **Turbe** (Mausoleum) der Babas ist ein zentraler Teil des Komplexes. Auf den Grabsteinen und neben den Särgen findet man in Stein gehauen den weißen Turban wieder, die typische Kopfbedeckung der Bektaşis. Die **Grabkammer** des Gründers Arabati ist gleichzeitig der Andachtsraum, und seine letzte Ruhestätte wird mit Votiv- und Opfergaben geehrt. In der **Bibliothek** des Klosters wurden islamische Werke abgeschrieben und reich verziert, mit denen man Heiden und Aleviten missionieren wollte. 1948 legten Partisanen in der Bibliothek Feuer und zerstörten große Teile des wertvollen Fundus.

Der Nordwesten

Der Bektaşi-Orden

Der Bektaşi-Orden ist einer der größten und einflussreichsten Orden des Balkan und wurde im 14. Jahrhundert von dem Perser Hadschi Bektasch Veli gegründet. Einer seiner Angehörigen namens Ali Baba machte sich auf den langen Weg vom Hauptquartier der Bektaşi in Anatolien bis an den Fuß der Šarberge im Nordwesten Makedoniens, wo er sich niederließ und einen kleinen Kreis von Anhängern um sich sammelte. Als der alte Ali Baba 1538 starb, wurde er von seinem Schüler Arabati begraben, der kurz darauf an dieser Stelle das Kloster gründete. Von den damaligen Gebäuden ist leider nichts erhalten geblieben, und die heutigen stammen aus der Zeit um 1890. Bis ins frühe 19. Jahrhundert blühte der Orden auf und zog viele Derwische heran, bis er 1925 in Anatolien von Atatürk verboten wurde und sein Hauptquartier nach Tirana verlegen musste. Als sich Albanien 1968 zum ›ersten atheistischen Staat‹ erklärte, verloren die Bektaşi-Derwische auch dort an Boden. Ebenso in Makedonien: Nach dem Ende des Osmanischen Reichs 1912 wurde der muslimische Orden nicht mehr geduldet, und seine Anhänger flohen ins Ausland. Die Arabati-Baba-Teke in Tetovo wurde von Jugoslawien zum Volkseigentum erklärt, und in die Gebäude zogen ein Museum, ein Hotel und eine Gaststätte ein.

Der berühmte Tanz der Derwische, der auch im Bektaşi-Kloster getanzt wurde, beruht auf der Idee, dass sich Körper und Geist hingeben, um eine Vereinigung mit Gott zu finden. Das kann durch wilde Bewegungen und fortwährendes Anrufen Allahs geschehen, was den Tänzer in einen tranceähnlichen Zustand versetzt.

Im Kloster des Bektaşi-Ordens in Tetovo

■ Altstadt und Kirchen

Die Gegend um die Hauptstraße Maršal Tito wirkt nicht besonders attraktiv, und man tut gut daran, sie möglichst schnell in Richtung Altstadt zu verlassen.

Die Altstadt beginnt jenseits des zentralen Platzes im Zentrum und der Ilindenska und versteckt ihre hübschesten Häuser in der Umgebung der ul. Goce Delčev, direkt am Fuße der Šarberge. Dort liegt auch Tetovos Hauptkirche, **Sv. Kiril und Metodij**, die nicht sonderlich schön, aber sehr groß und außerordentlich gut erhalten ist. Auch die anderen beiden Kirchen Tetovos, **Sv. Bogorodica** und **Sv. Nikola**, sind bei weitem nicht so sehenswert wie einige der mittelalterlichen Klosterkirchen in Tetovos Umgebung, die die Osmanenherrschaft überlebt haben.

■ Museen

In einer Seitenstraße der ul. Goce Delčev findet man das **Gedenkmuseum des Zentralkomitees der KP**. Es wird von zwei jungen Frauen in einem traditionellen Haus mit Rosenbeeten im Garten betrieben. Auf den kleinen Marmorhockern im Hof wurden früher die Schulkinder, zu deren Pflichtprogramm das Museum gehörte, im Kommunismus unterrichtet. Leider spricht niemand Englisch, doch das Museum ist sehr gepflegt und sehenswert.

Mitten im Zentrum der Marktstraßen liegt das **Museum der Kommunistischen Partei**. Es beherbergt viele schlecht verwahrte Dokumente unter zum Teil zerbrochenen Glasvitrinen, die außerdem leider nur auf makedonisch erläutert werden. Im obersten Geschoss befindet sich ein **Heimatmuseum** mit Trachten, Gewändern und alten Haushaltsgegenständen.

Radfahrer mit Großeinkauf in Tetovo

■ Den Fluss Pena entlang

Folgt man dem Fluss Pena entgegen seiner Fließrichtung aus der Stadt heraus, kommt man auf der rechten Seite bald zur osmanischen **Festung Bal Tepe**. Sie liegt auf einer bewaldeten Anhöhe, von der aus einst zahlreiche Tunnel zu den wichtigsten Häusern in der Stadt führten. Nachdem ein Großteil der Festung bereits in den Balkankriegen 1912 und 1913 zerstört wurde, stürzte der letzte Tunnel in den 60er Jahren ein. Von dem, was geblieben ist, hat man hervorragende Ausblicke auf die Stadt. In den Auseinandersetzungen von 2001 wurde die Festung zunächst von albanischen Rebellen besetzt und später von makedonischen Soldaten genutzt.

Ein etwas ausgedehnterer Spaziergang führt am linken Pena-Ufer entlang zu Tetovos **Mineralwasserquellen**. Dieser Ausflug eignet sich am besten für die frühen Morgenstunden, wenn die Luft noch klar ist und das kleine Café bei den Quellen gerade erst öffnet. Hier, wo das Flussbett der Pena noch nicht einer Müll-

Der Nordwesten

halde gleicht, ist eine beliebte Badestelle. Das Mineralwasser fließt direkt neben dem Fluss aus schmalen Rohren und ist angeblich sehr gesund, wenngleich es etwas eigenartig schmeckt. Besser ist ein Kaffee vor dem kleinen Café, in dem ein älteres Ehepaar an urigen Holztischen Getränke und Snacks serviert. Insgesamt ist dieses Tal am Fluss sehr lauschig, und wenn es gelingt, den Fluss zukünftig vom Müll zu befreien, könnte es hier ausgesprochen idyllisch sein.

 Tetovo

Vorwahl: 044.
Internet: www.tic.com.mk.

Weitaus attraktiver als auf der Autobahn und ohne lästige Mautgebühren fährt man von Skopje nach Tetovo auf einer gut asphaltierten Nebenstraße entlang der Bahngleise. Eine super Fahrradstrecke!

Busbahnhof, Boris Kidrič bb, Tel. 33 63 31. Tickets von/nach **Skopje** kosten etwa 100 MKD für 1 Std. Fahrtzeit. Der Busbahnhof liegt am Rande des Zentrums unweit der Autobahn nach Skopje. Busse **aus und nach Skopje** sowie Taxis halten deshalb meist auch an der Hauptstraße Maršal Tito, in die die Autobahn übergeht. Dort fahren auch **Minibusse** nach **Gostivar**, **Debar** usw. ab.
Nach Skopje: 5.45–20 Uhr ca. alle 30 Min.
Gostivar: ca. stündlich.
Struga: 5x tägl.
Ohrid: 6.45 und 7.40 Uhr.
Bitola: 16.20 Uhr.
Kičevo: 17 Uhr.
Außerdem tägl. nach **Belgrad**, **Deutschland** und **Österreich**.

Bahnhof, Boris Kidrič bb, Tel. 33 66 60. Der Bahnhof liegt direkt hinter der Busstation. Nach einer langen Ruhephase bedingt durch den Konflikt im Jahr 2001 fahren nun wieder Züge von/nach Tetovo: 3x tägl. nach **Skopje** bzw. **Gostivar/Kičevo**.

Hotel Liraku (=Ex-Makedonija), Maršal Tito 10, Tel./Fax 33 85-78, -86; EZ 16, DZ 30 Euro inkl. Frühstück. Sehr zentral, an der Hauptstraße gegenüber dem Kulturzentrum am Hauptplatz.
Motel Petrol, Ilindenska bb, Tel. 33 64-22, -33; 1000 MKD/Pers. mit TV und Bad, aber ohne Frühstück. Wenig zentral und nach vorne heraus auf eine sehr laute Straße.
Emka, Ilindenska bb., Tel. 33 11 45, www.emka.com.mk. Großes Hotel in zentraler Lage.
Hotel Tivoli, Maršal Tito 19, Tel. 35 23 70, www.tivoli.com.mk; EZ 45, DZ 60 Euro inkl. Frühstück. Neu.

Während entlang der Maršal Tito hauptsächlich Albaner speisen, bevorzugen die Makedonier Lokale in der benachbarten ul. Boris Kidrič.
Restaurant Delfin, Maršal Tito. Guter Fisch und Meeresfrüchte.
Bella Mia, Ivo Ribar Lola. Sehr empfehlenswert, serbische Küche in traditionellem Ambiente, besonders gut ist das Rindfleisch.
Pastrmka, ul. JNA 3. Fischrestaurant und lokale Küche.
Alternativ gibt es in **Popova Šapka** Restaurants mit Blick auf die Stadt.

Image, Jane Sandarski. Tendentiell ethnisch makedonisch, nette Atmosphäre. Weitere beliebte Kneipen und Clubs liegen entlang der ul. Maršal Tito bzw. in deren Seitenstraßen.

 Gedenkmuseum des Zentralkomitees der KP, Goce Delčev (tatsächlich in einer kleinen Seitenstraße davon, die schräg gegenüber der Kirche Kiril und Metodij in Richtung Berge abgeht). Auf die angegebenen Öffnungszeiten des inzwischen fast vergessenen Museums darf man sich nicht verlassen. **Museum der Kommunistischen Partei**, Radovan Conič 93, Tel. 33 89 02.

Ein großer **Ramstore** befindet sich an der Straße nach Skopje.

Kloster Lešok

Etwa acht Kilometer nordöstlich von Tetovo liegt an den Hängen im Ort Lešok das gleichnamige **Kloster** mit zwei Klosterkirchen aus dem 14. Jahrhundert. **Sveta Bogorodica** wurde bereits 1326 errichtet und verfügt über sehr schöne Fresken aus dem 14., 17. und 19. Jahrhundert. Der für die osmanische Zeit typische Bau ist niedrig gebaut und insgesamt erstaunlich gut erhalten.

Mitten im Hof steht weitaus stolzer die Kirche **Sv. Atanas**, einst getragen von reichverzierten Säulen und ausgestattet mit einer großen Steinikonostase. Im Konflikt 2001 wurde sie schwer beschädigt und 2006 mit EU-Geldern wieder aufgebaut. Allein im Eingangsbereich konnten dabei einige Heiligendarstellungen aus den 60er und 70er Jahren erhalten werden, während der Rest der Kirche nun mit neuen, sehr farbenfrohen und gröberen Fresken ausgemalt wurde. Insgesamt wirkt sie jetzt etwas glatt und seelenlos.

Im Hof des Klosters liegt sein Erbauer, der makedonische Aufklärer Kiril Pejčinovič, begraben. Zu Lebzeiten richtete er im Kloster eine Schule ein, in der er auch selbst unterrichtete.

Die **ursprüngliche Kirche Sv. Atanas**, heißt es, liegt oberhalb des Klosters in den Bergen und ist auf eigene Faust kaum zu finden. Am 31. Januar, dem Tag des heiligen Atanas, pilgern die Dorfbewohner dort hinauf und feiern.

Unbedingt lohnt ein Besuch im oberhalb von Lešok gelegenen Dorf **Varvara**: Die alten Häuser an der sich steil bergan schlängelnden Straße sind weitaus pittoresker als die in Lešok, und oberhalb des Dorfs führt ein Wanderpfad in die Wälder.

Kloster Lešok

Der Nordwesten

Lešok

Lešok ist an der Autobahn Tetovo–Skopje ausgeschildert. Von Skopje kommend abfahren direkt hinter der 3. Mautstelle.

Übernachten kann man auf Anfrage im **Kloster**.

![cutlery icon]

An der Straße nach Lešok bietet das **Restaurant Zürich** beste Ausblicke auf die Umgebung. Im Nachbardorf **Proševce** gibt es eine **Pizzeria** und direkt auf dem **Klostergelände** ein **Restaurant mit lokaler Küche** und Blick auf Sv. Atanas.

Ein 12 km langer Wanderweg führt von Lešok nach **Tearce**; eine 14 km lange Wanderung führt zur **Festung** (kale) über Tetovo. Bei beiden Wanderungen bleibt man unter 1000 Höhenmetern, einzuplanen sind ca. 5 Stunden.

Popova Šapka und Šarberge

Die im Konflikt von 2001 zerstörte Drahtseilbahn, die von der Bektaşi-Teke in Tetovo bis zum 1000 Meter höher gelegenen Skiort Popova Šapka führt, ist leider noch nicht repariert. Das liegt wohl auch daran, dass das einst beliebteste Skigebiet Makedoniens seit den Auseinandersetzungen deutlich an Besuchern eingebüßt hat. Viele Makedonier haben ihre Ferienhäuser inzwischen verkauft und fahren zum Skilaufen lieber ins fünfzig Kilometer entfernte Mavrovo.

Popova Šapka ist eine Ansammlung von Hotels auf weitläufigen, im Sommer blaubeerbewachsenen Wiesen, auf denen man sehr schön picknicken und die frische Bergluft genießen kann. Hier ist die Ausgangsbasis für mehrere, meist sparsam gekennzeichnete, aber landschaftlich sehr verlockende Wanderwege in die Šarberge, zu Gletscherseen, Berghütten und dem Gipfel Titov Vrv. Nach Popova Šapka kommt man entweder per Auto auf einer gut asphaltierten, sich endlos windenden Straße, oder man läuft von Tetovo auf einem Wanderweg quer durch den Wald, wofür man etwa vier Stunden einplanen sollte.

■ Titov Vrv

Von der Berghütte **Smreka** in Popova Šapka führt ein leider spärlich gekennzeichneter Wanderpfad nach 14 Kilometern zum Gipfel Tito Vrv, dem mit 2747 Metern zweithöchsten Berg des Landes. Der Aufstieg dauert knapp sechs Stunden und ist bis auf die letzten paar Kilometer landschaftlich sehr attraktiv, mit spektakulären Ausblicken auf die umliegenden Bergketten. Der Turm auf dem Gipfel, eine ausgezeichnete Orientierungshilfe, war ursprüng-

Pause auf dem Weg zum Gipfel Titov Vrv

Karte S. 195

Die Šarberge

0   5   10 km

lich eine Wetterstation, bevor die Polizei und später eine Herberge einzogen. Seit den 70er Jahren steht der Turm leer.

■ Wandern in den Šarbergen

Attraktiv ist die Route zur Hütte **Jelak**, die von Popova Šapka aus in gut einer Stunde erreicht werden kann. Von dort aus führt ein Wanderweg nach drei bis vier Stunden nach **Lešnica** (češниµa), dem wohl schönsten Tal des gesamten Massivs mit zahlreichen kleinen Wasserfällen und Quellen.

Im nördlichen Teil des Šarmassivs liegt die Hütte **Ljuboten**, die man in etwa drei Stunden vom Dorf **Vratnica** aus erreichen kann, um von dort aus den 2500 Meter hohen Gipfel **Ljuboten** zu erklimmen. Von dieser Hütte aus können gut ausgerüstete und ausdauernde Šar-Planina-Fans in acht bis zehn Tagen den gesamten Gebirgszug bis zum Nationalpark Mavrovo überqueren. Diese Strecke ist die landschaftlich spektakulärste: Sie führt auf einem 80 Kilometern langen Hochplateau über den Gip-

Aufstieg zum Korab

fel **Titov Vrv** bis zum Berg **Korab** und unterschreitet dabei kein einziges Mal die 2000-Meter-Marke. Leider gibt es kaum Übernachtungsmöglichkeiten, und die Route verläuft fast ausschließlich direkt entlang der kosovarischen Grenze, wo es nach wie vor nicht unbedingt ratsam ist, sein Zelt aufzuschlagen.

Wem Bergabenteuer in der Šarregion auf eigene Faust zu riskant erscheinen, kann sich entweder einen Guide mitnehmen oder sich der jährlich am 2. August unter Militärschutz stattfindenden **Gruppenwanderung** anschließen, bei der es ganze Hundertschaften von Makedoniern für ein Wochenende in die Šarberge verschlägt. Tatsächlich war das an das Kosovo grenzende Šargebirge (Šar planina) einer der Hauptaustragungsorte des Konflikts und deshalb streckenweise vermint. Inzwischen wurden die Minen aber entfernt, und langsam kehren nicht nur die von den Schießereien verjagten Tiere, sondern auch die Urlauber zurück.

 Šarberge

Hütte Smreka, Tel. 36 11 01. Die große Hütte mit 100 Betten liegt direkt bei Popova Šapka. Dort gibt es außerdem zahlreiche Hotels.

Jelak, Tel. 36 11 01. Kleinere Hütte auf dem Weg nach Lešnica.

Tri Vode, Tel. 39 76 80. Nördlich von Tetovo beim Dorf Tearce.

Ljuboten, beim Dorf Vratinca.

SPSM, Tel. 02/16 55 40, spsm@mt.net. mk. Verein makedonischer Bergsteiger, Informationen zu Guides, Hütten und organisierten Touren.

Gostivar

Gostivar (Гостивар, albanisch: Gostivari), arm an Sehenswertem und bis dato höchstens wegen seiner multikulturellen Bevölkerung einen Besuch wert, gewinnt zusehends an Attraktivität und ist mittlerweile einen Zwischenstop wert. Lange wirkte Gostivar ein wenig verwahrlost

Der Uhrenturm von Gostivar

und führte, seit dem Konflikt 2001 abge-schnitten vom Schienenverkehr, eine traurige Randexistenz. Inzwischen rollen die Züge wieder nach Tetovo und Skopje, und Gostivars neuer Bürgermeister, Nežvat Beja, legt sich für seine Stadt or-dentlich ins Zeug. Das gesamte Zentrum hat er verschönern lassen, den bis dahin trostlosen Stadtpark erneuert und die

Ufer des Flusses Vardar in attraktive Spa-zierwege verwandelt. Sein Vorgänger, weit weniger eifrig in diesen Belangen, hatte in Gostivar zunächst die türkische Sprache verboten und kam anschließend in Konflikt mit der Regierung, als er auf dem Rathaus die albanische Flagge ge-hisst hatte. Die Auseinandersetzung en-dete in einer Schießerei mit den staatli-chen Sicherheitskräften.

Gostivar ist traditionell eine Handelsstadt mit vielen kleinen Geschäften und einem besonders lebhaften **Basar** an jedem Dienstag. Im Zentrum steht neben dem massiven **Uhrenturm** von 1566 seit über 300 Jahren die **Beg-Mahala-Moschee**. Im nahegelegenen **Kulturzentrum** gibt es bisweilen bescheidene Kunstausstellun-gen. Ein Spaziergang am **Vardar** lohnt schon deshalb, weil der Fluss hier, nur fünf Kilometer von seiner Quelle im Dorf Vrutok entfernt, noch glasklar ist und mit der bräunlichen Brühe in Skopje wenig gemein hat. Die Einwohner, scheint es, sammeln sich am liebsten um den **Zen-tralplatz Maršal Tito** und beobachten dort das bunte Treiben.

 Gostivar

Vorwahl: 042.

Busbahnhof, Tel. 21 73 44.
Nach Tetovo: 6.20 – 20.25 Uhr ca. stündl.; 80 MKD.
Skopje: bis 19.45 Uhr; 100 MKD.
Debar: nur 2 Busse tägl., um 6.30 und 15.30 Uhr.
Ohrid: über **Kičevo**, mehrere Busse tägl.

Bahnhof, Tel. 21 34 40; 3 Züge fahren täglich in ca. 90 Min. von und nach **Skopje**.

Green Center Hilton, Goce Delčev 14, Tel. 22 26 00, www.gchilton.com.mk. Viersternehotel mit verspiegelter Glas-front direkt im Zentrum, mäßig ge-schmackvoll eingerichtete Zimmer mit W-Lan und Jacuzzi-Bad. Fitnesscenter und Sauna.
Weitere Hotels und Motels südlich/Richtung Kičevo, z.B. das **Panorama-Motel**.

Bekannt für seine Küche ist das **Re-staurant des Hotels Hilton**. Außer lo-kalen Spezialitäten bietet es Pizza und Kontinentales.

Der Nordwesten

Der Nationalpark Mavrovo

Zwischen den Städten Gostivar und De-bar erstreckt sich gen Westen Makedo-niens größter Nationalpark, ein gebirgi-ges und weitläufiges Areal, zentriert um einen großen Stausee. Der Park um-schließt das **Bistra-Plateau**, das **Tal des Radika-Flusses** und zieht sich über die **Dešat-Berge** bis zur albanischen Grenze. In den letzten Jahren wurde einiges dafür getan, das Potential des Parks für Besu-cher nutzbarer zu machen, und so ist Mavrovo (Маврово) inzwischen der bis-lang einzige Nationalpark, in dem es ei-nen **Fahrradverleih** und gekennzeichnete **Radwege** gibt – ein ungeheures Novum für ganz Makedonien! Wanderwege füh-ren zu attraktiven Dörfern wie **Galičnik** und **Lazaropole**, und der See lädt im Sommer zum erfrischenden Bad.

Da Mavrovo um einiges höher liegt als Skopje und im Sommer angenehm kühl ist, ist der Park ein willkommener Flucht-ort, wenn die Temperaturen andern-orts auf 40 Grad steigen. Im Winter

hingegen verwandeln sich die Hänge von Mavrovo, die von Oktober bis Mai mit Schnee bedeckt sind, in ein belieb-tes Skigebiet. Seit das Wintersportge-biet Popova Šapka in Folge der Ausein-andersetzungen im Jahr 2001 einiges an Attraktivität eingebüßt hat, ist Mavrovo nun an die erste Stelle gerückt. Ab Früh-ling laden die Berge zum Klettern und Wandern.

Siedlung Mavrovo

Die Siedlung Mavrovo am Südufer des Sees ist nicht viel mehr als eine Ansamm-lung von Ferienhäusern und Hotels, im Winter vornehmlich ein Skiort und som-mers eine gute Basis für Ausflüge in die grüne Umgebung. Am Wochenende fährt ein Sessellift zu **Trifkos Hütte**, die Mountainbikes verleiht und an Picknick-tischen einfache Speisen serviert. Dies ist auch ein guter Ausgangspunkt für Rad-touren und Wanderungen.

Unterhalb der Sesselliftstation, neben dem großen Parkplatz, liegt der Eingang zu einer **Höhle**, die kürzlich mit interna-tionaler Hilfe erschlossen und Besuchern zugänglich gemacht werden sollte. Zwar ist sie inzwischen auf englisch ausge-schildert, blieb jedoch auf Grund von Streitereien um die Finanzierung vorerst versperrt. Vielleicht wurde sie inzwi-schen wieder geöffnet?

Ein besonderes Kuriosum Mavrovos ist die kleine Kirche **Sv. Nikola**, deren Turm mitten im See recht malerisch aus dem Wasser ragt. Sie erinnert daran, dass auf dem Grund des Sees das Dorf Mavrovi Anovi liegt, das seit dem Bau des Stau-damms am Fluss Mavrovska 1953 lang-sam überschwemmt wurde. Vor einigen Jahren noch stand die Kirche auf dem Trockenen, am Rande des einst bewohn-

Basilika am Ufer des Mavrovosees

Karte S. 184

Die versunkene Kirche Sv. Nikola

ten Tals. Ihr Ersatz ist die große Kirche am Ortseingang von Mavrovo, die erst vor kurzem fertiggebaut und mit sehr farbenfrohen Fresken bemalt wurde. Das ›neue‹ **Mavrovi Anovi** entstand auf einer Anhöhe nördlich des Stauwerks und besteht vornehmlich aus Ferienhäusern, einigen Läden, Kneipen und einer Tankstelle.

Aktivitäten im Nationalpark

Die **Wandermöglichkeiten** im Park sind vielfältig, wenn auch meist – wenn überhaupt – spärlich ausgewiesen. Einfache Wanderkarten sind kostenlos im Hotel ›Mavrovo‹ (Ortsmitte, Tel. 98154) erhältlich, aber nur bedingt hilfreich. Im Zweifelsfall sollte man einen Guide engagieren. Ein 2006 vollständig markierter **Rundweg** führt vom Hotel ›Makpetrol‹ auf eine Höhe von etwa 2000 Metern und zu einer Wasserquelle. Auch rund um das Dorf **Lazaropole** wurden neue Wanderwege angelegt.

Ein anderes Ziel ist der mit 2160 Metern höchste Bistra-Gipfel **Medenica**, der vom Ort Mavrovo aus innerhalb von fünf Stunden erreichbar ist. Andere Routen führen in die umliegenden Dörfer, wie etwa den Ort **Galičnik**: Vom Ort Mavrovo aus führt dorthin ein unmarkierter Pfad von zwölf Kilometern Länge, dessen ersten Teil man am Wochenende mit dem Skilift zurücklegen kann. Von **Janče** aus kann man Galičnik nach 4,5 Kilometern erwandern. Die leichte, etwa zweistündige Tour startet an der Bushaltestelle in Janče, führt vorbei an einer Wasserquelle und bietet schöne Ausblicke auf das Radika-Tal und den Berg Korab.

Landschaftlich besonders reizvoll und ein Höhepunkt im wahrsten Sinne des Wortes ist die Besteigung des Gipfels **Golem Korab** (2753 m), dem landesweit höchsten Gipfel im Grenzgebiet zu Albanien (siehe Seite 203). Aufgrund mangelnder Wanderkarten kann es nützlich sein, einen Guide zu engagieren.

Der Nordwesten

Eine steigungsarme **Fahrradtour** auf Asphalt führt auf 34 Kilometern um den See herum. Bis auf ein kurzes Stück zwischen Staudamm und Abzweigung zur Autobahn ist die Straße sehr wenig befahren und führt durch einige Dörfer hindurch zur Badestelle **Crn Kamen** (Schwarzer Stein), bei der es sich von großen Felsen gut ins klare (und kalte!) Wasser springen lässt. Die Tour führt weiter durch das Dorf **Niki Forovo**, in dessen Süden direkt am Ufer eine kleine **byzantinische Basilika** liegt. Kürzlich wurde sie saniert und ist in der Regel verschlossen, doch ist das Areal ein idyllischer Picknick- oder Zeltplatz. Den Weg zur Basilika markieren zwei weiße Kugellaternen an der Seestraße.

Badende am Mavrovosee

Mehrere ausgewiesene Pfade für **Mountainbiker** beginnen am oberen Ende der Sesselliftstation. Zwei davon sind Rundtouren und enden wieder bei ›Trifkos Hütte‹, die mit 15 Kilometern längste führt ins Tal bis zum Hotel ›Bistra‹.

Der Fluss Radika ist bekannt für seine vielen Forellen. Die **Angelsaison** ist vom 15. Januar bis 30. Oktober, das Hotel ›Bistra‹ kann eine Genehmigung ausstellen.

Skiläufer finden in Mavrovo mehrere Sessel- und Schlepplifte, die zu blauen, grünen und schwarzen Pisten führen.

Das Skigebiet ist nicht groß, aber für ein paar Tage ergiebig und mit einer Tageskarte für alle Lifte zum Preis von 800 Denar relativ erschwinglich. Dazu gibt es auf den populären Strecken Beschallung mit Popmusik und zwei Hütten, die Glühwein, Snacks und Sonnenstühle anbieten. Skier und Ausrüstung kann man am unteren Ende der Sesselliftstation neben dem Hotel ›Skikola‹ leihen. Tip: Nach dem Skilaufen in die Sauna oder vor den offenen Kamin ins Hotel ›Bistra‹.

 Mavrovo

Vorwahl: 042.
Die zuverlässigsten Infos auf englisch sind an der **Rezeption des Hotel ›Bistra‹** zu erfragen.
Der **Sessellift** fährt im Sommer am Wochenende 10–10.30, 12–12.30 und 14.30–15.30 Uhr.

Mavrovo: ca. 90 km von Skopje, einfach erreichbar über die Autobahn.

Die Busse von **Skopje** über **Tetovo** nach **Debar** fahren regelmäßig und halten in **Mavrovi Anovi**. Von dort sind es etwa 7 km am See entlang über die Brücke am Stauwerk bis Mavrovo; leider nur Asphaltstraße, kein Fußweg.
Im Winter fahren die Busse direkt bis nach **Mavrovo** zum Hotel ›Bistra‹. Die Fahrt von Skopje dauert ca. 3 Stunden, Tickets kosten 360 MKD.

Karte S. 184

Mavrovo Ort: **Hotel Bistra**, Telefon 489027, www.bistra.com; DZ 130 Euro, EZ 95 Euro. Mit Abstand das beste Hotel am Ort und sein Geld wert. Englischsprechendes Personal, Pool, Sauna, Kaminfeuer und W-Lan.

Hotel Srna, Tel. 388083; 25 Euro/Pers. im DZ (20 Euro ohne Frühstück). Ordentliches und nettes Durchschnittshotel.

Bed und Breakfast; ab 7,50 Euro/Pers. ohne Frühstück. Der Preis richtet sich nach der Zahl der Übernachtungen. Zwei geräumige DZ von privat, am Ortseingang mit Seeblick, Wannenbad, eigener Küche und Gartennutzung.

Zimmer über Café Stone, direkt beim großen Parkplatz, Tel. 388165, 070/219534; 250–300 MKD/Pers, im Winter 500–600, Reservierung nötig.

Hotel in Leunovo (westliches Seeufer). Neu eröffnetes Luxusresort, sehr ruhige Seelage mit allem Komfort.

Derzeit gibt es **zwei bescheidene Campingplätze am See** zwischen Mavrovo-Ort und Mavrovi Anovi. Bis auf einen kleinen Imbiss bar jeder Infrastruktur, sind sie bisher kostenlos, Änderungen sind in Planung.

Um den See und in den Bergen gibt es ideale Möglichkeiten zum **Wildcampen**.

Alle Hotels haben eigene Restaurants, und weitere Gaststätten gibt es rund um die Sesselliftstation.

Gut und günstig isst man zudem gegenüber vom ›Bed and Breakfast‹ im **kleinen Imbiss am Seeufer**. Dort gibt es Riesendöner und Šopska-Salat.

Restaurant Trnica, 5 km hinter Mavrovi Anovi an der Straße nach Debar. Berühmt für seinen Kačmak (Polenta mit Joghurt, sehr sättigend). Man erkennt das Restaurant von weitem am roten Dach, innen ist es etwas ramponiert.

Leihfahrräder bei **Trifkos Hütte** kosten 300 MKD/2 Std.

Radwege starten oberhalb des Sessellifts, eine bequeme Alternative ist eine Tour rund um den See.

Galičnik

In Galičnik (Галичник), sagt man, lebt im Winter nur eine einzige alte Frau, während sich die anderen Häuser erst im Sommer füllen. Dann findet dort auch die **Galičnik-Hochzeit** statt, die tausende von Besuchern in das kleine Dorf bringt. Wer die berühmte Hochzeit live erleben will, muss sich auf volle Hotels und wenige Parkplätze gefasst machen.

Der Ort windet sich gleich einem Amphitheater steil an einem Hang und besitzt einige attraktive alte Bauten. Die 15 Kilometer lange Straße nach Galičnik beginnt kurz vor dem Ortseingang nach Mavrovo, und führt nach einem steilen Anstieg über das weite Bistra-Plateau. Im Winter ist die Straße nicht passierbar.

Galičnik

Hotel Neda, am hinteren Dorfende, Tel. 070/260168, 070/246399. 700 MKD/Pers. inkl. Frühstück; geöffnet Mai–Sept. Große Sonnenterrasse mit Ausblick, bescheidenes Flair. Wenn man zur Galičnik-Hochzeit kommt, unbedingt lange im voraus buchen!

Der Nordwesten

Die Hochzeit von Galičnik

Das kleine Dorf Galičnik schläft das ganze Jahr über. Am 12. Juli jedoch lockt es tausende von Besuchern zur berühmten Galičnik-Hochzeit, die traditionell am Tag des Apostels Peter gehalten wird. Schon vor vielen Jahren zogen Galičniks Männer aus, um anderswo ihr Brot zu verdienen. Einmal jährlich kehrten sie zurück nach Hause, und dann wurde geheiratet, was das Zeug hielt. Diese Massenhochzeit ist heute zum touristischen Großereignis geworden, medial kommentiert von Größen wie Gerd Ruge und von der UNESCO als Weltkulturerbe nominiert.

Das Event: Ein von einer Jury ausgewähltes Pärchen wird nach den traditionellen Riten und in den alten Volkstrachten verheiratet. Da die reichverzierten Gewänder nicht gerade Fliegengewichte sind, sucht die Jury, so sagt man, unter den Bewerberinnen eine möglichst stämmige Braut aus, denn die Festivitäten gehen über zwei volle Tage und bestehen aus einer langen Abfolge von Ritualen, Bräuchen und Tänzen. Das Ganze beginnt am Samstagmorgen: Ein unverheiratetes Mädchen mit noch lebenden Eltern bäckt die sogenannte ›svakya‹, das heilige Brot für die Hochzeit. Den ganzen Tag über treffen Gäste unter der vom Bräutigam gehissten Hochzeitsflagge ein, und bei Einbruch der Dämmerung werden die Trommler erwartet, die normalerweise aus Debar, Gostivar oder Kičevo kommen, um lautstark die Hochzeit anzukündigen. Sie und die Brautjungfern begleiten die Braut zu den drei Brunnen, aus denen sie an jenem Abend Wasser schöpfen muss.

Am Sonntag kleidet sich der Bräutigam festlich und geht zum Friedhof, um die toten Ahnen um ihre Zustimmung zu bitten und sie zum Fest einzuladen. Wieder zu Hause, bittet er alle Mitglieder seines Haushalts um Vergebung und lässt sich anschließend rasieren. Die Rasur ist ein Zeichen der Reife und Lossagung vom Elternhaus. Das Haar wird von einem Jungen und einem Mädchen mit lebenden Eltern in einem Tuch eingesammelt und soll zusammen mit einer Münze und einer Wurzel für Gesundheit und Fruchtbarkeit der Frischvermählten sorgen. Dann macht sich die versammelte Gesellschaft auf zum Haus der Braut. Die Väter tauschen die svakya aus, und die Mutter des Bräutigams beehrt ihre neue Schwiegertochter mit praktischen Geschenken für Haushalt und Schönheit. Während die Braut das Haus verlässt, wird sie mit Süßigkeiten beworfen und auf ein Pferd gesetzt, von dem sie auf keinen Fall herunterfallen darf, will sie kein Unglück beschwören. Bevor sie das Haus ihrer Schwiegereltern betritt, muss sie ihrem Gatten und seiner Mutter Gehorsam schwören. Anschließend muss sie sich mit dem Haus ›verheiraten‹, indem sie dort ein Brot bäckt. Während sie die Gäste mit Wein bewirtet, wird sie vom Bräutigam damit bespuckt, um schöne rote Wangen zu bekommen.

Zumindest bleibt ihr erspart, was früher Teil der Zeremonie war: Das zusammen mit Zucker vorgekaute Brot der Schwiegermutter musste geschluckt werden, was eine versüßende Wirkung haben sollte. Bevor die Braut nun endlich mit ihrem Mann allein sein darf, wird sie von ihren Schwestern noch in die Regeln der Liebe eingewiesen. Nachdem die den ganzen Tag Gehorsam und Demut üben musste, setzt sie sich nun den Hut des Mannes auf, denn beim Liebesakt muss er gefügig sein.

Alle Rituale werden von Gesängen, Tänzen und Trommeln begleitet, worin ein großer Teil der Attraktivität des Fests besteht, besonders für die Medien.

Lazaropole

Das hochgelegene Dorf Lazaropole (Лазарополе) hat sich in den letzten Jahren vom verschlafenen Nest zum Geheimtip gemausert. Der angeblich beste Luftkurort der Balkanhalbinsel liegt sehr malerisch auf einem Hochplateau inmitten von Wäldern und verfügt neuerdings über ein sehr schickes Hotel und mehrere neu angelegte Wanderwege in die Umgebung. Wie im nahegelegenen Galičnik wurde hier einst am 2. August in großem Umfang geheiratet, aber inzwischen hat der Nachbarort Lazaropole den Rang abgelaufen. Hier treffen sich nun in aller Stille Nonnen und Mönche aus den Nachbargemeinden zum gemeinsamen Chorsingen, und an das einst bedeutende Vermählungsritual erinnern lediglich drei antike Hochzeitstruhen in der Dorfkirche **Sv. Gjorgij**. Die erstaunlichen Ausmaße des Baus lassen ahnen, dass der Ort früher einmal bedeutender gewesen sein muss. Die Kirche mit dem isolierten Glockenturm

Haus in Lazaropole

wurde 1841 hinter einer vier Meter hohen Schutzmauer erbaut und ist innen geschmückt mit den Malereien des Künstlers Dimitri Perkoski aus Tresonče. Umgeben von sehr schönen Ikonen und teilweise recht beschädigten Fresken findet man ganz rechts in der Ikonostase den Schutzheiligen der Kirche, Georg, erkennbar an dem silbernen Heiligenschein, einer Votivgabe. An der rechten Seitenwand verbirgt sich – angeblich seit der Zeit der Erbauung – der Stern von Vergina. Der Pferdefußabdruck vor dem Eingang bringt Glück, sagt man.

 Lazaropole

Von der Straße Richtung Debar kurz hinter der Einfahrt zum Kloster Sv. Jovan Bigorski an der **Kreuzung Boškov Most** rechts abbiegen. Nach ca. 5 km windet sich die Asphaltstraße das Bistramassiv empor, um nach über 1300 m das Plateau von Lazaropole zu erreichen.

Kalin Hotel, Tel. 84 62 22. 50 Euro/Pers. im DZ. Neues, exklusiv ausgestattetes Hotel mit 16 edel eingerichteten Zimmern im traditionellen Dorfhaus. Dazu gehört ein stimmungsvolles Restaurant mit guter lokaler und internationaler Küche. Auf Anfrage organisiert das Hotel Ausflüge und Wanderungen in die Umgebung

Wanderung zum Golem Korab

Zum Park Mavrovo gehört Makedoniens höchster Berg, Golem Korab, der mit seinem 2753 Meter hohem Gipfel die Grenze zu Albanien markiert. Aufgrund der Lage ist für den Aufstieg eine Sondergenehmigung erforderlich – wenn man sich nicht der Massenwan-

Der Nordwesten

derung anschließen will, die jährlich am 2. August stattfindet. Der Aufstieg zum Gipfel ist landschaftlich ausgesprochen reizvoll, relativ gut markiert und bei zügigem Tempo gut an einem Tag hin und zurück zu bewältigen. Bis Juli und ab September liegt in den oberen Lagen Schnee, und im Sommer werden die Hänge von einigen besonders wachsamen Schäferhunden bewohnt, die beim Schutz ihrer Herden keine Gnade kennen. Es kann nützlich sein, sich entsprechend mit Pfefferspray oder Steinen zu wappnen.

Golem Korab

Korab-Wanderklub, Telefon 02/ 41 52 16, Informationen zum gemeinsamen Wandern auf Berg Korab, jährlich am 8. September.
Wandergenehmigungen stellt das **Verteidigungsministerium** in Skopje aus (ca. 600 MKD, gilt für bis zu fünf Personen).

Von der Hauptstraße Richtung Debar rechts hinter **Trnovo** abbiegen über die Brücke fahren, von hier aus 19 Kilometer dem teilweise schlechten **Schotterweg** folgen. Erste Abzweigung links wählen, bei zweiter Gabelung rechts halten und dem Fluss Radika folgen bis **Ničpur**. Unterwegs gibt es eine Trinkwasserquelle und und einen **Campingplatz** am Fluss, direkt dahinter weist ein Schild zum Kloster Sv. Petka. Das Auto beim **Wachturm in Strezimir** stehenlassen, sich dort registrieren lassen und auf dem Wanderweg Richtung Westen machen.

Karte S. 184

Rostuše

Zwischen Mavrovo und Debar liegt das Dorf Rostuše. Am Ortseingang rechts führt ein von US-Aid ausgebauter und gekennzeichneter Pfad zum **Wasserfall Duf** (Holzschild: Водопад Дуф). Folgt man dem Pfad, hört man nach etwa zehn Minuten das Wasser rauschen und erreicht nach insgesamt 20 Minuten den Wasserfall. Unterwegs bilden einige liebevoll arrangierte Holztische lauschige Picknickplätze – nur leider hat sich noch niemand für die Leerung der stets überquellenden Abfallkörbe gefunden. Der Wasserfall ist weit weniger spektakulär als diejenigen im Umfeld der ostmakedonischen Stadt Strumica, doch lohnt die imposante Felswand, von der das Wasser stürzt, einen kurzen Abstecher. Nach Rostuše führt von der Hauptstraße rechts eine Brücke über den Fluss Radika. Nach der Brücke dem Ortsschild folgen und sich zwei Kilometer den Berg hochschlängeln.

Kloster Sv. Jovan Bigorski

Das fast 1000 Jahre alte Kloster ist das landesweit und auch touristisch bekannteste und einer der Höhepunkte makedonischer Klosterkultur. Es liegt südlich des Mavrovo-Nationalparks in unmittelbarer Nähe zur albanischen Grenze und zum Berg Korab und wird derzeit von sechs Mönchen bewohnt.
In seiner Geschichte wurde das Kloster dreimal zerstört, so dass von seinen Anfängen im 11. Jahrhundert nur noch die magische Ikone des heiligen Jovan erhalten ist, die sich in der Klosterkirche befindet. Die heutigen Klostergebäude stammen aus dem 19. Jahrhundert. Berühmt ist Sv. Jovan Bigorski vor allem für

Am Golem Korab

Das Kloster Sveti Jovan Bigorski

seine kunstvolle **Ikonostase**, in die angeblich mehr als 500 Figuren geschnitzt wurden und zwar von Makarije Frčkovski aus Galičnik und den Brüdern Filipovski aus Gari, die auch die Ikonostasen von Sv. Spas in Skopje und dem Kloster des heiligen Lesnovski in Ostmakedonien fertigten. Man sagt, ein wohlhabender Reisender habe den Mönchen einmal einen Blankoscheck zum Kauf der prächtigen Ikonostase angeboten, der aber dankend abgelehnt wurde. Der ehemalige **Speisesaal** der Mönche ist reich dekoriert mit einer kunstvoll geschnitzten Holzdecke und Heiligendarstellungen an den Wänden, die auf ihre Restaurierung warten. Zur Zeit der türkischen Eroberungen wurde der Saal deshalb nicht zerstört, weil über seinem Eingang ein Schutzbrief des Sultans hing, der heute noch zu sehen ist.
Der darunter liegende Frauenspeisesaal wurde in eine **Galerie** umgewandelt und enthält Ikonen aus dem 14. bis 20. Jahrhundert, die inzwischen aus dem Museum in Skopje ins Kloster zurückkehrten. Für Übernachtungsgäste gibt es mehrere Schlafsäle, und weitere Räume werden gerade gebaut. Pro Nacht und Gast zahlt man 600 MKD. Wer im Kloster übernachtet, sollte auch an den Gottesdiensten teilnehmen, die täglich um 6, 16 und 19 stattfinden. Die Lithurgie beruft sich hier auf die alte byzantinische Tradition und ist sehr melodisch, der Gottesdienst dadurch ein besonders sinnliches Erlebnis. CD-Aufnahmen sind im Klosterladen erhältlich.
Zu Sv. Jovan Bigorski kommt man mit dem Bus, der von Tetovo nach Debar fährt. Die Fahrt führt entlang am Fluss Radika und ist landschaftlich sehr schön. Der Bus setzt Fahrgäste auf Anfrage am gelben Hinweisschild (Св. Јован Бигор ски) ab, von dem es zu Fuß noch etwa 15 Minuten bis zum Kloster sind.

Debar

Die kleine Stadt Debar (Дебар, albanisch: Dibra) liegt im westlichsten Zipfel Makedoniens an einem großen Stausee und nur sieben Kilometer von der albanischen Grenze entfernt. Kein Wunder also, dass die überwältigende Mehrheit der knapp 20 000 Einwohner Albaner sind und Albanisch die gängige Verkehrssprache ist. Das heutige Debar kann sich

Moschee in Debar

Karte S. 184

Das Kloster Sveti Gjorgji Probedonoset

keiner großen Attraktionen rühmen, dafür aber einer sehr bewegten Geschichte.
Daran erinnert vor allem das Denkmal
des albanischen Nationalhelden Gjorgji
Kastrioti Skenderbeg, auf das man unweigerlich im Zentrum der Stadt stößt.
Skenderbeg schaffte es im Jahre 1444,
Debar von den osmanischen Herrschern
zu befreien, und kämpfte fünf weitere
Jahre tapfer gegen die Türken, bis sie
die Stadt zurückeroberten. Er kehrte
heim nach Albanien, in seine Heimatstadt Kruja, wo er erstmalig die rote
Fahne mit dem Doppeladler hisste, die
noch heute die Flagge Albaniens ist und
gern in den albanisch dominierten Gebieten Makedoniens ausgehängt wird.
Die Zeit unter türkischer Herrschaft
brachte Debar zwar wirtschaftlichen Aufschwung, von dem aber hauptsächlich
die türkischen Begs (Statthalter) profitier-
ten, deren **prächtige Häuser** man teilweise noch bewundern kann. Auch die Reste
eines **Hammams** zeugen von der türkischen Vergangenheit. In den Balkankriegen 1912 und 1913 und im Zweiten
Weltkrieg wurde Debar wiederholt zum
Tauschgegenstand zwischen Serben und
Albanern, und nach dem Ersten Weltkrieg begann die Bevölkerung, die viel-
umkämpfte Stadt zu verlassen.

■ Kloster Sv. Gjorgji Probedonoset

Am Ufer des Debarsees, zwei Kilometer
nördlich der Stadt in Richtung Mavrovo,
thront ein weißes Nonnenkloster. Mitten
in einem fast nur von muslimischen Albanern bewohnten Gebiet gelegen, steht
es unter dem Schutz des Mönchsklosters
Sv. Jovan Bigorski. In der kleinen, gepflegten Anlage von Sv. Gjorgji leben mehrere
junge Nonnen, die gut Englisch sprechen
und gern über das Kloster erzählen.
Wenn sie nicht gerade beten, nähen sie
geistliche Gewänder und verzieren Mitras, die Kopfbedeckungen der orthodoxen Metropoliten, mit aufwendigen Stik-
kereien. Die Mitras werden später nach
Bulgarien, Russland und Griechenland
verkauft. Die Klosterkirche, auf dem Fundament einer Kirche aus dem 16. Jahrhundert, besitzt gut erhaltene Fresken
aus ihrer Gründungszeit um 1835. Im
Kloster kann man kostenlos übernachten
und wird bewirtet, sollte aber eine Spende
in der Kirche hinterlassen.

Der Nordwesten

■ **Thermalbäder**

Debar ist bekannt für seine Thermalbäder. Das Bad **Dolni Kosovrasti**, dessen sulfidhaltiges Quellwasser gegen Rheuma hilft, liegt sieben Kilometer nördlich von Debar, an der Straße nach Mavrovo. Hat man die Brücke über den Fluss Radika überquert, links halten und dem Schwefelgeruch folgen, bis man vor einem niedrigen Betonbau mit Pool landet. Eine Stunde baden, getrennt nach Geschlecht, kostet schlappe zehn Denar.

Das andere Bad, **Banište**, befindet sich fünf Kilometer außerhalb Debars, kurz vor der albanischen Grenze und ist deutlich weniger heruntergekommen als Dolni Kosovrasti, riecht aber nicht minder schwefelig und heilt Frauenleiden und Hauterkrankungen. Zwischen 15 und 21 Uhr kann man sich dort für 30 Denar säubern.

Zu beiden Bädern gehören Kurhotels, die Schlammbäder und Massagen anbieten. Beide Hotels und Bäder befinden sich zur Zeit in einem bedauernswertem Zustand und warten auf Investoren und ihre dringend notwendige Sanierung. Besser badet es sich sicherlich im nahegelegenen **Debarsee**, einem der größten Stauseen Makedoniens mit weitläufigen Stränden.

ℹ Debar

Vorwahl: 046.

Nur die Straße, die aus **Gostivar** kommt, ist neu asphaltiert. Die andere Strecke aus **Struga** ist schlecht und wird wenig befahren. Eine **Zollstation** ist etwa zwei Kilometer von Debar entfernt. Von dort führt eine Straße nach **Peshkopia** und durch die Berge über Burrel nach **Tirana** (empfehlenswerter ist der Grenzübergang bei Struga).

Der **Busbahnhof** liegt dezentral am südlichen Ende des Orts. Deshalb steigt man am besten direkt im Zentrum aus und ein, wo der Bus vor dem Skenderbeg-Denkmal hält.

Nach Skopje: 6x tägl.; 350 MKD, über **Gostivar** und **Tetovo**.

Struga: 5x tägl.

Albanien: Über die Grenze fährt kein Bus, aber es gibt Sammeltaxis. Einfacher ist die Einreise über Struga, von wo regelmäßige Minibusse fahren.

Übernachtungsmöglichkeiten in Debar sind rar und bescheiden. Die beiden Bäder **Dolni Kosovrasti** und **Banište** sind mit großen Hotels versehen, die jedoch guten Gewissens nicht empfohlen werden können. Zimmer kosten jeweils 20 Euro, Frühstück und Eintritt zu den Bädern inbegriffen.

Hotel Venec, direkt im Zentrum; 15 Euro/Person mit Frühstück. Einfach und ordentlich, leider ohne Seeblick.

Kloster Sv. Jovan Bigorski, Tel. 042/ 47 86 75; 600 MKD/Pers. im Schlafsaal. 17 km Richtung Mavrovo.

Taverna Cami, am Ortsausgang Richtung Struga. Direkt am See, spezialisiert auf Fisch. Etwas teurer, aber mit sehr schönem Blick.

Karte S. 184

In der Klosterkirche Sveta Bogorodica des Klosters Lešok

»Nicht eingezäunt ist der Weingarten, an seiner Grenze wachsen Wolfsmilch und niedrige
Brombeeren, etwas höher
erhebt sich der Steinboden bis
zum Fuß eines grauen Hügels,
und oberhalb des Hügels spannt
sich der blaßblaue Himmel, vor
dem jeder stärkere Gedanke
verblaßt.«

Blaže Koneski, Der Weingarten

Der Osten

Der Nordosten

Der Osten Makedoniens wird weit seltener besucht als der Westen und ist auch insgesamt viel weniger erschlossen. Das macht ihn besonders reizvoll, wenngleich die ökonomische Rückständigkeit der Region für ihre Bewohner alles andere als romantisch ist. Ostmakedonien lebt vor allem vom Wein- und Tabakanbau, und in der Gegend um Kočani gibt es Reisfelder. Die östliche Landeshauptstadt, die sich gut als Basis für Reisen in die Region eignet, ist **Štip**.

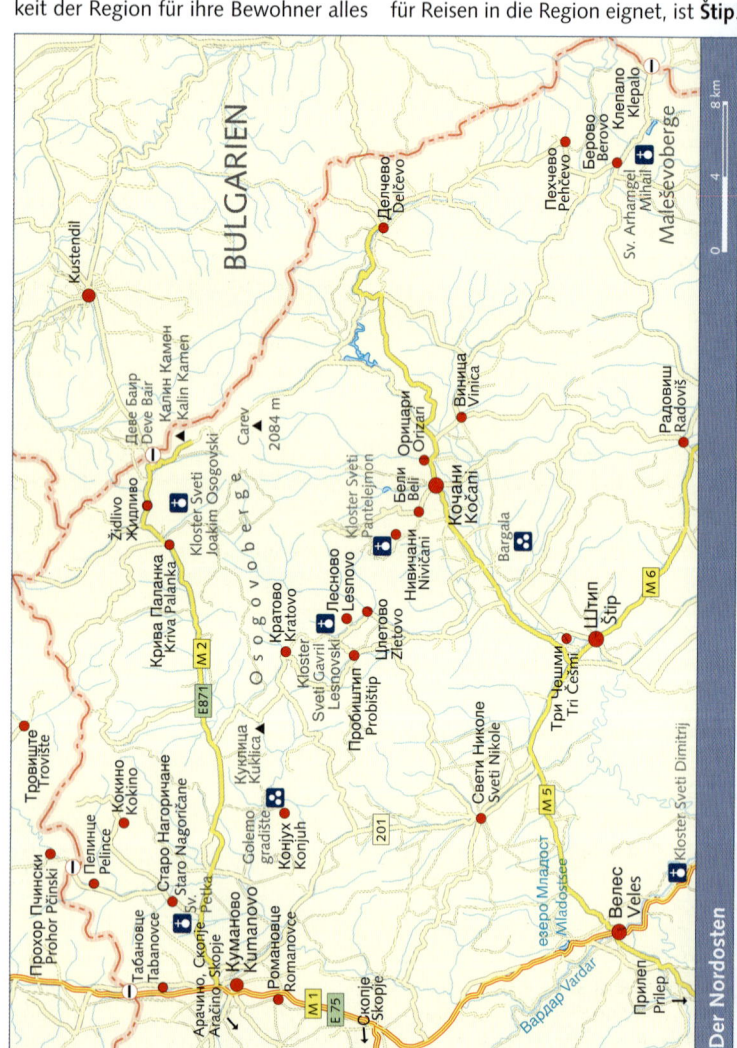

Nördlich von Štip, bei Kriva Palanka, liegt das berühmte **Osogovskikloster**, nicht weit davon die hübsche kleine Bergbaustadt **Kratovo**. Einen Besuch wert sind auch die Steinformationen aus Vulkanasche in **Kuklica**, die Kosturnica in **Veles**, die **Maleševoberge** und der **Mladostsee**.

Kumanovo

Mit gut 80 000 Einwohnern ist Kumanovo (Куманово, albanisch: Kumanova) die drittgrößte Stadt Makedoniens. Von der Architektur aus dem 19. Jahrhundert, die früher das Stadtbild Kumanovos prägte, ist wenig übriggeblieben, und die einstige Altstadt besteht nun großenteils aus Beton. Dennoch ist Kumanovo eine lebendige Stadt, in der es dank einer eigenen Fakultät für Wirtschaft und Technik zahlreiche Studenten gibt, die abends die vielen Cafés füllen. Und nicht weit von Kumanovo entfernt, im idyllischen Dorf Staro Nagoričane, liegt die Kirche **Sv. Gjorgji**, eine der schönsten Klosterkirchen ganz Makedoniens.

■ Geschichte

Als 1689 der Aufständische Petre Vojnički-Karpoš von Kriva Palanka kommend gegen die Osmanen ins Feld zog, gelangte er bis Kumanovo und wurde daraufhin von Leopold I. von Österreich zum ›König von Kumanovo‹ ernannt. Vielleicht ein kleiner Trost vor seinem tragischen Ende, denn wenig später wurde er von den Türken geköpft und sein Haupt auf der Steinbrücke in Skopje ausgestellt.

Während des Kosovokrieges in den Jahren 1998 und 1999 war die Stadt wegen ihrer nördlichen Lage eines der wichtigsten Auffangbecken für tausende von Kosovaren, die nach Tetovo und dessen nähere Umgebung flohen. Dort kamen sie teils in albanischen Familien, teils in Flüchtlingslagern unter. Inzwischen sind die meisten von ihnen in das Kosovo zurückgekehrt, dafür sind in Kumanovo aber immer noch zahlreiche makedonische Binnenvertriebene aus dem 17 Kilometer entfernten Dorf Matejče untergebracht, einem der Dörfer, die im Zuge des Konflikts von 2001 ethnisch ›gesäubert‹ wurden und nun ausschließlich albanisch besiedelt sind. Inzwischen kann man Kumanovos Umgebung bedenkenlos bereisen, nur auf Strecken abseits der Hauptverkehrsverbindungen rät das Auswärtige Amt in Nordmakedonien weiterhin zur besonderen Vorsicht (Stand Februar 2009).

■ Fahrt über Aračinovo

Kumanovo ist von Skopje schnell und einfach über die E75 zu erreichen. Wer die Autobahngebühren sparen will, kann auch über die kleinere Landstraße über Aračinovo fahren: Der Ort war

Am Mladostsee bei Veles

Der Osten

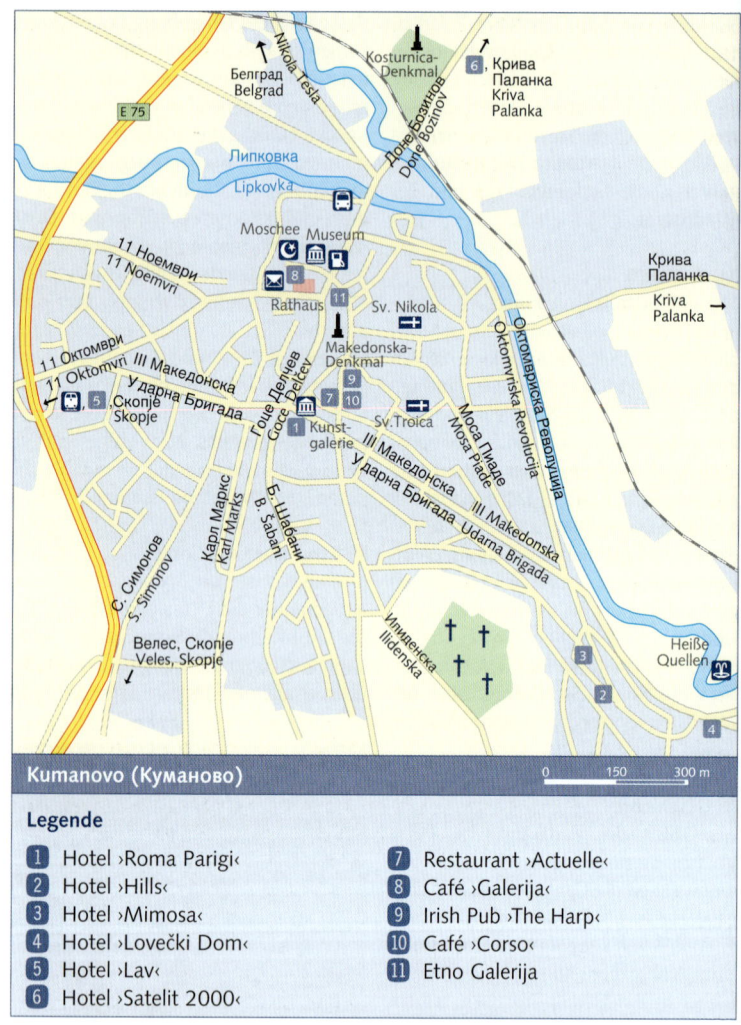

Kumanovo (Куманово)

Legende

1 Hotel ›Roma Parigi‹
2 Hotel ›Hills‹
3 Hotel ›Mimosa‹
4 Hotel ›Lovečki Dom‹
5 Hotel ›Lav‹
6 Hotel ›Satelit 2000‹

7 Restaurant ›Actuelle‹
8 Café ›Galerija‹
9 Irish Pub ›The Harp‹
10 Café ›Corso‹
11 Etno Galerija

einer der Hauptaustragungsplätzes des Konflikts von 2001, was einigen Häusern noch immer anzusehen ist. Dass nach den ethnischen Säuberungsaktionen hier nun nur noch Albaner leben, erkennt man an den roten Flaggen mit dem Doppeladler, die allerorten aushängen.

■ **Sehenswürdigkeiten**

Verlässt man den Busbahnhof Kumanovos, liegt links eine Romasiedlung, in der frisches Obst und Gemüse am Straßenrand angeboten werden. Rechter Hand führt die Straße nach einem Kilometer ins Zentrum. Die große Kirche **Sv. Nikola** verfügt über eine Ikonengalerie, in der unter anderem auch zwei Bibeln aus dem 18. und 19. Jahrhundert ausliegen, und hat einen hübsch angelegten Kirchhof mit Rosenbeeten. Die kleinere Kirche **Sv. Troica** ist weit weniger beeindruckend. Für Archäologieinteressierte mag ein Besuch des örtlichen **Museums** lohnen, in dessen unterer Etage die Archäologin Lenka Trajkovska eifrig Scherben antiker Funde sortiert und zusammensetzt. Oben gibt es eine Ausstellung mit Trachten, eine Art Heimatmuseum, leider ist alles ausschließlich makedonisch beschriftet.

Am südöstlichen Stadtrand, in unmittelbarer Nähe des Hotels ›Kuba‹ und des Stadtparks, liegen Kumanovos **heiße Quellen** mit dem Thermalbad ›Stara Banja‹. Der Eintritt in die für Männer und Frauen getrennten Bäder kostet 50 Denar. Außerhalb des Badehauses kann man seine Füße in das 34 Grad warme, angeblich heilende Wasser tauchen. Zudem ist es sehr beliebt, Mineralwasser an den Quellen in Flaschen abzufüllen. Das Wasser soll gegen Nierenleiden helfen.

 Kumanovo

Vorwahl: 031.
Informationen zur Stadt sind im **Citizen Information Centre** im Rathaus, 11 Oktomvri bb, Tel. 43 73 10, erhältlich oder per Mail an Cic_kumanovo@on.net.mk.

Im **Postamt** neben dem Rathaus kann man Geld wechseln.

Günstige **Internetcafés** mit schneller Verbindung findet man entlang der ul. Karl Marks.

Mak-Petrol-Tankstelle, kurz vor der Ortseinfahrt (Richtung Skopje), gegenüber Motel und Restaurant ›Milano‹.

Busbahnhof, Done Božinov bb., Tel. 42 36 10.
Nach Skopje: 7–21 Uhr alle 30 Min., Fahrtdauer 45 Minuten; Ticket 90 MKD, kann man auch direkt im Bus erwerben. Der Bus aus Skopje hält bereits im Zentrum, bevor er zum weniger zentralen Busbahnhof fährt.

Weitere regelmäßige Busse fahren nach **Kriva Palanka** und **Tetovo**.
Pelince: 5–19 Uhr alle 2 Stunden.
Štip: 5.30 Uhr.
Kriva Palanka: 7, 11.30 und 15 Uhr.
Belgrad und **Istanbul**: mehrmals tägl.

Bahnhof, Tel. 42 34 80. Züge verkehren weniger regelmäßig als Busse, der Bahnhof liegt einige Kilometer außerhalb der Stadt hinter einem militärischen Sperrgebiet am Rande einer Industrielandschaft. Von dort aus muss man mit dem Taxi in die Stadt fahren. Züge **von Skopje** um 6.12, 15.20, 18.19, 10.06 und 22.25 Uhr; teilweise Weiterfahrt nach **Belgrad**, **Podgorica** und **Niš**.

Taxis warten am **Busbahnhof** und fahren bei Bedarf für 70–80 MKD/Pers. nach Skopje. Grundbetrag im Ort 40 MKD, danach 25 MKD/km.
Der hilfsbereite Fahrer Rade spricht Deutsch und freut sich über Gäste aus Deutschland: Tel. 070/801 04.

Hotel Roma Parigi, III Makedonska Udarna Brigada bb, Tel. 41 58 00;

Der Osten

20–25 Euro/Pers. (verhandelbar). Das zentralste Hotel im Ort, Räume mit Klimaanlage und sauber, aber leider kann man die Fenster nicht öffnen. Das gleichnamige Pizzarestaurant mit Terrasse zur geschäftigen III. MUB-Straße ist sehr teuer und hat überschaubare Portionen, trotzdem beliebt.

Hotel Hills, V. Smileski Bato 91, Tel. 45 25 36; EZ 35 Euro, DZ 50 Euro inkl. Frühstück. Geräumige Zimmer mit Minibar, Sat-TV, Sofa und sauberen Bädern. Fitness-Club im Keller.

Hotel Mimoza, Goce-Delčev-Bezirk (nahe Hotel ›Hills‹, Taxi vom Zentrum 60–70 MKD), Tel. 41 32 32, www. hotelimakedonija.com.mk; EZ 30 Euro, DZ 45 Euro inkl. Frühstück. Kleines Hotel zwei Kilometer vom Zentrum Richtung Quellen. Zimmer mit W-Lan, Balkon, Klimaanlage und Minibar.

Lovečki Dom, südöstlich des Zentrums, Tel. 45 27 73; 26 Euro/Pers. inkl. Frühstück. Eine lange Einfahrt führt durch ein Wäldchen zum Hotel mit sechs Zimmern mäßigen Standards.

Hotel Lav, Tel. 41 29 99; EZ 25, DZ 50 Euro inkl. Frühstück. Fernab vom Zentrum direkt am Bahnhof, aber sehr elegant und mit eigenem Pool.

Die Hotels **Kuba** und **Kristal** waren 2008 noch immer von Flüchtlingen bewohnt. Am Stadtrand befindet sich ein weiteres Hotel, das **Satelit 2000**.

Restaurant Actuelle, Ilindenska 5. Hervorragendes Restaurant, gute italienische Küche mit echtem Olivenöl und gelegentlich Livemusik.

Stilvoll ist das **Café Galerija** an der ul. Goce Delčev mit englischsprechendem Personal. Weitere beliebte Cafés liegen an der Ecke Ilindenska/Leninova.

Der zentral gelegene **Irish Pub The Harp**, Narodnaja Revoluzija 1, ist gerade die absolute In-Location von Kumanovo und wird betrieben von dem waschechten Iren Marc Antony. Ein Guiness kostet 130/190 MKD, Whiskey 120–250 MKD.

Café Corso. Szenetreff in zentraler Lage.

Museum von Kumanovo, Done Božinov bb, Tel. 42 24 95; 8–16 Uhr. Das unbeschriftete Sandsteingebäude in der kleinen Seitenstraße Done Božinov ist nicht ganz einfach zu finden, einziges Indiz: Bei genauerem Hinsehen findet man im privat anmutenden Garten ein Lapidarium und einige Ausgrabungsfunde.

Jährliches **Jazz-Festival** Ende August/Anfang September mit Bands aus ganz Osteuropa.

Etno Galerija, versteckt in einem Hofeingang direkt neben dem Rathaus; Mo–Fr 10–17 Uhr. Verkauft lokale Trachten und andere Souvenirs.

Staro Nagoričane

Zweifelsohne sehenswert ist die kleine Kirche **Sv. Gjorgji** in Staro Nagoričane (Старо Нагоричане), 15 Kilometer nordöstlich von Kumanovo. Das Gebäude der Kirche besteht aus zwei Schichten, einer älteren aus dem 11. Jahrhundert, bestehend aus großen, grauen

Steinblöcken, und einem oberen Part aus dem 14. Jahrhundert, der alle typischen Merkmale mittelalterlicher makedonischer Kirchenarchitektur aufweist: ein leichter, dekorativer Ziegelbau in Kreuzform mit fünf Kuppeln. Wie die Inschrift über dem Eingang verrät, wurde der jüngere Teil der Kirche 1313 vom serbischen König Milutin erbaut, dessen Porträt im Inneren der Kirche in der unteren Ebene der Nordwand zu sehen ist. Die junge Frau an seiner Seite ist seine Gattin Simonida. Dass sich neben den üblichen Heiligendarstellungen Porträts rein weltlicher Figuren finden, ist äußerst selten. Auch die anderen Fresken aus der Erbauungszeit der Kirche gelten als besonders wertvoll, obwohl sie leider nicht mehr gänzlich erhalten sind.

Staro Nagoričane erreicht man am besten per Auto. Zunächst der Straße Richtung Belgrad folgend, wählt man die Abzweigung nach Kriva Palanka, um dann den Schildern Richtung Prohor Pčinski bis zu einer kleinen T-Kreuzung zu folgen. Dort links abbiegen und dann gleich wieder rechts. Nach zweieinhalb Kilometern erneut rechts abbiegen, und nach ein paar hundert Metern liegt die Kirche auf der linken Straßenseite. Sollte sie verschlossen sein, bekommt man den Schlüssel auf Anfrage bei der benachbarten Polizei oder in der nahegelegenen Dorfkneipe ›Нагоричанка‹ (Nagoričanka). Fotografieren ist in der Kirche verboten.

■ Sveta Petka

Der Weg nach Staro Nagoričane führt vorbei an der Kirche Sv. Petka, die dort, wo man links von der Hauptstraße E871 abbiegt, linker Hand steil am Hang liegt. Augenscheinlicher als die Kirche selbst sind die weiß leuchtenden Grabsteine, die sie umgeben. Die gesichtslose moderne Sv. Petka ist selbst kaum einen Umweg wert, fährt man jedoch um den Hügel herum, findet man die wunderschöne **alte Kirche Sv. Petka** aus dem 15. Jahrhundert, inzwischen mehr Ruine als Kirche. Nur der sie umgebende Friedhof ist noch in Gebrauch. Es ist absehbar, wann das Gebäude gänzlich verfallen sein wird. Am Fuße des Hügels, unterhalb der Kirche, gibt es einen alten Brunnen, der von den Bewohnern der Gegend immer noch rege genutzt wird.

Kokino

Etwa 30 Kilometer von Kumanovo entfernt wurden vor nicht langer Zeit einige bemerkenswerte Steinformationen aus dem 2. Jahrtausend vor Christus entdeckt. Wie bedeutend die Reste dieses alten **Observatoriums Tatov Kamen** auf einem Hügel beim Dorf Kokino (Кокино) tatsächlich sind, ist umstritten. Auf den ersten Blick für viele nicht mehr als eine Ansammlung größerer Steine, hat es die NASA 2005 zum viertältesten Observatorium der Welt erklärt, und viele preisen es als makedonisches Stonehenge. Der Vergleich hinkt aber ganz offensichtlich, und die interessanteren Ausgrabungsfunde werden inzwischen im Museum in Kumanovo verwahrt. Das Dorf Kokino ist von Kumanovo ausgeschildert.

Golemo gradište

In der Nähe des Dorfes Konjuh befindet sich, hoch oben auf einem felsigen Plateau, die **Ausgrabungsstätte Golemo gradište** (Große Stadt). Seit ihrer Entdeckung gibt die spätantike Stadt aus dem 4. bis 5. Jahrhundert Rätsel auf. Zunächst wurde auf dem Hügel eine Tempelanlage vermutet, in der die Bewohner der Unterstadt, unterhalb des

Der Osten

Alte Kirche bei Konjuh

Plateaus am Fluss Kriva gelegenen, ihre Gottesdienste verrichteten. Dann wurden aber große Tongefäße gefunden, die nahelegten, dass es sich bei den ausgegrabenen Mauern eher um die Reste einer Vorratskammer handelte. Aber warum so hoch auf dem Berg? Verlief der Fluss Kriva, den man im Tal unterhalb des Hügels sieht, ursprünglich vielleicht direkt um die schwer befestigte Stadt herum?

Am westlichen Ende der Akropolis kann man eigenartige Höhlen und Löcher in den Felsen finden, deren Bedeutung bislang nicht geklärt werden konnte. Viel mehr sieht man aber nicht, wenn nicht gerade aktuelle Arbeiten dort stattfinden, und der Weg dorthin ist relativ schwierig zu finden. Von der Straße Richtung Kriva Palanka führt er 15 Kilometer nach der Abzweigung nach Prohor Pčinski rechts auf einen Sandweg. Hat man den Tunnel hinter sich

gelassen, geht es über den kleinen Fluss Kriva, von wo aus man die hohen Felsen von Golemo gradište vor sich liegen sieht.

Kratovo

Die kleine Bergbaustadt Kratovo (Кратово) liegt, wie ihr Name andeutet, im Krater eines erloschenen Vulkans. Zwar hat die Stadt ihre Blütezeit spürbar hinter sich, aber ein Spaziergang durch die beschaulichen Kopfsteinpflastergassen der eng an die Berghänge geschmiegten **Altstadt** ist sehr atmosphärisch und lässt erahnen, wie das Leben hier vor 150 Jahren ausgesehen haben muss. Damals lebte in der Stadt ein Vielfaches ihrer jetzigen Bevölkerung, und auf den Straßen boten zahlreiche Goldschmiede ihre Ware feil. Das Ende des 19. Jahrhunderts war auch das Ende der vielen Werkstät-

Osmanischer Wachturm in Kratovo

ten der Altstadt, die nach und nach ihre Pforten schlossen.

Im heutigen Kratovo gibt es außer sechs **osmanischen Wachtürmen**, die teilweise durch Tunnel miteinander verbunden sind, nicht allzuviel zu sehen, weshalb man die Stadt gut an einem halben Tag bewältigen kann. Ursprünglich gab es in den mehrgeschossigen Wachtürmen keine Treppen, und lediglich über Leitern, die von einem Stockwerk zum anderen gereicht wurden, gelangte man noch oben. So konnte man sich bei Überfällen besser vor Feinden schützen, die dann von oben herab mit Steingeschossen bombardiert wurden. Nachdem Kratovos wilde Zeiten zusammen mit der Türkenherrschaft vorbei waren, wurden die Türme erstmalig mit einfachen Holztreppen versehen. Leider sind die letzten der einstmals zwölf Wachtürme für den Publikumsverkehr meist geschlossen, da sie inzwischen als Lagerräume dienen.

Ebenso aus der türkischen Zeit stammen die Ruinen eines **Hammams** und die vier attraktiven **Steinbrücken**, die über den tief unten im Krater verlaufenden Fluss Tabačka führen.

 Kratovo

Vorwahl: 031.
Im historischen Zentrum gibt es inzwischen einen **Stadtplan** mit ausgewiesenen Sehenswürdigkeiten auf englisch.
Igorce Simonovski hat Tourismus studiert, spricht fließend Englisch und führt Besucher gern durch die Stadt, Tel. 48 18 34, 070/69 27 68.

Busbahnhof, am westlichen Ende Kratovos.
Vier Busse tägl. von **Skopje**, letzter um 17 Uhr, zurück 17.30 Uhr.

Beschränkte Übernachtungsmöglichkeiten in Kratovo. Alternativ ins 15 km entfernte Probištip ausweichen.
Kratovo: **Hotel Kratis**, im Zentrum, Tel. 48 12 01; 30 Euro/Pers. Als einziges Hotel am Ort übertrieben teuer im modrigen Betonbau, dessen einziger Vorteil die Sonnenterrasse direkt am Fluss ist.
Privatunterkünfte für 5 Euro/Pers. vermittelt Igorce Simonovski, wenn man ihn mindestens einen Tag zuvor kontaktiert, Tel. 48 18 34, 070/69 27 68 (engl.).
Probištip: **Hotel Brioni**, Tel. 032/48 28 19; DZ 20 Euro. Kleines Hotel mit drei Zimmern. Wird von einem Ehepaar betrieben, das lange in Hamburg lebte und sich sehr über deutschsprechenden Besuch freut. Mit dem Bus Richtung Štip zu erreichen.

Restaurant Александрија (Aleksandrija), im Zentrum. Nicht sehr atmosphärisch, aber gute Küche, bietet als besondere Spezialiät Gegrilltes an.
Café Amor, am oberen Ende der Partizanska. Als Spezialität gute Musik. Weitere Cafés und Restaurants findet man am Hauptplatz im Zentrum und entlang der ul. Partizanska.

Felsenkunst-Museum, Planininska 1, Tel. 48 27 11; tägl. 9–20 Uhr. Sehr bescheiden.
Heimatmuseum, direkt neben dem Hotel ›Kratis‹; Di–So 9–14 Uhr. Das kleine Museum beherbergt auch die örtliche Bibliothek.

Der Osten

Zu Besuch in Klöstern und Kirchen

Der vielleicht größte Reichtum Makedoniens sind seine mittelalterlichen Kirchen und Klöster. Letztere sind seit 1995 wieder in Betrieb und stehen auch Besuchern offen. Will man übernachten, braucht man die Zustimmung des obersten Mönchs, denn es herrscht eine strenge Hierarchie. Mönch oder Nonne kann man mit 20 Jahren werden und bleibt es in der Regel für den Rest seines Lebens.

In der Klosterkirche finden mehrmals täglich Gottesdienste statt, an denen man als Übernachtungsgast Interesse zeigen sollte. Einer ist meist sehr früh morgens, ein weiterer am frühen Abend, und damit man nichts verpasst, wird mit dem Aufeinanderschlagen zweier Hölzer zum Gebet gerufen. Beim dritten Klopfen, eine halbe Stunde nach dem ersten, beginnt der Gottesdienst. Das ist ein uralter Brauch, mit dem die Mönche von der Feldarbeit, der Bienenzucht oder anderer Arbeit geholt werden. Meist wird erwartet, dass man im Klostergelände Schultern und Beine bedeckt hält, in der Kirche gilt diese Regel grundsätzlich.

Bevor man eine Kirche betritt, kann man für ein paar Denar Kerzen kaufen, die man, verbunden mit Gebeten, in die dafür vorgesehenen Ständer vor oder in der Kirche stecken kann. Dabei ist die obere Ebene für die Lebenden, die untere für Gebete für Verstorbene gedacht. Fromme Makedonier betreten die Kirche mit dem rechten Fuß zuerst und verlassen sie oft rückwärts, um Jesus nicht den Rücken zuzuwenden. Der Eingang weist übrigens immer nach Westen, was eine gute Orientierungshilfe sein kann. Das Bekreuzigen funktioniert hier genau andersherum als bei den Katholiken, also von rechts nach links, und nicht mit fünf Fingern (bei den Katholiken symbolisch für die fünf Wunden Jesu), sondern mit drei als Referenz an die Dreieinigkeit.

Durch Küssen der Ikonen tritt man in eine direkte Verbindung zum abgebildeten Heiligen, denn Ikonen sind nicht einfach Gemälde, sondern lebendige Mediatoren zwischen Gott und Welt. Die Gottesdienste werden in Altslawisch gehalten und bestehen zum Großteil aus sehr melodiösen Lithurgien mit festgelegten Schrittfolgen und Ritualen. An größeren Feiertagen werden Messen zum besseren Verständnis auch auf makedonisch gesprochen.

Während des Gottesdienstes sollte die Gemeinde eigentlich stehen, aber wer müde Beine hat, kann sich auf den Holzstühlen an den Seitenwänden ausruhen. Dabei gilt traditionell, dass Männer rechts sitzen, Frauen links. Von dort aus lässt sich alles gut beobachten, zum Beispiel die Fresken. In der unteren Ebene der Wandgemälde sind, stehend und fast lebensgroß, die wichtigsten Heiligen wiederzufinden. In der Ebene darüber ist oft das Leben Jesu in einer Abfolge von zwölf Szenen dargestellt, die den christlichen Feiertagen entsprechen. Dabei beginnt der Zyklus vorne rechts am Altar und endet links davon. In einem anderen Zyklus wird das Leben desjenigen Heiligen dargestellt, dem die Kirche gewidmet ist. In der Hauptkuppel ist immer ein Bild von Jesus, umgeben von seinen Jüngern, während die Kapitelle der Säulen mit den vier Evangelisten bemalt sind: Sie tragen die Kirche.

Die offensichtliche Beschädigung vieler Fresken wird landläufig auf mehrere Ursachen zurückgeführt. Einige behaupten, dies seien die Osmanen gewesen – was in einzelnen Fällen wohl auch stimmt, dann heißt es wieder, die Kommunisten hätten die religiösen Darstellungen ruiniert. Eine andere plausible Erklärung ist, dass es unter der Landbevölkerung noch lange heidnische Vorstellungen gab, nach denen die den Augen der Heiligen eine Schutzfunktion haben. Deshalb brach man sie heraus und nahm sie mit nach Hause. In jeder Kirche gibt es vorne einen Ikonenträger, die Ikonostase. In den frühchristlichen Basiliken war er aus Marmor, wie etwa in Sv. Leontj bei Strumica, später dann aus Holz. Zwischen all den darin abgebildeten Heiligen findet man links von Christus die Ikone von Maria, die den kleinen Jesus auf dem Schoß hält. Interessanterweise findet sich in der Regel genau gegenüber, über dem Eingang der Kirche, das umgekehrte Motiv: Dort hält Christus in der Szene Mariae Himmelfahrt die Seele seiner Mutter im Arm. Die Silberverzierungen an den Ikonen sind Votivgaben, die den Heiligen zum Dank für Heilung oder Fruchtbarkeit vermacht wurden. Den Altarraum dahinter dürfen nur Priester betreten, und die sind grundsätzlich männlich. Selbst in Nonnenklöstern darf der Altarraum nur vom vorstehenden Priester betreten werden.

In einigen Klöstern darf man kostenlos übernachten und wird frei bewirtet. Da sich Kirchen und Klöster jedoch unabhängig vom Staat finanzieren müssen, sind Spenden eine gern gesehene Geste. Sie werden dringend zu Erhaltung der Fresken benötigt und können einfach in der Kirche hinterlegt werden.

Im Nonnenkloster von Veljusa

Kloster Sv. Gavril Lesnovski

Wenig südlich von Kratovo, in einer beliebten Goldgräberlandschaft, liegt hoch auf einem Hügel das Kloster des heiligen Gavril Lesnovski. In einer Atmosphäre fernab von allem Weltlichen grasen Pferde vor der Klosterkirche, die berühmt ist für ihre besonders kunstvoll geschnitzte **Ikonostase**. Sie wurde von den gleichen Künstlern geschaffen, die auch die wertvollen Ikonenträger von Sv. Spas in Skopje und Sv. Jovan Bigorski bei Debar schnitzten. Die heutige Kirche wurde 1341 auf dem Fundament einer älteren Kirche aus dem 11. Jahrhundert erbaut, deren Mosaikfußboden erhalten werden konnte. Dass die neu errichtete Kirche die osmanische Zeit überlebt hat, liegt, so will es die Legende, an einem heiligen Baum, der noch immer auf dem Klostergelände steht. Als der türkische Sultan den Befehl zur Zerstörung der Kirche geben wollte, saß er im Schatten eben dieses Baumes, aus dessen Krone eine unbekannte Stimme ihn ermahnte, die Kirche unversehrt zu lassen. Der Sultan, der auf den Rat nicht hören wollte, verlor, kaum dass er den Befehl zur Zerstörung ausgesprochen hatte, seine Stimme. Er gewann sie erst in dem Moment wieder, in dem er seine Männer zurückrufen ließ und so die Kirche verschonte.

Seit vor einigen Jahren die Belegschaft des Mönchsklosters von Skopje ausgewechselt wurde, gibt es gelegentlich leider Probleme mit der Gastfreundschaft, so dass man sich nicht darauf verlassen sollte, dort übernachten zu dürfen. Auch gilt eine **strikte Kleiderordnung**, die Frauen knöchellange Rücke vorschreibt. Sollte man abgewiesen werden, ist die nächste Übernachtungsmöglichkeit in Probištip. Von dort aus oder vom nördlicher gelegenen Kratovo ist das mystische Kloster am besten zu erreichen. Wenn man das Dorf Zletovo hinter sich gelassen hat, wird man übrigens zahlreiche Höhlen an den steilen Berghängen entdecken, die die serpentinenreiche Straße säumen.

Kuklica

Für den Weg zu den länglichen Felsformationen, die beim Dorf Kuklica wie große **Steinpuppen** (kukla) in der Landschaft stehen, empfiehlt sich ein geländegängiges Auto oder ein geduldiger Taxifahrer. Immerhin sind sie inzwischen an der Hauptstraße zwischen Kriva Palanka und Kratovo deutlich ausgewiesen, doch der Weg zu den Formationen ist nach wie vor mühsam. Für die erstaunliche Felsenlandschaft gibt es eine hübsche geopoetische Erklärung. Der Legende nach lebte hier einst eine schöne junge Frau, in die sich jeder Mann sofort verliebte, der in ihre Nähe kam.

Steinformationen bei Kuklica

Karte S. 212

Als sie schließlich einem ihrer Verehrer die Ehe versprach, waren die anderen zutiefst betrübt und einer, der sie besonders innig liebte, sprach einen zornigen Fluch über die ganze Hochzeitsgesellschaft aus, die daraufhin augenblicklich zu Stein wurde und seither stumm und starr die Landschaft ziert.

Inzwischen hat man herausgefunden, dass es sich bei den grotesken Steinfiguren um gehärtete Vulkanasche handelt, die durch Erosion geformt und angeblich über 15 Millionen Jahre alt ist.

Seit neustem gibt es Pläne, im Gebiet von Kuklica einen großen Stausee anzulegen, der die gesamte Gegend zwischen Kumanovo und Kratovo mit Wasser versorgen soll. Das würde das Ende der steinernen Hochzeitsgesellschaft bedeuten.

Von Kratovo kommend, fährt man etwa zehn Kilometer Richtung Kumanovo, bis rechter Hand ein Lebensmittelladen erscheint. Auf der anderen Straßenseite weist ein weißes Schild – auch auf englisch – den Weg zu den 3,5 Kilometer entfernten Steinpuppen. Zunächst noch geteert, wird er schnell zum sandigen Piste, die erst durch das Dorf führt und dann zu einem Zementwerk, wo er sich mit einem anderen Weg kreuzt. Hier muss man sich rechts halten und die Brücke überqueren, hinter der man sofort wieder links abbiegt und dann dem Flussverlauf der Kriva solange folgt, bis rechter Hand deutlich die Steinpuppen sichtbar sind, die etwa zwei Kilometer von der Straße entfernt aufragen.

Kriva Palanka

Der Ort Kriva Palanka (Крива Паланка) liegt in den **Osgovobergen**, im äußersten Nordosten des Landes. Dass die Landschaft hier so viel grüner ist als im nur wenige Kilometer südlich gelegenen Kratovo, liegt am hohen Grundwasserspiegel. Deshalb ist die Gegend auch reich an Seen. Besonders hübsch ist die Strecke östlich von Kriva Palanka Richtung bulgarische Grenze, auf der sich bis zum Dorf **Židlivo** viele kleine Brücken über den Fluss Kriva hinweg in fruchtbare Gärten spannen.

Die Stadt selbst schlängelt sich den Fluss entlang und ist recht unspektakulär, aber nur zwei Kilometer entfernt befindet sich ein beliebtes Ausflugsziel vieler Makedonier, das idyllisch gelegene Kloster Sv. Joakim Osogovski.

■ Kloster Sv. Joakim Osogovski

Im weitläufigen Klostergelände, dessen Geschichte bis ins 12. Jahrhundert reicht, gibt es zwei Kirchen, mehrere Gästehäuser und ein Restaurant, auf dessen großer Terrasse am Wochenende gesungen, gepicknickt und geheiratet wird. Jedes Jahr findet hier im August eine der internationalen Künstlerkolonien statt.

Ein Gefühl von frommer Einkehr stellt sich da allerdings schwerlich ein. Es sei denn, man gönnt sich ein paar ruhige Minuten in der Klosterkirche, in der die einzige ständige Bewohnerin des Klosters, die Nonne Igoumina, andächtig und liebevoll die Ikonen reinigt, während sie leise vor sich hinsingt.

Den Exonarthex der Kirche aus dem 19. Jahrhundert zieren neben dem Porträt des heiligen Joakim ungewöhnlich brutale Darstellungen des Jüngsten Gerichts und, links neben dem Eingang, schauerliche Satans- und Höllenszenen. Die zwölf Kuppeln des Baus erinnern an die zwölf Apostel und sind mit deren Porträts geschmückt. Was ihren künstlerischen Wert betrifft, zählen die Fresken der Klosterkirche sicherlich nicht zu den Höhepunkten sakraler Kunst, und auch die älteren Fresken der benachbar-

Der Osten

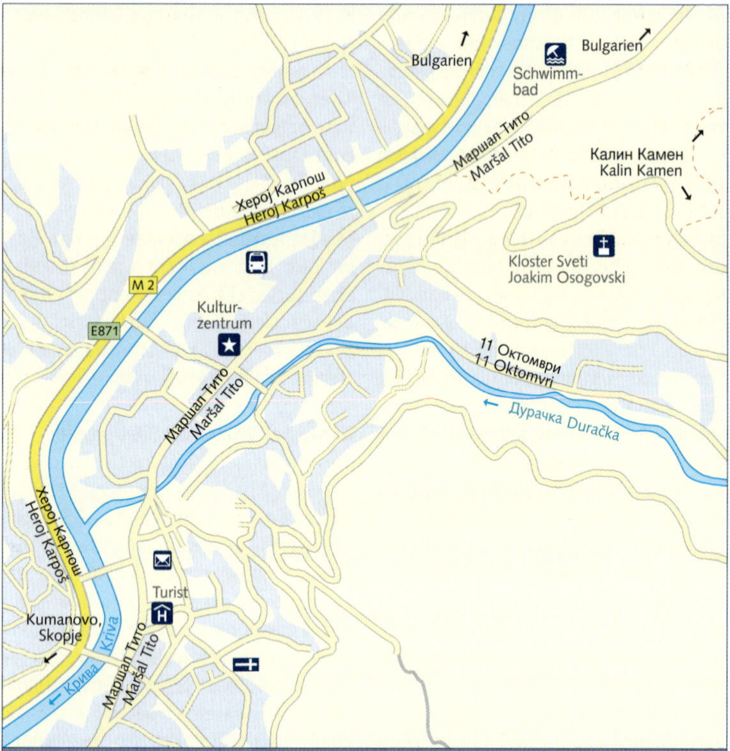

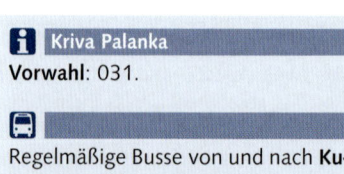

Kriva Palanka (Крива Паланка)

0   100   200 m

---

ten kleinen **Sveta Bogorodica** wurden mit neuen übermalt.

An einer der Hauptrouten nach Konstantinopel gelegen, wurde das Kloster nicht nur von Christen, sondern zwischenzeitlich auch von den Osmanen als Kultstätte genutzt. So diente die Kirche im 16. Jahrhundert als Moschee und wurde wegen ihrer spirituellen Kraft vom Abriss durch die Fremdherrscher verschont. Den Stein rechts neben dem Eingang der Hauptkirche ließ angeblich der damalige Sultan aufstellen als Zeichen, die Kirche vor muslimischen Angriffen zu schützen, nachdem sie ursprünglich abgerissen werden sollte.

ℹ Kriva Palanka

Vorwahl: 031.

🚌

Regelmäßige Busse von und nach **Kumanovo** fahren vom Busbahnhof nördlich vom Zentrum, hinter dem Polizeipräsidium. Von dort mit dem Taxi zum Kloster oder 2 km bergan laufen. **Achtung**: **Skopje-Sofija-Busse** halten nicht am Busbahnhof, sondern machen nur einen kurzen Stop im Zentrum. Die Fahrt von Skopje kostet 210 MKD.

Im Sommer fahren am Mo, Mi und Fr Busse früh morgens ab Kriva Palanka über Kratovo, Probištip und Štip nach **Strumica**.

Gästezimmer im Kloster, Telefon 3375063; 250 MKD im alten Gästehaus, 500 MKD im neuen, in dem es eigene Badezimmer gibt. Da es zu Feiertagen und am Wochenende voll werden kann, empfiehlt es sich, vorher zu reservieren. Einlass findet nur, wer vor 21 Uhr ankommt, danach wird das Tor geschlossen. Kurz nach der Ankunft im Kloster muss man sich bei der lokalen Polizei registrieren lassen.

Hotel Turist, Telefon 375209; 1000 MKD/Pers. inkl. Frühstück. Sehr einfaches Hotel, aber zentral, ordentlich und selten überfüllt. Dort erhältlich sind Umgebungspläne und weitere Infos.

Nördlich der asphaltierten Autostraße führt ein Fußweg in knapp 30 Minuten von Kriva Palanka zum Kloster Sv. Joakim Osogovski. Dem Hauptweg folgen, bis man rechts vor sich am Hang das Kloster sieht. Bei der nächsten Abzweigung den rechten Weg wählen, der beim oberen Klostereingang endet.

Osogovoberge

Vom Kloster Sv. Joakim Osogovski führen einige Wanderwege in die umgebenden Osogovoberge. Die typischen Wanderwegzeichen, den roten Kreis, entdeckt man leicht am Straßenrand nahe des Klosters. Möglich ist von hier der 20 Kilometer lange Aufstieg zum Gipfel **Carev**, der mit 2084 Metern der höchste der Region ist und grandiose Ausblicke nach Bulgarien gewährt. Für die Besteigung sollte man zwei Tage einplanen.

Eine kürzere Tour führt zum acht Kilometer entfernten Berg **Kalin Kamen** (Калин Камен), wo eine Wanderhütte zur Einkehr lädt. Zudem gibt es dort einen hübschen Gletschersee. Man verlässt das Kloster über die Treppe oberhalb des Restaurants und versucht sein Glück auf einem der kleinen Wanderpfade. Die sicherere Variante ist es, der bergan führenden Asphaltstraße zu folgen, die nach ein paar Kilometern zu einem Sandweg wird. Am bequemsten kann man die ersten sechs Kilometer bis zum Fuße des Berges mit dem Taxi zurücklegen. Die Fahrt kostet etwa 200 Denar. Nachdem man – zu Fuß oder per Auto – einige Dörfer und Siedlungen hinter sich gelassen hat, erhebt sich rechter Hand weit sichtbar der Berg Kalin Kamen, zu erkennen an seiner auffälligen, halbrunden Form. Ein sich mehrfach gabelnder Sandweg zweigt

Schäfer am Gletschersee bei Kalin Kamen

Der Osten

rechts von der Straße ab und führt direkt bis zum Fuße des Berges. Dort angekommen, führt der Weg rechts herum zu einer Wanderhütte und nach einigen Stunden bis Kratovo, links geht es weiter Richtung Gletschersee und Gipfel. Aufgrund der unmittelbaren Nähe zu Bulgarien werden Handybesitzer ab hier vom bulgarischen Funknetz begrüßt. Ist nach ein paar Metern kein Weg mehr sichtbar, geht es quer über die steil ansteigende Wiese, in der sich gelegentlich Steine mit Wanderwegzeichen verbergen. Der See liegt jenseits des zu überquerenden Stacheldrahts. Erst, wenn man sich oberhalb von ihm befindet, blickt er einem wie ein großes Auge aus der sanften Hügellandschaft entgegen und bietet, wenn sich die Wolken in ihm spiegeln, ein schönes Naturschauspiel. Etwa 500 Meter höher befindet sich der Gipfel.

Veles

Angesichts der von kahlen Berghängen umgebenen Stadt, die sich recht malerisch zu beiden Seiten des Vardar ausbreitet, wird man sich wundern, dass Veles (Велес) übersetzt ausgerechnet ›in den Wäldern‹ heißt. Noch mehr wird den erwartungsfrohen Reisenden jedoch erstaunen, dass gerade diese Stadt von Tito höchstpersönlich mit seinem Namen beehrt wurde. Titov Veles, wie sich der Ort bis vor kurzem nannte, ist die zentralste Stadt Makedoniens, und das kann eigentlich auch nur der Grund für den vielversprechenden Titel der auf den ersten Blick wenig reizvollen Industriestadt sein. Wer genauer hinsieht, findet jedoch ein paar Sehenswürdigkeiten, gut verborgen in schmalen Seitenstraßen, krummen Gässchen und Winkeln, hauptsächlich auf der östlichen Flussseite. Ein Höhepunkt, für den sich die Entdeckungstour lohnt, ist zweifelsohne die **Kosturnica**, die frisch geweißt von einer Anhöhe über den Vardar herunterstrahlt. Andere besonders sehenswerte Zeitzeugen von Veles bewegter Geschichte sind die bemalten **alten Häuser** aus der osmanischen Epoche und die imposante **Kirche Sv. Pantelejmon**.

▲ *Blick auf Veles und den Vardar*

■ Geschichte

Bevor die Slawen der damals von dich-
ten Wäldern umwucherten Stadt ihren
heutigen Namen gaben, hieß sie Vila
Zora und war eine kleine Siedlung, die
zuerst von Philip V., dann von den Römern und schließlich von den Osmanen
erobert wurde. Letztere nannten sie Kju-
purli, Stadt der Brücken, und errichteten
in ihr über 70 Moscheen, von denen
heute gerade noch eine übrig ist. Die
schwarz-weiße Moschee liegt auf der
östlichen Vardarseite, versteckt hinter
einigen großen, alten Häusern, die teils
noch sehr ansehnlich, teils beeindruk-
kend schief und mächtig auf ihren Abriss
warten. Die Gebäude entstanden in der
Blütezeit vom 17. bis 19. Jahrhundert
und erinnern daran, dass Veles damals
zu den geistigen Vorreitern Makedoniens zählte: Hier wurden die erste makedonische Bibliothek, das erste Gymnasi-
um, die erste Musikschule und das erste
Museum des Landes eröffnet. Außerdem schrieb der Lehrer und Reformer
Jordan Hadži Konstantinov-Džinot hier
das erste Drama in makedonischer Sprache, und dem in Veles geborenen und
1943 gefallenen Dichter und Revolutio-
när Kočo Racin sind noch heute die
jährlich stattfindenden Racin-Literatur-
treffen gewidmet.

Nach dem Zweiten Weltkrieg war es
vorbei mit den glanzvollen Zeiten, und
Veles entwickelte sich zur Industriestadt.
Was wirtschaftlich zunächst erfolgreich
war, wirkte sich langfristig ökologisch
verheerend aus. Die dramatischen
Schwermetallfunde in Boden und Le-
bensmitteln und der erhöhte CO_2-Ge-
halt in der Luft führten zu schweren
Gesundheitsschädigungen der Bevölkerung. Die Lage in Veles bessert sich
deutlich, seit sich die Verhältnisse um-
gekehrt haben: Die wirtschaftliche Flau-

Die alten Häuser von Veles

te nach dem Ende Jugoslawiens hat zum
Schließen vieler Fabriken geführt, was
zwar katastrophal für den Arbeitsmarkt,
aber entlastend für die Umwelt ist. Und
aus der Not macht Veles inzwischen
eine Tugend: Die Handwerkskünste, besonders das Töpfern, für das Veles einst
bekannt war, waren mit der Industrialisierung verschwunden und sollen jetzt
mühsam wieder verbreitet werden.

■ Kirche Sv. Pantelejmon

Dass im 19. Jahrhundert eine Kirche
dieses Maßstabs errichtet werden konnte, hing mit den Reformen des Osmanischen Reichs und dem wirtschaftlichen
Aufschwung im 19. Jahrhundert zusammen. Gleichzeitig ist die Größe Ausdruck des neuerwachten Selbstbewusst-
seins der Makedonier. Die Kirche mit
den drei Schiffen und einem vollständig
erhaltenen Narthex wurde 1840 erbaut
und wirkt von außen eher schlicht. Ihr

Der Osten

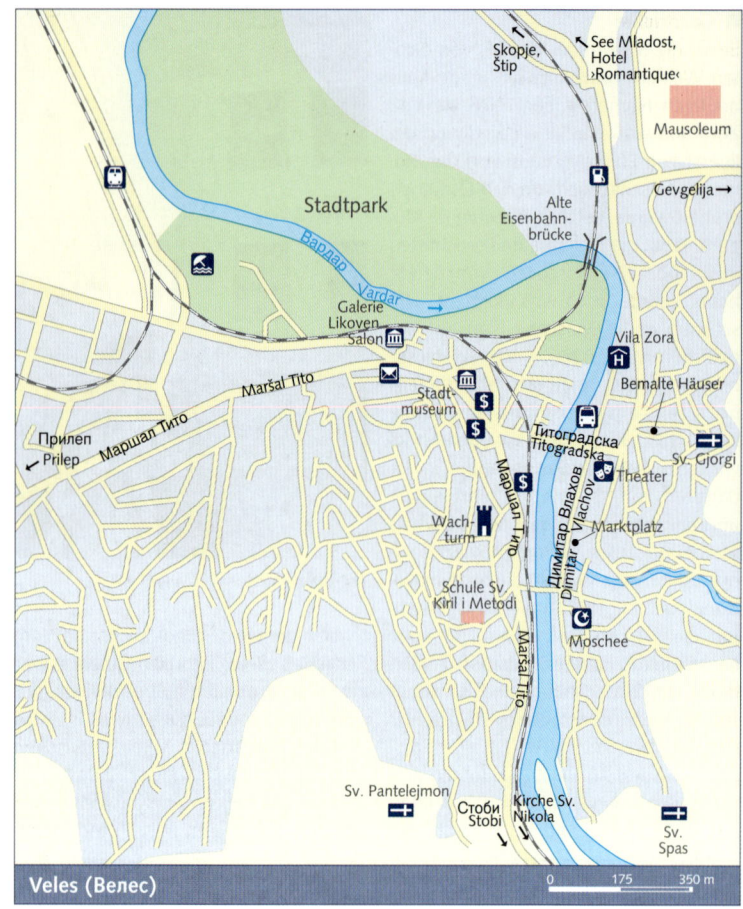

Veles (Велес)

0   175   350 m

opulentes Inneres hingegen überwältigt mit barockartig geschwungenen Galerien, orientalischen Verzierungen und aufwendigen Wandgemälden. Damit ähnelt sie deutlich der Kirche Sv. Bogorodica in Štip, die vom selben Architekten, Andreja Damjanov, entworfen wurde.

Sv. Pantelejmon liegt ganz im Süden der Stadt, hoch oben am Hang auf der westlichen Seite des Vardar, und wird über eine schmale Gasse, die sich erst durch Häuserschluchten, dann durch den weitläufigen Friedhof schlängelt, erreicht. Man verlässt die Maršal Tito im Zentrum zunächst in Richtung Wachturm und hält sich nach der ersten Gabelung links. An der Kiril-und-Metodij-Schule vorbei führt die kleine Straße über einige Kurven und Ecken zur Kirche Pantelejmon. Auf der anderen Vardarseite, genau gegenüber, thront die Kirche Sv. Spas, in deren Hof der Reformer Konstantinov-Džinot begraben wurde.

■ **Kosturnica**

Ebenfalls westlich des Vardar, aber viel weiter nördlich, erhebt sich die großartige Kosturnica, das Mausoleum der im Zweiten Weltkrieg gefallenen Soldaten aus Veles und Umgebung. Von weitem mag das 1979 errichtete Gebäude an einen Helm erinnern, von nahem kann man in der eigenwilligen Architektur jedoch eine große, halbgeöffnete Knospe erkennen. Die Kosturnica liegt an der Straße Richtung Skopje, von der aus kurz vor dem Ortsausgang rechter Hand eine weißlackierte Treppe hoch zu der Anlage führt. Leistet man sich ein Taxi zur etwas entlegenen Kosturnica, sollte man sich praktischerweise direkt beim Pförtner absetzen lassen, der die Schlüssel für die Gedenkhalle verwahrt. Dorthin gelangt man, wenn man bei der Tankstelle rechts abbiegt und vor den gelben Betonpfosten anhält. Nun liegt links das Haus des Pförtners, der einen bissigen Hund hat und nur Makedonisch spricht. Schlüssel heißt auf makedonisch ›kluč‹. Betritt man den Vorhof zum Mausoleum, fällt die Ähnlichkeit zum Ilindendenkmal in Kruševo auf, bei dem in gleicher Weise die Namen der Gefallenen auf runden Eisentafeln in einer weißen Betonlandschaft verewigt wurden. Die Asche der Soldaten ruht unter einem künstlichen Baum im Inneren des Mausoleums. Die expressionistisch anmutenden Mosaiken des Malers Petar Mazev stellen auf über 200 Quadratmetern sehr dynamisch und abstrakt die makedonische Geschichte dar, die im zentralen Motiv des nationalen Befreiungskriegs gipfelt.

Wandgemälde in der Kosturnica

Vlahov zur 180 Meter entfernten Kirche **Sv. Gjorgji**. Meist ist die kleine, in einem Labyrinth steiler Gassen versteckte Kirche verschlossen, aber auf dem Weg dorthin kommt man zu den sehr schmucken **bemalten Häusern**. Die sich eng aneinanderschmiegenden weißen Gebäude mit den typischen dunklen Fenstern wurden 1886 gebaut. Inzwischen hat man die Dächer erneuert und bei der Gelegenheit die Dachkanten frisch bemalt, was aber nicht darüber hinwegtäuschen kann, dass noch viel zu tun ist, wenn man die Häuser in ihrer ursprünglichen Schönheit erhalten will. Dort, wo Vardar und Stadtpark an die Straße stoßen, spannt sich recht anmutig die **alte Eisenbahnbrücke** über das Vardartal.

■ **Entlang der ul. Dimitar Vlahov**

Zwischen Kosturnica und Busbahnhof, nicht weit vom Hotel ›Vila Zora‹, weist ein kleines Schild an der ul. Dimitar

■ **Kloster Sv. Dimitrij**

Südlich von Veles, an der Straße nach Stobi und am Fluss Topolka, liegt schließlich das Kloster Sv. Dimitrij mit der

Der Osten

gleichnamigen Klosterkirche aus dem 14. Jahrhundert. Kaum war die Kirche erbaut, wurde sie von den Osmanen zugeschüttet, 1855 jedoch wieder ausgegraben und originalgetreu aufgebaut. Heute erstrahlt sie wieder in altem Glanz.

■ See Mladost

Ein beliebtes Ausflugsziel in der Nachbarschaft von Veles ist der künstliche See Mladost. Dort kann man zelten, schwimmen, Karpfen fangen und aufatmen. Der See liegt zehn Kilometer nördlich von Veles an der Autobahn nach Skopje.

Am See Mladost bei Veles

 Veles

Vorwahl: 043.
Beim Busbahnhof und an anderen zentralen Punkten hängen neuerdings **Übersichtspläne** mit Hinweisen zu Sehenswürdigkeiten aus.

Veles liegt an der E75, nur 53 Kilometer von Skopje entfernt. Von Veles nach Prilep führt eine ungeteerte, aber sehr idyllische Nebenstraße durch die Babunaberge. Die gut 60 Kilometer lange Strecke ist nirgendwo ausgeschildert und deshalb schwierig zu finden. Vom Kreisverkehr im Zentrum geht die Straße Kole Nedelkovski ab, die direkt auf die Straße nach Prilep führt. Allerdings wird sie kurzzeitig zur Einbahnstraße, weshalb man dieses Stück umfahren muss. Dort, wo die Bahngleise auf die Straße treffen, ist sie wieder frei befahrbar.

Busbahnhof, Titogradska bb, Tel. 23 45 50. Der Busbahnhof liegt sehr zentral auf der östlichen Seite des Flusses.

Nach Skopje: ca. alle 20 Min., der letzte um 20 Uhr, Fahrtzeit 45 Minuten.

Štip: ca. alle 20 Min., der letzte um 20 Uhr; 120 MKD.

Strumica, Bitola, Resen: stündlich bis 17.15 Uhr.

Kočani: stündlich bis 20.15 Uhr.

Dojran/Gevgelija: 14.45 Uhr.

Zum **Mladostsee** fahren keine Busse, nur ins nahegelegene Dorf **Otovica**.

Prilep: 230 MKD.

Bahnhof, Telelefon 23 10 33. Der Bahnhof liegt weniger zentral als der Busbahnhof.

Täglich fahren ungefähr 8 Züge von und nach Skopje, Ein Ticket kostet 100 MKD, Fahrzeit 1 Stunde.

Taxiruf, Telefon 15 96, ab 30 MKD pro km.

Hotel Vila Zora, Dimitar Vlahov bb, Tel. 23 51 55, Fax 23 51 55; EZ 15 Euro, DZ 25 Euro mit eigenem Bad und Balkon. Das mäßig einladende Hotel liegt nah am Busbahnhof und direkt am Vardar, hat eine Terrasse und ein Restaurant.

Weitaus besser übernachtet man am direkt an der Autobahn nach Skopje gelegenen **See Mladost**:

Hotel Romantique, Tel. 21 29 99; DZ ab 50 Euro, für 75 Euro mit Jacuzzi-Wanne. Neues Viersterne-Hotel mit großer Seeterrasse mit Pool, Strand, Ausblick und heimischer Popmusik. Zimmer in schlicht-edlem Design. Weitaus bestes Hotel der Gegend. Das **Motel Veleška** nebenan ist weitaus bescheidener und günstiger.

Der nächste Campingplatz ist am **Mladostsee**, 10 km nördlich von Veles.

Entlang der **Maršal Tito** vom Zentrum aus westwärts findet man einen beliebten Biergarten und Restaurants. Außerdem gibt es ein paar Imbisse an der **Titogradska** zwischen Busbahnhof und Markt.

Auf dem Mladostsee gibt es ein **Hausboot-Restaurant**, das allerdings zeitweise außer Betrieb war. Besonders atmosphärisch speist man auf der **Terrasse des Romantique-Hotels**.

Stadtmuseum, Maršal Tito 20, Tel. 22 33 15; Di–Sa 8–12 und 16–20 Uhr.

Likoven Salon (neue Kunstgalerie); Mo–Fr 9–13 und 17–20 Uhr, Sa 9–12 Uhr.

J.-H.-Konstantinov-Džinot-National-theater, Titogradska bb, Telefon 23 08 02.

Racin-Treffen im Herbst: Autoren des Balkan stellen ihre Werke vor, mit Preisverleihung.

Beliebt bei Bergsteigern ist der **Gipfel Solunska Glava** (2450 m) auf dem Berg Jakupica (siehe auch Seite 107).

Štip

Es ist schwer zu übersehen, dass die ruhige 47 000-Einwohner-Stadt einmal etwas dargestellt hat. Offensichtlich ist aber auch, dass das ziemlich lange her ist. Dabei ist Štip (Штип) die wichtigste Stadt Ostmakedoniens und war 2004 gar Landeskulturhauptstadt. In den letzten Jahren hat das Zentrum mit dem aufwendig sanierten Museumsgelände, relativ viel Grün, einigen netten Kneipen und einem neuen Alexander-Denkmal durchaus an Attraktivität gewonnen, doch so richtig in Schwung kommt Štip erst im Oktober zum jährlich stattfindenden **Makfest**, einem großen Musikfestival, zu dem Musikliebhaber aus ganz Makedonien anreisen. Einen längeren Aufenthalt ist die Stadt außerhalb des Festivals nicht wert, aber ein Zwischenstop auf der Durchreise lässt sich gut nutzen, um einige von Štips Sehenswürdigkeiten zu besichtigen. Dazu zählen vor allem einige **Kirchen** und die bescheidenen Reste einer **Festung**, in der die Ursprünge der heutigen Stadt liegen. Das Zentrum ist geteilt durch den Fluss **Otinja**, der im Sommer kein Wasser führt, sondern zum grünen Pflanzenteppich wird und bei einem Rundgang eine gute Orientierungshilfe ist.

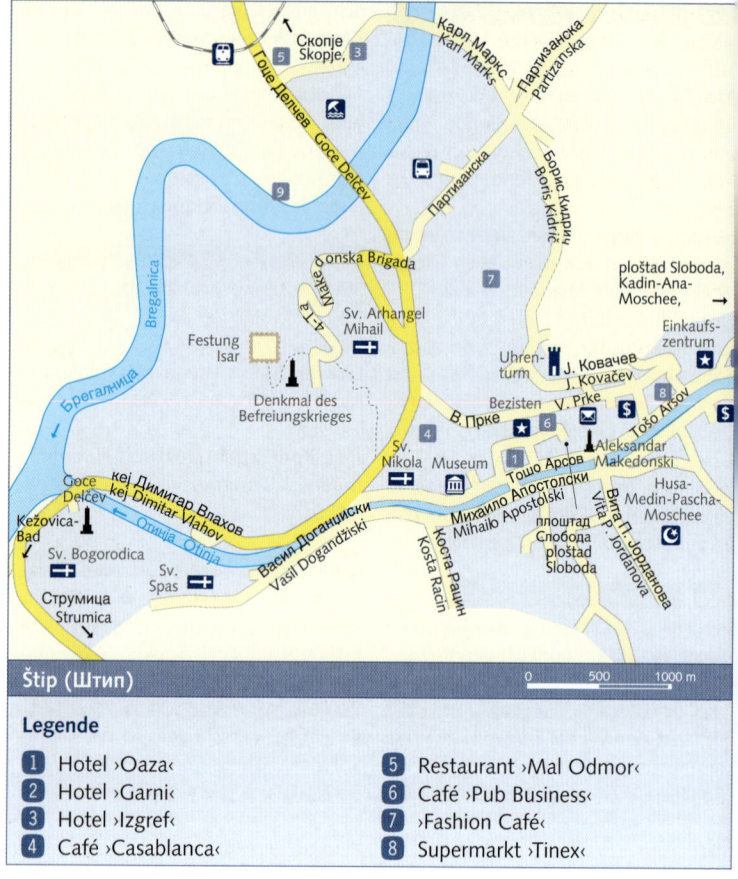

Štip (Штип)

0   500   1000 m

Legende

1. Hotel ›Oaza‹
2. Hotel ›Garni‹
3. Hotel ›Izgref‹
4. Café ›Casablanca‹
5. Restaurant ›Mal Odmor‹
6. Café ›Pub Business‹
7. ›Fashion Café‹
8. Supermarkt ›Tinex‹

■ Geschichte

Die heutige Stadt bildete sich nach dem Verlassen der **Festung Isar**, die auf der Anhöhe am wetlichen Stadtrand thront. Man erreicht sie wahlweise über eine serpentinenreiche Straße vom Busbahnhof aus oder auf einem teilweise steilen Fußweg, der sich, hinter der Kirche Sv. Nikola beginnend, durch pittoreske Häuser mit hübsch bepflanzten Blumenkästen schlängelt. Die erhöhte Lage der Festung Isar 150 Meter über dem Zusammenfluss von Otinja und Bregalnica war strategisch so günstig, dass der Platz schon vor den Römern entdeckt und besiedelt wurde. Als die Römer kamen, erweiterten sie das bescheidene Fort, umgaben es mit zwei schützenden Mauer und nannten ihre neue Stadt Astibo, Stadt der Sterne. Im 6. und 7. Jahrhundert begannen Slawen und Awaren die Festung wiederholt anzugreifen, die nach der slawischen Eroberung schließlich ihren heutigen Namen erhielt. Die Slawen lebten zum Schutz weiterhin in der von jahrelangen Kämpfen halb zerstörten Festung, bis im Jahr 1382, zehn Jahre früher als Skopje, Štip Teil des Osmanischen Reichs wurde. Die Mauerreste stammen aus der Zeit kurz vor der Eroberung durch die Osmanen und bieten einen spektakulären Panoramablick über die Stadt und ihre Umgebung. Die wenig schönen Funktürme, die man im Fort aufgebaut hat, sorgen zumindest für einen hervorragenden Mobilempfang.

Unter den Osmanen wuchs die Bevölkerung bis 1900 rasant an, und das sich ausbreitende Štip wurde zum bedeutenden Handelszentrum zwischen Ägäis und dem innerem Balkan. Als jedoch die Eisenbahn zwischen Skopje und Thessaloniki gebaut wurde, an die Štip nicht angeschlossen wurde, war es mit der Bedeutung der Stadt vorbei.

Das Museum im Haus der Arsov-Familie

■ Osmanisches Erbe

Von den vielen türkischen Gebäuden aus besseren Tagen ist heute nicht mehr viel zu sehen. Unter den Überbleibseln ist die **Husa-Medin-Pascha-Moschee** auf der Südseite des Flusses besonders schön – aber auch besonders traurig: Vom Zentrum im nördlicheren Stadtteil aus gesehen erhebt sie sich wie eine schwarze Pelzmütze über den Häusern der Südstadt. Von nahem erweist sich der ›Pelz‹ als Gras, das wild auf der Kuppel der dem Verfall preisgegebenen Moschee wuchert. Das elegante und wohlproportionierte Gebäude wurde im 16. Jahrhundert auf der alten Kirche Sv. Ilija errichtet, verlor aber nicht viel später schon sein Minarett, dessen Reste noch rechts vom Eingang sichtbar sind, und steht nun schon lange leer. Vor 20 Jahren versuchte man den Verfall aufzuhalten, indem in den prächtigen Bau eine Gemäldegalerie einzog, die sich aber nicht lange halten konnte.

Im Fall des **Bezistens** auf der Nordseite des Flusses ist der Plan aufgegangen: Der Markt aus dem 16. oder 17. Jahrhundert, in dem zu osmanischen Zeiten Waren aus aller Welt verkauft wurden, ist seit vielen Jahren das wohlrestaurierte Zuhause von Štips bekanntester **Kunstgalerie**.

■ Die Kirchen von Štip

Die große **Sv. Nikola** am nördlichen Flussufer wurde vor einigen Jahren sorgsam saniert. 1867 wurde sie auf einer älteren Kirche gebaut und besteht aus zwei Ebenen – Holzbalken auf Marmorsäulen –, wodurch sie wie eine Doppelkirche wirkt. Seit einigen Jahren beherbergt Sv. Nikola eine Ikonengalerie mit einer Sammlung aus dem 19. Jahrhundert.

Die andere, bekanntere und größere Ikonensammlung befindet sich in der Kirche **Sv. Bogorodica** (1836) im Stadtteil Novo Selo. Um die Ikonen vor Vandalismus und Diebstahl zu retten, wurden sie aus den vielen verlassenen

Der Osten

Dorfkirchen Ostmakedoniens eingesammelt und hier ausgestellt. Die Kirche selbst wurde von dem Architekten Andreja Damjanov errichtet, der auch die Klosterkirche Sv. Pantelejmon entwarf. Die Größe beider Kirchen ist Ausdruck eines im 19. Jahrhundert geistig erwachenden Makedoniens.

Auffällig klein und bescheiden nimmt sich dagegen die mittelalterliche Kirche **Sv. Spas** aus, die aber wegen ihrer Fresken aus dem 14. Jahrhundert einen Besuch wert ist. Ein Großteil der heute sichtbaren Wandbemalung wurde im 16. Jahrhundert aufgetragen, aber im Gewölbe der Westwand sieht man noch die Reste der ursprünglichen Fresken.

Schließlich ist da noch die Kirche **Sv. Arhangel Mihail** von 1332 im typisch kreuzförmigen Bau mittelalterlicher Kirchen. Sie liegt auf halber Höhe zur Festung Isar und zum darunterliegenden Denkmal des Befreiungskriegs gegen die Faschisten. Diese Kirche hatten die Osmanen einst in eine Moschee verwandelt, wobei sie die Fresken komplett zerstörten. Heute strahlt die Kirche

Die Kirche Sv. Nikola

frisch saniert. Leider ist sie meist verschlossen, aber der Kirchhof ist ein idealer Rastplatz nach dem steilen Anstieg. Nachts wird sie dramatisch beleuchtet.

■ Denkmal am Festungshügel

Folgt man dem Weg vorbei an der Kirche Sv. Arhangel Mihail weiter bergan, landet man unweigerlich beim Denkmal des Befreiungskriegs von 1944. Dominosteinen gleich säumen Marmorgrabsteine die Treppenstufen, die zum Denkmal führen, von dem aus man eine besonders weite Aussicht hat. Anders als man erwarten könnte, stehen hier keine heroischen Steinhelden, sondern rein ornamental wirkende, abstrakt verzierte Marmorklötze.

■ Bargala

Nordöstlich von Štip liegen die Reste der antiken Stadt Bargala. Die Ruinen wurden so weit ausgegraben, dass innerhalb der Fundamente der einstigen Stadtmauer eine größere Anzahl von Gebäuden sichtbar geworden ist, darunter die Reste einer **Basilika** mit Fußbodenmosaiken aus dem 6. Jahrhundert, die zum Schutz jedoch wieder zugeschüttet wurden.

Besonders imposant sind die **Ruinen des einstigen Bades**, die teilweise von neuen Sockeln und Bögen gestützt werden. Die Ausmaße des Gebäudes belegen die einstige Bedeutung der Stadt, die zu spätrömischer Zeit ein Militärstützpunkt, im Mittelalter Bischofssitz war. Über zwei Meter dicke Mauern umschlossen die fünf Hektar große Siedlung, in der es vier Basiliken gab.

Erwähnung fand Bargala zum erstenmal im Jahr 451, in einem Text, der den Bischof Dardanius von Bargala zusammen mit dem Bischof Nikola von Stobi nennt.

Nach Bargala gelangt man, wenn man Štip auf der Straße nach Tri Česmi Richtung Norden verlässt. Bis zum Dorf **Gor-** **ni Kozjak**, bei dem die Ausgrabungsstätte direkt am Ufer der Bregalnica liegt, sind es gut 15 Kilometer.

 Štip

Vorwahl: 032.

Busbahnhof, Partizanska bb. Tel. 39 29 04, nördlich vom Zentrum. **Nach Skopje**: stündlich, letzter Bus um 19 Uhr; 250 bzw. 360 MKD, über **Veles** bzw. **Kumanovo**.
Strumica: stündlich, letzter um 20.30 Uhr; 190 MKD.
Berovo: 9x tägl., letzter Bus 18.20 Uhr.
Kočani: ca. alle 2 Std., letzter Bus 18.30 Uhr.

Bahnhof, Goce Delčev bb, Tel. 33 66 60. Der Bahnhof liegt relativ dezentral und wird kaum frequentiert.
Nach Skopje: 2x tägl., Fahrtzeit 1,5 Std., über **Veles**; 200 MKD.
Kočani: 3.12 und 15.25 Uhr.

🛏️

Hotel Oaza, Maršal Tito bb, bb, Tel. 39 08 99, www.oazahotel.com.mk; EZ 30 Euro, DZ 40 Euro; Großes, saniertes Hotel mit englischsprechendem Personal, W-Lan und allen Annehmlichkeiten. Verkauft klassische Souvenirs.
Garni, Tošo Arsov bb (östlich vom Zentrum), Tel. 38 86 22; EZ 25, DZ 35 Euro inkl. Frühstück. Kleine, nette Pension im hübschen Altbau mit Garten und persönlichem Flair; kein Englisch, aber freundliches Personal, demnächst Internet auf den Zimmern.
Izgref, Vasiil Vlahovikj I, Tel. 39 49 19; etwa 5 km vom Zentrum an der Straße nach Skopje, nahe Bahnhof. 16 reno- vierte Zimmer, eigenes Restaurant. Nahebei liegt das **Hotel Vago**.

Eine Spezialität der Stadt ist **Pastrmajlija**, Pastete mit Schwein, Huhn, Rind oder Hammelfleisch.
Café Casablanca, direkt hinter dem alten Bezisten. Ideal zur Erholung zwischendurch: Gemütliche Sofas laden im freundlichen Ambiente und mit W-Lan zu gutem Frühstück, traditionellen Fleischgerichten (100–200 MKD) und besonders leckeren Pfannkuchen mit Nüssen und Honig – zu bestellen von der deutschen Speisekarte!
Mal Odmor, Goce Delčev bb, Tel. 38 01 87. Bodenständige Landesküche mit Tradition, zu genießen auf einer Sonnenterrasse. Abends Livemusik.

Café Pub Business; tägl. 8–24 Uhr. Bietet neben Cocktails und anderen Drinks W-Lan.
Fashion Café. Beliebter Treff am Flussufer, W-Lan.

🏛️

Galerie im alten Bezisten, hinter dem Hotel ›Oaza‹; Di–Mi 9–12 und 17–19 Uhr, Fr/So 9–12 Uhr. Galerie für moderne makedonische Kunst.
Museum, Tošo Arsov 10, Tel. 39 20 44; Mo–Fr 10–13 und 17–19 Uhr, Sa 10–13 Uhr. Das alte Haus der Arsovfamilie wurde aufwendig saniert, und ein Besuch lohnt schon wegen des attraktiven Gebäudes. Es beherbergt Büsten, spätrömische Grabsteine und Figurenfriese.

Der Osten

Das **Internationale Filmfestival** findet im Juli statt.

Makfest, im Oktober. Ein sehr beliebtes Festival, auf dem moderne Musik aus Makedonien und den Nachbarrepubliken zur Aufführung kommt.

Kežovica-Thermalbad, Tel. 30 85 60, 3 km westlich vom Zentrum hinter Novo Selo; 40 MKD (Dusche 50 MKD extra), tägl. 6–20 Uhr, Mo und Fr 9–20 Uhr. Baden im mineralhaltigen, 60 Grad warmen Wasser, Aquatherapie.

Kočani und Umgebung

An der Straße von Štip nach Delčevo, inmitten weitgestreckter Reisfelder, liegt die Stadt Kočani (Кочани). Von hier stammt das legendäre **Kočani-Orchester**, Makedoniens wohl bekannteste Roma-Band, die schon weltweit mit Auftritten glänzen konnte. Von seinen Anfängen in der vorchristlichen Zeit bis zur Mitte des 20. Jahrhunderts war Kočani ein Agrardorf, woran auch die Anbindung an die Eisenbahn 1926 nicht viel geändert hat. Bekannt war und ist Kočani für seinen Reisanbau, der nach wie vor einmalig in Makedonien ist. Angeblich war es Alexander der Große, der Reis aus Indien mitbrachte und ihn in der fruchtbaren Erde anpflanzen ließ.

Im Zweiten Weltkrieg wurde Kočani fast vollständig zerstört und mit dem Wie-

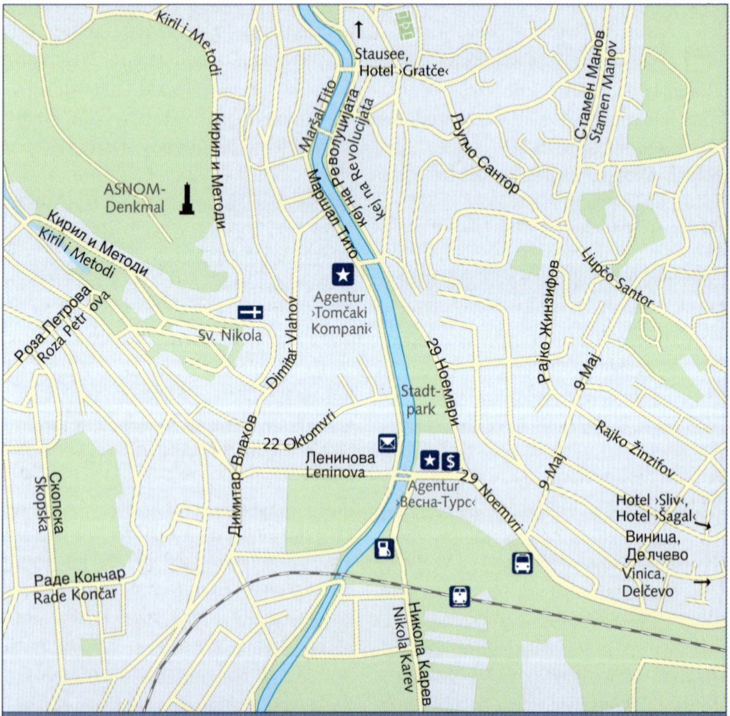

Kočani (Кочани)

0   50   300 m

deraufbau massiv industrialisiert. Inzwischen ist es mit über 26 000 Einwohnern die drittgrößte Stadt Ostmakedoniens – und die sauberste des ganzen Landes: Bereits zum siebtenmal in Folge wurde der jährlich neu ausgeschriebene Titel ›Sauberste Stadt Makedoniens‹ zum Stolz seiner Bewohner an Kočani vergeben.

Das ASNOM-Denkmal

Kočani hat Besuchern nicht allzuviel zu bieten, es sei denn, man ist Liebhaber sozialistischer Denkmalskunst. Das hoch auf einem Hügel im Westen der Stadt gelegene ASNOM-Denkmal erinnert an den Kampf gegen die Faschisten im Zweiten Weltkrieg und die erste Sitzung der ASNOM (Antifaschistische Versammlung der Nationalen Befreiung Makedoniens) am 2. August 1944. Die Anlage zieren großflächige, farbenfrohe Mosaiken des Künstlers Gligor Čemerski, der sie Ende der 70er Jahre gestaltete und 2004, anlässlich des 60. Jahrestages der ASNOM, eigenhändig restaurierte. Das Zentrum des Monuments bildet eine Art modernes Amphitheater, in dem der 2. August mit Tänzen, Reden und Musik gefeiert wird. Auf dem Weg vom Zentrum zum Denkmal liegt die **Kirche Sv. Nikola** aus dem 19. Jahrhundert, deren Anlage durch ihre Gepflegtheit auffällt, sonst aber nicht besonders sehenswert ist.

Am Fluss entlang

Ein Spaziergang an den wohlgeformten Ufern von Kočanis Fluss, der sich, meist nicht sehr wasserreich, durch das Stadtzentrum schlängelt, führt zu den Resten zweier **türkischer Wachttürme**.
Vier Kilometer nördlich, am Fuße der Osogovoberge, liegt schließlich ein **Stausee** mit ein paar kleinen Sandstränden, umgeben von Wäldern.

Das Befreiungsdenkmal in Kočani

Vinica

Verlässt man Kočani östlich auf der Straße Richtung Industriegebiet, Orizari und Berovo, gelangt man nach zehn Kilometern in die kleine Stadt Vinica (Виница). In der **Festung** oberhalb der Stadt fand man mehrere Ikonen aus Terrakotta, von denen man feststellte, dass sie über 1500 Jahre alt sind. Bis jetzt sind fast 50 etwa 30 Zentimeter hohen Ikonen mit Heiligendarstellungen, biblischen Szenen und illustrierten Psalmen in lateinischer Schrift entdeckt worden. Die wertvollen Funde stellt inzwischen das Nationalmuseum in Skopje aus.

Kloster Sv. Pantelejmon

Alljährlich findet am 9. August im Kloster Sv. Pantelejmon, zwölf Kilometer nordwestlich von Kočani, ein Fest zu Ehren des Schutzheiligen Pantelejmon statt. Zum Kloster kommt man auf der Straße nach Beli, wo man links abbiegt und dann die rechte Abzweigung nach Nivičani wählt. Von Nivičani sind es noch etwa drei Kilometer bis zum Dorf **Pantelej**, bei dem das Kloster liegt.

Der Osten

Kočani

Vorwahl: 033.

Tomčaki Kompani, G.T.C. Block A, Tel. 27 82 79, tomcaki@mt.net.mk. Der Betreiber Tome Filipov spricht leider nur Makedonisch, ist aber sehr hilfsbereit.

Geld wechseln kann man bei **Vesna-Tours** und bei der **Tomčaki Kompani**.

Busbahnhof, Tel. 27 22 06.
Nach Skopje: 13 x tägl.; 280 MKD.
Štip, Berovo: regelmäßiger Busverkehr.

Bahnhof, Tel. 27 40 75, Busbahnhof und Zugstation liegen beide südlich vom Zentrum, direkt nebeneinander. Züge fahren **ab Skopje via Štip** um 3.12 und 15.25 Uhr.

Taxis stehen am Bahnhof.

Übernachten kann man am besten außerhalb von Kočani:

Hotel Šagal, 6 km Richtung Vinica, Tel. 36 11 65. Modernes Wellness-Hotel mit Thermalbad, Sauna, türkischem Bad, Fitnesscenter und Tennisplatz.
Motel Gratče, Tel. 274-2 02, -5 43; 20 Euro/Pers. inkl. Frühstück. Empfehlenswert, 4 km entfernt direkt am Stausee. Ruhig gelegene Zimmer mit TV, Telefon und Minibar, außerdem gibt es eine Sauna, ein Restaurant mit großer Terrasse und einen kleinen Strand.
Hotel Sliv, Tel. 36 05 02; DZ mit Frühstück 30 Euro. 7 km Richtung Vinica, mit Pool und gepflegten Zimmern, leider direkt an der Straße.

Restaurant im Motel Gratče. Auf der Terrasse am See wird unter uralten Eichenbäumen gute makedonische und internationale Küche serviert. Die Spezialität Kočanis sind natürlich Reisgerichte, besonders **Lapa**, eine Reis-Mohn-Speise, die man hier probieren kann.

Delčevo

50 Kilometer östlich von Kočani befindet sich die wenig aufregende Stadt Delčevo (Делчево). Im östlichsten Winkel Makedoniens und in unmittelbarer Nähe zur bulgarischen Grenze gelegen, trägt sie den Namen des Nationalhelden Goce Delčev, der 1903 im Kampf gegen die Osmanen fiel. Wer am 2. August hierher kommt, kann die Feierlichkeiten zu Ehren des Namensgebers miterleben. Bei Delčevo gibt es keinen Grenzübergang nach Bulgarien.

Berovo

Die kleine Stadt Berovo (Берово) in Makedoniens Osten liegt bei knapp

900 Meter über dem Meeresspiegel und ist als Ferienort wegen der kühlen Luft und der umgebenden **Maleševoberge** beliebt. Die 14 000-Seelen-Ortschaft selbst ist eher unspektakulär, aber nicht weit entfernt locken die Berge zum Wandern und ein See zum Fischen. Der **Mladostsee**, von den Einheimischen schlicht Berovosee genannt, befindet sich drei Kilometer südöstlich der Stadt in Richtung bulgarische Grenze. Dort, wo sich die Straße gen Osten teilt, führt die linke Abzweigung nach sieben Kilometern zum derzeit geschlossenen Grenzübergang Klepalo, die rechte endet kurz darauf am See. Da der Stausee von eisigen Gebirgsquellen gespeist

wird, ist er sogar im Sommer erstaunlich kalt, zum Spazierengehen jedoch sehr schön. Entlang seiner waldigen Ufer führt ein **Wanderweg** mit Picknickplatz einmal um den See. Nach dem Rundgang bietet die Seeterrasse des Restaurants der Ferienkolonie Stärkung und bei Bedarf Bungalows mit Ausblick.

■ Kloster Sv. Arhangel Mihail

Zwischen Ort und See steht auf halbem Weg das legendenumwobene Kloster Sv. Arhangel Mihail. Der 1815 erbaute Gebäudekomplex des Nonnenklosters ist äußerst ansprechend gestaltet und beherbergt nebenbei auch **Berovos Museum**.

Der Legende zufolge gab es einen Priester, der das Kloster nur dann errichten durfte, wenn der Bau innerhalb von vierzig Tagen abgeschlossen und die Gebäude von außen nicht zu sehen wären. So hatte es der osmanische Herrscher angeordnet. Vor allem aber war der Preis für das Kloster die Hand der schönen Tochter des Priesters. Der Priester schaffte es zwar, das Kloster in der vorgegebenen Zeit zu errichten, doch weil der Herrscher es schon von weitem erkennen konnte, erschlug er den Priester und raubte seine Tochter. Um ihrem Schicksal zu entgehen, sprang sie von seinem Pferd in den nahegelegenen See, wurde aber durch Gottes Willen vor dem Ertrinken gerettet. Aus Dankbarkeit ging sie zurück zum Kloster ihres Vaters und wurde Nonne. Seitdem ist das Kloster immer ein Nonnenkloster geblieben.

Heute sind die Nonnen von Berovo vor allem für ihre selbstgefertigten Ikonen bekannt, die sie Besuchern gern zeigen.

■ Dorfleben um Berovo

Wer mit dem eigenen Wagen unterwegs ist, sollte sich die Gelegenheit nicht entgehen lassen, in der Umgebung von Berovo das ostmakedonische Dorfleben kennenzulernen. Noch stehen die alten Wohnhäuser aus grobem Fels und bröckligem Lehm, aber es ist absehbar, dass es sie nicht mehr lange geben wird. Die Bevölkerung lebt hier fast ausschließlich vom Tabakanbau und hat nicht die Mittel, ihre Häuser zu erhalten. In einigen Dörfern wird nun sehr zaghaft versucht, traditionelles Handwerk zu vermarkten, doch fehlt es noch an der nötigen Infrastruktur. Als Besucher ist es leicht, sich vom schweren Tabakduft, der auf den Dörfern liegt, einhüllen zu lassen und die Armut für ein paar Stunden mit Romantik zu verwechseln. Letztendlich ist aber schwer zu übersehen, wie dringlich hier Investitionen fehlen.

Dorf bei Berovo

Der Osten

Berovo
Vorwahl: 033.
Wanderkarten für die Berovo-Region sind vor Ort und in Skopje in Buchhandlungen erhältlich.
Kontaktzentrum für Touristen: Zoran Dvojakovski, Belgradska 5, Telefon 070/80 76 63, info@malesh-net.com.

Makedonska Banka, Mladinski Kej 2.
Stopanska Banka, Kej Bregalnica 7.

Busbahnhof, Tel. 471139
Von Skopje über Štip und Vinica: 9.30, 13.20, 14.15, 15.15, 16.30 und 18 Uhr Fahrtdauer ca. 3,5 Stunden; 360 MKD.
Von Skopje über Delčevo: 7.30, 8.15, 12.30 Uhr; 380 MKD.
Selten Busse nach **Strumica**.

Taxis stehen unter anderem am Anfang der Ilindenska.

Hotel Manastir, direkt neben dem Kloster, ul. Kiril I Metodij 6, Tel. 27 90 00, www.hotelmanastir.com.mk; EZ 17, DZ 30 Euro inkl. Frühstück. Neues Hotel mit gutem Standard. Zimmer mit Balkon, Küche und ISDN, beliebtes Restaurant.

Hotel Makedonija, Maršal Tito 130, Tel. 47 11 01, mrs.macedonia@yahoo.com; DZ mit Bad 900 MKD. Nettes Hotel im Zentrum. Der Wirt Zoran Peovski spricht fließend Englisch.
Loven Dom, oberhalb Berovos, 2 km vom Zentrum, Telefon 47 04 54; EZ 800 mit Frühstück MKD, DZ 1500 MKD. Einst das beste Hotel am Ort, inzwischen leider nur noch mäßig gepflegt. Mit Blick auf die Berge, Tennisplatz und Restaurant, gut als Basis für Wanderungen. Da es nur 4 Zimmer gibt, sollte man vor allem am Wochenende vorher buchen.
Maleševia Kuќa, im Zentrum. Klein (10 Betten), liebevoll eingerichtete Zimmer mit Bad, direkt neben dem Traditionsrestaurant ›MRS‹.
Feriensiedlung Maleševo, 3 km von Berovo, Tel. 47 12 12. Bungalowkomplex direkt am Seeufer, Seeblick garantiert. Da hier oft Gruppen untergebracht sind, im Sommer frühzeitig buchen.

Zahlreiche Restaurants säumen die Maršal Tito im Zentrum. Die lokale Spezialität ist der **Berovo-Käse**.

Museum von Berovo, im Kloster Sv. Arhangel Mihail, Tel. 47 27 33; meist geschlossen, Zutritt auf Anfrage.

Der Südosten

Wer im Südosten Makedoniens unterwegs ist, sollte auf jeden Fall die antike Stadt **Stobi** besichtigen, die zusammen mit Heraklea zu den bedeutendsten Ausgrabungsstätten des Landes zählt. Zu den Attraktionen dieses Landesteils zählen der **Dojransee**, an dessen Ufern man gut Karpfen speisen kann, die spektakuläre **Felsschlucht von Demir Kapija** und die lebendigen Städte **Strumica** und **Gevgelija**, die südlichste Stadt Makedoniens an der Grenze zu Griechenland. Außerdem gehört zu diesem Landesteil das **Tikvešgebiet**, Makedoniens Wein-

Karte S. 241

keller. Die guten makedonischen Weine sollte man sich auf keinen Fall entgehen lassen.

Strumica

Strumica (Струмица) ist eine charmante Stadt mit einer netten Fußgängerzone und einer relativ lebhaften Kulturszene. Seit neuestem wird das Flair zusätzlich durch Palmen belebt, die der Bürgermeister auf den Mittelstreifen auf der Hauptstraße pflanzen ließ. Alljährlich locken Film- und Musikfestivals, und im lokalen Romaviertel haben die Bewohner ihre Straßen nach Mozart, Beethoven und Chopin benannt.

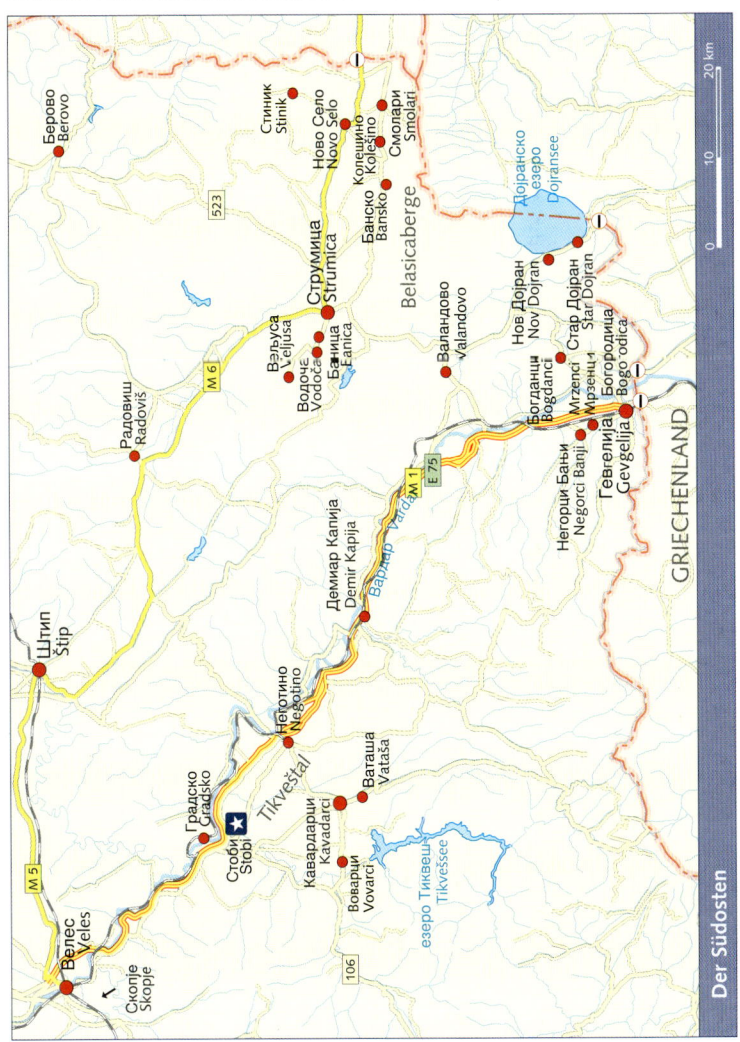

■ Geschichte

Vor 1000 Jahren kam es an den Hängen der Belasicaberge bei Strumica zu einer heftigen Schlacht zwischen dem Kaiser Samuil und dem byzantinischen Eroberer Basilius II. Nachdem Basilius gewonnen hatte, nahm er die 15 000 Männer Samuils gefangen und ließ einem nach dem anderen die Augen ausstechen. Jeder hundertste Soldat durfte ein Auge behalten, um die Erblindeten zum Kaiser zurückführen zu können. Samuil selbst war es gelungen, sich rechtzeitig in seiner Festung Prilep in Sicherheit zu bringen, aber beim Anblick seiner heimkehrenden Soldaten starb er kurze Zeit später vor Gram.

Das ehemalige Schlachtfeld bei Strumica, auf dem nach Samuils Tod das Kloster Sv. Leontij errichtet wurde, trägt daher den tragischen Namen Vodoča, auf deutsch ›ausgestochenes Auge‹.

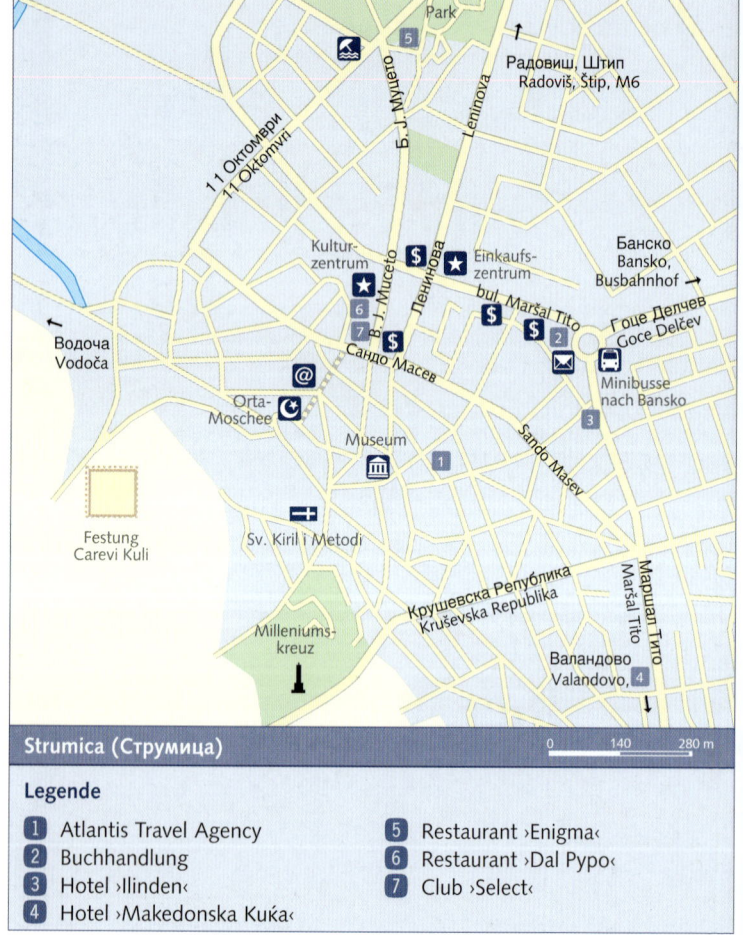

Strumica (Струмица)

Legende

1 Atlantis Travel Agency
2 Buchhandlung
3 Hotel ›Ilinden‹
4 Hotel ›Makedonska Куќа‹
5 Restaurant ›Enigma‹
6 Restaurant ›Dal Pypo‹
7 Club ›Select‹

■ Sehenswertes in Strumica

Aus der Zeit Samuils stammen auch die spärlichen Reste der einstigen Festung im westlichen Strumica, **Carevi Kuli**, die in der späten Antike und Byzanz als Akropolis und Festung diente. Von der Stadtmauer, die früher die gesamte Altstadt umschloss, sind nur noch der **Turm** und der **Wassertank** übriggeblieben. Unterhalb davon ragt auf einem Hügel das überdimensionale **Kreuz** auf, das von fast überall in der Stadt aus sichtbar ist. An der ul. Kiril i Metodij, die den Pfad zum Kreuz hinauf mit Strumicas Zentrum verbindet, steht die große, weiße **Sv.-Kiril-und-Metodij-Kirche**. Unter ihrem Fußboden versteckt liegt eine Unterkirche, die man über eine hölzerne Treppe links vom Eingang zur Hauptkirche erreicht.

Schräg gegenüber dem Gotteshaus, in Richtung Zentrum, befindet sich das **Museum von Strumica**, das unter anderem Fundstücke aus dem römischen Bad in Bansko ausstellt, zum Beispiel dort entdeckte Münzen aus dem 3. Jahrhundert.

Etwa 500 Meter entfernt befindet sich die **Orta-Moschee**, unter der kürzlich die Reste eines älteren, christlichen Gebäudes gefunden wurden. Durch Freilegungen in und neben der Moschee erkennt man Teile wertvoller Fußbodenfresken aus dem 12. oder 13. Jahrhundert.

Hält man sich weiterhin nördlich, stößt man am Ende der beschaulichen **Fußgängerzone** alsbald auf einen überlebensgroßen und grob geformten **Goce Delčev**. Der 1903 im Ilindenaufstand gegen die Osmanen gefallene Nationalheld, nach dem in Makedonien vermutlich ebenso viele Straßen benannt sind wie nach Tito, steht vor dem **Kulturzentrum**, genau in der Stadtmitte.

Alle Attraktionen Strumicas kann man bequem zu Fuß erreichen.

ℹ️ Strumica

Vorwahl: 034.
Atlantis Travel Agency, ul. Kiril i Metodij bb, Tel. 34 62 12, www.atlantis.com.mk.
Karten von Strumica und der Region verkauft die **Buchhandlung** in der ul. Maršal Tito für 250 MKD.

Postamt, Maršal Tito bb., direkt am Kreisverkehr.

Busbahnhof, Kliment Ohridski bb, Tel. 34 60 30 (direkt hinter der Okta-Tankstelle).
Von/nach Skopje: ca. stündl., über **Štip** und **Veles**, Fahrtzeit 3 Std.; 360 MKD.
Bitola: 6 und 11 Uhr, über **Prilep**.

Gevgelija: 8, 10, 15 und 17 Uhr.
Kratovo und Kriva Palanka: Mo und Fr 13 Uhr.
Kumanovo: 4x tägl.
Ohrid, Berovo und Dojran: nur im Sommer.
Minibusse, die zu fast allen Orten der Umgebung fahren, halten an der Maršal Tito, gegenüber vom Hauptpostamt. Sie fahren wesentlich häufiger als die regulären Busse und zu allen Sehenswürdigkeiten in Strumicas Umgebung.

Taxiruf, Tel. 1579.

Hotel Ilinden, Goce Delčev 66, Tel. 34 00 10; 1500 MKD/Pers., sechs Frühstücksvariationen zur Auswahl

(inkl.). Relativ neues Hotel in zentraler Lage, trotzdem ruhig und sehr empfehlenswert. Moderner Standard mit gemütlichen Zimmern, gepflegten Bädern, W-Lan, Balkon und Klimaanlage.
Hotel Makedonska Kuḱa, an der Straße nach Valandovo; 800 MKD/Pers. Kleines, einfaches Hotel mit sauberen Zimmern.
Gut kann man auch im Nachbarort **Bansko** übernachten.

Restaurant Enigma, B. J. Muceto. Günstige, traditionelle makedonische Küche.
Dal Pypo, Josif Josifovski bb. Sehr atmosphärische und populäre Pizzeria und Bar mit Blick auf die Fußgängerzone.
Maredo, Mito Hadjivasilev Jasmin Br. 111, Tel. 32 66 18. Sehr gute Landesküche serviert von außerordentlich freundlicher Bedienung.
Zahlreiche Restaurants, Bars und Cafés findet man in der Fußgängerzone. Un-

bedingt **Mastika**, Strumicas berühmten Anislikör, probieren!

Das Nachtleben spielt sich mit schicken Bars, Clubs und Kinos vor allem in der ul. Josif Josifovski ab. Poppig und beliebt ist der **Club Select**.

Der berühmte **Frühlingskarneval** von Strumica beginnt nach der Fastenzeit und dauert drei Tage lang von Sonntag bis Dienstag, aktuelles Datum und weitere Infos auf www.strumicki-karneval.com.
Im **Kulturzentrum Risto Šiškov** werden im Sommer Konzerte und andere Veranstaltungen geboten.
Asterfest, Internationales Filmfestival, jährlich.

Museum von Strumica, 27 Mart 2, Tel. 34 59 25. Archäologische Funde und Heimatmuseum.

Rund um Strumica

In der sehenswerten **Umgebung** von Strumica gibt es neben einigen **Klöstern** und malerischen Dörfern zwei größere **Wasserfälle**.

■ Vodoča

Im fünf Kilometer von Strumica entfernten Vodoča (Водоча), wo das Heer Samuils besiegt wurde, befindet sich das mittelalterliche Kloster **Sv. Leontij**. Der Komplex umschließt mehrere Kirchenruinen aus unterschiedlichen Epochen, von denen die älteste eine nur noch rudimentär erhaltene frühchristliche Basilika aus dem 5. oder 6. Jahrhundert ist. Als vor 15 Jahren die allgemeine Renaissance des makedonischen Klosterlebens begann, wurde die Hauptkirche von Sv. Leontij umgehend saniert und von den Mönchen bezogen, die zuvor im nahegelegenen Kloster von Veljusa gewohnt hatten. Seitdem herrscht hier ein aktives Klosterleben mit regelmäßigen Gottesdiensten. Sollte das Gelände vorne verschlossen sein, findet man oft über die Hintertür Eingang.
Während die Kirche vorbildlich (vielleicht zu viel?) saniert wurde, würde auch dem umliegenden Dorf eine Verschönerung gut stehen. Derzeit kämpft es mit erheblichen Müllproblemen. Hinter dem Kloster beginnt ein fünf Kilometer langer Fußweg entlang dem Vodočnica-Fluss bis zum **See Vodoča**.

Karte S. 241

Das Kloster Sv. Leontij

Sehr viel sehenswerter und schöner gelegen ist die Klosterkirche Sv. Bogorodica Milistova.

■ Veljusa

An derselben Straße, etwa vier Kilometer hinter Vodoča, hängt an einem steilen Hang über dem alten Dorf Veljusa (Бељуca) die Klosterkirche **Sv. Bogorodica Milistova** (Barmherzige Mutter Gottes). Als die Kirche 1080 erbaut wurde, dekorierte man ihren Fußboden mit wertvollen Ornamenten aus Marmor, die von ihrer einstigen Bedeutung zeugen: Auch zu byzantinischen Zeiten schon waren Marmormosaiken eines solchen Ausmaßes ein großer Luxus. Besonders bemerkenswert sind die verschlungenen ornamentalen Muster rings um das Taufbecken.

Die gesamte Kirche, einschließlich Mosaiken und Fresken, wurde frisch saniert und wirkt dort, wo die neue Bausubstanz vorherrscht, etwas glatt, während man beim Altar noch Reste der alten Fresken und sehr schöne Ikonen findet.

Das zugehörige Kloster mit dem pittoresken Uhrenturm wird inzwischen von einer Handvoll junger Nonnen bewirtet, die sehr leckeren Käse produzieren und auch verkaufen.

■ Die Bäder von Bansko

Das kleine Örtchen Bansko (Банско), zwölf Kilometer von Strumica entfernt, ist bekannt für seine **heißen Quellen und Thermalbäder** – und das bereits seit über 1500 Jahren. Bansko, ansonsten ein unscheinbarer Ort, bietet eine wahre Zeitreise durch Makedoniens Bäderkultur, denn direkt neben den bemerkenswert gut erhaltenen Ruinen eines großen römischen Balneums mit zwölf Badkammern befindet sich der 2005 leider wohl endgültig geschlossene Hammam aus der osmanischen Zeit. Das dritte Glied der Kette bildet das klassisch sozialistische Bad im bedauernswerten Betonbau aus der Jugo-Ära. Noch warten wir auf ein modernes Wellnesscenter mit Biokost und einem Outdoor-Angebot für die umliegenden Berge ...

Bansko, römisches Bad

Der Osten

Die Ruinen des **römischen Bades** wurden zufällig entdeckt, als 1978 an eben dieser Stelle das Hotel ›Car Samuil‹ errichtet werden sollte. Kurzerhand wurde der Bau des Hotels um ein paar Meter verlegt, und man begann mit der Ausgrabung dessen, was man zunächst für türkische Mauerreste hielt. Zum allgemeinen Erstaunen stieß man jedoch auf ein großes Balneum aus dem 3. Jahrhundert, mit Wänden und Rundbögen, die noch bis auf eine Höhe von sechs, sieben Metern erhalten sind. Im Bad gab es mehrere Saunen, die wahlweise mit Feuer oder dem Wasser der 72 Grad heißen Quellen beheizt werden konnten und komplett mit Marmor verkleidet waren, wie man stellenweise noch erkennen kann. Ein anderes Indiz für den einstigen Prunk des Römerbaus sind die vielen Bäder mit teilweise noch erhaltenen Mosaikböden. Später wurde das Bad vermutlich von einem Erdbeben verschüttet. Heute finden in den Ruinen im Sommer gelegentlich Kulturveranstaltungen statt, und zum Baden geht man ins benachbarte ›Car Samuil‹. Das mineralhaltige Wasser heilt angeblich Rheuma, Ischias, Asthma sowie Magen- und Darmerkrankungen. Ein Ausflug nach Bansko lässt sich gut mit Abstechern zu den Wasserfällen von Smolari und Kolešino verbinden.

 Bansko
Vorwahl: 034.

Minibusse in die benachbarten Orte und nach **Strumica** fahren vor dem Internetcafé ab. Leider sehr unregelmäßig, 50 MKD bis Strumica.

Taxis aus Strumica am besten im Hotel bestellen.

Hotel Bansko Dukat, gegenüber vom Hotel ›Spiro Zahov‹, Tel. 37 74 00; 1000 MKD/Pers. mit Frühstück. Am Wochenende oft laut wegen Hochzeiten, aber sonst beste Wahl am Ort.

Helle Zimmer mit Balkon, freundliches Personal, herzhaftes Frühstück und Sommerterrasse.
Car Samuil, Tel. 37 72 10; 900 bis 1120 MKD/Pers. im DZ. Bietet sozialistischen Charme inklusive Eintritt zum hoteleigenen, wenig charmanten Bad. Zimmer eher bedauernswert.
Hotel Spiro Zahov; Tel. 37 72 04; 850 MKD/Pers., kein Englisch. Das Hotel hat sich aus alten Zeiten seine strengen Essenszeiten bewahrt (Abendessen 19 – 19.30!) und bietet zum Frühstück eine Scheibe Brot mit zwei traurigen Würstchen und Früchtetee, dafür aber eigenes Bad und Balkon. Sehr bescheidenes Ambiente, belebt allein durch zwei Pfauen, die vor dem Eingang stolzieren.

■ Kolešino-Wasserfall

Östlich von Bansko stürzen beim Dorf **Kolešino** die gleichnamigen Wasserfälle in mehreren Strömen von den Felsen. Den Weg dorthin kann man kaum verpassen, seit im Dorf ein großes Plakat direkt an der Hauptstraße dorthin weist (Vodopad/Водопад=Wasserfall). Vorbei an den vielen **Dorfkirchen** – darunter ist auch eine methodistische – folgt man

Karte S. 241

Am Smolari-Wasserfall

dem Weg, bis der Asphalt aufhört. Von hier aus ist es ein etwa zwei Kilometer langer Spaziergang durch den Wald bis zum 35 Meter hohen Wasserfall. Dort gibt es kleine Picknickplätze, je nach Saison reichlich Esskastanien und gelegentlich Patrouillen der Grenzpolizei wegen der Nähe zu Bulgarien.

■ Der Smolari-Wasserfall

Ein Ausflug zum Smolari-Wasserfall und seiner grünen Umgebung lohnt auf jeden Fall. Zum Dorf **Smolari** (Смолари) kommt man am besten mit einem Minibus, der einen an der Hauptstraße am Dorfrand absetzt. Mit dem Auto fährt man bis Novo Selo und biegt hinter dem Ort in Richtung Smolari ab. Dort weist ein erstes Schild zum Wasserfall, makedonisch ›Vodopad‹ (Водопад). Dem Schild folgend, gelangt man zum Dorfplatz, den zwei prächtige alte Eichen schmücken. Hier liegt auch der Dorfladen, vor dem ein Bach, der direkt vom Wasserfall kommt, in einem denkwürdigen Kanalisationssystem aus den 1940er Jahren vorbeifließt. Sollte der Laden verschlossen sein, findet man den Verkäufer bei Bedarf bestimmt auf dem Platz, mit einem Bier in der Hand und dem Schlüssel in der Tasche. Der Weg zum ›Vodopad‹ führt wahlweise bei der kleinen weißen Kirche vorbei oder links um den Laden herum, bis man wieder auf den Bach stößt. Dessen Verlauf muss man eigentlich nur noch nach oben verfolgen und kommt dann nach einer Weile zu einem weiteren Hinweisschild, diesmal am Rande des Waldes, in dem der Wasserfall liegt. Von hier aus folgt man dem befestigten Pfad, der an einer idealen Campinggelegenheit im Schatten der Bäume direkt am Bach vorbeiführt und danach in einen ausgebauten Wanderweg mit Holzgeländern übergeht. Der Weg endet an einer Holzbrücke am unteren Ende des 40 Meter hohen Wasserfalls.

■ Stinik

Nördlich von Smolari liegt das Dorf Novo Selo, von dem aus eine neun Kilometer lange Schotterpiste steil bergan zum Dorf Stinik führt. Die Bewohner des malerischen Orts nutzen Stahlhelme aus dem Ersten Weltkrieg zum Bedecken ihrer Bienenstöcke, die solchermaßen wie Puppen die Landschaft zieren. Die Straße von Novo Selo nach Stinik ist ausschließlich mit Jeep oder zu Fuß zu bewältigen.

Kavadarci

Von Weinbergen umgeben, liegt die Stadt Kavadarci (Кавадарци) mitten im Tikveštal, Makedoniens reichster Weingegend. Die Stadt selbst hat 80000 Einwohner, ist im Sommer äußerst heiß und besteht überwiegend aus Beton. Früher gab es in der Nähe einmal eine

In Kavadarci

Siedlung aus dem 3. Jahrhundert vor Christus, die aber im 1968 angelegten Tikveßsee versunken ist. Dafür leben am etwa zehn Kilometer entfernten See nun einige seltene Vogelarten, und seine Ufer sind sehr malerisch von hohen Bergen gesäumt.

Kavadarci selbst hat ein kleines **Museum**, und im **Stadtpark** finden Liebhaber sozialistischer Bauten ein Betonmonument, das man begehen kann, um die weite Aussicht über die Umgebung zu genießen. Am Freitag, Sonntag und Mittwoch hat der **Markt** geöffnet.

■ Vataša

Wenige Kilometer südlich von Kavadarci, beim Dorf **Vataša**, befindet sich das Denkmal der dreizehn Jugendlichen, die im Zweiten Weltkrieg von bulgarischen Soldaten erschossen wurden. Die Gedenkstätte liegt direkt am Fluss **Luda Mara** und hat sich zum beliebten Picknickplatz entwickelt, an dem es an warmen Sommerwochenenden sehr voll wird.

■ Kirche Sv. Gjorgji Polog

Nur vom Tikveßsee aus erreicht man die berühmte fensterlose Kirche Sv. Gjorgji Polog aus der ersten Hälfte des 14. Jahrhunderts. Sie steht 15 Kilometer südwestlich von Kavadarci am Fuße des **Višešnicabergs**, direkt am westlichen Ufer des fischreichen Tikveßsees. Unter den Fresken aus dem 17. Jahrhundert wurden an der Westwand ältere aus dem 14. Jahrhundert gefunden. Dabei hat man vor kurzem Porträts vom serbischen König Dušan und seinem Bruder Dragusin entdeckt, der neben der Kirche begraben ist. Besonders wertvoll ist die hölzerne **Ikonostase** von 1584. Zur Kirche gelangt man, indem man zum Dorf **Vocarci** fährt, das etwa fünf Kilometer westlich von Kavadarci am Fluss Crna liegt. Wenn man es geschafft hat, dort gegen ein Entgelt einen Fahrer zu finden, dauert die Fahrt auf dem Tikveßsee mit seinem Bergpanorama und den vielen zu beobachtenden Vogelarten etwa eine Stunde. Taschenlampe nicht vergessen!

 Kavadarci

Vorwahl: 043.
Info: www.kavadarci.gov.mk.
Agentur Go Macedonia, Naroden Front 19, 1000 Skopje, Telefon/Fax 02/323 22 73, www.gomacedonia. com. Veranstaltet Ausflüge zu Weinkellern und -bergen in Kavadarci, Negotino und Demir Kapija.

Busbahnhof, Ohridska bb, Telefon 31 24 86. Busbahnhof am nördlichen Rand des Zentrums. Regelmäßige Busse in viele makedonische Städte.
Von Skopje: 9, 10.30, 12, 13.45, 15, 15.45, 17, 19.30 und 20.15 Uhr; 240 MKD.

Nach Skopje: 5.45, 6.45, 7.45, 11.45, 14 und 17 Uhr.
Negotino: (bzw. Stobi; 12 km), 5–19 Uhr stündlich.
Bitola und Prilep: 7x tägl.
Strumica: 4x tägl.
Ohrid: direkt nur im Sommer um 5.45 Uhr.

Züge fahren von Gevgelija und Skopje ins benachbarte **Negotino**.

Hotel Balkan, zentral gelegen am Titoplatz bb, am Rathaus, Tel. 41 03 05, Fax 43 41 23 48. Betonklotz von 1968 mit 25 Zimmern mit TV und Telefon.

Ramazzotti, im Osten der Stadt. Beliebtes Restaurant mit großem Hof zum Draußensitzen.

Museum und Galerie, 7 Septemvri 58, Tel. 41 34 70.

Tikveški Grozdober, Anfang August. Dreitägiges Weinfest mit Kostümumzug und Weinproben.
Sveti Trifun, 14. Februar. Feierliches Beschneiden der Weinstöcke in der Tikvešregion.

Karte S. 241

Weingut bei Demir Kapija

Makedoniens Weinkeller

Dass der so wenig bekannte makedonische Wein bisweilen überraschend gut ist,
liegt vielleicht an seiner langen Tradition.
Schon im 4. Jahrhundert vor Christus, zu
Lebzeiten Alexanders des Großen, wurde
im Tikveštal Wein angebaut. Als beinahe
2000 Jahre später die Muslime ankamen,
war der Weinanbau schon viel zu tief ver-
wurzelt, um von ihnen verboten werden zu
können. Und weil sie zudem Geschmack
an den süßen Trauben fanden, wurden
weiterhin Rebstöcke gepflanzt, doch fand
die Verarbeitung zu Wein nurmehr versteckt hinter den Mauern der vielen makedonischen Klöster statt.

Makedonischer Wein

Vielleicht hat die Qualität des makedonischen Weins aber auch mit seiner beson-
deren Behandlung zu tun. Am Feiertag des heiligen Trifun, dem Weinheiligen, findet
alljährlich die rituelle Beschneidung der Rebstöcke statt. Am Morgen des 14. Februar
gehen die Weinbauern von Tikveš zunächst in die Kirche und dann zu ihren Weinbergen,
die sie mit geweihtem Wasser beträufeln. Anschließend beginnen die Männer des Dorfes
gemeinsam, die Weinstöcke zu beschneiden, wobei es wichtig ist, dass ein Geistlicher
unter ihnen ist. Nach getaner Arbeit wird getanzt, musiziert und natürlich jede Menge
Wein getrunken. Anfang September wird wieder gefeiert, diesmal Tikveški Grozdober,
das den Beginn der Erntezeit symbolisiert. Höhepunkt der drei Tage andauernden Feierlichkeiten ist ein großer Kostümumzug durch die Weinhauptstadt Kavadarci.

Die Qualität der makedonischen Weine hat letztendlich bestimmt auch damit zu
tun, dass sie kaum zusätzlichen Zucker enthalten und daher, meist eher trocken als süß,
nicht so schnell zum Kater führen.

Das Tikvešgebiet, das sich südlich von Veles bis nach Demir Kapija erstreckt, ist bis
heute die weinreichste Gegend des Landes. Der größte Weinproduzent Makedoniens,
die Tikvešweinerei, stellt 25 verschiedene Weinsorten her, von denen besonders
bekannt ›Alexandria‹ und ›T'ga Za Jug‹ (Sehnsucht nach dem Süden) sind. Als besonders gut gelten die Sorten ›Muscat Frontignan‹, ›Vranec‹ und ›Disan‹. Zählt man die
Weinberge der anderen Anbaugebiete des Landes hinzu, kommt Makedonien auf
28 000 Hektar. Von den Trauben werden 80 Prozent zu Wein verarbeitet, und der Rest
wird auf den Wochenmärkten verkauft. Vielleicht auch überraschend: Von den jährlich
200 000 Tonnen exportierten Weins geht die Hälfte nach Deutschland! Dass der Wein
dort trotzdem wenig bekannt ist, liegt daran, dass er, meist mit anderen Sorten vermischt, unter einem fremden Label in den Regalen der Supermärkte landet. Vielleicht
wird sich das in Zukunft ändern, denn Kavadarci, arm an anderen Sehenswürdigkeiten,
und das idyllisch gelegene Demir Kapija sind dabei, ihre Weingüter dem Tourismus zu
öffnen und Besucher zur Weinprobe zu laden.

Stobi

Neben Heraklea bei Bitola ist Stobi (Стоби) die bekannteste Ausgrabungsstätte Makedoniens. Der Pfau auf dem Zehn-Denar-Schein zeigt ein Detail der kunstvollen Bodenmosaiken, die auf dem weitläufigen Gelände neben alten Bädern, Basiliken und einem antiken Theater zu bewundern sind. Wie Heraklea erlebte Stobi seine Blüte in der römischen Antike und seinen langsamen Niedergang nach dem verheerenden Erdbeben im Jahr 518.

Im 3. Jahrhundert vor Christus gründete Philipp V. den Ort auf einem strategisch sehr günstigen Punkt, an dem sich durch den Zusammenlauf der Flüsse Crna und Vardar eine natürliche Grenze ergab. Als wenig später die Römer kamen, wuchs die damals noch unbedeutende Siedlung schnell zu einer großen Stadt heran. Zunächst wurde Stobi ein wichtiges Zentrum für Salzhandel – das Salz wurde den weiten Weg von der ägäischen Küste bis hierher transportiert – und verfügte im Jahr 69 nach Christus bereits über eine eigene Münzprägerei, wie ausgegrabene Münzen mit der Prägung ›Municipium Stobensum‹ belegen. Die Reste zweier Synagogen, die unter einer christlichen Basilika gefunden wurden,

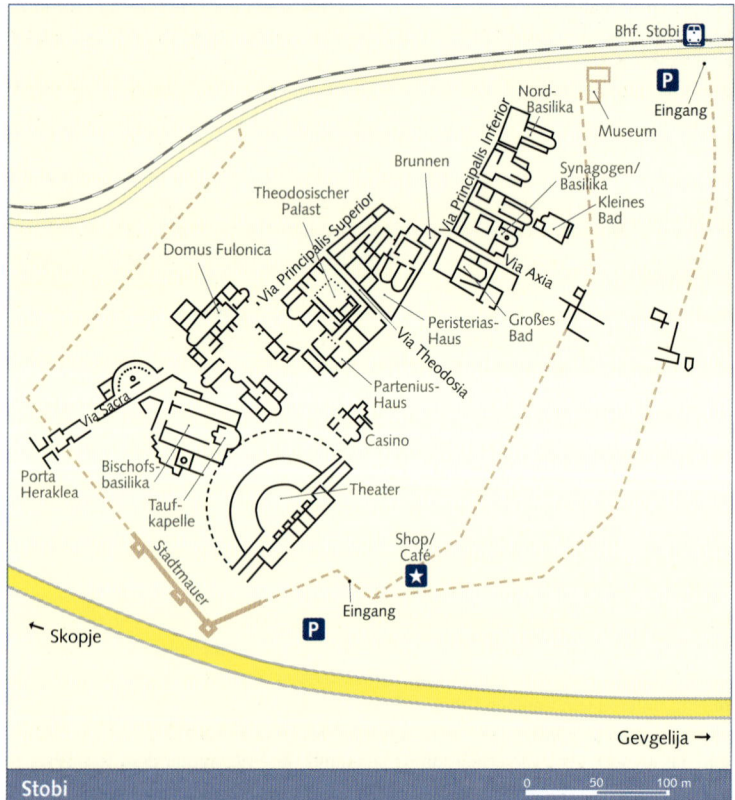

verraten, dass es hier einmal eine jüdische Gemeinschaft gegeben haben muss, bevor Stobi mit der Ankunft des Christentums zum Bischofssitz und im 5. Jahrhundert zur Hauptstadt der neuen Provinz Macedonia Secunda wurde. 479 überfielen die Goten Stobi und brannten es dabei teilweise nieder. Kaum wieder aufgebaut, wurde es 518, wie auch Skupi und Heraklea, von einem gewaltigen Erdbeben zerstört. Das war das Ende seiner glanzvollen Zeit. Byzantiner und Slawen trugen hier noch einige Jahre lang Kämpfe aus, während die Bewohner zunehmend aus der Stadt flüchteten, um sich an sichereren Orten anzusiedeln. Stobi geriet in Vergessenheit, bis es im 19. Jahrhundert wiederentdeckt wurde und seit 1924 ausgegraben wird.

■ Sehenswertes in Stobi

Wenn man heute durch Stobi läuft, sieht man noch wesentliche Teile der umfangreichen **Stadtmauer,** die die Stadt einst umgab. Die bemerkenswertesten Gebäude sind die Bischofsbasilika mit teilweise noch erhaltenen Fresken, der Theodosische Palast, die Taufkapelle und das große antike Theater.

Wann genau das **Theater** erbaut wurde, ist sehr umstritten. Fest steht wohl, dass es bis zum 4. Jahrhundert genutzt und im 5. zerstört wurde. Zuvor haben hier viele Christen, von den Römern verfolgt, in Gladiatorenkämpfen ihr Leben gelassen. Die Kämpfer betraten die Arena von den noch gut erhaltenen Räumen unterhalb der ersten Sitzreihe aus. Obwohl eine Tafel am Theater besagt, dass in den mächtigen Rundbau 7600 Zuschauer passten, waren es wohl eher 5000, die bei Darbietungen auf den Marmorstufen Platz fanden. Teilweise kann man noch die eingeritzten Namen der Stammgäste auf den Sitzen erkennen.

Die **Taufkapelle** ist für ihre außerordentlich schönen Mosaiken bekannt, die zu den besterhaltenen des Balkan zählen. Sie wurden deshalb so aufwendig gestaltet, weil die Taufe das wichtigste Rituale des frühchristlichen Glaubens war. Bei ihr, hieß es, stirbt ein Heide, und ein neuer Christ wird geboren.

Im angegliederten bescheidenen **Museum** von Stobi sind einige Fundstücke ausgestellt. Die wertvollsten allerdings, wie ein Poseidonkopf und ein paar steinerne Aphroditenstatuen, sind im Museum in Belgrad untergekommen.

Der Osten

ℹ Stobi

Ausgrabungsgelände; Sommer tägl. 8–17, Winter 8–16 Uhr, Tickets kosten 200 MKD. Die Mosaiken sind zwischen Mai und Oktober zu sehen. **Besucherzentrum,** auf der Parkplatzseite. Verkauft Infobroschüren auf makedonisch/englisch für 300 MKD, zudem Souvenirs, Postkarten und Wein aus der Region.

🚗 Bei der Fahrt nach Süden weist an der E75 zwei Kilometer hinter dem Ab-

zweig nach Prilep ein wenig auffälliges Hinweisschild nach Stobi. Der große Parkplatz ist nicht zu verfehlen.

🚌 Busse fahren lediglich bis ins nahegelegene **Gradsko** (Градско), von wo aus man dann die letzten drei Kilometer per Taxi oder zu Fuß am Vardar entlang zurücklegt. In Gradsko gibt es neben einigen hübschen alten Häusern auch ein einfaches Restaurant.

Der Zug zwischen Skopje und Gevgelija hält direkt am Eingang nach Stobi, allerdings nur 2x tägl. (Abfahrt nach Skopje ca. 16.30 Uhr).

 Auf dem Gelände lädt eine **Snackbar** nahe dem Parkplatz zu Kaffee, Eis und mehr.

Demir Kapija

Der kleine Ort Demir Kapija (Демир Капија) trennt das Tikveštal im Nordwesten von der Gevgelija-Valandovo-Ebene im Südosten durch eine schmale **Felsschlucht**. Durch steile Felswände und Karstformationen schlängelt sich der Vardar hier gen Süden, und es ist gut vorstellbar, wie sich über die Jahrhunderte hinweg Eroberer und Feldherren die Zähne an dieser unwegsamen und schwer passierbaren Schlucht ausgebissen haben. Daher auch der Name: Aus dem Türkischen übersetzt heißt Demir Kapija ›Eisentor‹, oder makedonisch ›železna vrata‹.

Bekannt ist Demir Kapija zudem für seine **Weingüter**, von denen in den letzten Jahren einige recht aufwendig saniert wurden und ihre Türen zunehmend auch interessierten Besuchern öffnen.

In der Antike gab es hier eine Siedlung namens Stena, ›Schlucht‹, die im Mittelalter von den Slawen wegen ihrer geschützten Lage zur Festung Prosek ausgebaut wurde. Die jüngsten historischen Spuren hat der Erste Weltkrieg hinterlassen, in dem Demir Kapija erstmalig leichter zugänglich gemacht wurde: Kaiser Wilhelm ließ parallel zu den ›Eisentoren‹, einen Tunnel durch den Berg schlagen. Zudem wurde eine Eisenbahnlinie durch die Schlucht gelegt, die Skopje und das Tikvešgebiet mit Gevgelija und Thessaloniki verband. Diese Eisenbahnstrecke ist immer noch eine der landschaftlich spektakulärsten, und besonders das kurze Stück südlich von Demir Kapija Richtung Gevgelija sollte man sich nicht entgehen lassen.

Der Ort selbst ist klein und gemütlich und hat außer ein paar schlecht erhaltenen, einst hübschen Fassaden und einer Handvoll Cafés entlang der Maršal Tito nicht allzu viel zu bieten. Deshalb sollte es auch nicht schwer sein, am Abend den letzten Zug zu erwischen, denn Übernachtungsmöglichkeiten sind zwar geplant, aber bisher nicht realisiert.

■ Die Schlucht

Die berühmte Schlucht, der der Ort seinen Namen verdankt, beginnt etwa zwei Kilometer südlich davon. Tritt man aus dem Bahnhof, liegt rechter Hand das ›Zentrum‹ der Ortschaft, und links führt zunächst eine Asphaltstraße, später dann eine Schotterpiste dem Flusslauf des Vardar folgend bis zu den steil aufragenden Felsen. Auf dem Weg lässt man Demir Kapijas Marktplatz hinter

Die Schlucht bei Demir Kapija

Karte S. 241

sich, die **Eisenbahnbrücke** aus dem Ersten Weltkrieg und die alten Kalköfen, die schon lang nicht mehr in Betrieb sind. Die Straße führt außerdem vorbei an reichen, weinüberrankten Obstgärten und Mimosenbäumen, die an den mediterranen Einfluss erinnern, der das Klima bestimmt: Demir Kapija ist im Sommer einer der heißesten Orte Makedoniens und sticht sogar noch Skopje aus.

Die Straße gen Süden führt direkt durch den **Tunnel von Kaiser Wilhelm**, und mit guter Sehschärfe kann man rechts oben, noch außerhalb des Eingangs, die Inschrift erkennen, mit der er sich verewigen ließ. Für Reisende ohne Adleraugen: ›Wilhelm II., deutscher Kaiser, König von Preussen, befahl seinen Soldaten, diese Straße zu bauen. 1916‹. Hinter dem Tunnel wird der Vardar von einigen einladenden Sandstränden und kleinen Buchten inmitten der steilen Felsen gesäumt, die zum Angeln und Ausruhen laden.

ℹ Demir Kapija
Vorwahl: 043.

🚌

Busse halten direkt vor dem Bahnhof.
Von Skopje: 9.45 Uhr.
Von Kavadarci: 16.30 Uhr.
Auch andere Busse zwischen Veles und Gevgelija halten in Demir Kapija.

🚆

Bahnhof, im Zentrum, Maršal Tito bb. Züge fahren selten, aber die Strecke durch die Felslandschaft ist spektakulär.
Abfahrt Richtung Gevgelija: 8.17, 9.41 und 18.53 Uhr.
Richtung Skopje: 5.51, 16.02, und 17.48 Uhr.

✗

Restaurant Lovec, Maršal Tito 17, gegenüber dem Bahnhof. Einfache Gerichte, für Vegetarier gibt es immerhin leckere Säfte, aber sonst nicht viel. Die Kellner verstehen leider keinerlei Fremdsprachen.

Vodenica, rechts hinter der Brücke auf dem Weg zwischen Bahnhof und Schlucht. Sehr gute traditionelle Küche, etwas teurer, aber sein Geld wert.

Royal Winery, Ivo Lolar Ribar bb, Tel. 36 72 31, vinarija_elenov@mt.net.mk. Aufwendig saniertes Weingut von 1925, Richtung Autobahnbrücke nach Skopje. Bei Vorbestellung Speisen und Weinverkostung in edlem Ambiente. Die Besitzerin Katica Resavska spricht Englisch und führt Besucher gern zu den alten Weinfässern, die in den Kellern ruhen. Unterkünfte für Gäste sind geplant.

🚲

Die alte Straße parallel zum Vardar ist kaum noch befahren und eignet sich sehr gut für Radtouren bis nach Gevgelija.

Gevgelija

Die südlichste Stadt Makedoniens ist gerade mal 70 Kilometer von der ägäischen Küste entfernt, und die knapp 20 000 Einwohner sind stolz darauf, dass in diesem mediterranen Klima Granatäpfel, Feigen und Erdnüsse gedeihen.

Typisch für die Stadt Gevgelija (Гевгелија) sind die kleinen Häuser aus der Zeit um 1900, deren hübsche Fassaden die kopfsteingepflasterte Hauptstraße Maršal Tito säumen. Sie wurden gebaut, als Gevgelija 1873 zur wichtigen Station an der Eisenbahnlinie von Skopje nach Thes-

Der Osten

Gevgelija (Гевгелија)

0   150   300 m

Legende

1. Hotel ›Apollonia‹ (Ex-Jugo)
2. Hotel ›Ašikot‹
3. Restaurant ›Boemi‹
4. Restaurant ›Mandra‹
5. Restaurant ›Bon Gusto‹
6. Café ›Šar Planina‹
7. Café ›Centar‹
8. Gostinica ›Bunker‹
9. Restaurants ›Elena‹ und ›Boko‹
10. Pizza-Café ›Bacardi‹
11. Supermarkt

saloniki wurde. Der nahegelegene Grenzübergang Bogorodica ist noch immer der meistfrequentierte zwischen beiden Ländern, und für Durchreisende lohnt ein kurzer Abstecher in Gevgelijas gemütliche Altstadt, in der Cafés zu einem Glas ›Žolta Rakija‹ laden.

Derzeit erlebt der kleine Ort spürbar einen Aufschwung: Hauptsächlich lebt Gevgelija von der Textilproduktion und Investitionen aus dem nahen Griechenland. Zudem nutzen die südlichen Nachbarn die günstigere Gesetzeslage und

kommen gern zum Glücksspiel in die Stadt, weshalb dort gerade wieder zwei neue **Casinos** entstehen. Ein dritter Faktor ist das 2008 eröffnete Skigebiet **Kožuf**, das mit Abstand schickste und modernste seiner Art in Makedonien, von dem man sich entsprechende Einnahmen erhofft. Ein noch unterentwickeltes Potential bilden schließlich Gevgelijas heiße Quellen, die künftig für Wellness-Zwecke nutzbar gemacht werden könnten. An der Maršal Tito liegt, im weißen Artdeco-Haus, das **Stadtmu-**

Karte S. 241

...seum, in dem unter anderem Fundstükke aus dem historischen Vardarski Rid ausgestellt sind.

■ Vardarski Rid

Auf dem Hügel Vardarski Rid, gelegen an der Straße nach Skopje, hat man vor einigen Jahren die Reste einer **antiken Stadt** ausgegraben. Offenbar war der Ort seit dem Neolithikum besiedelt, und man vermutet, es hier entweder mit der alten Stadt Atalante oder dem alten Gordinia zu tun zu haben. Zumindest weiß man, dass die Stadt von verschiedensten Völkern bewohnt gewesen sein muss.

Bislang war Vardarski Rid für das markante Denkmal der nationalen Befreiung bekannt, das der Architekt Jordan Grabul – er entwarf auch das Makedonium in Kruševo – in den 70er Jahren zu Ehren der im Zweiten Weltkrieg gefallenen Soldaten auf dem Hügel erbaute. Um die archäologischen Ausgrabungen vorantreiben zu können, soll das futuristische Mahnmal nun nach Mrzenski Rid beim Dorf **Mrzenci** versetzt werden. Die Ausgrabung brachte bislang einige römische und griechische Mauern und Säulen hervor, in deren Nähe ein Café zur Rast lädt.

■ Negorci Banji

Knapp zwei Kilometer hinter Vardarski Rid in Richtung Skopje entspringen Gevgelijas **heiße Quellen**. Zutritt zu ihnen hat man durch das Thermalbad Negorci Banji, das auch Massagen und Unterkünfte anbietet. Der Eintritt in das Bad kostet 50 Denar.

 Gevgelija

Vorwahl: 034.
Internet: www.gevgelija.gov.mk.
Touristeninformation Putnik, ul. 7mi Noemvri bb. (gegenüber Nr. 34), Tel. 2 16 901.

Busbahnhof, Tel. 21 33 15. Busse fahren zu vielen Orten in Makedonien, aber nicht nach Griechenland. Regelmäßiger Verkehr mit **Bogdanci** (Grenze).
Nach Skopje: 4.30, 5.30, 6, 7.15, 10, 13.15 und 17.55 Uhr.
Strumica: 5.30, 6.30, 12.25 und 14.30 Uhr.
Dojran: 11, 12.45, 14 und 16.40 Uhr.

📷

Bahnhof, 7 Noemvri, Tel. 21 20 33.
Nach Skopje: 5, 15 und 17.10 Uhr, über Demir Kapija, Stobi und Veles.
Von Skopje: um 6.15, 7.05 und 16.44 Uhr, Fahrtzeit ca. 2,5 Std.; 700 MKD). In anderer Richtung bis **Thessaloniki**.

Taxiruf, Tel. 15 44, 15 41.
Taxis warten am Bahnhof und bringen Fahrgäste auf Wunsch über die Grenze nach Griechenland. Von der Grenzstation aus kann man problemlos weitertrampen, oder man lässt sich für 10 Euro vom Taxi bis zum nächstgrößeren griechischen Ort, Idomeni, bringen. Achtung: Denar werden nicht akzeptiert.

Hotel Apollonia (früher ›Jugo‹), Gevgelski Partizanski odredi 1, Tel. 213 22-2, Fax -3, www.apollonia.com.mk; DZ inkl. Frühstück 50 Euro. Direkt am Busbahnhof. Zimmer mit allen Annehmlichkeiten, W-Lan, englischsprechendes Personal. Mit Galerie, Bar im Freien und Casino im Keller.
Ašikot, Gevgelski Partizanski odredi, Tel. 21 22 38; ab 800 MKD/Pers. Kleines, leuchtend rotes Hotel im Zentrum mit einfachen, aber sauberen und liebevoll gestalteten Zimmern. Kürzlich

Der Osten

ausgebaut und saniert, mit kleinem Hof und Palmen. Gegenüber vom Hotel ›Apollonia‹.

Viele Restaurants mit landesüblicher Küche findet man in der 7. Noemvri, Fastfood an der Maršal Tito und schicke Italiener an der ul. Radovan Kovacevic.
Boemi, 7. Noemvri 4; tägl. 7–1 Uhr. Rustikale makedonische Küche.
Mandra, Maršal Tito 88. Beliebtes Fischrestaurant, abends Live-Musik.
Bon Gusto, M. Tito bb, bei der historischen Lokomotive. Zuverlässig gute Küche, nette Atmosphäre.
Javor, Dorf Mrzenci, Tel. 21 69 20. Das bekannteste Restaurant liegt 3 km außerhalb der Stadt und wird wegen seines guten Grillfleisches regelmäßig von nationaler und internationaler Prominenz aufgesucht: Spezialität ist gegrilltes Lamm. Sitzen im kleinen Hof unter alter Platane. Hauptstraße Richtung Negorci Banji, bei der Gabelung rechts vorbei an der Tankstelle und der Straße bis zum kleinen Platz folgen, an dem links das Restaurant liegt.

Café Šar Planina, M. Tito bb. Bietet leckeres lokales Gebäck in netter Atmosphäre.

Café Centar; tägl. 9–24, Fr/Sa bis 1 Uhr, So geschlossen. Im pittoresken Altbau direkt im Zentrum, atmosphärische Bier-Kneipe in bester Lage.
Gostinica Bunker, M. Tito 38; tägl. 9–24, Fr/Sa bis 1 Uhr. Kleiner, netter Club.

Museum, Maršal Tito 26, Tel. 21 36 68. Archäologisches und Heimatkundliches.

Thermalbad Nigorski Banji, Tel. 034/23 11 74, www.mia.com.mk. 10 km entfernt an der Straße nach Skopje.

Aktuelle Infos zum **Skigebiet Kožuf** auf www.skikozuf.com.mk.

Der See Dojran

Einst bekannt für seine Schönheit und seinen Fischreichtum, hat sich der See Dojran (Дојран) zu einer alarmierenden ökologischen Problemzone entwickelt. In den letzten zwanzig Jahren hat er annähernd 30 Prozent seines Wassers verloren und ist damit so weit abgesunken, dass sich seine Uferlinie streckenweise bis zu einem Kilometer verschoben hat und viele Tier- und Pflanzenarten, die den See bewohnten, inzwischen ausgestorben oder akut bedroht sind. Das dramatische Absinken ist das Resultat extensiver Landbewässerung, wobei auf makedonischer Seite die Hauptschuld

Blick auf den See Dojran

Badegäste am See

gern bei den benachbarten Griechen gesehen wird. Zur Lösung des Problems wurden schon einige Abkommen mit Griechenland geschlossen, die sich bisher aber nicht als sehr effektiv erwiesen haben. Seit 2002 wird zur Stabilisierung des vom Versumpfen bedrohten Sees Wasser aus der Nähe von Gevgelija zugeführt. Den schmalen Kanal, hübsch angelegt und beleuchtet, findet man kurz vor dem Ortseingang von Nov Dojran (beim nach dem bekannten Fußballspieler benannten Motel ›Istator‹ abbiegen und dem Asphaltweg Richtung See folgen). Da der Dojransee nurmehr etwa fünf Meter tief ist, erwärmt er sich im Frühjahr sehr schnell und hat im Sommer eine verlockende Temperatur von 27 Grad. Trotzdem reizt er wenig zum Baden, denn sein verbleibendes Wasser ist oft trübe und algig. Die einheimischen Badegäste lassen sich davon jedoch nicht abschrecken und bevölkern

im Sommer zahlreich die kleinen Sandstrände vor ihren einst direkt am Ufer erbauten Ferienhäusern.

Am westlichen Seeufer liegen, nur zwei Kilometer voneinander entfernt, die beiden Fischerorte **Star Dojran** und **Nov Dojran**. Von hier aus zogen die Fischer bis vor wenigen Jahren los, um mit der Hilfe von Kormoranen Karpfen und Welse zu fangen: eine Methode, die sonst nur im weit entfernten China üblich war und bei der der Jagdinstinkt der Vögel genutzt wird, um die Fische in eine Falle aus geflochtenem Reet zu locken. Viele Fischerhütten sieht man noch in Form von Pfahlbauten nahe am Ufer aus dem Wasser ragen, andere stehen schon lange auf dem Trockenen und erinnern an vergangene Zeiten. Es gibt einige Optimisten, die behaupten, dass sich der See in wenigen Jahren so gut erholt haben könnte, dass das Kormoran-Fischen wieder möglich sein wird. Bis dahin bleibt immerhin die hübsche Aussicht auf den See und die umliegenden Hügel.

Star Dojran

Unmittelbar an der Grenze zu Griechenland gelegen, ist Star Dojran ein netter kleiner Urlaubsort mit einer noch sichtbaren Geschichte und einer übersichtlichen Zahl an Attraktionen. Ein Besuch lohnt wegen der schönen Seeblicke, der guten Karpfen und eines Bummels entlang des Ufers.

■ Sveti Ilija

Am nördlichen Ende Star Dojrans thront die große Kirche Sv. Ilija weit sichtbar auf einem Felsen über dem Ort. Die 1874 erbaute Kirche wurde im Ersten Weltkrieg fast komplett zerstört und war bis vor kurzem nicht mehr als eine traurige Ruine, in deren Altarraum allein eine alte Frau residierte. Inzwischen

Der Osten

Der alte Hammam in Star Dojran

wurde die attraktive Kirche saniert und sollte bis 2009 wieder vollständig instandgesetzt worden sein.

■ Osmanische Baudenkmäler

Biegt man von der Maršal Tito vor der Bushaltestelle rechts ab und hält sich landeinwärts, kommt man zu zwei weiteren Ruinen. Der Eingang zum alten **Hammam** mit dem für türkische Bauten typischen Spitzbogen ist zwar mit ein paar losen Ziegeln provisorisch verstellt, man kann aber trotzdem durch die winzige Tür ins Innere klettern, das wild mit Feigenbäumen überwuchert ist. Da diese Bäume nur an feuchten Stellen wachsen, muss es noch Reste der Quelle geben, die von den Türken einst genutzt wurde. Gut erhalten sind noch die Kuppeln der Badesäle, durch deren sternförmige Lichtlöcher der Himmel hereinleuchtet.

Die zweite Ruine sind die unspektakulären Reste eines **Uhrenturms**, der während der heftigen Bombardements im Ersten Weltkrieg zerstört wurde.

■ Am Seeufer

Folgt man der Maršal Tito Richtung Zentrum, liegt linker Hand der See, gesäumt von schmalen Sandstreifen und weiten Wiesen, die einst überschwemmt waren und nun beliebte Picknickplätze sind. Direkt am Ufer liegt im unscheinbaren Flachbau auch das kleine **Museum** Dojrans, das interessante Schwarzweißfotografien des Sees in seinen besseren Jahren enthält, aber sehr unzuverlässige Öffnungszeiten hat. Sonntags und montags ist auf jeden Fall geschlossen.

Weiter südlich liegt der **Markt**, an dem einige günstige Kebab- und Salatimbisse mit frischem Gemüse zur Rast einladen.

■ Glücksspiel

An der Maršal Tito liegt gegenüber der Bushaltestelle ein mondänes Casino, das auf eine wichtige Einnahmequelle des kleinen Orts verweist: Seit die Tage des Massentourismus für Dojran vorbei sind

Badegäste am Seeufer

und viele der großen Hotels wie ›Mlaz‹, ›Galeb‹, ›Beton‹ ihre Pforten geschlossen haben, blüht das Geschäft mit dem Glücksspiel. Die Casinos, die man zuhauf im Südosten Makedoniens findet, werden fast ausschließlich von Griechen besucht, denn in Griechenland ist das Glücksspiel streng reglementiert. Der nahe und durchgehend geöffnete Grenzübergang zum Nachbarland ermöglicht den Griechen bequeme Casinobesuche und beschert Dojran so manchen Arbeitsplatz. Dies ist wohl auch der Hauptgrund, weshalb die bislang so gemütlich schmale Straße am Seeufer nun für den Durchgangsverkehr erweitert wird.

 Star Dojran
Vorwahl: 034.

Mak-Petrol-Tankstelle, in Nov Dojran.

Die **Bushaltestelle** liegt sehr zentral direkt an der Hauptstraße. Achtung: Busse verkehren äußerst selten in Dojran und evtl. ist man besser beraten, ein Taxi ins nahegelegene **Bogdanci** zu nehmen, um von dort mit dem Bus weiterzufahren.
Von/nach Skopje: 2x tägl.; 340 MKD.

Star Dojran: Einige der großen Hotels wurden inzwischen geschlossen, dafür haben neue Privatpensionen ihre Pforten geöffnet. Unterkünfte findet man entlang der Hauptstraße reichlich. Brandneu ist das **Hotel ›Galeb‹** mitten im Ort.
Privatzimmer ab 5 Euro/Pers. kann man am Busbahnhof buchen oder selber finden, indem man sich nach Aushängen für ›sobi‹ (соби) umsieht.
Pension Graniko, Tel. 22 51 66; Zi. 1200 MKD für 2–4 Personen ohne Frühstück. Liegt am hinteren Ende der Straße direkt auf der Seeseite mit einem Garten und kleinem Strand. Die drei einfachen Räume sind etwas hellhörig, aber alle mit Seeblick, darüber liegt eines der besten Restaurants des Orts.
Villa Arap, gegenüber Graniko, Tel. 419830. Vermietet einfache Zimmer mit Seeblick.
Nov Dojran: Motel Istator, Telefon 22 75 56; mit Frühstück 800 MKD/Pers. Einfache, ordentliche Unterkunft direkt am See.

Campingplatz Mrdaja, Tel. 836 03. Zwischen Nov und Star Dojran direkt am Seeufer bei der großen Bauruine.

Fuk-Tak, Maršal Tito bb, Tel. 22 53 20. Das traditionsreiche Restaurant bietet traditionelle makedonische Küche. Hervorragende Fischgerichte (z.B. 300 g panierter Karpfen für 250 MKD) und Gegrilltes bei Livemusik.
Graniko, Maršal Tito bb, Tel. 225166. Steht in dem Ruf, den besten Fisch zu servieren, auf einer Terrasse direkt am See. Wein und Karpfen für zwei Personen kosten ca. 1000 MKD.
Pizzeria Prezident, Maršal Tito, nahe dem Busbahnhof, Tel. 22 52 46. Einfache Pizzas zu moderaten Preisen.
An der Straße nach Gevgelija liegt das legendäre **Fischrestaurant Elita,** in dem der Fisch direkt aus dem Fluss auf dem Teller landet. Von Dojran aus kurz hinter der ausgewiesenen Abbiegung nach Gevgelija, erkennbar an der Hängebrücke über dem Fluss.

Der Osten

Sprachführer

Makedonisch

Die makedonische Sprache hat weltweit nur etwa vier Millionen Muttersprachler und ist erst seit gut 60 Jahren anerkannt. Umso mehr wird man sich im Land freuen, wenn Reisende mit ein paar Wörtern Makedonisch aufwarten können. Besonders in entlegeneren Gegenden wird einem das viele Türen öffnen. All denen, die einmal Russisch oder eine andere slawische Sprache gelernt haben, wird das leichtfallen, denn viele Wörter sind nahezu identisch. Eine andere gute Nachricht: Im Makedonischen wird alles genauso ausgesprochen, wie es geschrieben wird. Außerdem wird immer die dritte Silbe von hinten betont, bei zweisilbigen Wörtern die erste von vorne. Ausnahmen sind lediglich ein paar Lehnwörter, die ihre ursprüngliche Betonung beibehalten haben.

Geschrieben wird Makedonisch grundsätzlich kyrillisch, es gibt aber eine gängige lateinische Umschrift. Einige Buchstaben, die es im Russischen oder Serbischen gibt, wurden im Makedonischen durch lateinische ersetzt, was das Lesen noch einfacher macht.

Das ›r‹ wird gerollt gesprochen, Vornamen sind die einzigen Nomen, bei denen es so etwas wie eine Deklination gibt.

Tip: Ein zuverlässiges Onlinewörterbuch findet man auf www.balkanesisch.de.

Das Alphabet

Kyrillisch	Umschrift	Aussprache
А а	a	a (kurz)
Б б	b	b
В в	v	w
Г г	g	g
Д д	d	d
Ѓ ѓ	gj	gj
Е е	e	e
Ж ж	ž	Garage
З з	z	s (stimmhaft)
Ѕ ѕ	dz	ds (stimmhaft)
И и	i	i (kurz)
Ј ј	j	j
К к	k	k
Л л	l	l

Љ љ	lj	lj
М м	m	m
Н н	n	n
Њ њ	nj	nj
О о	o	o (kurz)
П п	p	p
Р р	r	r (gerollt)
С с	s	ß
Т т	t	t
Ќ ќ	kj	kj
У у	u	u
Ф ф	f	f
Х х	h	ch wie in ›acht‹
Ц ц	c	z
Ч ч	č	tsch
Џ џ	dž	dsch wie in
Ш ш	š	sch

Zahlen

0	nula
1	eden
2	dva
3	tri
4	četri
5	pet
6	šest
7	sedum
8	osum
9	devet
10	deset

11	edinaeset
12	dvanaeset
20	dvaeset
100	sto
500	petstotini
1000	iljada
halb	pola

Allgemeines

ja	da
nein	ne
gut	dobro
o.k.	može
vielleicht	možebi
Was?	što?
Wo, wohin?	kade?
Wann?	koga?
Wie?	kako?
Warum?	zošto?
Wer?	koj?
Toilette	toalet/WC
Mann/Frau	maž/žena
geöffnet	otvoreno
geschlossen	zatvoreno
Eingang	vlez
Ausgang	izlez

Bekanntschaften

Hallo!	Zdravo!
Guten Morgen.	Dobro utro.
Guten Tag.	Dobar den.
Guten Abend.	Dobra večer.

Auf Wiedersehen.	Prijatno/Čao.
Danke.	Blagodaram (fala).
Bitte.	Molam.
Entschuldigung!	Izvinete
Willkommen!	Dobredojde!
Wie geht es dir/Ihnen?	Kako si/ste?
Mir geht es gut.	Dobar sum.
Sprechen Sie deutsch/englisch?	Zbruvate-li germanski/angliski?
Ich verstehe kein Makedonisch.	(Jas) ne razbiram makedonski.
Ich bin Deutscher/Deutsche.	Jas sum germanka/germanec.

In der Stadt

Wo ist ...?	Kade e ...?
Wie weit ist es bis ...?	Kolku daleku e do ...?
Wann fährt der Zug nach ...?	Koga trgnuva vozot za ...?
rechts/links	desno/levo
geradeaus	pravo
hier/dort	tuka/tamu
Moschee	džamija
Kirche	crkva
Festung	kale
Museum	muzej
Hotel	hotel
Bahnhof	železnička stanica
Busbahnhof	avtobuska stanica
Flughafen	aerodrom
Auto	kola
Tankstelle	benzinska pumpa
Taxi	taksi
Telefon	telefon
Bank	banka

Sprachführer

Postamt	pošta
Polizeirevier	policiska stanica
Restaurant	restoran
Stadt	grad
Dorf	selo
Krankenhaus	bolnica
Apotheke	apteka
Wo kann ich ... kaufen?	Kade možam da kupam ...?
Wieviel kostet ...?	Kolku čini ...?
Haben Sie ...?	Imate li ...?
Ich brauche ...	Mi treba ...
Haben Sie ein freies Zimmer?	Imate li slobodna soba?
für eine Nacht	za edna nokj
für zwei, drei Nächte	za dve, tri nokji
Ich habe kein Geld.	(Jas) nemam pari.

Essen/Trinken

Ich möchte ... (trinken).	Sakam (da pijam) ...
Wasser	voda
Saft	sok
Tee	čaj
Kaffee	kafe
eine Tasse Kaffee	edna šolja kafe
Milchkaffee	kafe so mleko
Wein	vino
ein Glas Wein	edna čaša vino
Bier	pivo
heiß/kalt	toplo/ladno
groß/klein	golemo/malo
mit/ohne	so/bez
Frühstück	pojadok

Mittagessen	ruček
Abendessen	večera
Fisch	riba
Fleisch	meso
Suppe	čorba
Salat	salata
Gemischter Salat	mešana salata
Brot	leb(če)
Reis	oriz
Kartoffeln	kompir
Salz	sol
Zucker	še*ker
Bohnenauflauf	tavče gravče
gelber Käse/weißer Käse	kaškaval/sirenje
Ich esse kein Fleisch.	Ne jadam meso.
Rechnung	smetka

Zeit

heute	denes
morgen	utre
gestern	včera
jetzt	sega
Tag	den
Woche	nedela
Monat	mesec
Jahr	godina
Stunde	čas/saat
Minute	minuta

Wichtige Verben

ich bin/du bist	jas sum/ti si
ich kann/du kannst	jas možam/ti možeš
ich habe/du hast	jas imam/ti imaš
ich habe nicht/du hast nicht	jas nemam/ti nemaš
ich mag (will)/du magst (willst)	jas sakam/ti sakaš

Albanisch

Überall dort, wo mehr als 20 Prozent Albaner leben, ist die zweite offizielle Sprache Albanisch. Tatsächlich sind einige Städte in Westmakedonien fast ausschließlich von Albanern bewohnt, und Makedonisch wird dort weder gesprochen noch
besonders gern gehört. Mehr erreicht man häufig mit Deutsch, am meisten mit
ein paar Brocken Albanisch.
Das Albanische wird, ebenso wie das Makedonische, phonetisch geschrieben. Hat
man also einmal die Aussprache der einzelnen Laute verinnerlicht, gibt es keine
großen Artikulationsprobleme mehr.
Die Schrift ist lateinisch, hat aber ein paar Sonderzeichen.
Zeichen und Laute, die von unserem Alphabet abweichen:

ç	tsch
dh	stimmhaftes th (wie englisch ›the‹)
ë	sehr kurzes e (für Linguisten: Schwa)
sh	sch
th	stimmloses th (wie in englisch ›throw‹)
x	ds
xh	j wie ›Johnny‹
y	langes u
z	stimmhaftes s
zh	Garage

Die Sprache klingt sehr fremd und ist nicht ganz einfach zu lernen. Deshalb hier
nur ein paar grundlegende Ausdrücke, die nützlich sein könnten:

ja/nein	po/jo
Hallo!	Ungjatjeta!
Auf Wiedersehen!	Mirupafshim!

Tschüß!	Lamtumirë!
Danke.	Faleminderit.
Entschuldigung!	Më fal.
Ich verstehe kein Albanisch.	Unë nuk kuptoi shquip.
Verstehen Sie Deutsch?	A kuptoni gjermanisht?
wo, wohin?	ku?
wann?	kur?
links/rechts	majtas/djathtas
Busstation	stacioni i autobusave
Zug	tren
Toilette	nevojtore
Mann/Frau	mashkull/femë
heute	sot
morgen	nesër
Haben Sie ...?	A keni ...?
Wo gibt es ...?	A ku ka ...?
Wieviel kostet das?	Sa kushton?
Ich möchte zahlen.	Dua të paguaj.

Zahlen

0	zero
1	një
2	dy
3	tre
4	katër
5	pesë
6	gjashtë
7	shtatë
8	tetë
9	nëntë

10	dhjetë
11	njëmbëdhjetë
12	dymbëdhjetë
20	njëzet
100	njëgind
500	pesëgind
1000	një mijë
halb	giysmë

›Zimmer zu vermieten‹ auf albanisch

Reisetips von A bis Z

Alkohol

Alkohol wird oft und gern getrunken, vor allem hausgebrannter **Schnaps** und **Bier**. Die beliebtesten **Biersorten** sind ›Skopsko‹ und ›Dab‹ (ersteres herber, letzteres süffiger).

Ein wahrer Geheimtip ist der makedonische **Wein** – und dabei ausgesprochen günstig. Gängige Sorten sind ›T'ga Za Jug‹ und ›Alexandrija‹, einen besonders guten Ruf genießen die Sorten ›Muscat Frontignan‹, ›Vranec‹ und ›Disan‹. Leider darf man nicht mehr als einen Liter Wein und einen Viertelliter Spirituosen ausführen.

Anreise mit dem Auto

Prinzipiell führen zwei Wege von Deutschland nach Makedonien. Für **Ost- und Norddeutsche** ist es günstig, über **Tschechien, Ungarn und Serbien** zu fahren, während für die meisten anderen die traditionelle ›Gastarbeiterstraße‹, der

Unterwegs in Skopje

Autoput, früher auch ›Straße der Brüderlichkeit und Einheit‹ genannt, die sinnvollste Strecke ist. Sie führt durch **Österreich, Slowenien, Kroatien und Serbien**.

In jedem Fall ist die Fahrt nach Makedonien sehr lang, und man sollte sich bewusst sein, dass Hin- und Rückfahrt zusammen gut drei Urlaubstage verschlucken. Von Berlin bis Skopje sind es etwa 1700 Kilometer, von München immerhin noch knapp 1400. Bei der Reiseplanung sollte man bedenken, dass die Strecke im südlichen Serbien schlecht ausgebaut ist und man sie aus Sicherheitsgründen besser bei Tageslicht als in der Nacht fährt. Am **Grenzübergang Tabanovce** kommt es besonders im Sommer oft zu langen Staus mit Wartezeiten über viele Stunden.

Zu bedenken ist außerdem, dass die Autobahnen fast überall außerhalb Deutschlands **mautpflichtig** sind. Eine Fahrt durch Ungarn kostet etwa 13 Euro, eine Durchquerung Serbiens 23 Euro. Motorradfahrer zahlen die Hälfte. Hinzu kommt, dass ein westeuropäisches Nummernschild nach Wohlstand aussieht und eine willkommene Gelegenheit sein kann, ein schmal bemessenes Beamtengehalt aufzubessern. **Straßenkarten** für alle zu durchkreuzenden Länder gibt es für Mitglieder kostenlos beim ADAC.

Neben vollständigen **Fahrzeugpapieren** benötigt man zur Einreise eine **grüne Versicherungskarte**. Gültig ist sie dann, wenn sie vom Fahrzeughalter unterschrieben ist und das Kästchen ›MK‹ nicht durchgekreuzt ist. Alternativ kann man an der Grenze eine ›Grenzversicherung‹ abschließen, die drei Wochen gilt und 25 Euro kostet.

Anreise mit der Bahn

Reisende aus Deutschland fahren – je nach Wohnort – entweder über Budapest und Belgrad oder Wien und Rakovica (Kroatien) nach Skopje, jeweils mit zweimal umsteigen bei einer Fahrtdauer von etwa 35 Stunden ab Berlin, 31 Stunden ab München. Die genauen Zeiten und Umsteigebahnhöfe findet man auf www.db.de, aber für Preisauskünfte muss man sich persönlich zum Schalter bequemen. Wer bei Ankunft noch nicht genau weiß, wohin er in Skopje will, sollte es vermeiden, dort mitten in der Nacht anzukommen. Der **Bahnhof** liegt nicht gerade in der besten Gegend und ist einer der ungemütlicheren Orte der Stadt.

Für **Sparsame** mit viel Zeit und Abenteuerlust noch eine persönlich erprobte Alternative: Man kann teure Tarife umgehen, indem man Tickets immer nur in demjenigen Land kauft, durch das man gerade reist. Dann kommen keine Auslandszuschläge dazu, und man kann

Eisenbahnbrücke in Demir Kapija

auf etwas abenteuerliche Weise mit Bummelzügen und ab und zu mal ein paar Meter zu Fuß für etwa 60 Euro von der deutsch-tschechischen Grenze bis nach Skopje kommen. Es fahren täglich fünf Züge von Belgrad nach Skopje und von dort aus weiter nach Thessaloniki. Achtung: Thessaloniki heißt auf serbisch/makedonisch ›Solun‹ (Солун).

Anreise mit dem Bus

Busreisen nach **Skopje** bietet die ›Deutsche Touring‹ an. Mehrmals wöchentlich starten deren Busse in vielen süd- und westdeutschen Städten, um nach etwa 24 Stunden und für den Preis von ca. 200 Euro hin und zurück in Makedonien anzukommen. Im Preis inbegriffen sind Gepäck und alle anderen Fahrtkosten. Gelegentlich werden makedonische Busse eingesetzt, die nicht den deutschen Gemütlichkeitsstandards entsprechen.

Der **internationale Busbahnhof** in Skopje liegt zentrumsnah direkt neben dem Zugbahnhof. Wer nicht nach Skopje möchte, kann alternativ in **Kumanovo** aussteigen, dem ersten Stop nach der serbischen Grenze. Aus Nord- und Ostdeutschland gibt es keinen direkten Busverkehr nach Makedonien. Was bleibt, ist die Möglichkeit, von Hamburg, Berlin oder Leipzig aus mit dem Bus nach Belgrad zu fahren und dort umzusteigen. Das bietet die ›Deutsche Touring‹ mehrmals wöchentlich an. Vom internationalen Busbahnhof in Skopje bestehen tägliche Busverbindungen nach Tirana, Sofia, Belgrad, Priština und Istanbul.

Von **Thessaloniki** aus kann man mit Minibus, Taxi oder Zug einzureisen. Der inzwischen einzige Zug fährt täglich um 16.15 Uhr ab und braucht bis

Skopje 4,5 Stunden, wobei die Strecke landschaftlich sehr schön ist. Kauft man das Ticket erst im Zug, drohen empfindliche Zuschläge. Alternativ kann man versuchen, einen der unregelmäßig fahrenden, privaten **Minibusse** für 20 bis 25 Euro zu erwischen oder ein Sammeltaxi zu finden. Günstiger ist es, sich nur zum nächsten Ort hinter der makedonischen Grenze fahren zu lassen, etwa nach **Gevgelija**, von wo Busse fast nach überall in Makedonien fahren.

Deutsche Touring GmbH
Am Römerhof 17
60486 Frankfurt/M.
Tel. 069/79 03-501
www.touring.de

Anreise mit dem Flugzeug

Von Deutschland aus dauert ein Flug nach Makedonien etwa zwei Stunden. In der Regel wird nur **Skopje** angeflogen, obwohl auch Ohrid einen internationalen Flughafen hat. Dabei sind die Flüge oft relativ teuer, und man kann leicht um die 400 Euro zahlen. Es sind aber neue Anbieter auf dem Markt aufgetaucht, die mit besseren Angeboten locken. Die günstigste Option ist derzeit **Skywings**, die ab 99 Euro einmal wöchentlich von Düsseldorf nach Skopje (Hin- und Rückflug) fliegen.
Die staatliche Fluggesellschaft heißt **MAT**. Sie bietet wöchentlich Flüge direkt von und nach Zürich, Wien, Düsseldorf, Berlin und Hamburg an (die Flüge nach Hamburg und Berlin sind in Wirklichkeit ein Kombiflug mit Zwischenstopp in der jeweils anderen Stadt). Wer mindestens 14 Tage vor Abflug bucht, zahlt 200 Euro (Hin- und Rückflug), Steuern nicht inbegriffen, und gelegentlich lockt MAT mit 99-Euro-Angeboten.

Die slowenische Fluggesellschaft **Adria Airways** fliegt für etwa 300 Euro von München, Frankfurt, Wien und Zürich über Ljubljana nach Skopje und von dort weiter nach Ohrid. Auch **Helvetic Airways** (ww.helvetic.com) fliegt mehrmals wöchentlich bisweilen preisgünstig von Zürich nach Skopje und Ohrid.
Germanwings (www.germanwings.com) fliegt ab 100 Euro one-way von Köln-Bonn nach Skopje, **Germania** verlangt ab 149 Euro one-way für Flüge ab Düsseldorf, die jeden Samstag starten.
Ab ca. 350 Euro fliegt **Austrian Airlines** zweimal täglich ab Wien nach Makedonien.
Eine beliebte, wenn auch mühsamere Alternative ist es, einen günstigen Flug nach **Sofija** oder **Priština** zu buchen und von dort mit dem Bus bzw. der Bahn ins Nachbarland zu fahren.

Fluggesellschaften in Deutschland
MAT Macedonian Airlines
PSA Reisebüro Tetova GmbH
Hobrechtstr. 4
12043 Berlin
Tel. 030/61 30 93 38
Skywings
Provinzialstr. 371
44388 Dortmund
Tel. 0231/69 79 50
www.skywings.info

Fluggesellschaften in Skopje
MAT
Vasil Glavinov 3
Tel. 020/32 923 33
Reservierung und Fluginfos:
Tel. 020/321 80 77, -78
www.mat.com.mk
Adria Airways
Dame Gruev bb
Tel. 020/311 70 09
www.adria-airways.com

Lufthansa
Velkjo Vlahovič 11
Tel. 020/3290660
Fax 3239025
Austrian Airlines
27 Mart 12
Tel. 020/3128177, 3128436
www.aua.com
Skywings Int. Skopje
Dame Gruev 5
1000 Skopje
Tel. 020/3298655
Fax 020/23298661

Ärztliche Versorgung

Es empfiehlt sich, vor der Abreise eine **Auslandskrankenversicherung** abzuschließen. Die gibt es zum Beispiel beim ADAC ab 11,70 Euro. Untersuchungen zahlt man bar und reicht die Quittung später beim Versicherer ein – wenn sich das überhaupt lohnt. Bei einem Zahnarztbesuch zum Beispiel kommt man häufig mit einem Betrag von zehn Euro davon.

Spezielle **Impfungen** sind für Makedonien nicht erforderlich, und weder Leitungswasser noch Essen führen normalerweise zu Magenproblemen. Die lokalen Ärzte und Apotheker sprechen meist Englisch. Krankenhaus heißt **bolnica**, Apotheke **apteka**. Dort, wie auch in allen anderen Geschäften, sind einheimische Produkte sehr viel günstiger als bei uns, importierte sehr viel teurer. Das günstige Äquivalent zu Aspirin heißt ›Acetisal‹ und hilft auch.

Im Trgovski Centar in Skopje gibt es eine **Notapotheke**, die 24 Stunden geöffnet ist: Tel. 3117614.

Ausrüstung und Gepäck

Es gibt an Bahnhöfen und Busstationen in der Regel weder Gepäckaufbewahrung noch Schließfächer, aber Taschen können auf Anfrage oft bei einem der Schalterbeamten abgegeben werden.

Sonnencreme ist in Makedonien teuer und im Sommer unerlässlich. Mehr noch wird man sich ärgern, wenn man **festes Schuhwerk** zu Hause vergessen hat. Selbst wenn kein ausgedehnter Wanderurlaub geplant ist, sind viele Wege ohne feste Schuhe schlichtweg nicht begehbar. Zudem liegen Makedoniens schönste Gegenden in den Bergen, so dass es sich selbst ausgesprochene Wandermuffel anders überlegen könnten. Deshalb empfiehlt sich auch an heißen Sommertagen ein **warmer Pullover**, denn in den Bergen kann es besonders abends empfindlich kühl werden. **Kletterausrüstung** kann man bis auf Schuhe vor Ort leihen.

Frauen sollten daran denken, dass sie in den albanisch besiedelten Gebieten im Westen zu leicht bekleidet eventuell schräg angesehen werden könnten, und auch für Kloster- und Moscheebesuche sind **lange Beinbekleidung und Schulterbedeckung** Pflicht.

Für Digitalfotografie sollte man sich möglichst vor der Reise mit genügend **Speicherchips** ausstatten, denn vor Ort sind sie in der Regel teuer.

Autofahren

Makedonien kann man am besten mit dem Auto entdecken. Mit öffentlichen Verkehrsmitteln kommt man zwar bequem und günstig an alle größeren Orte, aber nur selten in entlegenere Ecken. Dabei kann Autofahren in Makedonien recht abenteuerlich sein. Zwar wurde in den letzten paar Jahren sehr viel für eine bessere Beschilderung der Straßen getan, aber vielerorts sind Hinweise nach wie vor dürftig.

Zudem werden die Straßen schlechter, je weiter man sich von den Hauptver-

Kleine Straße in den Bergen

kehrsadern entfernt und enden bisweilen als Schotterpiste mit Schlaglöchern. Mit anderen Worten: Tiefergelegte Wagen sind für eine Makedonienreise wesentlich weniger geeignet als geländegängige Fahrzeuge mit Allradantrieb. Solange man sich ausschließlich auf Hauptverkehrsstraßen bewegt, wird man allerdings kaum Probleme haben, und Makedonien ist gerade engagiert dabei, seine anderen Straßen ebenfalls auszubauen.

Außerhalb der größeren Orte gibt es recht wenig Verkehr, und vermutlich hat Makedoniens Autobahn in ihrer Geschichte noch keinen einzigen Stau gesehen. Dazu trägt gewiss auch die **Maut** bei, die streckenweise erhoben wird. Fährt man einmal quer durch Makedonien, beträgt die Gebühr etwa 300 Denar beziehungsweise 5 Euro. Allerdings ist die Maut an die Benzinpreise gekoppelt, und so ist zu vermuten, dass sie bereits wieder gestiegen ist.

Innerorts beträgt die **Höchstgeschwindigkeit** abhängig von den Anzeigen 50 oder 60 km/h, außerhalb geschlossener Ortschaften 80 km/h. Auf Schnellstraßen darf 100 km/h gefahren werden, und auf Autobahnen gilt ein Tempolimit von 120 km/h, für Wohnmobile 80 km/h. Obwohl es manchmal den Anschein hat, Geschwindigkeitsbegrenzungen seien eher Nebensache, kommt es gelegentlich zu Kontrollen, und dann muss gezahlt werden. Und zwar bei Ausländern in der Regel sofort und bar.

Es mag erstaunen, dass es in Makedonien so etwas wie eine **Anschnall- und Helmpflicht** gibt. Zumindest als Ausländer ist es ratsam, sich daran zu halten. Wird man unangeschnallt im Auto erwischt, drohen 1000 Denar Strafe.

Motorradfahrer sollten außerdem daran denken, dass tagsüber mit Abblendlicht gefahren werden muss. Ganzjährig gehört zur **Pflichtausrüstung** ein Satz **Reserveglühbirnen**, und im Winter müssen **Schneeketten** mitgeführt werden. **Parkverstöße** kosten zwischen 22 und 30 Euro.

Prinzipiell gelten die gleichen **Verkehrsregeln** wie in Deutschland, auch wenn es manchmal nicht danach aussieht. Bei Zebrastreifen wird beispielsweise grundsätzlich nicht angehalten, und abbiegende Autofahrer ignorieren nicht nur gern ihren Blinker, sondern auch Fußgänger und Radler.

Gemütlich geht es dafür manchmal am Rand der **Autobahn** zu – wenn einem nicht gerade jemand entgegenkommt, der seine Ausfahrt verpasst hat. Die Seitenstreifen eignen sich nämlich hervorragend zum Picknicken, Radfahren und Obstverkaufen.

Auch das **Tanken** ist persönlicher als bei uns. Man tankt nicht selbst, sondern lässt tanken, und zwar oft nur soviel, dass es

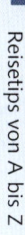

gerade eben bis zum nächsten Ziel reicht. Volltanken ist wenig üblich, für Ausländer aber ratsam, denn in einigen Gegenden sind die Tankstellen spärlich gesät. An ihrer blau-gelben Farbe und dem Kürzel ›MP‹ erkennt man die marktführenden **MAK-Petrol-Tankstellen**, daneben gibt es noch kleinere Ketten. Benzin ist für uns relativ günstig, für die Makedonier aber sehr teuer. Benzin kostet derzeit etwa 75 Denar/Liter und ist damit etwas billiger als in Deutschland. Bleifreies Benzin ist flächendeckend erhältlich, und man darf bis zu 20 Liter im Reservekanister zollfrei mit über die Grenze nehmen. Die Tankstellen an der **Transitstrecke E75** sind rund um die Uhr geöffnet.

In Makedonien gibt es einige **eng gewundene Straßen**, die beim Fahren viel Voraussicht fordern, und besonders im Dunkeln sollte man auf eventuelle Schlaglöcher, unbeleuchtete PKW und Pferdekarren achten. Sollte es zu einem **Unfall** kommen, sofort die Polizei verständigen und schriftliche Unfallbestätigung ausstellen lassen. Fahrzeuge mit auffälligem Karosserieschaden dürfen nämlich nur mit einer Schadensbestätigung das Land wieder verlassen.

In diesem Zusammenhang ist auch erwähnenswert, dass die Deckungssummen der makedonischen Haftpflichtversicherungen wesentlich niedriger als in Deutschland sind, weshalb es sinnvoll ist, vor Reiseantritt eine **Vollkaskoversicherung** zu haben.

Alkohol am Steuer wird mit einer Geldstrafe bis zu 195 Euro bestraft, die Promillegrenze liegt bei 0,5.

ADAC, Tel. 00 381/11/42 27 07 (ADAC in Serbien/Montenegro, der auch für Makedonien zuständig ist). Das makedonische Pendant zum ADAC ist der **AMSM** (Auto Moto Sojuz na Makedonija).

Der Automobilclub erteilt unter anderem Informationen zu Routen, Entfernungen und Benzinpreisen.

AMSM
Mitropolit Teodosija Gologanov 51
Skopje
Tel. 02/311 60 11
amsm@mt.com.mk
Mo –Fr 6 –21, Sa 8 –13 Uhr.

Schwimmer bei Radožda am Ohridsee

Baden

Zum Baden fährt man am besten an die
›makedonische Küste‹, den **Ohridsee**,
den zahlreiche mehr oder weniger lauschige Kieselstrände säumen. Größere
Strände gibt es bei Struga und bei
Gradište, zwischen der Stadt Ohrid und
Sveti Naum. Der Ohridsee ist sehr klar
und hat unter Wasser eine Sichtweite
von bis zu 25 Metern.

Auch am **Prespasee** lässt es sich gut
baden. Das Wasser dort ist etwas wär-
mer, die sandigen Strände größer und
weniger voll als am Nachbarsee.

Der dritte große See, **Dojran**, ist nur in
Maßen zu empfehlen: Sein flaches Wasser ist sehr warm und häufig trübe. Dennoch sind seine kleinen Sandstrände im
Sommer gut besucht mit Badegästen
aus der Region.

Unterwegs mit der Bahn

Auch Makedoniens **Stauseen** bieten sich
zum Baden an. Während der **Berovosee**
selbst im Sommer eiskalt ist, lädt in
Mavrovo die Badestelle Crn Kamen zum
Sprung vom felsigen Ufer ins klare Wasser. Am schönsten lässt es sich in den
vielen klaren, kühlen Gebirgsseen und
-flüssen erfrischen.

Von **FKK** hat in Makedonien noch niemand gehört, und auch ›oben ohne‹ ist
ein Fremdwort.

Bahn

Züge fahren relativ selten, und das
Schienennetz ist sehr überschaubar. Der
Bau der dringend benötigten Ost-West-
Verbindung von Sofia über Skopje und
Tirana nach Durrës wurde zwar in An-
griff genommen, wegen finanzieller
Schwierigkeiten jedoch bald darauf wie-
der gestoppt. Die Betonträger und Brük-
ken dafür sieht man bisweilen in der
Landschaft aufragen. Mit anderen Wor-
ten: Zugfahren in Makedonien ist nicht
wirklich sinnvoll, außer man will aus

dem Land herausfahren, nach **Belgrad**
oder **Thessaloniki**, oder die teils sehr
attraktiven Bahnstrecken genießen. Das
Stück zwischen Demir Kapija und Veles
zum Beispiel ist durchaus eine Zugreise
wert, und die nach dem Konflikt 2001
lange stillgelegte Strecke zwischen
Skopje und Kičevo wurde endlich wieder
freigegeben.

Die **Tickets** sind günstig, gelten aber
immer nur für einen bestimmten Zug.
Hat man den verpasst, wird ein neues
Ticket fällig. Dabei gilt, wie auch in den
Bussen, grundsätzlich freie Platzwahl.
Für **Studenten** mit internationalem Aus-
weis gibt es einen ermäßigten Tarif.

Abfahrts- und Ankunftspläne sind prinzipiell nur kyrillisch. Zur Orientierung
auf der Hauptlinie: Skopje schreibt sich
›Скопје‹, Belgrad ›Белград‹, und Thessaloniki heißt ›Солун‹. Internationale
Tickets sind dreisprachig (makedonisch,
französisch und deutsch!) und geringfügig günstiger, wenn die Rückfahrt

KOSOVO

BULGARIEN

Тетово
Tetovo

Г. Петров
G. Petrov

Белјаково
Beljakovo

Кратово
Kratovo

Делчево
Delčevo

Скопје
Skopje

Кочани
Kočani

Виница
Vinica

Гостивар
Gostivar

Велес
Veles

Штип
Štip

Радовиш
Radoviš

Берово
Berovo

Градско
Gradsko

Дебар
Debar

Кичево
Kičevo

Неготино
Negotino

Струмица
Strumica

Stobi

Сопотница
Sopotnica

Прилеп
Prilep

Demir Kapija

Дојран-
see

Струга
Struga

Гевгелија
Gevgelija

Охрид
Ohrid

Ресен
Resen

Ohrid-
see

Prespa-
see

Битола
Bitola

ALBANIEN

GRIECHENLAND

Das makedonische Eisenbahnnetz

gleich mitgebucht wird (Skopje–Belgrad und zurück kostet 2068 Denar). Die makedonischen **Bahnhöfe** liegen zumindest in größeren Städten nie im Zentrum und manchmal in sehr ungemütlichen Ecken. In Kumanovo muss man erst gut zwei Kilometer durch ein militärisches Sperrgebiet, bevor die ersten Häuser in Sicht kommen. Daher sollte man nicht mitten in der Nacht ankommen, wenn man sich nicht gut auskennt.

Zugverkehr ab Skopje	
Abfahrtszeit	Zielort
3.10	Tetovo–Kičevo
3.12	Veles–Štip–Kočani
6.12	Kumanovo–Niš–Belgrad
6.15	Veles–Gradsko–Demir Kapija–Gevgelija
6.20	Tetovo–Gostivar–Kičevo
7.05	Veles–Prilep–Bitola
8.00	Veles–Gradsko–Gevgelija–Thessaloniki
10.50	Veles

Zugverkehr ab Skopje	
13.20	Veles
14.30	Veles–Bogomila–Prilep–Bitola
15.20	Kumanovo–Niš–Podgorica
15.25	Veles–Štip–Kočani
15.30	Tetovo–Gostivar–Kičevo
16.13	Priština
16.44	Veles–Gradsko–Demir Kapija–Gevgelija
18.19	Kumanovo–Tabanovce
18.21	Veles–Bogomila–Prilep–Bitola
20.06	Kumanovo–Niš–Belgrad
22.25	Kumanovo
22.38	Veles

Botschaften und diplomatische Vertretungen

In Deutschland:
Makedonische Botschaft
Königsallee 2-4
14193 Berlin
Tel. 030/89 06 95 22
Fax 89 54 11 94
Konsularabteilung:
Hubertusallee 5
14193 Berlin
Tel. 030/89 06 95 11
Fax 89 09 41 41
Mo–Fr 9–13 Uhr
Außenstelle Bonn
Strässchensweg 6
53113 Bonn
Tel. 0228/92 36 90
Fax 23 10 25
Konsularabteilung:
Tel. 0228/23 09 71
Fax 23 77 43
Mo–Fr 9–13 Uhr

In Österreich:
Makedonische Botschaft
Maderstr. 1/10
1040 Wien
Tel. 01/524 87 56
macembassy@24on.cc.
Mo–Fr 10–17 Uhr
In der Schweiz:
Makedonische Botschaft
Kirchenfeldstr. 30
35005 Bern
Tel. 031/352 00 28,-30
Fax 352 00 37
makedamb@bluewin.ch
Mo–Fr 9–16 Uhr, Konsularabteilung
bis 12 Uhr
In Makedonien:
Deutsche Botschaft
Lerinska 59
1000 Skopje
Tel. 02/309 39 00
Fax 309 38 99
info@skop.auswaertiges-amt.de
www.skopje.diplo.de

Mo –Do 8 –12 und 14 –16 Uhr, Fr 8 –12 Uhr

Konsularabteilung: Mo–Fr 8 –10 Uhr

Österreichische Botschaft
Mile Popjordanov 8
1000 Skopje
Tel. 02/308 34 00
Fax 308 31 50.
skopje-ob@bmeia.gv.at

Schweizer Botschaft
Maksim Gorki 19
1000 Skopje
Tel. 02/310 33 00
Fax 310 33 01
Sko.vertretung@eda.admin.ch.
www.eda.admin.ch/skopje
Mo –Fr 8.30 –12 Uhr

Busverkehr

Das Busnetz ist in Makedonien gut ausgebaut, und Busse fahren regelmäßig in alle größeren Städte und gelegentlich auch in kleinere, wobei die **Fahrpreise** sehr moderat sind. Für etwa sieben Euro kommt man einmal quer durch das Land, und wer das einen Monat lang gültige Rückfahrticket gleich mitkauft, fährt sogar noch günstiger. Meistens kann man Tickets direkt im Bus kaufen.

Falls an Busbahnhöfen **Abfahrtspläne** aushängen, sind die Zeiten in der Regel zuverlässig. Häufig sind die Pläne allerdings nur auf kyrillisch. Anders als Züge fahren Busse immer **direkt ins Stadtzentrum**.

Nationale und internationale Busverbindungen von Skopje findet man auf www.skopje.com.mk, Infos zu Bussen innerhalb Skopjes auf www.jsp.com.mk. Tickets im Innenstadtbereich kosten 25 –30 Denar, die Fahrpläne hängen neuerdings an einigen Haltestellen aus. Busbahnhof in Skopje: Telefon 316 62 54.

Internationaler Busverkehr ab Skopje		
Von Skopje nach …	**Tägl. Abfahrtszeit**	**Preis in MKD**
Belgrad (via Niš)	2, 4, 5.10, 7.45, 9.25, 13.10, 14.30, 16.45, 20.30, 21.15, 21.30, 0 Uhr	1100–1400 MKD
Düsseldorf (via Frankfurt und München)	9.30 Uhr	8000 MKD
Istanbul	16, 17, 18, 19 Uhr	2560 MKD
Kosovska Mitrovica (via Priština)	17.30 Uhr	390 MKD
Ljubljana (via Zagreb)	15 Uhr	3150 MKD
Priština	9, 11, 13.20, 15, 16.30, 17, 18.10 Uhr	320 MKD
Prizren	11.30, 16 Uhr	520 MKD

Sarajevo	20 Uhr	2860 MKD
Sofia	8.30, 15, 23 Uhr	850 MKD
Thessaloniki	5, 7 Uhr	1280 MKD
Tirana	19, 19.45 Uhr	1300 MKD

Die wichtigsten Busverbindungen von Skopje in andere Städte

Von Skopje nach …	Abfahrtszeiten/ Frequenzen	Preis
Berovo	9 x zwischen 7.30 und 18 Uhr	380 MKD
Bitola	7, 9, 15, 15.30, 17, 19, 21 Uhr	430 MKD
Brajčino	11 Uhr	500 MKD
Debar (via Gostivar)	9.30, 13, 14, 14.15, 15.15, 16.30 Uhr	350 MKD
Gevgelija	15.30 Uhr	320 MKD
Kriva Palanka (via Kumanovo)	6, 9, 10.30, 11.30, 13.20, 14, 16, 17, 17.30, 18.30 Uhr	210 MKD
Kruševo (via Prilep)	7.45, 16.15, 16.45 Uhr	330 MKD
Kumanovo	35 x zwischen 7 und 21.20 Uhr	90 MKD
Ohrid (via Bitola oder Kičevo)	6, 8, 10, 14, 14.45, 15.30, 16, 16.30, 18.30 Uhr	410–500 MKD
Prilep (via Veles)	13, 14, 18, 21.30 Uhr	330 MKD
Resen	12.30, 15.30 Uhr	460 MKD
Star Dojran/Bogdanci	14 Uhr	340 MKD

Von Skopje nach …	Abfahrtszeiten/ Frequenzen	Preis
Struga (via Kičevo)	5.30, 11, 12.50, 13.15, 14, 16.10, 16.45 Uhr	430 MKD
Strumica	8, 10, 12, 13, 14, 14,30, 15, 15.30, 16, 17, 18, 19 Uhr	360 MKD
Tetovo	11 x zwischen 6.15 und 19.50 Uhr	100 MKD
Veles	Fast alle Busse in süd-östlicher Richtung	120 MKD
Vevčani	15.15 Uhr	400 MKD

Camping

Es gibt viele günstige Campingmöglich-keiten, meistens sehr einfach und recht weit entfernt von westeuropäischen Standards. Das Angebot reicht von ko-stenfreien **Campingplätzen** bar jeder Infrastruktur (wie etwa in Mavrovo) bis hin zu großen Anlagen mit Restaurants und Einkaufsmöglichkeiten (wie z.B. in Gradište und Radožda am Ohridsee). **Wildes Campen** ist durchaus üblich. Die Berge westlich und nördlich von Skopje sind zum Zelten aus Sicherheitsgründen nur bedingt zu empfehlen. **Zubehör** wie Gaskartuschen für Kocher ist in Makedonien nicht erhältlich.

Einkaufen

Gut und günstig kauft man auf dem **Markt**. Den gibt es fast täglich bis 16 Uhr in jedem noch so kleinen Ort, und einmal wöchentlich wird er traditionell zum Großereignis. Die Bauern kommen aus den Dörfern und verkaufen ihre frisch geerntete Ware. Jede Stadt hat ihren eigenen großen Markttag, der größte Markt ist **Skopjes Bit Pazar**, auf dem es so ziemlich alles gibt, was man sich nur vorstellen kann.

Einen populären **Flohmarkt** gibt es frei-tags und samstags in Skopje direkt am Vardarufer, unterhalb der Festung Kale. Im Stadtzentrum findet man mehrere **Antiquitätengeschäfte**.

Die beiden großen Supermarktketten **Tinex** und **Vero** führen alles, was man in einem westeuropäischen Supermarkt erwarten würde, bis hin zu deutschen Zeitschriften. Seit einigen Jahren gibt es zudem in Skopje einen großen **Ramsto-re** neben dem Stadtmuseum. Ansonsten kauft man in kleinen **Läden** und **Kios-ken**, die häufig bis spät in die Nacht geöffnet sind und oft ein erstaunlich großes Warensortiment haben.

Eine größere Auswahl an **internationa-len Zeitungen** gibt es wohl nur in Skopje, und zwar in einem namenlosen Ge-schäft an der Ecke Partizanski odredi und Vasil Glavinov. An den normalen Kiosken findet man gelegentlich deut-sche Mode- und Jugendmagazine.

Leider ist das einst für die **Basare** bedeu-tende Handwerk bereits zu jugoslawischen Zeiten zugunsten der Industrialisierung fast ausgestorben, und heute ist Makedonien übersät mit Billigprodukten aus aller Welt und Markenimitaten aus Südostasien. Klassische **Souvenirs** sind Stickereien, Holzschnitzarbeiten, Töpferwaren und Flechtsandalen, zu finden in allen touristisch frequentierten Gegenden.

Einreisebestimmungen

Makedonien gehört nicht zur EU. Für deutsche Staatsangehörige besteht keine Visumspflicht, sondern es reicht ein bei der Einreise noch mindestens **sechs Monate gültiger Reisepass** oder **Personalausweis**.
Kinder unter 16 Jahren müssen im Pass der Eltern eingetragen oder im Besitz eines eigenen Kinderausweises sein.
Wer mit dem Auto kommt, braucht neben **Führerschein** und **Fahrzeugpapieren** auch die **grüne Versicherungskarte**.
Angeben muss man zudem den Besitz von **Waffen**. Hat man einen gültigen Waffenschein, wird für die Dauer des Aufenthalts eine polizeiliche Genehmigung ausgestellt. Wer möchte, kann seine Waffen auch deponieren und bei der Ausreise wieder abholen.

Elektrizität

Die Netzspannung beträgt überall 220 Volt. Die Stecker und Steckdosen entsprechen dem üblichen westeuropäischen Standard, und durch Makedoniens viele Stauseen ist die Energieversorgung relativ sicher und zuverlässig.

Feiertage und Ferien

Die makedonischen **Sommerferien** dauern von Juni bis August.
Außer den arbeitsfreien Sonntagen gibt es folgende Feiertage:
1. Januar: Neujahr
6./7. Januar: orthodoxes Weihnachten
1. Mai: Tag der Arbeit
2. August: Ilinden, Tag des nationalen Aufstands 1903 und Tag des heiligen Elias
8. September: Nationalfeiertag; Unabhängigkeit von Jugoslawien 1991
11. Oktober: Aufstand des makedonischen Volks im Zweiten Weltkrieg gegen die Besatzer
25./26. Dezember: Weihnachten

Fotografieren und Filmen

Fotografieren ist generell unproblematisch, und die meisten Leute lassen sich gern ablichten, aber man sollte vorher fragen. Außerdem ist es nett, versprochene Fotos später wirklich zu schicken. Zurückhaltend sollte man bei muslimischen Frauen sein, die häufig nicht fotografiert werden wollen. Besonders große Vorsicht ist beim Ablichten von **Flughäfen und militärischen Einrichtungen** angebracht: Das unerlaubte Fotografieren oder sonstige Dokumentieren wird strafrechtlich verfolgt und kann zu sehr unangenehmen Verhören im nächsten Präsidium führen. Auch in **Kirchen, Mo-**

Souvenirs aus Makedonien

scheen und Klöstern ist das Fotografieren nicht gern gesehen. Sollte man doch einmal in einer Kirche Fotos machen, dann unbedingt ohne Blitz, um Ikonen und Fresken zu schonen.

Filme sind in Makedonien teurer und teilweise qualitativ minderwertig, deshalb ist es ratsam, sie mitzubringen. Auch **Chips für Digitalkameras** und **Videofilme** sollte man lieber aus der Heimat mitbringen, denn vor Ort sind sie häufig teurer. Dabei wimmelt es in Makedonien von Fotoläden. Jeder, der ein paar Abzüge machen kann und ein Passbild hinbekommt, darf sich Fotograf nennen. Häufig sind die Läden technisch sehr gut ausgerüstet, und man kann für 100 Denar die Urlaubsbilder vom Chip auf eine CD brennen lassen. Alternativ kann man in Internetcafés zum gleichen Preis CDs selbst brennen.

Geld

Die Makedonier haben ausgesprochen schönes Geld. Völlig unheroisch kommt es daher mit Blumen, Pfauen, Fischen, Engeln und Sonnen. Diese ansprechende Währung heißt **makedonischer Denar** oder kurz MKD. Es gibt sie in Münzen zu 50 Deni, 1, 2 und 5 Denar. Scheine können einen Wert von 10, 50, 100, 500, 1000 oder 5000 Denar haben. Die Währung ist relativ stabil, 1 Euro entspricht derzeit knapp 60 Denar. 1 Schweizer Franken ist knapp 40 Denar wert.

Auch **Euro** werden gern gesehen in Makedonien, und man kann damit problemlos in Hotels, teureren Restaurants und einigen Läden bezahlen. Die weitaus üblichere Währung ist jedoch die eigene.

Bargeld kann man fast überall wechseln, in Banken, den zahlreichen Wechselstuben, einigen Hotels, Geschäften und privat. Beim Wechseln in der Bank muss allerdings der Reisepass vorgelegt werden, von dem penibel alle Daten aufgenommen werden.

Auch mit **EC- und Visakarten** kann man in allen größeren Städten problemlos an Geld kommen, und zwar normalerweise nur am **Automaten**, nicht am Schalter. Dort ist der Wechselkurs in der Regel auch besser, und inzwischen gibt es in allen größeren Städten hinreichend Automaten. Da Makedonien kein EU-Land ist, wird bei jedem Abheben eine Mindestgebühr von vier Euro fällig. Der Höchstbetrag für eine Abhebung mit EC-Karte liegt bei 500 Euro.

Travellerschecks haben sich als nicht sinnvoll erwiesen, da sie außerhalb von Skopje selten akzeptiert werden und gelegentlich Extragebühren verursachen.

Auch **Kreditkarten** werden nur bedingt angenommen, und man sollte Einzelheiten vorher beim Aussteller der betreffenden Karte erfragen.

Makedonien ist eine ausgesprochene **Cash-Gesellschaft**. Meist wird alles in bar geregelt, auch größere Geschäfte. Makedonier besitzen nicht notwendigerweise ein Konto, und Überweisungen sind unüblich. Was man hat, trägt man bevorzugt mit sich herum.

Die **Preise** in Makedonien sind für Urlauber und Reisende moderat. Skopje und Ohrid sind mit Abstand die teuersten Pflaster. Für Hotels sollte man das meiste Urlaubsgeld einplanen, während Restaurantbesuche und Bus- und Bahnfahrten kein tiefes Loch ins Portemonnaie fressen werden. Außerhalb Makedoniens ist der Denar wertlos und kann nicht zurückgetauscht werden. Er dient dann höchstens noch als farbenfrohes Souvenir. Für den Rücktausch im Land berechnen Banken eine Gebühr.

Weitere Informationen bei akutem Geldmangel oder Kartenverlust siehe ›Notfälle‹, S. 288.

Grenzübergänge

Bei der Einreise nach **Albanien** sind 10 Euro Eintritt und Ökosteuer zu zahlen. Der Übergang Kafasan liegt zwölf Kilometer südwestlich von Struga, ein anderer bei Sveti Naum, ein dritter namens Blato sieben Kilometer westlich von Debar.

Der Hauptübergang nach **Bulgarien** ist Deve Bair östlich von Kriva Palanka. Andere Grenzübergänge sind bei Delčevo und Novo Selo hinter Strumica. Der Übergang bei Berovo ist bisher noch geschlossen.

Der meistfrequentierte Übergang nach **Griechenland** ist Bogorodica bei Gevgelija. Dort fährt auch der Zug über die Grenze nach Thessaloniki. Es gibt keinen Bus, der die Grenze nach Griechenland überquert, aber bei Dojran und Medžitlija (südlich von Bitola) kann man mit dem Auto ein- beziehungsweise ausreisen.

Zwei Grenzübergänge, Jažince, nördlich von Tetovo, und Blace, nur wenige Kilometer nördlich von Skopje, führen ins **Kosovo**. Inzwischen verkehren dorthin auch wieder Züge.

Am Hauptgrenzübergang zu **Serbien**, Tabanovce, kommt es vor allem in den Sommermonaten wegen des erhöhten Transitaufkommens häufig zu langen Staus. Der andere Grenzübergang, Pelince, liegt weiter östlich.

Haustiere

Westeuropäischen Haustieren ist Makedonien nicht unbedingt als Urlaubsziel zu empfehlen. Reisen sie dennoch, müssen Hunde und Katzen ihr tierärztliches **Gesundheitszeugnis** und einen internationalen **Impfpass** dabeihaben, in dem eine Tollwutimpfung dokumentiert ist. Die Impfung muss mindestens 15 Tage und darf maximal sechs Monate zurückliegen.

Hygiene

Fast alle bekannten Kosmetik- und Hygieneprodukte sind in Makedonien problemlos zu bekommen. Allerdings sind sie dort bisweilen teurer als hier. Gewöhnungsbedürftig sind die **öffentlichen Toiletten**, bei denen man darauf achten sollte, dass ›Ж‹ (Жена) das Zeichen für Damentoiletten und ›М‹ (Маш) das Zeichen für Herrentoiletten ist. Im öffentlichen Bereich hat man es meist mit den klassischen Hocktoiletten zu tun, und Toilettenpapier ist dort eine Rarität. Das gleiche gilt für alle billigen Absteigen.

Ansonsten sind die hygienischen Verhältnisse in Makedonien jedoch gut. Man kann problemlos alles essen und überall das **Leitungswasser** trinken. Allein in der Region von Berovo soll es nicht ganz so gut sein, und in Ohrid schmeckt es etwas chlorig. In anderen Gegenden ist es aber geradezu gesund und hat wertvolle Mineralien.

Informationen vor Reiseantritt

Leider gibt es derzeit kein makedonisches Fremdenverkehrsamt im deutschsprachigen Raum. Aktuelle Informationen kann man am besten beim **Auswärtigen Amt** erfragen oder im Internet finden. Nützliche Websites finden sich in den entsprechenden Kapiteln und am Ende des Buches. Bei Fragen zu bestimmten Regionen kann es auch sinnvoll sein, die dort ansässigen **Touristenagenturen** zu kontaktieren. Die Adressen sind bei den jeweiligen Städten aufgelistet.

Über aktuelle Veranstaltungen informiert die Website www.culture.in.mk, während auf www.skopje.com.mk Fahrpläne, Verbindungen in andere Städte und weitere nützliche Infos zu finden sind.

Informationen vor Ort

Offizielle Touristeninformationen gibt es landesweit nur sehr wenige. Die wenig hilfreiche in Skopje hat ihre Pforten in der Altstadt (vorübergehend?) geschlossen, und die in Ohrid war 2008 vom Stadtzentrum in einen kleinen Container am wenig zentralen Busbahnhof umgezogen. Das mit Abstand beste Informationszentrum residiert derzeit in Bitola. Auch in Struga gab es bis vor kurzem eine effiziente Auskunft, die aber ebenfalls zumindest 2008 geschlossen war.

An allen anderen Orten muss man mit **privaten Agenturen** vorlieb nehmen, die häufig kompetent sind, gelegentlich aber nur Makedonisch sprechen. Im Zweifelsfall kann man sich immer an die **Rezeptionen der großen Hotels** halten. In Skopje gibt es für Touristen kostenlos eine nützliche Broschüre namens **Macedonian Tourist Information**, die monatlich von der Touristenorganisation herausgegeben wird. Sie ist auf englisch und enthält neben wichtigen Adressen vor allem einen Veranstaltungskalender für Konzerte, Kinos und Festivals. Die

Ortsschilder lassen sich auch ohne Kyrillischkenntnisse lesen

aktuelle Ausgabe erhält man zum Beispiel in großen Hotels wie dem ›Holiday Inn‹ oder dem ›Stone Bridge‹. Informationen zum Reisen im Land und zu touristischen Themen kann man beim Tourismusverband in Skopje erfragen:

Tourismusverband
Dame Gruev Gradski Blok 3
Tel. 020/311 84 98.
Fax 020/323 08 03.
www.skopjetourism.org

Internet

In jedem noch so kleinen Ort gibt es inzwischen mindestens ein **Internetcafé**. In erster Linie schlägt sich dort die ortsansässige Jugend die Nächte mit Spielen um die Ohren, denn die Cafés sind meist bis spät in die Nacht, wenn nicht gar rund um die Uhr geöffnet. Außerdem sind die meisten hervorragend ausgestattet. Als Orientierungshilfe gilt: In jedem Einkaufszentrum gibt es ein Internetcafé. Die Preise schwanken, abhängig von Komfort und Verbindungsgeschwindigkeit, zwischen 30 und 120 Denar pro Stunde. Meist zahlt man für eine Stunde 60 Denar, wobei im 15-Minuten-Takt abgerechnet wird. In den weniger modernen Cafés kommt es vor, dass die Leitung für ein paar Stunden aussetzt oder die Verbindung so langsam ist, dass man am Rechner einschläft. Ein Beispiel dafür ist das Internetcafé im ›Ilinden Centar‹ in Skopje. Dort wartet man im Sommer schweißüberströmt im engen Zimmer ohne Klimaanlage schon mal zehn Minuten darauf, eine E-Mail verschicken zu können. Besser, man geht ins schicke ›Trgovski Centar‹ gegenüber und zahlt dort im ›Contact Café‹ den doppelten Preis für die dreifache Geschwindigkeit. Die **Internetkennung** für Makedonien ist mk.

Landkarten und Stadtpläne

In den letzten Jahren hat Makedonien viel dafür getan, Kartenmaterial zugänglich und Sehenswürdigkeiten kenntlich zu machen. Größere oder touristisch Interessante Städte wurden mit **Orientierungstafeln** bestückt, und in einigen Hotels sind kostenlose **Stadtpläne** erhältlich.

Ein echtes Manko bleibt es hingegen, dass es landesweit keine einzige **Wanderkarte** gibt, die diesen Namen verdient hätte. Zusammen mit der meist schlechten Kennzeichnung der Wanderwege ist das tatsächlich ein Defizit.

Bei der Einreise erhält man inzwischen eine einfache **Straßenkarte** von Makedonien, auf der die wichtigsten Sehenswürdigkeiten beschrieben sind. Man kann sich merken, dass alle Straßen, die darauf grün oder rot sind, garantiert asphaltiert sind, während es sich bei den gelben oft um einfache Schotterstraßen handelt. Auf dieser Karte ist zum Beispiel richtig eingezeichnet, was auf vielen anderen nicht stimmt: Die Straße von Veles nach Prilep ist gelb, ist also eher ungemütlich zu befahren. In vielen Karten renommierter Verlage ist sie als Hauptverkehrsstraße gekennzeichnet, was leicht in die Irre führt.

Wer gut kyrillisch lesen kann, ist mit der **Patna Karta** im Maßstab 1:400 000 gut beraten, die 2001 in Skopje herausgeben wurde. Darauf wurden viele kleine Dörfer berücksichtigt, die in anderen Karten häufig vernachlässigt werden.

Die vielleicht beste und dabei günstige Karte für Makedonien ist im Maßstab 1:250 000 bei **Gizi Maps** erhältlich. Ortschaften sind in lateinisch und kyrillisch beschriftet, und neben dem Ortsverzeichnis findet sich ein Innenstadtplan von Skopje.

Der österreichische Verlag **freytag und berndt** hat 2005 eine Karte für Makedonien, Serbien-Montenegro, Slowenien und Kroatien im Maßstab 1:600 000 herausgegeben, die sinnvoll ist, wenn man sich nicht auf Makedonien beschränken will. Nachteil: Die Karte richtet sich ausschließlich an Autofahrer, und Bahnstrecken kann man höchstens erahnen.

Preisgünstiger und brandneu (2008), aber ohne Ortsindex ist die Karte von **Shell** im Maßstab 1:750 000, die ungefähr dasselbe Gebiet abdeckt.

Einen detaillierten, interaktiven **Stadtplan von Skopje** mit 3D-Ansicht findet man im Internet auf www.unet.com.mk/skopjemap.

Ob mit oder ohne Karte: Die manchmal **bescheidene Ausschilderung** im Land macht es nicht immer einfach, sich zurechtzufinden. Straßen wurden aus politischen Gründen häufig umbenannt, und so weichen offizieller Name und gängige Bezeichnung gelegentlich voneinander ab. Wichtige Einrichtungen haben normalerweise keine Hausnummer, sondern tragen in ihren Adressen ein bb, was soviel bedeutet wie bez broi, ohne Nummer. Vielleicht ist es auch deshalb eher üblich, auf Visitenkarten und in Verzeichnissen nur eine Telefonnummer und keine Straße anzugeben.

Während fast alle offiziellen **Ortsschilder** auch lateinisch beschriftet sind, sind **Straßen** grundsätzlich nur mit kyrillischen Namen versehen. Zum Glück sind die Makedonier sehr hilfsbereit und erklären zur Not mit Händen und Füßen, wie man wo hinkommt – wenn sie sich nicht gleich als Begleiter anbieten. Und wenn man sich über die fehlenden Karten beschwert, sehen sie einen verwundert an und sagen: »Warum braucht man eine Karte? Wir können doch zusammen gehen. Das ist viel schöner und bei uns so üblich.« Das ist doch wirklich eine gute Entschuldigung.

Mietwagen

Ein Mietwagen kostet mindestens 45 Euro/Tag plus Benzin, Versicherung und Maut. Sinnvoller ist es häufig, sich zu entlegenen Orten einen **Taxifahrer** zu leisten. Der kennt sich aus, kann häufig noch ein paar Geheimtips verraten und ist oft günstiger als ein Leihwagen. Allerdings sollte man den Preis vorher gut aushandeln.

In allen **größeren Städten** kann man Leihwagen bekommen. Direkt am Flughafen gibt es zum Beispiel ›Europcar‹, ›Budget‹ und ›Avis‹, wobei ›Avis‹ die kostengünstigste Variante ist.

Avis
›Ramstore‹-Einkaufszentrum
M.H.V. Jasmin bb, Skopje
Tel. 023/22 20 46
avismak@mt.net.mk
www.avis.com.mk.
Mo–Sa 8–18 Uhr
am Flughafen: Tel. 022/56 18 47
Europcar
Hotel ›Aleksandar Palace‹, Skopje
Tel. 020/309 11 41
im Flughafen:
Tel. 070/205546
www.europcar.com.mk
MIDA
Hotel ›Holiday Inn‹, Skopje
Tel. 329 28 88
Fax 313 94 91

Notfälle

Die wichtigsten Nummern für Notfälle:
Polizei: 192
Feuerwehr: 193
Rettungsdienst: 194.

Die Nummer des Hilfsdienstes vom **Automobilclub AMSM** ist 24 Stunden über Festnetz erreichbar und lautet 169.

Rufnummern bei Geldkartenverlust:
Deutschland:
Zentrale Sperrnummer für alle Geldkarten, Handys, Krankenkassenkarten: 0049/11 61 16.
Österreich:
EC/Mastercard: 0043/1/71 11 10
Bankomat Sperrtelefon:
0800/204 88 00
American Express: 0800/20 50 13 50
Visa: 004 31/71 11 10
Schweiz:
EC/Mastercard: 0041/848/84 63 60
Visa: 08 00/88 18 84
Oder zentral für alle Karten, ohne Ländervorwahl: 008 00/24 80 08 00.

Bei komplettem Verlust von Geld und Wertpapieren sollte man die **Deutsche Botschaft** kontaktieren. Außerdem bietet die **Western Union Bank**, die es in vielen makedonischen Städten gibt, einen Online-Überweisungsservice, der am schnellsten das benötigte Geld aus der Heimat ins Land bringt (www.westernunion.de).

Öffnungszeiten

Die normalen Geschäftszeiten sind Mo–Fr 8–20 und Sa 8–15 Uhr, häufig mit einer Mittagspause zwischen 14 und 16 Uhr. Auf **Märkten** werden um 16 Uhr die Stände abgebaut, in kleineren Ortschaften schon um 15 Uhr. Sehr ernst nehmen Beamten in **Behörden und Büros** ihren Feierabend um 15 Uhr. **Banken** sind Mo–Fr 7–19 Uhr geöffnet, Sa bis 13 Uhr.

Montags sind landesweit fast alle Museen und Galerien geschlossen. **Kneipen und Bars** schließen in der Regel mit der

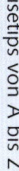

Lebensmittelgeschäft

Sperrstunde um 1 Uhr nachts, einige haben aber Sondergenehmigungen. **Clubs und Discos** haben, zumindest am Wochenende, bis in die Morgenstunden geöffnet.

Polizei

Touristen sollten sich innerhalb der ersten drei Tage im Land **polizeilich registrieren** lassen. Üblicherweise übernimmt dies das Hotel.
Bei Privatpensionen, Klöstern etc. muss man jedoch selbst den Gang zum nächsten Revier auf sich nehmen.
De facto werden Reisende in der Regel nicht nach der Registrierung gefragt, lässt man sich allerdings im Land ohne Anmeldung erwischen, drohen stundenlange Polizeiverhöre. Wer sichergehen will, sollte deshalb lieber gleich bei der Polizei nach einer **Registrierkarte** fragen. Ansonsten hat man von makedonischen Polizi-sten wenig zu befürchten, obwohl sie notorisch unterbezahlt sind und oft haarsträubende Dienstzeiten haben.

Post

Die makedonische Post steht in dem Ruf, recht zuverlässig zu sein, aber zumindest für Sendungen von Wert und Dringlichkeit gibt es sicherere Alternativen. **ПТТ** ist die Kennzeichnung der Postämter. Nur dort sind **Briefmarken** erhältlich. Die Hauptpostämter bieten landesweit einen **Poste-Restante-Service**, zu dem man sich seine Post schicken lassen kann. Zum Abholen braucht man lediglich einen Ausweis. Außerdem kann man im Postamt **günstiger telefonieren** als an anderen öffentlichen Apparaten.

Hauptpostamt in Skopje
Orče Nikolov bb
tägl. 7–17.30, So 8–13 Uhr.

Telefoncenter 24 Stunden geöffnet.
FedEx
Partizanski odredi 17
Tel. 02/313 72 33.
DHL
City Travel
Paloma-Bjanka-Einkaufszentrum
Tel. 02/321 22 03.

Reiseveranstalter

Makedonien ist nicht gerade ein hoch-frequentiertes Urlaubsland, und Pau-schalangebote sind nach wie vor rar. Dennoch trauen sich inzwischen die er-sten Reiseveranstalter mit Makedonien-reisen auf den Markt – meist in Kombi-nation mit den Nachbarrepubliken.

Auch im Land selbst ist das Angebot noch dabei, sich zu entwickeln. Die weitaus größte Auswahl an themen-orientierten Touren zu Weingütern, Klö-stern, Naturschönheiten und vielem mehr findet man auf der Website **www.exploringmacedonia.com**, dem offiziel-len Touristenportal des Landes. Ansons-ten gibt es vor Ort zahlreiche **Reisebü-ros und Agenturen**, die ihre Dienste anbieten, indem sie Führungen organi-sieren, Hotels buchen und Transporte koordinieren.

Radelgruppe

Reiseveranstalter in Deutschland:
Hermann Richter
Tel. 061/20 86 51
www.inselwandern-hermann.de
Sein Schwerpunkt ist seit vielen Jahren Griechenland, aber Hermann Richter führt natur- und kulturinteressierte Wan-derer auch gern und regelmäßig durch das Dreiländereck um den Ohrid- und Prespasee. Sehr persönlich gestaltete Reisen mit viel Informationsgehalt.
Lernidee Erlebnisreisen
Eisenacher Str. 11
10777 Berlin
Tel. 030/786 00 00
Fax 786 55 96
www.lernidee.de
Im Angebot derzeit eine Woche Alba-nien und Makedonien (mit Skopje, Mavrovo, Ohrid).
Djoser Reisen GmbH
Kaiser-Wilhelm-Ring 20
50672 Köln
Tel. 02 21/920 15-80, Fax -858
www.djoser.de
15tägige Rundreise durch Albanien und Makedonien.
Rotel Tours
Herrenstr. 11
94104 Tittling
Tel. 085 04/40 40
Fax 4926
www.rotel.de
17tägige Balkan-Busreise von Grie-chenland nach Dalmatien mit 3 Tagen Ohrid und Bitola.
Ikarus Tours
Am Kaltenborn 49–51
61462 Königstein
Tel. 06174/290 20
Fax 229 52
www.ikarus.com
15tägige Rundreise durch Albanien, Montenegro, Kosovo und Makedonien (Skopje, Ohrid, Sv. Naum).

Reiseveranstalter in der Schweiz:
Gaea Tours
Bruggstr. 28
8942 Oberrieden
Tel. 044/772 22 88
www.gaea.ch
Elisabetha Eggenberger Peng bietet thematische Wanderungen mit fachkundiger lokaler Begleitung. Schwerpunkt sind die Dörfer Westmakedoniens.

Reiseveranstalter in der Region:
Exploring Macedonia
Partizanski odredi 62
Skopje
www.exploringmacedonia.com
Agentur Sives
Skopje
Tel. 02/324 69 44
www.sives.com.mk
Organisiert Unterkünfte und den Transfer vom Flughafen. Außerdem Führungen in verschiedenen Sprachen, Busreisen in andere Städte und Mietwagen.
Magelan
Serbien (Novi Sad)
Tel. 002 81/21/42 06 80
www.magelan.co.yu
Reiseanbieter aus Novi Sad mit deutscher Website. Bietet eine zweiwöchige Reise durch Westmakedonien und kombinierte Serbien-Makedonien-Reisen an.
Agentur Kompas
Dimitrie Cupovski 1
Skopje
Tel. 02/311 55 87
Traditionsunternehmen mit Erfahrung und Knowhow.

Sicherheit

Makedonien ist ein relativ sicheres Reiseland. Statistisch gesehen ist das Risi-

Gut markierter Wanderweg in den Bergen

ko, Opfer eines Verbrechens zu werden, viel geringer als beispielsweise in Deutschland. Auch Frauen können sich nachts auf Skopjes Straßen sicherer fühlen als in mancher westeuropäischen Großstadt. Obwohl die Kriminalität im Land in den letzten Jahren deutlich zugenommen hat, spielt sie sich hauptsächlich auf Ebenen ab, die Touristen nicht betreffen.

Bei Reisen in die **nördlichen und nordwestlichen Grenzgebiete** abseits der Hauptverkehrsverbindungen rät das Auswärtige Amt noch immer zu besonderer Vorsicht. Wo sich im Konflikt von 2001 Rebellen der UÇK verschanzten, haben die makedonischen Behörden weiterhin nicht immer rechtzeitige Hilfs- und Zugriffsmöglichkeit. Es ist sicher sinnvoll, vorher noch einmal die aktuellen Sicherheitshinweise beim Amt zu erfragen und sich von Demonstrationen jeder Art fernzuhalten, da diese leicht ausarten können. Generell gilt, dass man, wie in jedem anderen Land auch, gut auf seine Wertsachen achten und sich nicht im Besitz von Drogen erwischen lassen sollte: Verstöße gegen das Betäubungsmittelgesetz werden mit mehrjährigen Gefängnisstrafen geahndet.

Sport und Freizeit

Makedonien hat ein großes Potential, was Freizeit und Outdoorsport betrifft. Noch darf man sich allerdings bei vielen Aktivitäten als Pionier fühlen.

Wenn es eines Tages brauchbare Wanderkarten und ein paar mehr Wegweiser geben wird, kann Makedonien geradezu ein Paradies für Wanderer und Radler werden. Schon jetzt ist **Wandern** der Lieblingssport vieler Makedonier, und es gibt zahlreiche Bergsteigervereine und gutbesuchte Hütten. Wanderwege sind landesweit mit einem roten Kreis um einen weißen Punkt gekennzeichnet. Kletterausrüstungen kann man – bis auf Schuhe – bei lokalen **Klettervereinen** ausleihen. Wer nicht allein in die Berge

möchte, hat die Möglichkeit, sich verschiedenen Gruppen anzuschließen. Entsprechende Kontakte finden sich im Anschluss.

Auch **Radfahren** ist stark im Kommen. Bisher gibt es landesweit nur zwei ernstzunehmende Fahrradverleihe, und zwar in Mavrovo und Struga. Doch immer mehr Hotels bieten Leihräder an, und die Zahl der Radwege mehrt sich. Neben dem breiten Weg am Vardarufer in Skopje gibt es inzwischen eine Radstrecke am Ohridsee (bei Struga). Empfehlenswerte Touren führen entlang älterer, inzwischen kaum noch frequentierter Straßen zwischen Skopje und Tetovo oder den Vardar entlang von Demir Kapija nach Gevgelija. Das Vardarufer in Skopje ist außerdem der beliebteste Platz für **Inline-Skater** und **Jogger**, denen man sich besonders am Wochenende gut anschließen kann.

Angeln ist ebenfalls ein weiterer verbreiteter Sport. Korrekterweise sollte man

Mountainbiker

sich vorher einen Angelschein vom örtlichen Anglerklub ausstellen lassen. An Makedoniens großen Seen gibt es mehrere Vereine, die Tauchausrüstungen, Kajaks und Kanus verleihen. Das **Tauchen** ist allerdings weder im Ohrid- noch im Prespasee besonders ergiebig. Die besten, wenn auch nicht idealen Flüsse für **Kajak- oder Kanufahren** sind Treska, Ptschinja, Radika und Crn Drim.

Alle größeren Hotels haben **Fitnesscenter** und **Tennisplätze**, die man auch als Externer häufig gegen eine Gebühr benutzen darf, und in jeder Stadt gibt es mindestens ein **Freibad**.

Im Winter hat Makedonien einige **Skigebiete**. Wirklich nennenswert sind davon allerdings bisher nur zwei, Popova Šapka und Mavrovo, wo man Skier und Zubehör vor Ort leihen kann. Bei Gevgelija wird demnächst das große und sehr kostspielige Skigebiet Kožuf eröffnet.

Hash Harriers
Treffpunkt: Parkplatz hinter dem QBE-Gebäude
Tel. 070/33 23 92 (Neda Ivanovska)
Offene Wander- und Laufgruppe; wöchentlich.

Bergspaziergänge, wöchentliche Ausflüge ins Umland Skopjes:
Mary Middelton, middelton_m@yahoo.co.uk

Wandern und Hütten:
SPSM
Verein makedonischer Bergsteiger
Oktomvri 42a
Skopje
Tel. 02/16 55 40
SPSM@mt.net.mk.

Korab Wanderverein
Tel. 075/554 5 95 (Englisch wird verstanden)
Skopje
www.korab.org.mk

Klettern:
Matka Kletterverein
Skopje
Tel. 02/253 38 77

Tauchen:
Korali Tauchklub
www.korali.xmkd.com.
Tauchzentrum Amfora
Im Hotel ›Granit‹
Ohrid
Tel. 046/20 71 00
www.amfora.com.mk

Paragliding:
Extrema
Naroden Front 21/4/5
1000 Skopje
Tel. 02/312 62 02

Taxi

Häufig sind Taxis die beste Möglichkeit, sich im Land fortzubewegen. Dabei können Taxis alles sein, vom Mercedes bis zum Yugo. Taxifahren ist in Makedonien billig. Wenn Busse ausfallen, kann man beinahe zum gleichen Preis mit dem Taxi fahren, vorausgesetzt, man hat genug Mitfahrer. Darum kümmern sich die Taxifahrer, die es in jeder Stadt in großer Zahl gibt. Von Skopje nach Kumanovo etwa zahlt man für ein Taxi gerade mal zehn Denar mehr als für ein Busticket und ist meist schneller da.

Die meisten Taxis haben einen **Taxameter**, der, je nach Ort, einen Mindestpreis von 40 bis 50 Denar anzeigt. Für 50 Denar kann man in Skopje drei Kilometer fahren, danach steigt der Preis pro Kilometer.

Erwischt man ein Taxi **ohne Taxameter**, ist es ratsam, den Preis vor der Fahrt auszuhandeln. Im Zentrum von Skopje sollte man zum Beispiel nie mehr als 100 Denar zahlen müssen. Sollte man sich doch einmal betrogen fühlen, kann man sich daran erinnern, wie wenig makedonische Taxifahrer verdienen. Viele von ihnen hatten früher einmal andere Berufe, finden in der Branche aber keine Anstellung mehr. Die Lizenz für ein Taxi ist sehr kostspielig und muss alle zwei Jahre erneuert werden. Angesichts der teuren Benzinpreise und der durch die viele Konkurrenz niedrig-gehaltenen Tarife kann sich jeder aus-rechnen, wie gering der reguläre Ver-dienst ist.

Auch für **längere Ausflüge** ist es oft praktisch, anstelle eines Mietwagens ein Taxi anzuheuern. Der Fahrer holt einen bequem zu Hause ab und fährt, je nach Strecke und Verhandlungsgeschick, für etwa 3000 Denar einen Tag lang durch das Land. Das erspart eigenes Navigie-ren auf nicht immer optimalen Straßen, und mit ein bisschen Glück erfährt man nebenbei Wissenswertes über die Regi-on.

Auf der Straße erkennt man Taxis an einem Hinweisschild auf dem Dach, und seit 2006 beginnen alle Taxi-Rufnum-mern mit 15.

Telefonieren

Drei Möglichkeiten zu telefonieren bie-ten sich für Reisende an:

Das **Postamt** oder **Telefoncenter**, die es in jeder Stadt gibt. Eine weitverbreitete und nur minimal teurere Möglichkeit sind die Telefone, die es an beinahe je-dem **Kiosk** (trafik) gibt. Das sind Privat-geräte, die an einen Einheitenzähler angeschlossen sind.

Zudem gibt es noch **Telefonkarten** zu 200, 300, 650 und 1250 Denar, mit denen man an den **blauen Fernspre-chern** telefonieren kann. Karten sind an einigen trafiks und im Postamt erhält-lich. Für alle Telefone gilt, dass die Tari-

fe zwischen 18 und 6 Uhr herabgesetzt werden.

Makedoniens **Funktelefonnetz** funktio-niert nach dem GSM-Standard, und mitgebrachte Handys buchen sich übli-cherweise automatisch ein. Es gibt zwei große **Mobilanbieter** im Land. ›Mobi-mak‹ erkennt man an der Vorwahl 070 oder 071, ›Cosmofon‹ an der 075. Wenn man sich länger aufhält, kann es sinnvoll sein, eine lokale Handykarte zu kaufen. Die günstigsten Karten kosten 750 Denar, davon sind 500 Denar Gut-haben.

Telefonnummern in Makedonien än-dern sich häufig. Die Nummer der na-tionalen Auskunft ist 188, Auskünfte online und auf Englisch sind auf den Websites 988.mt.com.mk und www.yellowpages.com.mk zu finden.

Vorwahlen

Nach Makedonien: 003 89
Nach Deutschland: 00 49
Nach Österreich: 00 43
In die Schweiz: 00 41

Telefonieren ist auch an vielen Kiosken möglich

Trampen

Bei den relativ günstigen Tarifen für Busse und Bahnen ist Trampen meist nicht notwendig. Wenn doch, ist es nicht unsicherer und gefährlicher als anderswo. Auch als Frau alleine muss man sich nicht mehr sorgen, als wenn man in Deutschland in ein fremdes Auto steigt. Mit etwas Glück gelangt man dabei an Orte, zu denen man allein nie gekommen wäre und lernt das Land besonders persönlich und authentisch kennen.

Trinkgeld

Trinkgelder werden ähnlich wie bei uns vergeben. Zehn Prozent für alle Dienstleistungen und im Restaurant sind durchaus üblich.

Unterkünfte

Das Angebot an Unterkünften ist groß und vielfältig. Von Klöstern bis zu Berghütten, von Absteigen bis zum Fünfsternehotel ist alles drin. In **Skopje** sind die Hotels und Zimmer landesweit am teuersten und kosten um die 60 Euro.

Für **Privatzimmer**, erkennbar am Aushang ›соба‹ gibt man außerhalb Skopjes in der Regel 5 bis 15 Euro pro Person und Nacht aus, Hotels kosten zwischen 15 und 100 Euro.

Generell ist es in keinem Ort schwierig, auch ohne Voranmeldung Unterkunft zu finden. Gelegentlich fällt das Angebot aber etwas überraschend aus. Die meisten der **Hotels aus der Tito-Ära** wurden inzwischen modernisiert, aber die letzten Originale bestechen nicht nur durch niedrige Preise, sondern bisweilen auch durch ihren speziellen Charme und das nostalgische Interieur.

Daneben gibt es immer mehr Hotels, die westeuropäischen Standards entsprechen und alle bekannten Serviceleistungen anbieten. Die landesweit einzige **Jugendherberge** ist in Skopje. Zwar ist sie sehr anständig und sauber, aber wenig zentral gelegen und für den gebotenen Standard zu teuer. Die Übernachtung dort kostet etwa 20 Euro pro Person – im Zentrum der Altstadt kann man oft günstiger und viel persönlicher unterkommen. Kürzlich haben außerdem die ersten privaten **Hostels** in Makedonien geöffnet, die sich speziell an junge Individualreisende wenden. Zwei gibt es bis jetzt in Skopje, eins in Ohrid.

Zum Übernachten auf **Berghütten** braucht man keinen Schlafsack, frische Bettwäsche wird gestellt. Das Ganze kostet 200 bis 600 Denar.

Übernachtungen in **Klöstern** sind umsonst oder sehr günstig, allerdings ist es geboten, eine Spende zu hinterlassen und sich dem Klosterleben angemessen zu kleiden und zu verhalten.

Veranstaltungskalender

Januar Kurz nach den Neujahrsfeierlichkeiten folgen das **orthodoxe Weihnachtsfest** am 6./7. Januar und das **julianische Neujahr** am 13./14. Januar (beides nach dem alten Kalender). Zeitgleich findet in Vevčani, nicht weit von Struga, Makedoniens berühmtester **Karneval** statt.

Februar Am 14. wird der **Tag des Heiligen Trifun** gefeiert. Vor allem in der Region von Kavadarci wird ausgiebig gefeiert und getrunken, denn Trifun ist der Weinheilige.

März Das Ende der Fastenzeit wird mit einem großen **Karneval** in Strumica gefeiert. Anfang März findet zudem jährlich der **Wiener Ball** in Skopje statt. Das **orthodoxe Osterfest** fällt jährlich unterschiedlich in den März oder April.

Mai Den **Opernabenden** in Skopje folgt am Monatsende ein großes **Fest mit Volks- und Dudelsackmusik** in Dolneni bei Prilep. In der letzten Maiwoche findet in Strumica das **AsterFest** mit Filmen aus Südosteuropa statt.

Juli Vom 5. bis 10. Juli werden in Ohrid **folkloristische Volkstänze** aufgeführt. Am Wochenende um den 12. findet die traditionelle **Hochzeit von Galičnik** statt. Außerdem beginnen Mitte Juli die großen **Sommerfestivals von Ohrid und Skopje**. In Štip gibt es ein internationales **Filmfestival**. Vom 30. Juli bis 2. August findet in Bitola ein traditionelles **Folklorefest** statt.

August Am 2. August wird **Ilinden** gefeiert, der Aufstand gegen die Osmanen im Jahr 1903. Gleichzeitig gibt es eine große **Trachtenausstellung** in Struga. In Ohrid, Skopje, Bitola, Kruševo und Strumica kann man bis zur Monatsmitte die jährlichen **Sommerfestivals** mit vielen Konzerten und Darbietungen in unterschiedlichsten Lokalitäten erleben. Anfang August wird in Kavadarci mit vielen Umzügen **Tikveši Grozdober** gefeiert, der Beginn der Weinernte. Auf

Das Begräbnis des heiligen Naum im gleichnamigen Kloster

Strugas Brücken wird vom 25. bis 29. **Poesie in allen Sprachen** gelesen und in Prilep feiert man das **Bierfest**. Am letzten Wochenende des Monats findet in Ohrid ein großer **Schwimmarathon** statt.

September Am Monatsende gibt es in Bitola ein internationales **Filmfestival**.

Oktober In der dritten Woche des Monats findet das **Skopje Jazzfestival** mit internationalen Bands statt. Eine Woche lang Klassisches gibt es in Štip beim **Makfest** und in Bitola beim **Interfest**, beide mit internationaler Beteiligung.

Dezember Weihnachten, mit vielen Weihnachtsmärkten und Adventskonzerten.

Zoll

Güter für den persönlichen Bedarf dürfen uneingeschränkt eingeführt werden, müssen aber auch wieder ausgeführt werden. Gegenstände wie Radios, Funktelefone, Laptops, Fotoapparate, Videokameras, Camping- und Tauchausrüstungen sollte man bei Grenzübertritt deklarieren, allerdings bekommt man selten eines der entsprechenden Formulare in die Hand. Wer sich sicher fühlen möchte, sollte danach fragen.

Devisen dürfen nur in Höhe von maximal 2000 Euro ein- und ausgeführt werden, wobei schon Beträge ab 150 Euro bei der Ein- und Ausreise deklariert werden sollten. Ausführen darf man einen Liter Wein und einen Liter Spirituosen, 200 Zigaretten, 50 Zigarren oder 250 Gramm Tabak und Parfums für den persönlichen Gebrauch, außerdem Lebensmittel für die Dauer der Reise und Geschenke bis zu einem Wert von etwa 75 Euro.

Archäologische und antiquarische Gegenstände dürfen nur mit Genehmigung ausgeführt werden.

Makedonien im Internet

Allgemeines

faq.macedonia.org Enzyklopädie zu Makedonien mit vielen Reiseinformationen und nützlichem Allgemeinwissen (engl.).

www.macedonia.starttips.com Große und gut sortierte Linksammlung zu allen denkbaren Themen. Sehr übersichtlich und hilfreich, allerdings nicht ständig aktualisiert (engl.).

www.macedonia.co.uk Schwerpunkt Kultur, aber auch viel über Wirtschaft und Politik (engl.).

www.mymacedonia.net Recht detaillierte, seriöse und umfangreiche Texte zu allen landeskundlichen Themen. Äußerst informativ (engl.).

makedonija.cjb.net Basisinformationen über das Land mit Info-Seiten zu jeder kleineren oder größeren Stadt (engl.).

directory.macedonia.org nützliche Linksammlung zu allgemeinen Themen (engl.).

Spezielles

www.auswaertiges-amt.de Unter ›Länder- und Reiseinformationen‹ erhält man detaillierte Informationen über die aktuelle Situation, Politik, Zoll, Adressen deutscher Vertretung vor Ort etc.

www.culture.in.mk Informationen über alles, was Kultur betrifft: Festivals, die neuesten Filme, archäologische Ausgrabungen, Konzerte, Ausstellungen (engl.).

www.unet.com.mk/mian Journalistische Hintergrundtexte zur makedonischen Geschichte und Politik, Netzversion von ›Macedonia Yesterday And Today‹ (engl.).

www.yellowpages.com.mk Branchenverzeichnis Makedonien (engl.).

Touristische Informationen

www.exploringmacedonia.com Offizielle Seite vom Tourismusministerium. Sehr umfangreiches Infoangebot, auch Touren und Aktivtourismus, Audiomaterial zum richtigen Aussprechen makedonischer Wörter, Kurzinfos zu allen Städten (engl.).

www.tabibito.de/balkan/skopje.html viele praktische Reisetips, kleiner Sprachführer, persönliche Erfahrungsberichte. Schwerpunkte Ohrid und Skopje (dt.).

www.lonelyplanet.com/destinations/europe/macedonia Knappe, praktische Infos zum Wesentlichsten (engl.).

Einzelne Orte

www.macedoniancities.com Kurzinfos zu allen größeren Städten (engl.).

www.skopjeonline.com.mk Regelmäßig aktualisiert, informiert Skopje-Besucher über kulturelle Events, Unterkünfte, Restaurants, Wetter etc. (engl.).

www.skopjetourism.org Offizielle Skopje-Seite mit vielen Adressen, Stadtplan zum Runterladen, Liste touristischer Highlights. Immer aktuell (engl.).

www.ohrid.de Viele Fotos und Wissenswertes über Ohrid und Makedonien. Mit Linksammlung.

www.ohrid.org.mk Mit Stadtplan und Sehenswürdigkeiten, Festivals, Unterkünfte, ausführliche Geschichte (engl.).

www.bitola.de Busfahrplan, Adressen, Infos zu Geschichte und Kultur, leider noch nicht ganz vollständig.

www.strumicaonline.com Unübersichtlich, aber doch informativ. Schwerpunkt Kultur in und um Strumica (engl.).

www.veles.gov.mk Unter ›basic information‹ findet man allerlei Wissenswertes zu Veles. Leider nicht vollständig (engl.).

Anhang

Literatur

Althammer, Walter: Makedonien. Probleme und Perspektiven eines jungen Staates. Aus der Südosteuropa-Forschung 10. Spektrum aktuelle Situation, Geschichte, Wirtschaft. Guter und kritischer Überblick, englisch und deutsch.

Brown, Keith: The Past in Question. Modern Macedonia and the Uncertainties of Nation. Oxford 2003. Kritische Revision der makedonischen Geschichte am Beispiel der Kruševo-Republik und der daran erinnernden Denkmäler. Sehr speziell.

Kolbow, Walter/Quaden, Heinrich: Krieg und Frieden auf dem Balkan – Makedonien am Scheideweg? Chancen, Herausforderungen und Risiken des Aufbruchs nach Europa. Baden-Baden 2001. Verschiedene Autoren rekapitulieren und bewerten die politischen Ereignisse der letzten Jahre in Makedonien. Schwerpunkt Kosovo-krise und deren Auswirkungen. Sehr informativ und lohnend.

Kultermann, Udo: Zeitgenössische Architektur in Osteuropa. Köln 1985. Überblick über die Entwicklung der sozialistischen Architektur und deren unterschiedlicher Entwicklung in den südeuropäischen Ländern. Schwerpunkt Russland.

Lorenz/Raab (Hrsg.): Makedonien – Reiches armes Land. Gerhard Hess Verlag 1997. Aufsätze zu Geschichte, Kultur, Geographie und aktuellen Belangen des heutigen Staates Makedonien.

Society for Macedonian Studies, Center of Macedonians Abroad (Hrsg.): Macedonia and the Macedonian Question. A Brief Survey. Thessaloniki 1983.

Mappes-Niediek, Norbert: Balkan-Mafia. Staaten in der Hand des Verbrechens – Eine Gefahr für Europa. Berlin 2003. Geht es in den ethnischen Auseinandersetzungen tatsächlich vorrangig um Minderheitenrechte oder um die Sicherung der organisierten Kriminalität auf dem Balkan? An Einzelbeispielen aufgeschlüsselt. Eher populistisch.

Marko, Joseph: Der Minderheitenschutz in den jugoslawischen Nachfolgestaaten. (Minderheitenschutz im östlichen Europa 5). Detaillierte Dokumentation und Analyse der verfassungsrechtlichen und realen Situation ethnischer Minderheiten auf dem Balkan. Theorielastig.

Nikolaou, Theodor: Makedonia. Wiege des Hellenismus. München 1992. Wie der Titel verrät, eine Abrechnung mit der Republik Makedonien und ein Plädoyer für Griechenland. Die makedonische Frage aus griechischer Sicht. Leicht veraltet, dogmatisch.

Oschlies, Walter: Makedonien 2001–2004. Kriegstagebuch aus einem friedlichen Land, Berlin, 2004. Hommage an Makedonien, nicht sehr objektiv, aber informativ. Politische Lage Makedoniens von seiner Gründung bis heute, berührt alle wichtigen Fragen.

Stolz, Benjamin: Studies in Macedonian Language, Literature and Culture. Michigan 1995. Halb englisch, halb makedonisch, fachlich sehr anspruchsvoll und für den Laien größtenteils nicht interessant.

UNESCO: The Skopje Earthquake of 26 July 1963. Amsterdam 1968. Englisch-französische seismologische Studie über die Hintergründe des Erdbebens.

Glossar

Apsis Halbrunder, meist mit einer Halb-
kuppel überwölbter Raumteil in Kirchen.

Basilika Seit dem frühen Christentum
Kirchengebäude mit drei Schiffen.

Beg, Bey Statthalter im Osmanischen
Reich.

Čaršija Altstadt, Marktplatz, von türkisch ›Stadt‹.

Fresko Wandmalerei, die auf feuchten
Putz aufgetragen wird, von ›fresco‹
(frisch).

Hammam Türkisches (Dampf-) Bad.

Han, An Orientalische Herberge.

Ikone Heiligendarstellung der orthodoxen Kirche.

Ikonostase Ikonenwand, die Altar und
Gemeinderaum trennt.

Imaret Türkische Volksküche.

Krypta Begehbare Grabstätte unter der
Apsis, meist Heiligen- oder Herrscher-
gräber.

Lapidarium Sammlung von Steinwer-
ken, etwa Skulpturen und Grabsteine.

Mihrab Gebetsnische in Moscheen, die
die Gebetsrichtung anzeigt.

Minarett Moscheeturm, von hier ruft der
Muezzin fünfmal täglich zum Gebet.

Muezzin Ausrufer, der die Muslime zum
Gebet ruft.

Naos Gemeinderaum zwischen Narthex
und Altarraum in byzantinischen Kirchen. In Kreuzkuppelkirchen das Zentrum der Kirche.

Narthex Vorhalle einer Basilika. Liegt sie
außerhalb der Kirche, wird sie Exonarthex genannt.

Nekropolis Antike Begräbnisstätte in
Form einer Stadt.

Neolithikum Jungsteinzeit (etwa 5500
bis 1800 vor Christus).

Turbe, Türbe Arabisches Wort für Mausoleum.

Fresken in der Kirche Sv. Sofija in Ohrid

Über die Autorin

Philine von Oppeln wurde 1974 in Hamburg geboren und studierte in Berlin Germanistik und Anglistik. Nach ausgedehnten Forschungsreisen, die sie unter anderem nach Indien, Marokko und Südamerika führten, hat sie sich seit Ende der 90er Jahre regional auf den Balkan, besonders die Länder des ehemaligen Jugoslawien, spezialisiert. Derzeit unterrichtet sie Deutsch und Englisch in Hamburg. 2009 erschien von ihr ein Reiseführer zu Aserbaidschan im Trescherverlag.

Die Autorin freut sich über Anregungen, Tips und Kritik der Heimkehrenden, Kontakt: philinevonoppeln@gmx.net.

Danksagung

Dank an die vielen Leser, die mit hilfreichen Hinweisen und Kritik zur zweiten Auflage beigetragen haben! Außerdem danke ich meinen Eltern, Lucas Elmenhorst, Vasko Bojadžiski, Goce Naumov, Panta, Bobi, Cobe und Filip aus Skopje, Ivan und Valentina aus Radoviš, Petar aus Bitola, Goran Rafajlovski, Detlev Schlott und Dagmar, Tome Filipov, Kata Palčevska, Petar Boev, Boris Petruševski, Jörg Richter, Daniela Krämer, Martin Voortman und vielen anderen.

Bildnachweis

Alle Bilder von Philine von Oppeln, außer:

Lucas Elmenhorst: Titelbild, S. 6, 22, 23, 28, 77u., 80, 113, 116o., 126, 182/183, 206, 222, 260, 299

Daniela Krämer: S. 58, 64, 65, 66, 116u., 150, 173, 251

Manuel Zimmer: 221

Titelbild: Kirche Sv. Jovan Kaneo am Ohridsee
S. 14/15: Der Ohridsee bei Kaneo
S. 68/69: Skopje: Uhrenturm und Hjunkar-Moschee
S. 110/111: Boote bei Radolišta am Ohridsee
S. 144/145: Die Festung von König Marko bei Prilep
S. 182/183: Blick auf den Mavrovosee
S. 210/211: Typische Landschaft in Ostmakedonien

Vordere Umschlagklappe: Matka, Blick zur Kirche Sv. Andreja
Hintere Umschlagklappe: Der Ohridsee bei Radožda

Personen- und Sachregister

Ortsregister

Trescher Verlag

Der Spezialist für den Osten

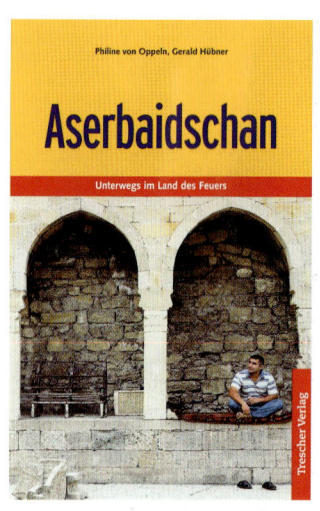

Albanien entdecken
Auf den Spuren Skanderbegs,
17.95 €

Armenien entdecken
3000 Jahre Kultur zwischen West
und Ost, 19.95 €

Bosnien-Herzegowina entdecken
Unterwegs zwischen Save und
Adria, 16.95 €

Breslau entdecken
Niederschlesien und seine tausend-
jährige Hauptstadt, 14.95 €

Bulgarien entdecken
Unterwegs zwischen Schwarzmeer-
küste, Balkan und Donau, 16.95 €

China-Handbuch
Erkundungen im Reich der Mitte,
17.95 €

Donaukreuzfahrt
Von Passau bis zum Schwarzen
Meer, 15.95 €

Estland entdecken
Skandinavische Impressionen im
nördlichen Baltikum, 16.95 €

Flußkreuzfahrten auf dem Dnepr
Unterwegs zwischen Kiev und der
Krim, 13.95 €

Flußkreuzfahrten auf dem Nil
Unterwegs zwischen Kairo und Abu
Simbel, 15.95 €

Flußkreuzfahrten auf dem Yangzi
Von der Quelle bis zur Mündung,
15.95 €

Flußkreuzfahrten auf der Wolga
Zwischen Moskau, St. Petersburg
und Astrachan, 16.95 €

Georgien entdecken
Unterwegs zwischen Kaukasus und
Schwarzem Meer, 18.95 €

**Trescher Verlag im Internet unter www.trescher-verlag.de
mit ausführlichen Infos über alle unsere Bücher und Onlineshop**

Trescher Verlag

Der Spezialist für den Osten

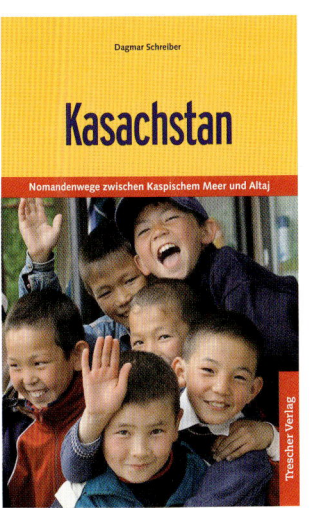

Dagmar Schreiber

Kasachstan

Nomandenwege zwischen Kaspischem Meer und Altaj

Trescher Verlag

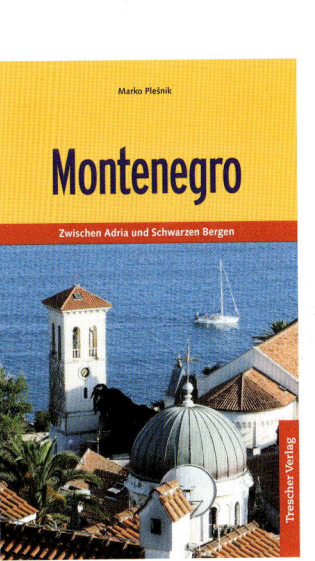

Marko Plešnik

Montenegro

Zwischen Adria und Schwarzen Bergen

Trescher Verlag

Kasachstan entdecken
Auf Nomadenwegen zwischen
Kaspischem Meer und Altaj, 18.95 €

Kiev entdecken
Rundgänge durch die Metropole
am Dnepr, 16.95 €

Kirgistan entdecken
Zu den Gipfeln von Tien-Schan und
Pamir, 14.95 €

Königsberg entdecken
Zwischen Memel und Frischem
Haff, 14.95 €

Das Kosovo entdecken
Kultur und Natur zwischen
Amselfeld und Albanischen Alpen,
13.95 €

Die Krim entdecken
Unterwegs auf der Sonneninsel im
Schwarzen Meer, 15.95 €

Kroatien entdecken
Unterwegs zwischen Istrien,
Slawonien und Dalmatien, 14.95 €

Lettland entdecken
Erkundungen im Herzen des
Baltikums, 16.95 €

Litauen entdecken
Europas neuer Mittelpunkt im
Baltikum, 14.95 €

Makedonien entdecken
Unterwegs auf dem südlichen
Balkan, 16.95 €

Masuren entdecken
Unterwegs im Land der Seen und
Wälder, 13.95 €

Montenegro entdecken
Zwischen Adria und Schwarzen
Bergen, 14.95 €

Moskau und Goldener Ring
Altrussische Städte an Moskva, Oka
und Volga, 19.95 €

**Trescher Verlag im Internet unter www.trescher-verlag.de
mit ausführlichen Infos über alle unsere Bücher und Onlineshop**

Trescher Verlag
Der Spezialist für den Osten

Trescher Verlag

Der Spezialist für den Osten

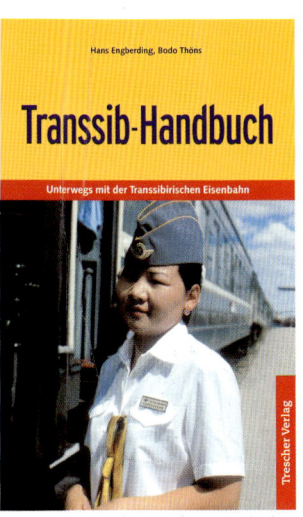

St. Petersburg entdecken
Die europäische Metropole und ihre altrussischen Nachbarn, 15.95 €

Tibet entdecken
Reisen auf dem Dach der Welt, 18.95 €

Transsib-Handbuch
Unterwegs mit der Trans-sibirischen Eisenbahn, 19.95 €

Transsib-Lesebuch
Reiseerlebnisse auf der längsten Bahnstrecke der Welt, 14.95 €

Tschechien entdecken
Unterwegs in Böhmen und Mähren, 15.95 €

Turkmenistan entdecken
Versunkene Wustenstädte an der Seidenstraße, 16.95 €

Die Ukraine entdecken
Zwischen den Karpaten und dem Schwarzen Meer, 19.95 €

Ungarn entdecken
Unterwegs zwischen Plattensee, Donau und Karpaten, 16.95 €

Usbekistan entdecken
Auf der Seidenstraße nach Samar-kand, Buchara und Chiwa, 17.95 €

Usedom und Wolin entdecken
Die Inselparadiese in der Odermündung, 9.95 €

Weißrußland entdecken
Natur und Kultur von Brest bis zum Dnepr, 16.95 €

Zagreb entdecken
Die kroatische Hauptstadt und ihre Umgebung, 15.95 €

Kartenlegende

Autofähre		Restaurant	
Bahnhof		Ruine/Ausgrabungsstätte	
Bank		Synagoge	
Bar		Sehenswürdigkeit	
Brunnen		Theater	
Burg/Festung		Tor	
Busbahnhof		Touristeninformation	
Campingplatz		Turm	
Denkmal			
Dorfkirche			
Fähre			
Flughafen			
Hafen			
Höhle		Autobahn	
Hotel		Autobahn im Bau	
Internetcafé		sonstige Straßen	
Kirche		Straßennummern	
Kloster		Eisenbahn	
Leuchtturm		Grenzübergang	
Moschee		Staatsgrenze	
Museum		Hauptstadt	
Post		Stadt/Ortschaft	

Kartenregister